금융과 경제

-내 생애 최초의 금융실무서-

최남진

박영사

머리말

독자들은 금융이 없는 사회를 상상해 본 적이 있는가? 갑자기 이런 질문을 받는다면 독자들은 어리둥절할 것이다. 이유는 금융에 대한 정의도 정립되지 않아 어디까지를 금융으로 봐야할지도 모르는 경우가 대부분일 것이기 때문이다. 그렇다면 우리 일상을 통해 금융을 한 번 살펴보도록 하자. 독자들은 일을 하고 노동에 대한 대가, 즉 월급을 화폐로 지급받을 것이다. 아니 더 정확히 이야기 하자면 계좌로 이체 받을 것이다. 독자들은 월급 중 일부분을 지난달에 사용한 신용카드 비용으로 지불하고, 공과금 등을 납부하게 될 것이다. 또한 독자는 월급에서 소비하고 남은 돈을 미래를 위해 저축할 것이고, 만약 집을 사거나 목돈이 들어갈 상황이 생긴다면 은행에 대출을 통해 자금을 조달할 것이다. 독자들은 이런 일련의 상황들을 읽으면서 고개를 끄덕였을 것이다. 그럼 이 과정에서 금융으로 설명할 수 있는 것들은 무엇이 있는지 한 번 살펴보도록 하자. 우선 월급으로 받은 화폐, 계좌이체, 신용카드, 신용카드 비용 납부, 공과금 납부, 예금이나 적금, 대출 등이 모두 금융과 관련된 것들이다. 그렇다면 금융이 빠진 생활을 상상할 수 있겠는가? 당연히 없을 것이다. 이처럼 현대 사회의 금융은 우리 일상생활의 일부라고 해도 과언이 아니다.

최근 금융감독원과 한국은행의 보고서는 우리 국민들의 금융 이해력이 얼마나 부족한지 여실히 보여주었다. 해당 보고서에 따르면 우리나라 국민의 금융 이해력은 OECD 17개국 중 9위를 차지한 것으로 나타났다. 더욱 우려스러운 점은 앞으로 우리 사회 주역이 될 20대의 금융이해력이 20~60대에 해당하는 전 세대에서 가장 낮은 것으로 나타났다는 사실이다. 특히 이들은 금융에 가장 기본이 되는 원리금 및 복리 계산법은 물론 어떻게 금융상품을 선택하고 장기적인 재무 목표를 세워야 하는지에 대해서 거의 알지 못하는 것으로 나타났다.

이런 현상은 비단 보고서를 통해서만 알 수 있는 것은 아니다. 단순히 저자 주변에 있는 사람들의 대화와 행동만 봐도 금융과 금융경제에 대한 이해력 수준이 얼마나 낮은지 금방 알아차릴 수 있다. 저자는 학생들에게 이런 질문을 한 적이 있다. "여러분들이 알고 있는 금융상품은 어떤 것들이 있나요?" 약 70명의 학생들은 "예금이요, 적금이요."라고 답하고 침묵이 흘렀다. 저자는 예금과 적금이 무엇인지에 대해서 다시 물었고, 은행에 돈을 넣어두면 이자를 주는 상품이라는 대답을 유도할 수 있었다. 하지만 여기까지였다. 예금과 적금을 취급하는 기관이 어디인지, 이자는 누가 결정하는지, 어떻게 이자가 지급되는지, 이자계산법은 어떻게 되는지 등에 대해 학생들은 전혀 알고 있지 못했다. 물론 우리나라의 초·중·고교의 공교육 제도 하에서 금융에 대해 배울 수 있는 기회가 전혀 없었던 것은 이해하지만 실제로 국내 대학생들의 금융과 금융경제 이해력 수준은 놀랄 만큼 낮았다. 그렇다고 30대 이상 연령대에서는 높을까? 20대까지 배우지 못한 금융과 금융경제 이해력이 30대가 되었다고 갑자기 높아질리 만무하다. 다만, 30대가 되면 수입이 생기며 이를 저축해야 하고, 집을 사는 등 대규모 자금이 필요하게 됨에 따라 대출 등에 대해서 몸소 체험하게 되므로 20대 보다는 금융이해력이 높은 것처럼 보이는 것이다. 하지만 결국 30대들도 금리가 어떻게 결정되는지, 예금금리와 대출원리금 계산은 어떻게 하는지, 금융투자는 어떤 것들이 있으며 어떻게 하는지 등에 대해서는 여전히 이해력이 낮다.

이에 대해 저자는 교수로서 대학생들의 금융이해력 향상을 위해 금융관련 과목을 개설하고 강의 교재를 찾았으나 안타깝게 국내 금융 및 금융경제 관련 서적은 대부분 전공학과 이론 설명에 한정되어 있어 대학생들의 보편적인 금융이해력을 높이기 위한 교재로는 활용이 어렵다는 사실을 확인하였다. 따라서 저자는 전문운용인력(펀드매니저)의 경험과 준정부기관인 금융·경제 연구원의 경험을 활용하고 자료를 취합, 정리하여 본서를 출간하기에 이르게 되었다.

본서는 기존의 금융경제, 금융투자 이론서적과 달리 실제로 우리가 시장경제체제 하에 살면서 직면하게 될 금융실무에 대해 서술하고 있다. 본서의 주요 내용은 다음과 같다. 우선 1단락에서는 화폐의 정의에 대해서 서술하고 있다. 화폐는 독자들이 알고 있는 동전, 지폐를 비롯하여 최근에 큰 화두가 되고 있는 가상화폐까지를 포함하는 것으로 1단락은 화폐에 대한 정확한 이해를 목적으로 서술하였다. 2단락에서는 전반적인 금융과 금융시스템을 이해하기 위해 금융에 대한 정의와 금융시스템에 대해 설명하였다. 3단락에서는 금융과 금융경제를 이해하기 위한 보편적 수학을 다룬다. 4단락에서는 금융과 금융경제에서 가장 중요한 요소인 금리의 결정구조에 대한 이론과 실무에 대해 자세히 살펴볼 것이다. 5단락은 실물경제와 금융사이 관계에 대해 이론과 사례를 들어 설명하였으며 6단락은 금융기관의 기능적 특징에 대해서 서술하였다. 후반부인 7단락부터는 실제로 독자들이 직면하게 될 금융 실무에 대해서 자세히 설명하였다. 7단락은 금융상품과 금융투자에 대한 이해를 위해 세금, 은행, 투자상품으로 구분하여 서술하였으며 8단락은 은행상품인 예금, 적금, 대출 등이 어떻게 계산되지는 설명하였고 고정이자부상품인 채권, CP 등이 실제로 어떻게 투자되고 계산되는지 서술하였다. 더욱이 주식투자를 위한 기본적·기술적 분석에 대해 실제 사례를 들어 설명함으로써 독자들의 금융이해력을 높이기 위해 노력하였다. 9단락은 최근 금융트랜드 이해를 통해 다양한 금융투자 기회는 물론 금융거래의 효율성을 높이는 실무적 방법을 제시하였다. 독자들은 최신 금융트랜드 이해를 통해 보다 편리한 금융과 높은 수익성을 누릴 수 있게 될 것이다. 10단락은 최신 금융사기 수법에 대한 내용으로 실제 사례를 통해 설명함으로써 독자들이 금융사기를 예방할 수 있도록 도와주고 있다.

서두에서 언급하였듯이 현대 사회는 금융을 배제하고 생활할 수 없는 사회가 되었다. 이렇게 중요한 금융이 때론 2008년 글로벌 금융위기처럼 전 세계 경제를 침체로 빠뜨릴 수도 있고 저축은행 사태 및 카드사태, 동양CP사태처럼 국내 경제 및 개인들에게 큰 충격을 줄 수도 있다. 이는 대부분 금융과 금융경제의 무관심 혹은 이해력 부족에서 비롯된 것으로 금융과 금융경제 이해력 향상을 통해 리스크를 현저하게 줄일 수 있을 것으로 기대된다. 본서는 사례중심의 금융, 금융경제 실무 서적으로 금융을 처음 접하는 사람도 쉽게 접근할 수 있도록 서술되어졌다. 따라서 본서를 통해 금융과 금융경제 이해력을 높여 좁게는 금융사기 등으로부터 독자들의 자산을 보호하고 넓게는 생애주기별 재무적 목표를 달성하기 위한 방법으로 활용하길 바란다.

마지막으로 본서의 제작을 위해 도움을 주신 모든 분들께 감사의 말씀을 전하며 도움을 주신 모든 분들의 마음을 담아 본서가 독자들에게 금융이해력을 높이기 위한 첫걸음이 되기를 간절히 바란다.

2018. 2 연구실에서 **최 남 진**

차 례

PART 1
금융경제 이론

CHAPTER 01 화폐의 정의 및 기능 · 16

CHAPTER 02 금융과 금융시장의 개념 · 32

CHAPTER 03 금융경제의 수학적 기초 · 44

CHAPTER 04 이자율 결정 · 52

CHAPTER 05 실물경제와 금융 · 108

CHAPTER 06 금융기관의 기능적 특징 · 118

PART 2

금융 실무

CHAPTER 07 금융상품과 금융투자의 이해 · 130

SECTION 01 세금 • 131

CHAPTER 08 금융상품 실무 · 198

CHAPTER 09 최신 금융 산업 트랜드 · 324

SECTION 01 인터넷전문은행 • 325

SECTION 02 P2P대출 • 334

CHAPTER 10 금융사기 예방 · 348

TAX
TAX
BANK

PART 1

금융경제 이론

CHAPTER 01

화폐의 정의 및 기능

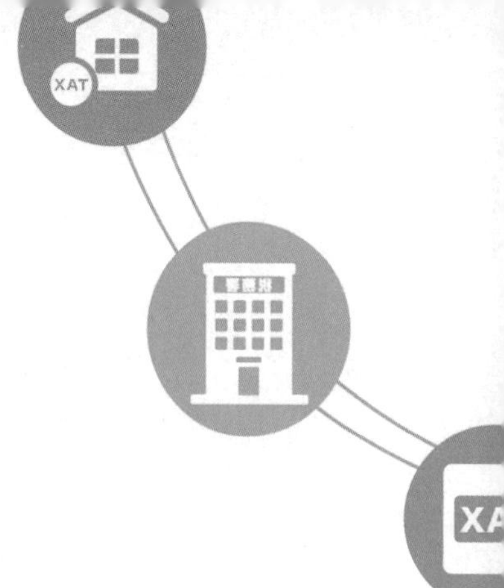

단원을 시작하며

당신의 주머니나 지갑 속에는 항상 지폐가 있을 것이다. 지폐는 종이로 만들어진 화폐를 말한다. 즉 종이라는 말이다. 그런데 왜????

독자들은 책상위에 A4용지는 대수롭지 않게 생각하면서 지갑 속에 지폐는 같은 종이인데 중요하게 생각하는가? 우리는 이번 단원에서 그 이유에 대해서 알아볼 것이다.

1 화폐의 정의

화폐를 한 마디로 정의하기는 어렵지만 만약 "화폐가 무엇인가?"라는 질문을 한다면 대부분의 사람들이 본인의 주머니 혹은 지갑에 있는 지폐나 동전을 떠올릴 것이다. 또한 화폐보다는 돈과 Money라는 단어에 익숙해져 있으며 이들 단어에서 연상되는 이미지를 떠올리면 많은 사람들이 부자의 이미지를 연상하게 될 것이다.

우리는 이런 이미지 연상을 통해 화폐를 정의해보고자 한다. 우선 여러분 주머니 혹은 지갑에 있는 지폐(동전도 포함되지만 이해를 돕기 위해 지폐만 가정)를 보자. 여러분 중에 누군가는 분명 "이 지폐가 정말 가치가 있을까?"라는 의문을 가져본 사람이 있을 것이다. 실제로 지폐는 종이에 불과하며 그만큼의 가치가 존재하지 않는다.[1] 그렇다면 사람들은 왜 종이에 불과한 지폐를 가지고 가치를 부

1 실제로 5만원권 지폐를 제작하는 비용은 고작 120원 정도에 불과하다.

여하며 거래를 하는 것일까? 첫 번째 이유는 화폐가 법화이기 때문이다. 법화는 법적 화폐를 말하는 것으로 법화가 되기 위해서는 사회적 통념상 모든 사람이 화폐로서 인정해야 한다. 즉 종이에 불과한 지폐가 모든 국민이 화폐로서 인정하고 있기 때문에 여러분들이 사용하는 대한민국의 5만원권, 1만원권 등은 법화가 될 수 있는 것이다(한국은행법 48조, 한국은행이 발행하는 한국은행권은 법화로서 모든 거래에 무제한 통용된다).

다음으로 화폐라는 단어보다는 돈과 Money라는 단어가 더 친숙하게 느껴지며 이에 대한 이미지는 부자를 연상하게 한다고 하였다. 이렇듯 화폐를 통해 부자를 연상하게 되는 이유는 돈을 가지고 있으면 자신이 원하는 재화나 서비스를 구매할 수 있고 그것은 자신의 소득 제약으로부터 벗어나 더 많은 선택을 할 수 있다는 의미이기 때문이다. 자 여기서 화폐의 중요한 정의가 추가되는데 바로 지불수단(payments)이다. 즉 재화와 서비스를 구매하기 위해서 지폐를 사용하고, 사회통념상 지불수단으로서 지폐를 사용하는 것이 문제가 없다면 이것이 바로 화폐라는 것이다.

화폐의 지불수단

2 화폐의 종류

화폐의 정의에서도 설명하였지만 "화폐란 무엇인가?"라는 질문에 우리는 보통 지갑 속에 있는 지폐와 동전을 생각하게 된다. 이는 우리가 살아가며 경험적으로 지폐와 동전을 많이 사용했기 때문에 학습되어진 것이다. 그렇지만 화폐의 종류는 지폐와 동전에 한정된 것은 아니다. 화폐의 종류는 물품화폐, 금속화폐, 지폐, 신용화폐, 전자화폐 등이 있으며 최근에는 비트코인과 같은 가상화폐도 존재하고 있다.

1 물품화폐(commodity money)

물품화폐는 과거 물물교환(batter) 시절에 사용된 화폐를 말한다. 따라서 물품화폐는 특정한 형태를 가지고 있지 않으며 보통 가치가 있는 물건을 물품화폐로 사용하였다. 이는 충분히 사용하고 남는 잉여 재화를 화폐로 사용하였을 때 나타날 수 있는 불편함을 해소하기 위한 것으로 교환 상대방 사이 욕망의 불일치를 방지하기 위함이었다.

예를 들어 농사꾼이 쌀농사를 지어 쌀을 수확하였다면 농사꾼이 먹고 남는 잉여 쌀을 농사꾼이 필요로 하는 무언가와 바꾸고 싶어 할 것이다. 이때 잉여 쌀이 바로 물품화폐가 되는 것이다. 그리고 농사꾼이 바꾸고 싶어 하는 것이 반찬으로 사용할 고기라고 가정해보자. 이때 거래 상대방인 정육점 주인도 가축을 도축하여 얻은 고기의 일부분을 본인이 충분히 소비하고 남는 고기를 물품화폐로 사용할 수 있을 것이다. 하지만 정육점 주인이 쌀이 아닌 사과를 먹고 싶어 한다면 농사꾼과 정육점 주인 당사자 간 원하는 것이 일치하지 않는, 즉 욕망의 불일치가 발생하게 되는 것이다. 결국 거래는 성사되지 않고 쌀과 고기 모두 물품화폐로서의 가치도 상실하게 되는 것이다.

그림 1-1 | **농사꾼과 정육점 간의 거래(욕망의 불일치)**

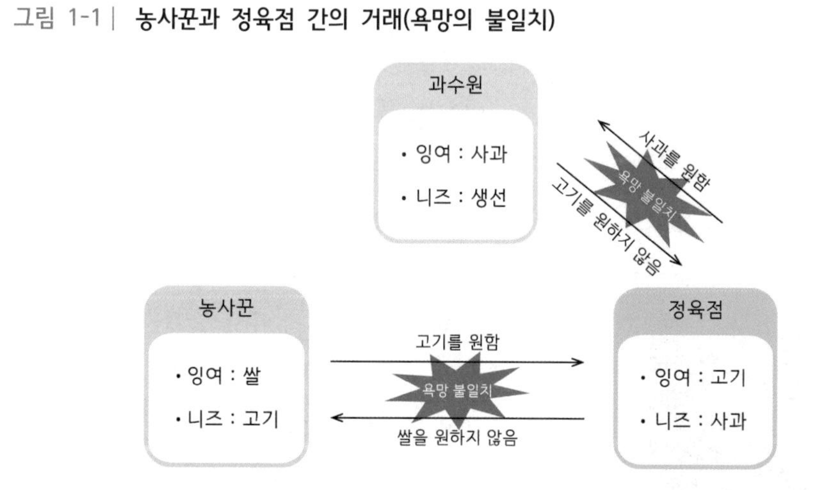

이러한 이유 때문에 물품화폐로 가치가 있는 물건을 사용하게 되었으며 대표적인 사례가 소금(salt)이다. 현재는 염전의 기술과 교통의 발달로 인해서 쉽고

저렴하게 소금을 얻을 수 있지만, 과거에는 발달되지 않은 염전 기술과 운송 역시 매우 어려워 소금을 쉽게 구할 수 없었다. 이와 더불어 소금이 사람의 생명을 유지하기 위해서 꼭 필요한 요소라는 점을 감안하면 충분히 가치가 있는 물품화폐였다는 것을 미뤄 짐작할 수 있을 것이다.

실제로 과거 로마에서는 소금을 군인의 월급으로 지급하였으며 현재 봉급(salary)의 어원은 소금(salt)에서 유래되었다고 한다.

2 금속화폐(metallic money)

금속화폐(동전)

금속화폐는 현재에도 많이 사용되고 있는 화폐로 국내에서는 10원, 50원, 100원, 500원 등이 주로 사용되고 있다. 금속화폐는 물품화폐에 비해서 튼튼하고(내구성) 휴대하기 편리한(편리성) 특성을 가지고 있기 때문에 아직까지 널리 사용되고 있다. 초기에 금속화폐는 지금의 동전처럼 정교하지 않았으며 동전의 무게를 화폐의 단위로 사용하였다. 즉 초기에는 금속화폐 자체에 가치가 표시되어 있지 않고, 각 상점 혹은 재화의 거래가 이뤄지는 곳에서 금속화폐 가치를 측정할 수 있는 저울이 함께 사용되었던 것이다.

금속화폐는 물품화폐에 비해 큰 장점을 가지고 있음에도 불구하고 시간이 지날수록 사용량이 감소하고 있다. 그 이유는 물가상승으로 인한 화폐가치 하락과 지폐나 신용카드에 비해 상대적으로 소지가 불편하기 때문이다. 예를 들어 1980년대 500원하던 짜장면이 현재는 5천원(실제로 물가상승률은 이보다 더 높음)이 되었으며 이는 1980년대에는 동전만 가지고 식사도 하고 생필품도 살 수 있었으나 현재는 그렇지 못하다는 것이다. 다시 말해 물가가 지속적으로 상승하는 과정에서 화폐의 가치가 낮은 동전은 점점 사용량이 줄어들 수밖에 없다는 것이다. 또한 신용카드와 비교하여 소지의 불편함을 들 수 있는데 우리나라의 경우 신용카드 및 스마트 결제시스템이 상점은 물론 전통시장에까지 설치되어 있기 때문에 어렵게 동전을 소지할 필요가 없게 된 것이다.

스마트 결제시스템

3 지폐

지폐

지폐는 현대 사회에서 화폐로 가장 많이 사용되는 것 중 하나다. 최근에 신용카드 및 전자화폐가 매우 많이 통용되고 있어 지폐의 사용량이 줄고 있으나 여전히 화폐 중에는 높은 사용 빈도를 차지하고 있다. 실제로 여러분들의 지갑 속에는 무엇이 가장 많이 들어 있는지 생각해보면 쉽게 알 수 있다. 여러분들이 대학교를 졸업하고 직장을 갖기 전까지는 일정한 소득이 발생하지 않아 신용카드를 만들거나 사용하기 쉽지 않다. 따라서 재화나 서비스의 구매 등을 가장 편하게 사용할 수 있는 방법은 지폐의 사용이라고 할 수 있다.

지폐의 등장은 은행의 출현과 관계가 깊다. 중세시대에 국제 무역이 활발해짐에 따라 상인들은 당시 통용되던 금화(금속화폐)를 매번 소지하고 다니기에 어려움을 느꼈다. 금화는 이전의 물품화폐보다 휴대하기 편했지만 양이 늘어나면 휴대에 불편함을 느낄 수밖에 없었다. 이 때문에 상인들은 금세공업자에게 금을 맡기고 금에 대한 보관증서(goldsmith's note)를 발행 받아 소지하고 다녔다. 따라서 금을 맡긴 상인은 상품을 구매하고 금이 아닌 증서를 거래 상대방에게 전달했으며 상품 판매자는 이 증서를 받아 금세공업자에게 제시하고 금을 받았던 것이다. 하지만 상인들은 거래가 지속되면서 금을 찾아서 보관하는 과정이 번거롭게 느껴졌으며 단순히 보관증서로만 거래를 하는 형태에 이르게 된 것이다. 이것이 바로 화폐의 출현이라고 할 수 있다. 또한 금세공업자는 금을 맡고 보관증서를 발행하던 지속적인 행태에서 상인들이 쉽게 금을 찾으러 오지 않는다는 사실과 사업 확장을 위해 금을 필요로 하는 상인들이 많다는 점을 이용하여 대출을 하게 됨으로써 은행이 탄생하게 된 것이다.

금세공업자와 상인들

4 신용화폐

우리는 보통 부동산 전세거래나 매매거래 시 현금을 사용하지 않는다. 그 이유는 대부분의 부동산은 거래 단위가 매우 크기(최근의 기준으로 최소 1억원 이상인 경우가 많으며 수도권 지역의 경우 이를 상회함) 때문에 지폐로는 상당한 양을 들고 다녀야 하기 때문이다.[2]

2 소위 007가방이라고 하는 서류가방에 1만원권 지폐로 가득 채울 경우 약 3억원 정도 들어간다고 하니 그 이상의 거래액이면 서류 가방을 몇 개씩 들고 다녀야 하는 번거로움이 있을 것이다.

이럴 경우 우리가 쉽게 생각해 볼 수 있는 것이 바로 수표다. 수표는 이렇게 고액의 거래에서 유용하게 사용되고 있으며 지속적인 성장과 물가상승으로 인해 화폐의 가치가 하락하면서 더욱 많이 이용하게 되었다. 하지만 수표는 법화가 아니다. 수표의 액면을 잘 들여다보면 법화인 5만원권과 다른 부분을 발견할 수 있는데 그것은 한국은행장의 직인이 없다는 것이다. 대신에 수표를 발행한 은행명과 발행지 지점장 직인이 찍혀 있는 것을 확인할 수 있다(사진 참조). 이것은 수표가 거래의 편리성과 기록을 위해 은행이 발행요청인의 예금을 근거로 발행한 것이기 때문이다. 좀 더 구체적으로 예금자는 A은행에 10만원을 예금하고, 예금을 근거로 10만원권 수표를 발행할 수 있다. A은행은 수표를 발행하고 수표의 소지자가 현금 요청 시 현금 지급을 위해 별단예금이라는 계정에 예금을 이관해 둔다. 최초 예금자가 재화를 구매하고 수표를 제시하면 판매자는 수표를 은행에 제시하고 현금을 수취하는 개념이라고 보면 된다.

수표와 현금화폐 비교

그림 1-2 | **수표의 거래과정**

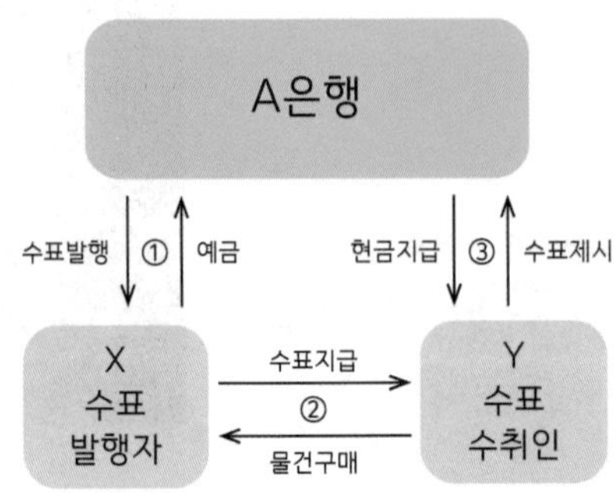

5 전자화폐

전자화폐는 지불수단으로 직접 지폐나 수표를 사용하지 않고 자금을 이체하는 방식을 말한다. 이 방식은 최근 인터넷 등 통신의 발달로 급속히 성장하고 있다. 전자화폐는 온라인 송금, ATM, POS, E-cash 등이 있다.

은행의 ATM/CD기기

우선 현금자동입출기(ATM: automated teller machine)는 예금통장을 근거로 발급받은 현금입출금 카드를 예금통장의 잔액 한도 내에서 ATM기기가 있는 어디에서든 현금을 입금 혹은 출금, 계좌이체, 잔액조회 등을 할 수 있는 시스템을 말한다. 최근에는 무인시스템 발달로 인해 생체정보 및 화상통화를 이용한 계좌개설도 가능하다.

생체인식기능이 가능한 ATM기기

다음으로 POS(point of sales)는 흔히 판매점단말기로 POS단말기라 부르며, 은행과 상점과의 온라인 연결을 통해 예금을 근거로 물건을 구매할 수 있는 시스템을 말한다. 최근 통신기술의 발달로 인해 백화점이나 큰 매장에 한정되어 있던 POS단말기는 스마트폰에 연결하여 결제할 수 있는 저렴하고 간편한 단말기가 보급됨에 따라 사용 금액과 빈도가 크게 성장하고 있다.

스마트폰에 연결한 POS단말기

E-cash는 화폐를 IC카드 등에 충전하여 재화와 서비스의 구매나 거래에 사용하는 전자화폐를 말한다. 즉 선불카드시스템과 유사하다고 생각하면 된다. 선불카드는 은행에서 발급받은 카드에 일정금액을 충전하여 충전금액만큼 구매에 사용할 수 있는 것을 말한다. 여러분들이 가장 흔하게 사용하는 선불카드는 교통충전카드다. 최근에 선불카드는 스타벅스, 커피빈, 이디야 등 커피전문점에서도 발급하고 있어 실생활에 빈번히 사용되고 있다.

스타벅스의 선불카드

6 가상화폐(암호화폐)

가상화폐(virtual currency)란 지폐나 동전 등 실물 없이 온라인상에서만 거래되는 화폐를 말한다. 이는 최근 블록체인(blockchain) 암호화 기술과 결합되어 암호화폐(crypto currency)라고도 부른다. 대표적인 가상화폐인 비트코인에 대해서 알아보자.

비트코인은 2008년 10월 사토시 나카모토라는 가명을 쓰던 프로그래머에 의해 개발된 가상화폐로 화폐단위는 BTC를 쓴다. 비트코인은 중앙은행 없이 전 세계에서 P2P방식으로 개인들 간 금융거래를 할 수 있으며 블록체인[3]을 기반으로 만들어진 가상화폐다. 현재 비트코인은 전 세계적으로 거래되고 있으며 일부 상점에서는 비트코인을 지불수단으로 활용한 결제를 행하고 있다.

3 블록체인
블록체인이란 비트코인의 거래 장부를 전 세계 각각의 사용자 서버에 분산하여 저장함으로써 사실상 해킹이 불가능하게 만든 시스템이다. 이는 가상화폐 거래의 안전성에 매우 중요한 역할을 하였다.

비트코인이 전 세계적으로 거래되고 있지만 아직 화폐로서 인정할 수 없다는 의견이 많다. 이는 비트코인이 화폐로서 가지는 3가지 기능인 교환의 매개수단, 가치의 척도수단, 가치의 저장수단을 통한 화폐가치의 안전성과 예측가능성, 중앙정부의 인위적인 가치통제 가능성을 모두 만족시키기 어렵기 때문이다. 즉 비트코인은 가격변동성이 크기 때문에 화폐 가치의 안정성과 예측가능성이 매우 어렵다. 이럴 경우 교환의 매개수단으로서 사용이 어렵고 가치의 척도로서도 이용이 힘들다. 따라서 현재 비트코인을 보는 세계적인 시각은 화폐보다 재화(commodity)의 관점으로 보는 시각이 크다. 이는 비트코인이 법화로서 국가의 통제를 받기 보다는 수요와 공급 원리에 의해 움직이는 금과 같다는 것이다. 하지만 금은 실물이 존재하므로 가치가 보증되지만 비트코인은 실물이 존재하지 않음으로 가치가 보증되지 않는다는 점에서 완전한 재화로 보기도 어렵다.

비트코인의 이런 불안전성에도 불구하고 블록체인 코드를 기반으로 이더리움, 이더리움 클래식, 리플, 라이트 코인, 대시, 모네로, 제트캐시, 퀀텀 등 다양한 가상화폐가 생겨났다. 더욱이 최근 가상화폐에 대한 투자 광풍이 국내에서 발생하며 2017년 연초 100만원이던 1BTC은 연말 2,000만원까지 상승하여 극심한 변동성과 투기성을 나타내기도 하였다.

비트코인

표 1-1 | **현금, 전자화폐, 가상화폐 비교**

	현금	전자화폐	가상화폐
발행기관	중앙은행	금융기관, 상점 등	없음
발행규모	중앙은행 재량	소비자 수요	사전 결정
화폐단위	각국 화폐 단위	현금과 동일	독자단위
교환가치	각국 화폐 신용도	현금과 1:1	수요-공급 원리
법률기반	중앙은행법(한은법)	전자금융거래법	없음
거래기록	필요 없음	발행기관	불특정다수(사용자)
기반기술	주조, 인쇄술	지급결제 청산 인프라	분산원장 기술

그림 1-3 | **비트코인 가격 추이**

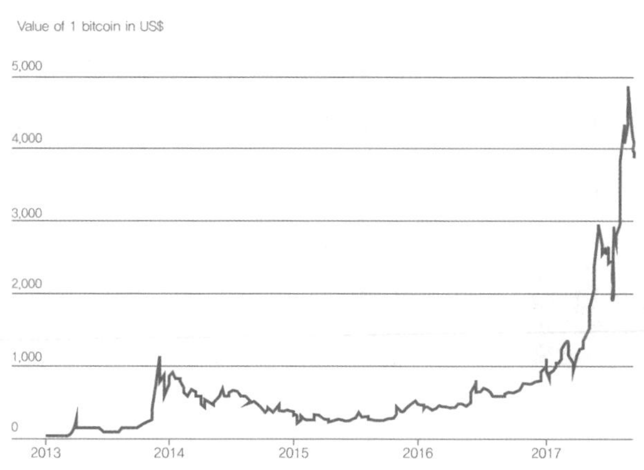

출처: 톰슨 로이터

국내 비트코인 결제

일본 비트코인 ATM

7 기타

최근에는 과거와 달리 화폐에 대한 수요가 크게 줄고 있으며 그 대표적인 이유로 신용카드 및 전자 결제시스템의 증가를 들고 있다. 이렇게 화폐에 대한 수요가 줄고 신용카드 사용에 대한 수요가 증가한 것은 통신과 결제시스템의 발달 때문이다. 우리나라는 어느 지역이나 통신망이 잘 연결되어 있으며 통신망을 통해 결제시스템 또한 잘 갖춰져 있다. 따라서 화폐를 소지하지 않고도 대부분의 매장이나 전통시장에서 구매가 가능하다. 이와 더불어 신용카드는 소지에 편리성이 높기 때문에 사용액이 점차 증가하는 추세다.

그렇다면 신용카드[4]는 화폐로 분류될까? 그렇지 않다. 신용카드도 화폐의 특징인 지불수단이 되지만 엄밀히 말하면 카드사가 화폐를 단기적으로 빌려주는 것에 지나지 않는다. 즉 신용카드로 물건을 산다면 카드사는 수수료를 제외하고 구매대금을 판매자에게 지급하며 신용카드 결제일에 구매자에게 카드 사용대금을 일시금으로 받게 되는 것이다. 따라서 신용카드는 단기대출의 개념으로 생각하면 된다. 우리는 흔히 빚이라고 부르는 대출을 정해진 시간에 상환하지 못하면 신용불량자나 파산에 이르게 되는데 신용카드 역시 돈을 빌려서 구매를 하는 개념이기 때문에 무분별한 지출은 개인 파산에 이르기도 한다.

4 신용카드
일정한 소득이 있는 경우 신용카드 발급은 어렵지 않으나 무분별한 신용카드 사용은 결국 개인을 파산으로 이끌기도 한다.

신용카드

그림 1-4 | **신용카드 승인금액 및 증감률 추이**

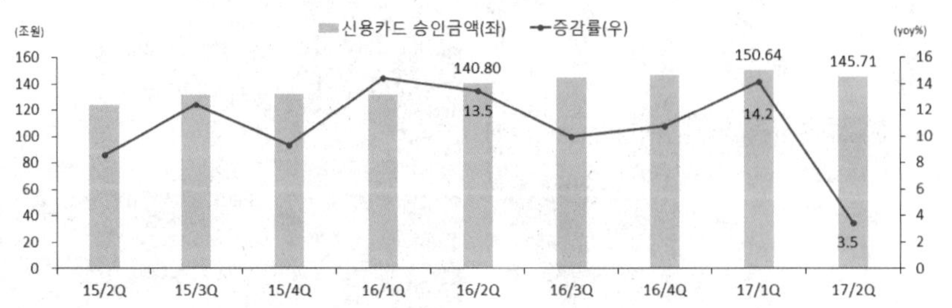

출처: 여신금융연구소

3 | 화폐의 기능

우리는 보통 화폐를 구매의 목적으로 소지하고 있기도 하고, 구매할 것을 대비하여 화폐를 소지하기도 한다. 또한 직접 구매나 구매를 대비하여 소지하는 것 이외에 은행에 예금해 놓기도 한다. 우리가 일상에서 화폐를 가지고 행해지고 있는 것들이 화폐의 기능이다. 보통 경제학에서 화폐의 기능은 교환의 매개수단, 가치의 저장수단, 가치의 척도수단 이렇게 3가지로 구분하지만 금융경제학에서는 지불수단까지 포함한 4가지로 구분하기도 한다.

1 가치의 척도

화폐는 재화와 서비스의 가치를 측정하는 회계적 단위로 사용된다. 우리나라에서 키나 신발 사이즈는 센티미터 단위를 사용하고 몸무게는 킬로그램 단위를 사용한다. 이와 같이 각각의 특정한 척도를 사용하여 크기나 무게를 측정하는 것과 같이 재화와 서비스 가치를 화폐의 단위로 측정할 수 있다. 보통 우리가 상점에서 물건 가격이 표시되어 있는 것이 그 물건 가치의 척도를 화폐로 표시한 것이다. 이는 매우 편리한 방법이며 만약 화폐와 같은 가치의 척도를 나타내는 지표가 없다면 각각의 재화마다 교환비율이 있어야 할 것이다. 예를 들어 쌀 1가마니는 소고기 1근, 혹은 돼지고기 5근과 같이 각각의 교환 비율이 있어야 하며 스마트폰 1/20개라는 웃지 못 할 교환비율도 존재했을 것이다. 우리는 화폐의 가치척도기능을 통해 화폐 단위로 재화와 서비스들의 가치를 비교할 수 있는 것이다.

2 교환의 매개수단

화폐의 기능 중에는 교환의 매개수단이 있다. 교환의 매개수단은 화폐가 없다는 것을 가정하고 물건을 교환하는 과정을 생각해 보면 쉽게 이해할 수 있다. 여러분은 훌륭한 농사꾼으로 벼농사를 아주 잘 짓는 농부라고 가정해보자. 수확한 쌀 중에 여러분이 먹고 남는 잉여 쌀을 반찬으로 사용할 감자와 교환하고 싶다고 가정하자. 이런 거래 방식이 바로 물물교환(bater)이다. 여러분은 쌀을 등에 지고 열심히 강과 산을 건너 강원도에 가서 감자농사를 짓는 사람에게 쌀과 감자를 교환할 것을 요청할 것이다. 하지만 감자농사를 짓는 사람은 쌀이 아니라 제주도의 귤과 교환하고 싶어 한다고 가정해보자. 그럼 교환이 성립하겠는가? 이를 경제학에서는 "욕망의 이중적 일치" 혹은 "욕망의 불일치"라고 표현한다. 즉 서로가 원하는 물건이 다를 경우 거래가 성사될 수 없다는 것이다. 그럼 여러분은 귤과 쌀을 교환해 귤과 감자를 다시 교환하는 방식으로 감자를 얻고자 할 수도 있다. 그래서 다시 쌀을 짊어지고 제주도로 향할 수 있다. 그러나 제주도 과수원 주인은 쌀이 아닌 강원도 배추와 교환하기를 원한다면 어떻게 하겠는가? 이제는 거래를 포기하는 것이 나을 수도 있다. 이런 가정을 통해 생각해보면 화폐가 얼마나 유용한 기능을 가지고 있는지 파악될 것이다. 자, 이제 앞서 설명한 과정에서 화폐가 들어가면 어떤 결과가 나타날지 한 번 생각해보자. 아주 간단히 여러분은 잉여 쌀을 시장에 내다 팔고 받은 돈을 가지고 필요한 감자를 사면 된다. 이것이 교환의 매개수단으로서의 화폐의 기능이다.

3 가치의 저장수단

화폐는 저장수단으로서도 사용된다. 앞서와 마찬가지로 여러분들이 농부라고 가정한다면 여러분은 남는 잉여 쌀을 창고에 보관할 것이다. 다행히 쌀은 통풍이 잘 되고 적정한 온도를 유지한다면 한동안 저장이 가능하지만 화폐에 비해서는 그 저장 능력이 현저하게 떨어진다. 특히 쌀은 시간이 지날수록 가치가 떨어진다. 이제 앞선 과정에 화폐를 넣어서 설명해보자. 여러분들은 쌀이 신선할 때 가장 좋은 가격으로 시장에서 판매하고 화폐로 보유할 수 있게 된다. 또한 자산의 형태로 화폐를 저장할 수 있으며 이는 현재의 구매력을 미래로 이전시키는 효과도 가져올 수 있다.

상점 물건들의 가격표

4 지불수단

화폐의 정의에서 언급했듯이 화폐의 기능 중에 하나는 지불수단으로서의 기능이다. 보통 경제학에서 화폐는 앞의 3가지 기능을 설명하지만 금융경제에서는 지불수단으로서의 기능도 중요한 기능으로 판단한다. 화폐의 지불수단으로서 기능은 재화나 서비스 매매를 함에 있어서 판매자가 구매자에게 자신의 재화를 넘겨주고 그 대가로 화폐를 받는 것에 사회적으로 합의가 되었다는 것을 의미한다. 즉 모든 국민이 화폐로서의 가치를 인정하고 지불수단으로서 화폐를 인정하였을 경우 화폐가 지불수단으로서 기능을 수행할 수 있다는 것이다.

4 | 화폐의 발행

화폐의 정의에서 화폐는 법화이며 지불수단으로서의 기능이 있어야 한다고 하였다. 따라서 법적 화폐이기 때문에 정부가 발행해야 한다고 생각할 수 있으나 화폐는 중앙은행인 한국은행이 발행한다. 이는 지폐의 유래에서 찾을 수 있는데 지폐는 금세공업자에게 금을 맡기고 금보관증서를 상인들이 사용하면서부터 시작되었다고 설명했다. 따라서 상인들이 거래를 위해 사용한 금보관증서는 지폐의 유래가 되었고 금을 맡고 금보관증서를 발행한 금세공업자는 은행의 유래가 되었다. 금세공업자는 본인이 발행한 금보관증서를 소유한 상인에게 금을 내어줄 의무가 있었기 때문에 금세공업자의 직인을 찍었을 것이다. 이는 본인이 발행한 사실 여부를 확인하기 위함이었으며 현재도 그것이 전해 내려오고 있는 것으로 짐작해 볼 수 있다.

한국은행 총재 직인

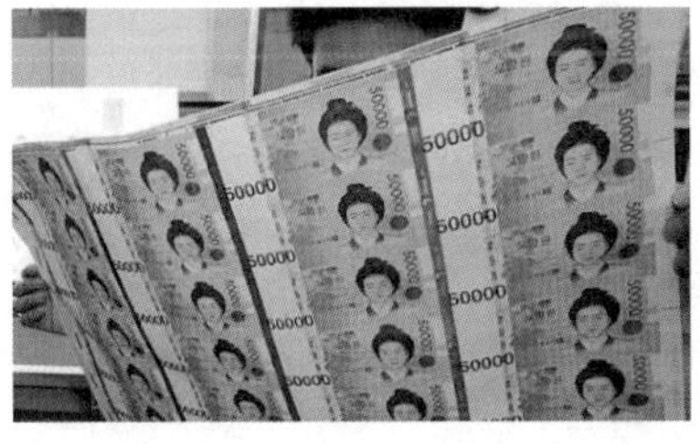

조폐공사 화폐발행

연습문제

01 화폐의 종류는 물품화폐, 금속화폐, 지폐, 신용화폐, 전자화폐, 가상화폐 등이 있다. 그렇다면 이들 각각의 화폐 종류에 대해 어떤 특징이 있는지 설명해 보시오.

02 화폐는 가치의 척도, 교환의 매개수단, 가치의 저장수단, 지불수단 등의 기능을 가지고 있다. 이들 각각의 기능에 대해서 자세히 설명해 보시오.

03 비트코인이 화폐가 아닌 이유에 대해서 설명해 보시오.

04 신용카드는 현대인들이 결제수단으로서 가장 많이 이용하는 방법 중에 하나다. 따라서 신용카드를 화폐라고 생각하는 사람들이 많다. 하지만 신용카드는 화폐가 아니다. 그렇다면 신용카드가 화폐로 분류되지 않는 이유에 대해서 설명해 보시오.

CHAPTER 02

금융과 금융시장의 개념

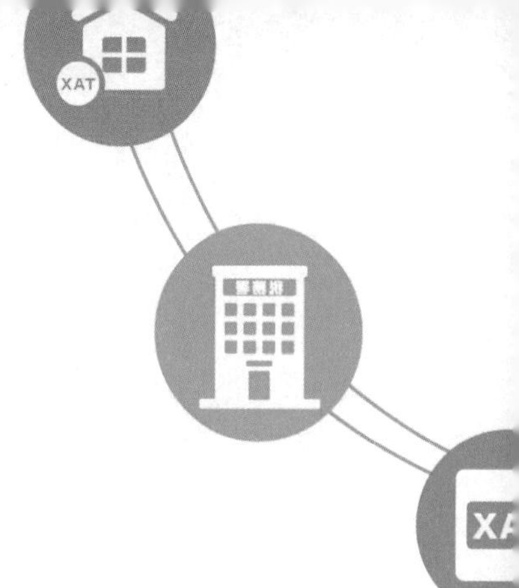

단원을 시작하며

독자들은 금융시장이라고 하면 막연하게 무엇이 떠오르는가? 어떤 사람은 은행이 가장 먼저 떠오를 수도 있고, 어떤 사람은 주식이 가장 먼저 떠오를 수도 있다. 또한 대출을 받아 본 사람이라면 대출이 먼저 떠오를 수도 있고 조금 관심이 있는 분이라면 2008년 글로벌 금융위기가 떠오를 수도 있다. 금융이라는 큰 의미에서는 모두 맞는 말이다. 금융은 자금이 남는 사람한테서 자금이 부족한 사람에게 자금이 이전되는 현상을 이야기하므로 이런 자금 거래가 모두 금융이라고 볼 수 있다.

자, 그렇다면 정형화된 금융과 금융시장, 금융상품에 대한 기본적인 정의를 이번 단원에서 알아보도록 하자.

1 | 금융의 정의

금융(finance)이란 여유자금이 자금을 필요로 하는 사람에게 융통되는 것을 말한다. 우리는 소득에서 소비를 하고 여전히 자금이 남아 있는 주체를 흑자주체라고 부른다. 즉 여유자금이 있는 주체를 말하는 것이다. 반면에 소득보다 소비가 큰 주체를 적자주체라고 부른다. 이런 경우 흑자주체에서 적자주체로 자금이 흘러가고 적자주체는 자금에 대한 대가를 지불하게 되는데 이런 일련의 과정을 금융이라고 한다. 여기서 흑자주체는 가계가 될 수도 있고 사내유보금이 넉

넉한 기업이 될 수도 있다. 하지만 경제 전반적인 면을 고려할 때 흑자주체는 가계로 간주한다. 적자주체 역시 소득보다 소비가 많은 가계도 될 수 있고, 투자를 위해 자금이 필요한 기업이 될 수도 있다. 하지만 이도 앞서와 마찬가지로 경제 전반적인 면을 고려하면 적자주체는 기업으로 간주할 수 있다. 이렇게 금융은 자금이 필요한 사람에게 자금을 공급하여 주고 자금의 여유가 있는 사람에게는 자금을 공급하며 대가를 받을 수 있기 때문에 당사자 모두 만족할 수 있는 거래가 성립된다.

그림 2-1 | **적자주체와 흑자주체의 자금흐름도**

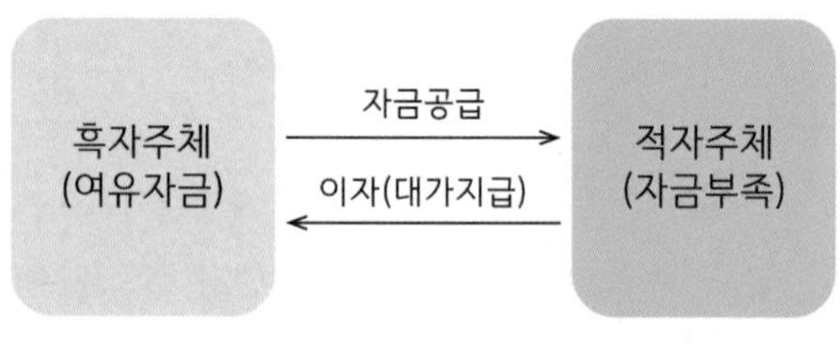

2 | 금융시장의 의의

금융은 잉여자금을 가진 사람과 자금을 필요로 하는 사람 간에 거래라고 설명하였다. 이것을 대차거래라고 한다. 금융시장(financial market)은 자금을 공급하는 사람과 자금의 수요자가 만나서 거래하는 시장을 말한다. 우리는 금융시장을 금융중개기관 여부에 따라 직접금융시장과 간접금융시장으로 나눈다.

우리는 은행이라는 금융중개기관에 매우 익숙해져 있으므로 먼저 간접금융시장에 대해서 알아보도록 하자. 간접금융시장은 흑자주체에서 적자주체로 자금흐름이 이어질 때 중간에 은행(상업은행)이 금융중개기관으로 끼워져 있는 형태를 말한다(〈그림 2-2〉 참조). 이 과정은 대표적인 은행의 업무와 연관되며 여러분들의 기본적인 금융생활과도 연관되어 있다. 이해를 돕기 위해 다음 상황을 가정해보자. 여러분이 잉여자금을 은행에 저축하게 되면 은행은 여러분에게 통장을 개설해 준다. 이런 과정은 여러분뿐만 아니라 매우 많은 사람들이 같은 행위를 한다는 것을 짐작할 수 있을 것이다. 반면 적자주체인 기업은 새로운 기술투자나 공장증설, 상품개발을 위해 은행으로부터 자금을 차입하고 채무증서를 받게 된다. 이는 현재 여러분이 살고 있는 사회에서 지극히 현실적인 가정임을 명심하자. 〈그림 2-2〉를 통해서 확인할 수 있듯이 간접금융이라 부르는 이유는 자금이 공급자에서 수요자에게 직접 전달되지 않고 중간에 금융중개기관을 거쳐 가기 때문이다.

그림 2-2 | **직접금융시장과 간접금융시장**

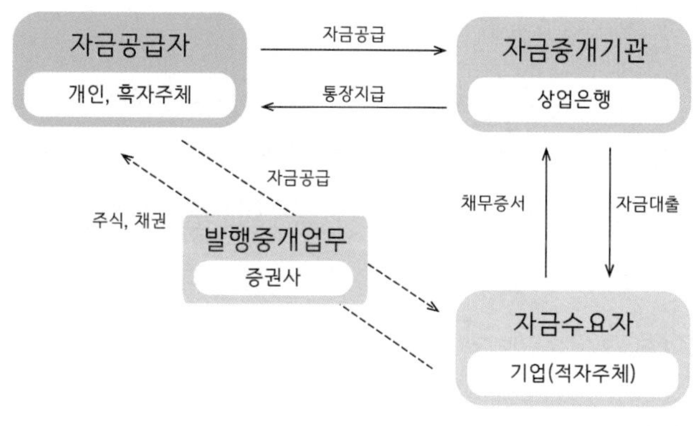

다음으로 직접금융은 자금의 수요자와 공급자 사이에 금융중개기관 없이 자금이 직접 전달되는 방식이다. 이는 앞서 설명한 간접금융보다 독자들이 생소하게 느껴질 것이다. 실제로 우리나라의 제도권 금융계좌를 소유하고 있는 사람은 90%를 상회하며 OECD 국가 중에서도 상위권을 기록하고 있다. 이는 대부분의 국민들이 은행계좌를 개설하고 이용하고 있다는 뜻이다. 반면 우리나라 국민 중 주식거래를 하고 있는 사람은 약 10%로 10명 중 1명만이 주식거래를 하고 있기 때문에 직접금융에 대한 이해가 부족한 것이다. 이해를 돕기 위해 다시 적자주체인 기업의 경우를 생각해보자. 기업은 새로운 투자나 시설확충을 위해 자금이 필요할 것이다. 이에 기업은 은행으로의 차입을 통해 자금을 조달하는 방법도 있지만 주식(stock)이나 채권(bond)[1]을 발행하여 자금을 조달하는 방식도 있다. 여기서 주식이나 채권을 본원증권(primary security)이라고 부른다. 주식이나

1 채권
주식과 채권에 대한 자세한 설명은 금융투자상품 단락에서 볼 것이다.

채권은 기본적으로 발행기업의 신용도를 토대로 발행되지만 발행절차를 직접 진행하는 것은 아니며 자본시장의 증권사(투자증권사)들이 담당한다. 언뜻 보면 증권사가 금융중개업자의 역할을 하고 있는 것처럼 생각할 수 있지만 그렇지 않다. 직접금융에서 증권사는 단순 중개업무만 한다. 즉 증권사는 주식이나 채권 발행을 위한 절차를 진행해주고 일정수수료(commission)를 받기 때문에 거래 당사자로 참여한다고 볼 수 없다. 다시 말해 자금의 수요자인 기업은 본원증권을 발행하고 자금의 공급자인 가계는 본원증권을 수취하며 자금을 공급하는 것이다.

직접금융과 간접금융의 의의에 대해서 알아보았는데 이 둘 사이에는 큰 차이점이 몇 가지 존재한다. 우선 위험에 대한 수용여부다. 우리에게 친숙한 간접금융은 위험을 금융중개기관인 은행이 부담하고 있다. 이것은 여러분들이 은행에 예금하면서 기대하는 것을 생각해보면 쉽게 알 수 있다. 여러분들이 은행에 예금을 하는 이유는 안전하게 이자를 받을 수 있기 때문이라는 사실을 어느 누구도 부인할 수 없을 것이다. 그렇게 생각하는 이유는 은행이 책임지고 자금을 이자와 함께 돌려줄 것이란 믿음이 있기 때문이다. 은행은 불특정다수로부터 예금을 받아 그 자금을 기업에 대출해준다. 만약 기업이 부도가 나거나 지급불능 상태가 된다고 하더라도 그 기업과 여러분 사이에는 직접적인 계약관계가 없으므로 은행은 여러분에게 약속한 원금과 이자를 지불할 것이다. 이처럼 간접금융에서 위험은 금융중개기관이 부담한다. 반면 직접금융에서 위험은 본원증권을 매수한 개인이 부담한다. 앞서도 언급했듯이 증권사는 단순 중개업자이므로 위험을 부담하지 않는다. 주식이나 채권을 발행한 기업이 부도나 지급불능에 빠지게 되면 그 위험은 주식이나 채권을 매수한 개인이나 투자자가 지게 되는 것이다. 이렇게 위험을 개인이 부담하는 대신에 은행 금리보다 높은 수익률을 기대하게 된다.

다음으로 본원증권의 형태 여부에 따라 직접금융과 간접금융 간 차이가 발생한다. 우선 직접금융은 본원증권인 채권이나 주식을 자금 수요자가 직접 발행한다. 따라서 자금 수요자인 기업은 본인 회사의 명의로 된 본원증권을 발행하고 본원증권 형태 그대로 자금의 공급자에게 전달된다. 즉 직접금융시장을 통한 본원증권은 형태가 변하지 않고 자금의 수요자가 발행한 형태 그대로 자금 공급자에 전달된다. 직접금융에 대표적인 본원증권은 주식과 채권이 있다. 반면 간접금융의 경우 본원증권의 형태가 금융중개기관에 의해 변형된다. 그 이유는 자금 공급자와 수요자가 각각 금융중개기관과 일종의 계약을 하기 때문이다. 우선 자금 공급자는 금융중개기관의 신용도를 믿고 자금을 공급하는 것이기 때문에 거래 당사자는 자금 공급자와 금융중개기관이 된다. 이때 발행되는 증권이 간접증권이다. 간접증권의 형태는 여러분들이 익숙한 예금통장이 되는 것이다. 예금통장에는 자금의 수요자에 대한 언급은 단 한마디도 없다는 사실을 여러분들은 확인할 수 있을 것이다. 그 이유는 이 거래에서 자금 수요자는 거래 당사자가 아니기 때문이다. 다음으로 자금 수요자는 금융중개업자로부터 자금을 공급받으며 이때 본원증권이 발행되고 우리는 이것을 채무증서라고 부른다. 채무증서 역시 자금 공급자에 대한 언급은 어디에도 없다. 그 이유는 앞서와 마찬가지로 이 거래에서 자금 수요자는 당사자가 아니기 때문이다.

3 금융상품의 의의와 특성

금융시장에서는 흑자주체의 여유자금이 적자주체에게 이전되며 흑자주체는 자금대여 대가를 받는다고 정의하였다. 또한 흑자주체에서 적자주체로 자금이 전달되고 반대방향으로 본원증권이 전달된다는 것을 확인하였다. 여기서 본원증권은 미래 시점에 대여자금에 대한 금융청구권으로 이것을 금융상품이라고 한다. 여러분이 흔히 알고 있는 금융상품은 상업은행에서 취급하는 예금, 적금이 있으며 독자들에게 여유자금이 있다면 은행에서 예금과 적금을 쉽게 가입할 수 있을 것이다. 이때 여러분은 여유자금을 예치하고 예금통장 혹은 적금통장을 받게 되는데 그것이 바로 금융상품이다. 예금 혹은 적금을 가입 후 만기에 통장을 들고 은행에 방문하면 최초 예치한 자금과 그 대가인 이자를 함께 지급받게 되는 것이다.

예·적금 통장

금융상품은 여러분이 익숙하게 알고 있는 예금과 적금뿐만 아니라 채권, 주식, 펀드, 신탁 등 매우 다양하며 이러한 금융상품에 대한 매수(가입)를 금융투자라고 한다.[2]

2 예금과 보험의 경우, 자통법상 금융투자상품으로 구분되지는 않는다. 이에 대한 자세한 사항은 "금융투자와 금융투자상품의 정의"에서 확인할 수 있다.

주식·채권 거래

금융상품은 수익성(profitability), 위험성(risk), 유동성(liquidity) 등의 특성을 가지고 있으며 금융투자 시 이 3가지 특성을 고려하여야 한다. 우선 수익성은 금융투자자가 금융상품을 투자함으로써 기대할 수 있는 수익금을 뜻하는 것으로 예금과 채권의 이자(interest rate), 주식의 배당금(dividends), 채권과 주식의 자본이득(capital gain) 등이 있다. 여기서 배당금이란 주식을 매수할 경우 회사의 이익금을 배분받을 수 있는 권리로 이자와 같이 정해진 금액을 수취하는 것은 아니다. 또한 자본이득은 매매차익을 뜻하는 것으로 금융상품의 매수 가격과 매도 가격 차이로 인해 발생하는 수익(손실)을 말한다. 예를 들어 삼성전자 주식을 200만원에 매수하여 220만원에 매도하였다면 20만원의 자본수익을 얻은 것이다. 다음으로 위험성은 금융상품에 투자함으로써 발생할 수 있는 손실을 말한다. 위험은 채무불이행위험(default risk), 시장위험(market risk), 구매력위험(purchasing power risk) 등이 있다. 채무불이행위험은 채권이나 주식을 발행한 기업의 부도로 인해 투자금을 회수할 수 없는 위험을 말한다. 이 경우 주식은 회사 내 자기자본금으로 분류되기 때문에[3] 회수 가능성이 거의 없는 것으로 판단하는 반면 채권은 회사자산을 매각하는 과정에서 일부 회수할 가능성[4]이 존재한다. 시장위험은 수익성에서 설명한 자본이득과 상반된 개념으로 금융상품의 시장가치 하락으로 자본손실이 발생할 수 있는 위험을 말한다. 즉 삼성전자 주식을 200만원에 매수하여 180만원에 매도하였다면 20만원의 자본손실(capital loss)이 발생한 것이다. 마지막으로 구매력 위험은 물가상승[5]으로 인해 구매력이 손실되는 위험을 말한다. 물가상승은 화폐가치를 하락시키며 이는 동일한 화폐기준의 구매력 하락과 같은 의미를 지닌다. 예를 들어 100만원을 1년 만기 10%의 이자율로 예금하였는데 1년 후 물가가 20% 상승하였다면 어떤 결과가 나타날까? 1년 후 원리금 합계는 110만원으로 예금을 가입할 당시보다 명목적으로 많은 돈을 수령하였지만 예금당시 100만원하던 노트북이 물가상승으로 인해 120만원이 되었기 때문에 구매력은 오히려 하락했다.[6] 이렇게 금융상품에 투자한 수익금보다 물가상승률이 높아서 구매력이 하락하는 위험을 시장위험이라고 한다. 유동성 위험은 금융투자자가 원할 때 금융상품을 화폐로 전환하지 못하는 위험을 말한다. 여기서

3 주식
주식을 매수한다는 의미는 주주가 된다는 의미이며, 주주는 회사의 주인으로 회사에 대한 무한책임을 진다.

4 채권
채권은 일종의 대차관계로 회사입장에서는 부채이기 때문에 주식에 우선하여 변제받을 권리가 있다.

5 물가상승
인플레이션에 대한 자세한 설명은 '이자율의 정의'에서 다룰 것이다.

6
즉 1년 뒤에 받은 예금의 원리금 합계는 110만원이고 노트북은 120만원이 되었기 때문에 노트북을 살 수 없다는 뜻이다.

유동성이란 원금의 손실 없이 투자자가 원할 때 화폐로 전환할 수 있는 정도를 말한다.[7] 보통의 경우 장기상품은 유동성이 낮은 대신 수익률이 높고, 단기상품은 유동성이 높은 반면 수익률이 낮다. 이는 금융상품을 매수한 입상에서 단기상품은 빠르게 현금화할 수 있다는 이점이 있기 때문에 낮은 수익률에도 투자의 유인이 높고, 장기상품은 현금화하기 어렵다는 위험이 존재하므로 위험프리미엄만큼 수익률을 높게 제시하여야 투자의 유인이 생긴다는 것이다.

7 유동성이 가장 큰 것은 화폐이며, 화폐자체를 유동성이라고 부르기도 한다.

4 금융제도의 의의와 기능

금융제도는 금융시장과 금융기관을 통제하는 총체적 규범체계를 말한다. 이는 앞서 설명한 흑자주체와 적자주체 간 자금과 금융상품 이동에 대한 전반적인 금융시스템을 설명하는 것으로 금융시스템이 원활히 작동할 수 있는 금융하부구조까지를 포함하는 개념이다.

금융하부구조는 자금과 금융상품의 흐름에 직접 관연하지는 않으나 금융시스템이 잘 작동할 수 있도록 지원 및 감시 등을 하는 기관을 말한다. 금융하부구조에는 중앙은행, 감독당국, 예금자보호제도, 지급결제제도 등이 포함된다. 우리나라에서 중앙은행은 한국은행을 지칭하는 것으로 화폐가치의 안정성을 확보하는 역할을 한다. 만약 화폐의 안성성이 보장되지 못하면 화폐보다는 실물자산을 통한 거래가 이뤄지며 금융시스템은 붕괴될 것이다. 금융감독은 금융의 불법적인 거래나 금융사의 위험 투자 등에 대한 감독을 통해 금융시스템의 안정성을 확보하는 것으로 국내에서는 금융감독원이 주로 해당 업무를 수행하며 한국은행도 일부 감독업무를 담당하고 있다. 예금자보호제도는 예금자의 안정적인 자산 보호는 물론 연쇄적인 인출(bank run)로 인한 금융시스템 붕괴 방지를 위한 것이며 국내에서는 예금보험공사가 업무를 수행한다.

금융제도의 기능은 로스(P.S Rose)의 분류에 따라 다음과 같이 일곱 가지로 분류할 수 있다. 첫째, 금융제도는 경제주체인 가계에게 저축수단을 제공한다. 금융기관들이 제공하는 예금이나 채권 등은 위험이 낮고 유동성이 높으며 비교적 높은 수익성을 제공한다. 또한 저축 재원은 실물시장의 투자로 연결되어 경제성장에 기여한다. 둘째는 부의 저장수단으로서의 기능을 수행한다. 실물자산의 경우 부식이나 파손 위험이 존재하는 반면 금융상품은 이런 손실 없이 자산을 보존할 수 있다. 더욱이 금융상품은 이자나 배당 등을 통해 일정부분 소득을 발생시키기도 한다. 셋째로 자금의 수요자가 원하는 만기와 금액으로 자금 공급이 가능하다. 이는 금융중개기관이 다수의 공급자로부터 받은 자금을 모아 기업 등 수요자가 요구하는 금액과 만기를 가진 상품으로 변환이 가능하다는 것이다. 넷째로 금융제도는 여러 가지 형태의 신용(credit)을 제공한다. 여기서 말하는 신용은 대출의 형태를 의미하며 경제주체인 가계와 기업은 소비 혹은 투자를 위해 자금을 차입하길 원한다. 신용기능을 통해 자금을 차입한 주체는 만기에 이자와 원금을 상환한다. 다섯째는 금융상품 등의 거래 및 상환 등을 위해 지급결제수단을 제공한다. 지급결제는 예금이체, 수표, 신용카드, 전자결제 등이 있다. 여섯째는 파생상품 등을 통해 위험을 전가하는 기능을 제공한다. 위험의 전가를 위해 사용되는 금융상품은 보험, 선물, 옵션 등이 있으며 보험은 미래에 예상되는 자산 및 신체적인 위험으로부터 자산과 건강을 보호하는 역할을 한다. 또한 선물 및 옵션과 같은 파생상품은 실물자산 혹은 금융자산의 가격변동성 등을 헷징(hedging)하는 수단으로 사용할 수 있다. 마지막으로 금융제도는 경제안정화 정책의 파급경로를 제공한다. 예를 들어 통화정책의 일환으로 공개시장조작 등이 이뤄질 경우 국채의 거래가 원활히 이뤄질 수 있는 역할을 제공한다.

그림 2-3 | **금융시스템 구조**

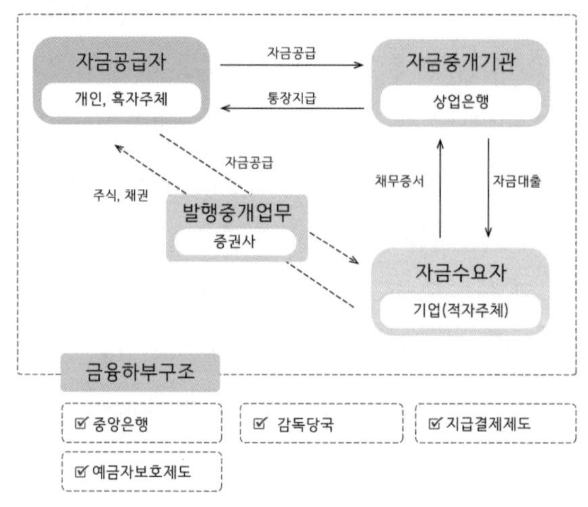

5 | 금융시장의 분류

금융시장은 거래상품의 만기, 자금조달 형태, 유통과정, 거래형태 등에 따라 자금시장과 자본시장, 발행시장과 유통시장 등으로 구분할 수 있다.

우선 금융시장의 의의에서 설명한 바와 같이 자금의 수요자와 공급자 사이에 본원증권이 바뀌는지 여부에 따라 직접금융시장과 간접금융시장으로 구분할 수 있다. 직접금융시장은 자금의 수요자와 공급자 사이 본원증권이 변경되지 않으며 자금 역시 공급자에서 수요자로 바로 연결된다. 대표적인 직접금융시장에서 발행되는 본원증권은 주식과 채권이 있다. 반면 간접금융시장은 자금의 중개자인 상업은행이 자금의 수요자와 공급자를 연결해주며 이 과정에서 본원증권이 변경된다. 즉 자금의 공급자는 은행에 예치를 하며 통장을 받고 자금의 수요자인 기업은 은행에서 차입을 하면 차입증서를 받는다. 또한 직접금융시장은 자금의 공급자가 직접 위험을 감수하지만 간접금융시장은 중개기관인 은행이 위험을 감수하는 구조다.

금융시장은 금융상품의 만기에 따라 자금시장(money market)과 자본시장(capital market)으로 나뉜다. 자금시장은 만기가 1년 미만의 단기상품이 거래되는 시장으로 콜(call), 환매조건부채권(repurchase agreement), 양도성예금증서(certificate of deposit), 기업어음(commercial paper) 등이 거래되는 시장이다. 이런 금융상품은 만기가 짧기 때문에 유동성이 높고 위험도가 낮은 금융상품으로 분류되며 화폐시장이라고도 부른다. 반면 자본시장은 만기가 1년 이상의 장기증권이 발행·유통되는 시장을 말한다. 대표적인 자본시장의 상품은 주식이나 채권이 있으며 이런 상품들은 기업의 장기적인 운영자금조달을 위해서 활용된다.

또한 금융시장은 유통과정에 따라 발행시장(primary market)과 유통시장(secondary market)으로 구분된다. 발행시장은 금융상품이 최초로 발행되어 판매되는 시장을 의미하며 유통시장은 이미 발행되어진 금융상품이 거래되는 시장을 말한다. 보통 발행시장과 유통시장은 자동차시장에 비유하여 설명하는 경우가 많으며 최초에 자동차가 판매되는 시장을 발행시장에 비유하고 중고자동차가 거래되는 시장을 유통시장에 비유한다. 대부분의 유통시장에서는 자본시장 내 금융상품들이 거래되는데, 그 이유는 만기가 길기 때문에 유동성을 확보하기 위한 수단으로 이용할 수 있기 때문이다. 예를 들어 주식은 만기가 없는 것으로 간주되기 때문에 유동성을 확보하기 위해서 다른 누군가에게 주식을 매도하는 방법을 통하는 것이다.

이외에도 각국의 통화가 거래되는 외환시장이 존재하며 다른 금융상품의 위험관리와 헷징을 위해 선물, 옵션, 스왑 등의 금융상품이 거래되는 파생금융시장도 존재한다.

01 흑자주체와 적자주체를 이용하여 금융에 대해 설명해 보시오.

02 직접금융과 간접금융에 대해서 도식화 하고 각각의 자금흐름에 대해서 설명해 보시오.

03 금융상품은 수익성(profitability), 위험성(risk), 유동성(liquidity) 등 3가지 특성을 가지고 있다. 각각의 특성에 대해서 설명해 보시오.

04 금융하부구조는 자금의 흐름과 직접적인 관련은 없지만 금융시스템을 유지하기 위해 매우 중요한 역할을 한다. 그렇다면 금융시스템의 지원 및 감시 등의 기능을 하는 금융하부구조기관들은 어떤 곳들이 있으며 어떤 기능을 수행하는지 설명해 보시오.

CHAPTER
03

금융경제의 수학적 기초

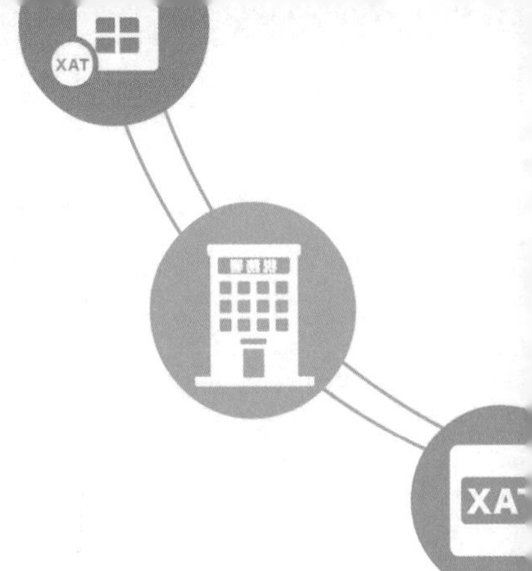

단원을 시작하며

이번 단원에서 우리는 금융경제와 금융실무를 이해하기 위해 기초적인 수학을 학습하게 될 것이다. 대부분의 독자가 학창시절을 떠올리며 책장을 넘기기 두려워할지도 모른다. 하지만 걱정하지 말길 바란다. 이번 단원에서 배우는 수학은 매우 기초적인 것이고, 실제로 우리가 금융생활을 하면서 직면하게 되는 문제들을 예를 통해 살펴볼 것이기 때문에 기계적으로 학습한 학창시절하고는 다를 것이다.

한 가지 예를 들자면 우리가 학창시절 아무 의미 없이 공식을 외워서 풀었던 등비수열은 독자들이 투자한 금융상품의 원리금 합계를 계산하거나 신용창출과 같은 금융시스템을 이해하는데 아주 중요한 역할을 한다.

1 함수와 그래프

기본적인 경제 및 금융 모형은 함수로 표시되는 경우가 많다. 하지만 함수가 나온다고 해서 기죽을 필요는 없다. 본서에서 배우는 함수는 미분이나 적분 등을 위해서 배우는 함수가 아니며 종속변수(dependent variable)와 독립변수(independent variable)의 관계에 대해서만 설명한다. 여기서 독립변수는 외부에 의해 독립적으로 변화되는 변수를 의미하며 종속변수는 독립변수에 종속되어 독립변수가 변화하는 것에 따라 변화하는 변수를 뜻한다.

예를 들어 치킨 판매량에 영향을 주는 변수들을 통해 함수를 만들 수 있다. 치킨의 판매량에 가장 큰 영향을 주는 요인은 치킨의 가격이며 이외에 구매자의 소득, 돼지고기의 가격 등이 있을 수 있다. 이는 경제학적인 관점에서 치킨의 가격이 오르면 수요가 줄고 치킨의 가격이 내리면 수요가 늘어날 것이란 기본 가정을 전제로 하며, 구매자의 소득 증가는 치킨 소비량을 증가시키는 요인으로 작용한다고 보는 것이다. 또한 돼지고기는 치킨 대신 먹을 수 있는[1] 음식으로 돼지고기의 가격에 따라 치킨의 판매량이 결정될 수 있다.[2] 우리가 앞으로 치킨 판매량의 함수를 정의할 때, 치킨가격이 얼마나 올랐을 때 치킨 판매량이 얼마만큼 감소했는지 수치를 보려는 것이 아님을 명심하자. 이제 치킨 판매량의 함수를 $Q_c = f(P_c, Y, P_p)$와 같이 나타낼 수 있다. 이를 치킨의 판매량은 치킨가격(P_c), 구매자 소득(Y), 돼지고기 가격(P_p)의 함수라고 말하고 치킨가격과 구매자 소득, 돼지고기 가격은 치킨의 판매량에 영향을 주는 요소라고 해석하면 되는 것이다. 이처럼 함수는 구체적인 수식 없이 이론적 인과성을 설명할 때 유용하게 사용되며 우리는 그것을 이용하여 보다 쉽게 이론을 설명할 수 있다.

1 **대체재**
이를 경제학에서는 대체재라고 한다.

2
예를 들어 치킨가격이 상승하면 상대적으로 가격이 저렴한 돼지고기의 소비량이 증가할 것이고, 반대로 돼지고기의 가격이 상승하면 상대적으로 가격이 저렴한 치킨의 소비량이 증가할 것이다.

다음으로 여러 경제이론과 금융이론의 이해를 돕기 위해 그래프를 사용할 것이다. 그래프는 이론과 데이터를 한눈에 볼 수 있게 하는 시각적 효과는 물론 독립변수들의 변동이 어떤 결과(종속변수)를 가져올지 쉽게 확인하고 분석할 수 있도록 도와준다. 우리가 학창시절 배운 1차 함수를 생각하며 그래프를 한 번 그려보도록 하자. 1차 함수의 일반식은 $y = ax + b$의 형태로 기억하고 있을 것이다. 여기서 x는 독립변수이고 y는 종속변수이다. 그리고 a는 기울기를 나타내며 b는 절편을 나타낸다고 배웠다. 해당 함수를 그래프로 표현하면 〈그림 3-1〉과 같이 표현할 수 있다. 우선 독립변수인 x를 가로축에 표시하고 종속변수인 y를 세로축에 표시한다. 이는 독립변수인 x가 외부 충격에 의해 변동되었을 경우 기울기인 a와 절편인 b에 영향을 받아 종속변수인 y값이 결정된다는 것을 의미한다. 실제로 우리는 순수과학이나 사회과학에서 인과성을 밝히는 것을 주요 연구 목적으로 삼고 있다. 즉 외부 충격이 어떤 결과를 가져올지에 대한 인과관계에 관심을 둔다는 것이다. 다시 그래프를 보면 어떤 외부적인 충격으로 독립변수가 x_0값을 갖는다면 함수에 의해 종속변수는 y_0값을 갖는다는 사실을 확인할 수 있을 것이다. 그래프를 그리기 위해 1차 함수를 보았다면 이제 우리가 사용할 이론에 어떻게 접목되는지 살펴봐야 한다. 여기서 주의하여야 할

점은 경제학적 관습은 수학적 표기 방법과 다소 차이가 있으며 그것은 종속변수와 독립변수의 표기를 반대로 한다는 점이다. 실제로 경제학에서 가장 기본이 되는 수요-공급 모형을 그래프로 표현하면 가로축에 종속변수인 수량을 넣고 세로축에 독립변수인 가격을 표시한다는 점을 확인할 수 있다. 즉 가격이 변하면 수요나 공급함수에 영향을 받아 수량이 결정된다는 것이다. 이는 앞서 설명한 수학적 방법과 반대 방향으로 그림을 통해 확인할 수 있다. 그렇다면 독자들은 왜 수학적 방법과 반대의 방향으로 쓰는지에 대한 의문이 들 것이다. 경제학에서 관습적으로 사용하고 있는 방법이 왜 그렇게 굳어 졌는지 정확한 이유는 없다.

그림 3-1 | **그래프의 이해**

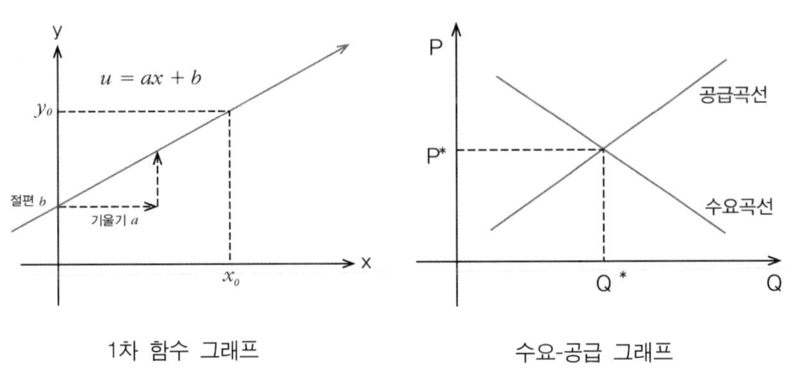

우리는 앞서 그래프의 유용함에 대해서 배웠다. 하지만 평면상의 그래프는 2개 이상의 변수를 표시하지 못한다는 한계가 있다. 즉 앞서 수요-공급 이론에 대한 그래프는 가격이 변할 때 수량이 변하는 정도만 표현이 가능하며 이외의 변수가 변할 때는 어떻게 표현하는지에 대한 설명을 하지 않았다. 앞서 설명한 치킨을 예를 들어 설명한다면 치킨의 가격과 판매량을 평면 그래프에 표현할 수 있지만 구매자의 소득이 증가한 것은 평면 그래프에 표현할 수 없다. 이것을 해결할 수 있는 방법은 첫째, x와 y축 이외에 z축을 하나 더 만드는 것이다. z축을 그리게 되면 우리는 3차원적인 그래프를 그릴 수 있다. 단지 변수가 하나 더 추가되었을 뿐인데 그래프는 많이 복잡해진다는 것을 알 수 있다. 그리고 다음

방법은 그래프를 이동시켜서 표시하는 방법이다. 즉 가격과 판매량 이외의 변수가 변한다면 원래 그래프를 좌측이나 우측으로 이동시키는 방법으로 표현이 가능하다는 것이다.

그림 3-2 | **3차원적 그래프**

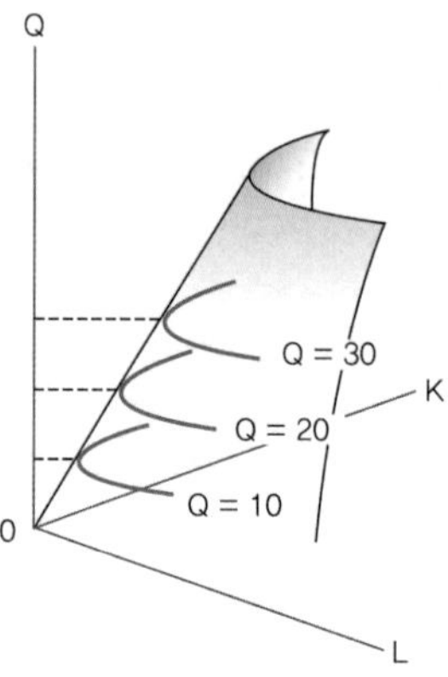

예를 들어 현재의 소득에서 치킨의 가격이 P_0일 때 치킨의 판매량은 Q_0였다고 하자. 구매자의 소득이 증가하여 같은 가격에 더 많은 치킨을 소비한다고 하면 우리는 가격 P_0에서 치킨 판매량이 증가한 Q_1을 표시할 수 있다는 것이다. 따라서 평면상에 그래프를 그리더라도 2개의 변수 이외의 변수가 변할 때 그래프의 이동을 통해 쉽게 표현할 수 있다.

그림 3-3 | **치킨 판매량과 수요 그래프 이동**

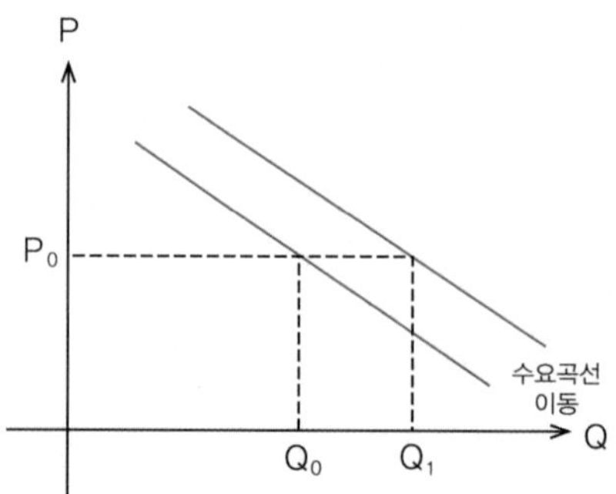

2 승수와 수익률 계산을 위한 등비수열

독자들은 학창시절 수학시간에 등차수열과 등비수열을 배웠을 것이다. 어렴풋이 등차수열은 일정한 수만큼 계속해서 더해지는 것을 말하고 등비수열은 일정한 수만큼 계속 곱해지는 것이라는 것이 기억날 것이다. 따라서 등차수열은 일정한 기울기를 가지고 증가하는 반면 등비수열은 기하급수적으로 증가한다는 것 정도는 기억할 것이다. 이렇게 학창시절의 추억과 같이 사라졌던 수열을 다시 보는 이유는 경제와 금융에서 수열의 이해는 굉장히 중요하기 때문이다. 우선 금융상품에서 일정한 수만큼 계속 증가하는 대표적인 상품은 정기적금이다. 정기적금은 매월 혹은 매년 정해진 액수만큼을 만기까지 고정이자율로 납입하고 만기 때 원금과 이자를 받는데 그 구조가 등비수열과 같은 구조를 가지고 있다. 또한 채권에서도 등비수열을 사용하며 영구채권이 이에 해당한다. 영구채권은 최초 발행 이자율로 만기 없이 이자액만 받는 채권을 의미하며 채권 이자액이 영구적이기 때문에 등비수열로 계산이 가능하다. 게다가 신용창출도 등비수열로 설명이 가능하다. 통화당국은 통화정책의 일환으로 통화량을 늘리거나 줄이는 정책을 시행하는데 이는 은행시스템을 이용하여 통화량을 확대하거나 축소할 수 있다. 이를 신용창출이라고 하며 일정량의 통화가 은행의 예금과 대출시스템을 통해 팽창되거나 수축되는 경로를 나타나는데 이 또한 등비수열을 통해 설명할 수 있다. 이처럼 등비수열은 금융경제 및 상품 등을 이해함에 있어 꼭 필요한 부분이라고 할 수 있다.

우선 등비수열의 일반항은 다음과 같이 쓸 수 있다.

$$\begin{array}{cccccc} a_1 & a_2 & a_3 & a_4 & \cdots & a_n \\ a & ar & ar^2 & ar^3 & \cdots & ar^{n-1} \end{array}$$

여기서 a_1을 초항이라고 부르고 r을 공비라고 부른다. 공비의 정의는 앞항에 공비만큼이 계속 곱해지는 규칙을 따른다는 것이다. 예를 들어 1, 2, 4, 8, 16, 32 ⋯ 로 연결되는 숫자를 보게 된다면 2만큼 계속해서 곱해지고 있는 규칙을 찾을 수 있을 것이다. 따라서 이를 초항이 1, 공비가 2인 등비수열이라고 부른다.

등비수열의 일반항은 위의 규칙에서 나와 있듯이 ar^{n-1}로 표시할 수 있다. 일반항은 해당 등비수열의 n번째 항이 어떤 숫자인지를 구하는 것으로 위의 예에서는 일반항을 2^{n-1}로 표현할 수 있다. 만약 6번째 항에 어떤 숫자가 나올지를 알고 싶다면 n에 6을 대입하여 $32(1\times 2^{6-5})$가 나온다는 사실을 확인할 수 있다.

간단하게 등비수열의 일반식에 대해서 살펴보았고 이제 금융경제와 직접 연관성이 있는 등비수열의 합에 대해서 알아보도록 하자. 실제로 정기적금 같은 금융상품의 경우도 일정한 금리가 적용되는 규칙에 의해서 최종적으로는 모든 현금흐름(cash flow)의 합으로 정의될 수 있다. 따라서 등비수열의 합을 꼭 알아야 한다. 등비수열의 합을 유도하기 위해서는 다음과 같은 식을 전제로 한다.

$$
\begin{array}{rl}
Sn = & a + ar + ar^2 + ar^3 + \cdots + ar^{n-1} \\
-\ \ rSn = & \quad\ \ ar + ar^2 + ar^3 + \cdots + ar^{n-1} + ar^n \\
\hline
Sn - rSn = & a - ar^n
\end{array}
$$

여기서 좌변을 공통인자인 Sn으로 묶고 우변의 a를 공동인자로 묶으면 다음과 같은 식을 도출할 수 있다.

$$Sn = \frac{a(1-r^n)}{1-r} \text{ 혹은 } Sn = \frac{a(r^n-1)}{r-1} \qquad \text{단, } r \neq 1$$

3 | 무한등비수열의 합

앞서 등비수열의 합을 도출하였다. 대부분 일반적인 경우는 위의 식을 이용하여 금융상품이나 채권가격 및 신용창출 등을 계산할 수 있다. 하지만 등비수열 자체가 무한하다고 가정할 경우 몇 가지 특이한 형태를 가지는데 이를 이용하면 보다 쉽게 문제를 해결할 수 있다.

우선 공비인 $r=1$인 경우, 무한등비수열의 합인 Sn은 무한대(∞)가 된다.

이는 초항이 3이고 등비가 1인 등비수열을 생각하면 쉽게 이해할 수 있다. 즉 무한등비수열의 합은 계속해서 3을 더하는 것으로 이는 무한대로 발산함을 뜻한다. 다음은 공비인 $r>1$인 경우, 이 역시 앞선 사례와 같이 무한등비수열의 합인 Sn이 무한대(∞)로 발산한다는 것을 알 수 있다. 이는 초항이 1이라고 하더라도 1보다 큰 숫자가 계속해서 곱해질 경우, 항이 지속될수록 숫자가 커진다는 것을 의미하며 이런 항들의 합계는 무한대로 발산한다는 것을 쉽게 알 수 있다. 마지막으로 공비인 $|r|<1$인 경우, 우리는 리미트(lim)라는 수학적 기호를 통해 이를 계산할 수 있다. 공비의 절대값이 1보다 작을 때 다음과 같은 식을 쓸 수 있다.

$$\lim_{n\to\infty} Sn = \lim_{n\to\infty} \frac{a(1-r^n)}{1-r}$$

위의 식은 n을 무한대로 보냈을 때 어떤 값을 갖는지를 확인해보는 것으로 공비인 r의 절대값이 1보다 작을 경우 0으로 수렴한다는 것을 확인하는 것이다. 즉 공비가 $\frac{1}{2}$이라면 다음 항은 $\frac{1}{4}$이 될 것이고 다음 항은 $\frac{1}{8}, \frac{1}{16}, \frac{1}{32}, \cdots$로 계속 0으로 근접한다는 것을 알 수 있다. 따라서 r^n이 0으로 수렴한다면 우리는 무한등비수열의 합을 다음과 같이 정의할 수 있다.

$$\frac{a}{1-r}$$

실제로 금융상품에서 등비를 나타내는 이자율은 $|r|<1$이므로, 위 무한등비수열 합의 정의는 유용하게 쓰인다.

CHAPTER 04

이자율 결정

SECTION 01

이자율의 정의

단원을 시작하며

독자들은 TV를 통해 "한국은행 금융통화위원회에서 기준금리를 0.25% 인하하였습니다."라는 뉴스 앵커의 말을 기억할 것이다. 또한 독자들은 은행 지점에서 예금금리, 대출금리 등을 볼 수 있을 것이다. 물론 독자들은 대출금리가 돈을 빌릴 때 적용받는 금리이고 예금금리는 돈을 예치할 때 적용 받는 금리라는 것은 잘 알고 있을 것이다.

그렇다면 여러분들의 금융생활과 직결되는 이런 금리들을 누가 결정하고 어떤 경로를 통해 여러분들에게 전달되는지 궁금하지 않은가? 우리는 이번 단원을 통해 이자율 결정과 전달 경로 등에 대해 확인해 볼 것이다.

1 이자의 의의

이자는 흔히 자금 사용에 대한 대가로 자금 수요자가 자금 공급자에게 지불하는 일종의 사용료로 이해된다. 또한 이자는 금리(interest rate)로 불리기도 한다.[1] 보통의 경우 이자율이 높으면 자금 공급자는 더 많은 대가를 받기 때문에 예금을 늘리려 할 것인데 반해 자금 수요자는 더 많은 대가를 지불하여야 하기 때문에 대출을 줄이려 할 것이다.

현대 이자의 역할은 원활한 자금의 수요와 공급 조절은 물론 실물경제와 순환구조를 가지며 매우 중요한 역할을 하고 있지만 고대에는 그렇지 않았다. 고

1 본서에서는 이자와 금리를 혼용하여 사용하며 독자는 이를 같은 의미라고 해석하면 된다.

이슬람 코란의 이자

대인은 생산에 기여한 직접적인 요소들만이 부를 만들 수 있다고 생각했기 때문에 화폐의 형태로 되어 있는 자본은 부를 창출할 수 없다고 여겼다. 따라서 돈을 빌려주고 그것에 대한 대가인 이자를 받는 것은 불합리하다고 여겼다. 특히 가난한 사람으로부터 이자를 받는 것은 부를 가진 자로서 치욕적인 행위로 간주되기도 하였다. 이런 현상은 현대에도 종교적으로 남아 있으며 이슬람 금융이 이에 해당한다. 이슬람 금융은 여전히 이자를 허용하고 있지 않으며 그 근거는 종교에 있다. 이슬람의 코란에는 고리대를 금지하였다는 것과 채무자의 부채를 자선으로 생각하라고 명기되어 있다. 즉 이자는 불공정행위이며 정당화 될 수 없다는 것이다. 이처럼 고대에서 현대까지 종교적으로 이자에 대한 부정적 견해가 있지만 지금은 시간선호설, 유동성선호설 등 현대 이론에 근거하여 이자를 수취하는 행위가 정당하게 이뤄지고 있다. 이슬람 문화권 역시 표면상으로는 이자수취를 금지하고 있으나 투자금의 일부를 배당의 형태로 지급하는 사실상의 이자를 지급하는 형태를 가지고 있다.

2 시간선호
피셔(I. Fisher)

이자의 본질은 각 경제주체들의 시간선호(time preference)[2]에 근거하고 있다는 견해가 가장 크다. 시간선호란 현재시점과 미래시점 간에 서로 다른 선호가 존재한다는 것으로 이렇게 선호의 차이가 존재할 경우 선호 차이에 대한 보상이 지급되어야 한다는 것이다. 즉 현재재화와 미래재화 간에 교환비율을 뜻하는 것이다. 각각의 사람마다 현재와 미래에 대한 선호가 다르겠지만 보통의 경우 불확실한 미래보다 현재를 선호하는 경향이 강하다. 이를 현시선호사상이라고 부르기도 한다. 예를 들어 현재의 선호가 강한 사람이 돈을 빌려 자신이 원하는 노트북을 사려한다면 약속한 미래에 빌린 돈의 원금과 일정한 대가를 지불하여야 한다는 것이다. 이 대가는 돈을 빌려준 사람이 현재 포기한 소비의 보상과 미래 불확실성에 대한 보상으로 이것이 바로 이자라는 것이다.

2 명목금리와 실질금리

흔히 상업은행에서 고지하는 예금금리와 대출금리는 명목금리(nominal interest rate)다. 명목금리는 화폐단위로 표시한 금리로 예를 들어 100만원을 10% 금리로 1년간 예금하였다면 1년 후 원금인 100만원과 이자인 10만원의 합계인 110만원을 지급받게 된다. 반면 실질금리(real interest rate)는 명목금리에 인플레이션을 차감한 것으로 금리의 실질적인 구매력을 나타낸다. 앞선 예에서 만약 1년간 인플레이션이 20% 증가하였다고 가정하면 어떤 결과가 나타날까? 이자를 10만원 받았기 때문에 현재소비를 포기한 것에 대한 보상을 받았다고 생각되는가? 그렇지 않다. 예치 당시 노트북이 100만원이었다고 한다면 1년 후 물가상승을 감안한 노트북의 가격은 120만원(1,000,000×1.2)이 되었을 것이다. 그렇다면 예금 만기 후 찾은 110만원으로는 이 노트북을 살 수 없으며 예금을 하기 전보다 구매력이 하락했다고 설명할 수 있다. 앞선 예를 통해 구한 실질금리는 −10%(10%−20%)로 실질구매력은 하락했다.

$$\text{실질금리}(r) = \text{명목금리}(R) - \text{인플레이션}(\pi)$$

상업은행들이 대고객용으로 제시하는 금리에는 기대인플레이션이 반영되어 있다. 만약 상업은행의 대출금리에 기대인플레이션이 반영되어 있지 않다면 부의 재분배 효과가 나타날 수 있다. 이는 만약 예기치 못한 인플레이션이 발생할 경우 대출을 진행한 은행의 실질이자율은 하락하게 되므로 손해를 보고 대출자는 실질이자율 하락으로 이익을 보게 되므로 부의 재분배가 나타난다는 것이다. 예를 들어 A라는 사람이 B은행에서 100만원의 대출을 받아 100만원 상당의 알루미늄을 구매한 후 창고에 보관하고 1년 후에 알루미늄을 판매한다고 가정해보자(단, 창고비용은 무시). 그리고 1년 후에 물가가 2배 올랐다고 가정해보자. 우선 A씨 입장에서 대출 받아 100만원으로 알루미늄을 구매하고 1년 간 보관한 후 시장에 판매하면 200만원의 수입을 올릴 수 있다. 이유는 100만원하던 알루미늄이 물가가 2배로 올라 200만원이 되었기 때문이다. 다시 A씨는 알루미늄을 판매한 200만원 중 100만원을 은행에 상환하고 100만원의 수익을 얻게 되는 것이다.

반면 B은행은 100만원을 A씨에게 대출해주고 1년 뒤에 100만원을 상환 받았기 때문에 명목금액상 변화는 없다. 하지만 1년 뒤 상환 받은 100만원은 1년 전 알루미늄 구매량의 절반 밖에 되지 않기 때문에 실질적으로는 손해를 본 것과 마찬가지가 되는 것이다. 이처럼 예기치 않은 인플레이션이 발생하면 자금 수요자와 공급자 간 이익과 손실이 발생하게 된다. 이 때문에 상업은행은 정기예금이나 대출 금리를 설정할 때 기대인플레이션이라는 것을 반영하여 명목금리를 설정한다. 이를 피셔효과(Fisher effect)라고 한다.

$$\text{명목금리}(R) = \text{실질금리}(r) + \text{기대인플레이션}(\pi^e)$$

따라서 은행은 예금금리와 대출금리를 설정할 때, 비용과 수익을 반영한 실질금리에 화폐가치의 하락(구매가치 하락)을 반영한 기대인플레이션을 더하여 명목금리를 제시하는 것이다. 예를 들어 은행의 비용과 수익을 반영한 실질금리가 3%이고, 내년 인플레이션이 4%로 예상된다면 은행의 대출금리는 7%(3%+4%)가 되는 것이다.

그림 4-1 | **명목금리**

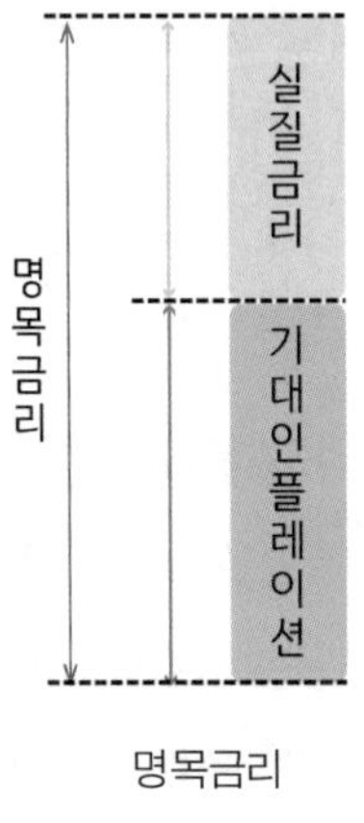

명목금리

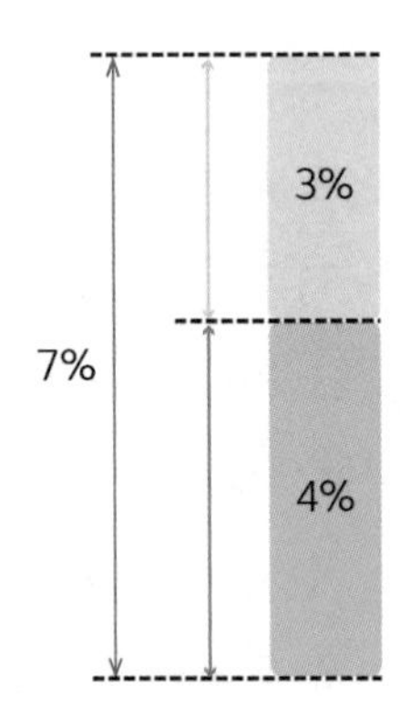

은행의 명목금리 산정

그림 4-2 | **실질금리와 명목금리 추이**

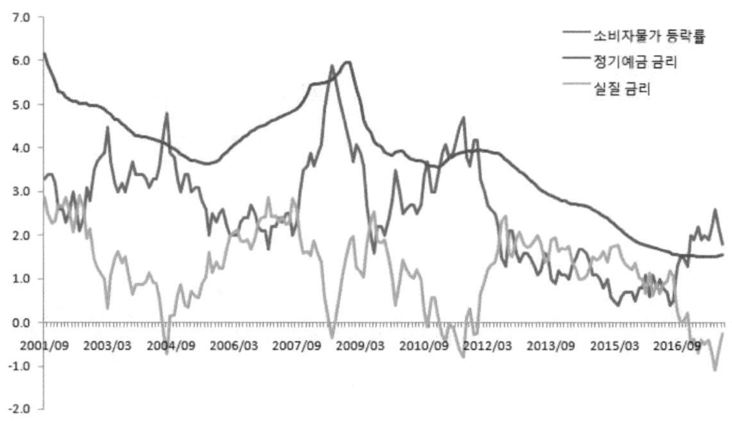

출처: 한국은행경제통계시스템(정기예금 잔액기준, 소비자물가 등락률)

1 인플레이션의 정의

실질금리와 명목금리 사이에 가장 중요한 개념이 인플레이션이다. 인플레이션이란 물가가 지속적으로 상승하는 것을 의미한다. 따라서 실질금리와 명목금리를 이해하기 위해서는 물가에 대한 정의가 먼저 선행되어야 한다. 물가는 우리가 일상생활에서 사용하는 모든 재화와 서비스의 가격을 가중평균한 값이다. 따라서 물가가 오른다고 해서 모든 재화와 서비스의 가격이 오르는 것은 아니며 물가가 하락한다고 해서 모든 재화와 서비스의 가격이 내리는 것도 아니다. 즉 물가가 오를 경우 어떤 제품은 큰 폭의 가격 상승이 있을 수 있고, 어떤 제품은 가격이 오히려 내릴 수도 있는 것이다. 하지만 모든 재화의 가격변화를 매월 측정하는 것은 쉬운 일은 아닐 것이다. 따라서 물가를 측정하는 통계청은 소비자물가 바스켓(장바구니)을 구성하여 이를 조사하고 있다. 장바구니는 도시소비자가 주로 이용하는 460여개의 품목을 가중치 1,000을 기준으로 구성되어 있으며 2015년을 100으로 하여 작성되고 있다. 장바구니의 구성은 시대가 변하면서 중요도가 달라지기 때문에 2~3년 마다 갱신된다. 또한 통계청은 매월 1~3회 전국 약 2만 6천개의 소매점과 서비스업체를 비롯하여 10,500개의 가구를 표본으로 조사하고 있다. 소비자물가지수(CPI: consumer price index)는 기준연도를 100으로 소비자물가를 지수화한 것으로 다음과 같이 계산된다.

$$소비자물가지수(CPI) = \frac{특정연도\ 장바구니\ 가격}{2015년\ 장바구니\ 가격} \times 100$$

인플레이션은 물가가 지속적으로 상승하는 것을 의미하며 물가수준의 상승으로 측정할 수 있기 때문에 다음과 같이 소비자물가지수를 이용하여 구할 수 있다.

$$인플레이션 = \frac{특정월의\ 소비자물가지수 - 기준월의\ 소비자물가지수}{기준월의\ 소비자물가지수} \times 100$$

예를 들어 지난 달 소비자물가지수가 105.2이고 두달 전 소비자물가지수가 103.7이었다면 소비자물가상승률, 즉 인플레이션은 1.44%($\frac{105.2-103.7}{103.7} \times 100$)가 되는 것이다. 소비자물가지수와 인플레이션은 통계청의 통계시스템과 한국은행의 통계정보시스템에서 쉽게 확인할 수 있다.

그림 4-3 | **소비자물가지수, 소비자물가상승률 추이**

출처 : 한국은행경제통계시스템

3 | 이자지급방식

이자를 지급하는 방식은 보통 금융상품 만기 시 일시적으로 지급하는 방식을 우선 생각하게 된다. 하지만 이자를 만기 때 한 번에 지급하는 방식은 이자지급방식 중 하나이며 다음의 4가지 정도로 구분해 볼 수 있다.

우선 대부분의 단기 대출에 많이 이용되는 대출이자방식이다. 앞서 설명한 것과 같이 자금의 수요자가 일정기간 자금을 사용한 후 만기 때 원금과 이자를 같이 상환하는 방식이다. 이는 상업은행의 대출상품에서 많이 이용하는 방식으로 만기가 짧아 상환리스크가 적은 대출에 많이 이용된다. 예를 들어 가계의 신용대출이나 기업의 단기 운용자금 등을 위한 대출에 주로 사용된다.

다음으로 분할상환방식이 있다. 분할상환방식은 이자를 매월 일정한 금액으로 나눠서 지급하는 방식으로 주로 장기 대출에 사용된다. 이는 만기가 길기 때문에 앞선 방식과 다르게 상환리스크가 크다. 따라서 분할상환방식은 현금흐름을 자주 발생시켜 리스크를 줄이기 위한 방법으로 상업은행에서는 주로 장기주택대출 등에 사용된다. 분할상환방식은 크게 원금균등상환방식과 원리금균등상환방식으로 나눌 수 있다. 원금균등상환방식은 대출받은 원금을 납입기간으로 똑같이 나눈 후 원금이 줄어드는 대로 이자가 줄어드는 방식이다. 반면 원리금균등상환방식은 납입하여야 할 원금과 이자를 모두 더한 후 납입기간으로 나눠서 매월 일정한 금액을 납입하는 방식이다. 따라서 원금균등상환은 만기가 될수록 납입하는 금액이 줄어드는 방식이고 원리금균등상환은 만기까지 똑같은 금액을 납입하는 방식이다. 예를 들어 1억원을 10년 간 연 10%에 대출받아 매년 원금균등상환과 원리금균등상환으로 납입하는 것을 계산해보자. 우선 원금균등상환의 경우 매년 1천만원의 원금을 갚아나갈 경우 10년 뒤 1억원을 모두 상환할 수 있을 것이다. 따라서 첫 해는 원금 1천만원과 1억원에 대한 이자인 1천만원을 합해 2천만원을 납입하고 2년차에는 원금 1천만원과 9천만원에 대한 이자인 9백만원을 합해 1천 9백만원을 납입하는 형태로 계속 납입금이 감소하는 형태가 된다. 이렇게 계속 납입하다가 마지막 해에는 1천만원의 원금과 1천만원에 대한 이자인 1백만원을 합해 1천 1백만원을 납입하는 것으로 대출금의 상환이 종료된다. 반면 원리금균등상환은 원금 1억원과 10년 간 이자인 1억원을 합해 2

억원을 10년으로 나눠서 상환하는 방식이다. 이럴 경우 〈그림 4-4〉에 나타나 있는 것과 같이 10년 동안 매년 1천 5백 5십만원씩 상환하게 된다. 상환금액은 1천 5백 5십만원으로 매년 같지만 상환금액의 구성비는 다르다. 상환 최초 1년에는 이자가 1천만원이고 원금이 5백 5십만원인데 반해 10년째에는 이자가 100만원, 원금이 1천 4백 5십만원으로 원금의 비중은 점차 증가하고 이자의 비중은 점차 감소하는 방식이다. 원리금균등상환은 매년 같은 금액을 상환한다는 특징이 있는 반면 원금균등상환은 대출 당시 상환금액에 대한 부담이 크고 만기로 갈수록 상환부담이 줄어든다는 특징이 있다.

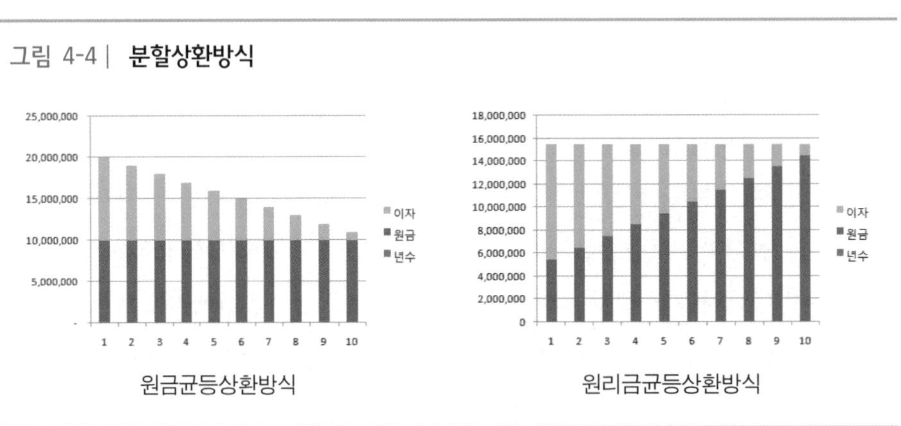

그림 4-4 | **분할상환방식**

세 번째는 이표(coupon)방식이다. 이표는 채권에서 주로 사용되는 용어로서 만기 이전에 특정한 일정을 정하여(매월, 매분기, 반기 등) 중간에 이자를 지급하는 방식을 말한다. 즉 만기가 긴 경우 유동성에 대한 리스크를 줄이고자 중간에 현금흐름을 발생시키는 방식이다. 예를 들어 액면가가 100만원인 채권의 만기가 3년이고 매년 10%의 이표(액면이자율)를 지급하는 방식이라면 이 채권의 매수자는 1년 후 10만원, 2년 후 10만원, 3년 만기 때 10만원의 이자를 지급받게 되는 것이다. 본 방식은 채권뿐만 아니라 대출에서도 활용되게 되는데 대체로 만기가 긴 대출이나 금액이 큰 대출의 경우 매월 대출에 대한 이자를 지급하고 만기 때 남은 이자와 원금을 지급하는 방식으로 사용된다.

마지막으로 할인(discount)방식이다. 할인방식이란 흔히 선이자라는 개념으로 금융에서 많이 사용되고 있는 방식을 말한다. 보통 대출이나 예금에 대한 이자는 만기 때 상환하거나 받는 것으로 생각하는 경향이 크다. 반면 할인방식은 최초 채권이나 대출이 실행될 때 미래에 받을 이자를 미리 공제하고 채권이나 대출을 발생하거나 실행하는 방법이다. 예를 들어 할인방식으로 발행된 채권이 만기가 1년이고 액면가가 100만원이며 10%의 이자율로 발행된 경우, 채권 매수자는 10%의 이자율인 10만원을 이자로 공제하고 90만원에 채권을 매수하게 된다. 그리고 1년 후 만기 때 액면가인 100만원을 받는 방식이다. 여기서 눈치가 빠른 독자라면 최초에 설정된 10%의 이자율보다 만기이자율이 높다는 사실을 알아챘을 것이다. 즉 10%의 이자율이라면 최초 구매금액인 90만원에서 99만원이 되어야 하지만 100만원을 받았기 때문에 실제 수익률은 이것 보다 높다는 것이다.[3] 따라서 대출의 경우 선이자를 공제한 방식으로 대출을 하게 되면 최초 설정한 선이자보다 실제이자가 높다는 것을 꼭 확인하여야 한다.

3 실제수익률을 계산해보면 11.11%라는 것을 알 수 있다.

4 이자율과 수익률

금융에서 이자율과 수익률을 혼용해서 사용하는 경우가 많아 이자율과 수익률이 같은 의미가 아닌가라고 생각하는 독자들이 많을 것이다. 하지만 수익률은 투자금 대비 수익금의 비율을 나타내는 말로써 엄밀히 말하면 이자율과 수익률은 다른 개념이다. 수익률은 채권이나 주식, 펀드 등과 같은 자본시장의 금융상품에 많이 사용된다.

단순수익률은 최초 투자금 대비 수익금이 얼마인지를 비율로 나타낸 지표로 아래와 같이 표현할 수 있다.

$$\text{단순수익률} = \frac{\text{수익금}}{\text{투자원금}}$$

주식의 경우, 최초 매수금액에서 매도금액인 자본이득(capital gain)과 배당(dividend)소득이 있었다면 배당소득을 합한 총 수익금으로 나눈 비율을 말한다. 예를 들어 A주식을 1천원에 매수하였고 중간에 2백원의 배당을 받은 후 1천 5백원에 매도하였다면 A주식의 투자수익률은 70%($\frac{(1,500-1,000)+200}{1,000}\times 100$)가 된다.

$$주가수익률 = \frac{(매도금액-매수금액)+배당}{최초매수금액}$$

4 이외의 수익률은 직접 찾아보길 바란다.

채권의 경우 실효수익률, 경상수익률, 만기수익률[4] 등이 있으며 경상수익률은 단순수익률로 채권에 대한 표면이자수입을 채권구입가로 나눈 비율을 말한다. 예를 들어 채권을 1만원에 구입하였고 표면이자율에 따라 이자를 1천원씩 3번에 걸쳐 받았다면 경상수익률은 30%($\frac{3\times 1,000}{10,000}\times 100$)가 된다.

$$경상수익률(단순수익률) = \frac{이자수익금}{채권매수가}$$

이외에 보유기간수익률(HPR : holding period return)이란 것이 있으며 이는 보유기간 중 가격변동에 대한 수익률을 계산하는 방식이다. 예를 들어 A주식의 주가가 1월에 1천원에서 2월 1천 5백원으로 상승한 후 3월에 다시 1천원으로 하락하였다면 실제로 1월에서 3월까지 수익률은 0%다. 하지만 2월과 3월의 각각의 수익률을 계산하면, 2월은 50%이고 3월은 −33%이다. 단순하게 계산할 경우 2월과 3월의 수익률 합은 17%가 된다. 이런 오류를 막기 위해 다음과 같은 방법이 사용된다.

$$(1+0.5)(1-0.33)-1=0$$

이 계산법은 재투자의 개념을 사용한 것으로 2월에 A의 주가가 1천 5백원이 되었다면 3월로 넘어갈 때는 원금이 1천원이 아니라 1천 5백원을 원금으로 보는 방식이다. 원금인 1천 5백원에서 −33%가 하락하였으므로 (1−0.33)을 3월의 수익률에 대입하여 풀면 0%의 수익률을 계산할 수 있다. 이를 일반화하면 다음과 같다.

$$HPR = (1+r_1)(1+r_2)\cdots(1+r_t)-1$$

01 명목금리와 실질금리를 산정하는 기준인 피셔효과에 대해서 설명해 보시오.

02 독자는 1천만원의 여유자금을 예금하기 위해 은행에 방문하였다. 은행에서 1년 예금금리가 5%라는 것을 확인하고 독자는 정기예금을 가입하였다. 그렇다면 독자가 1년 후에 받을 원리금 합계는 얼마인지 계산해 보시오. 만약 지난해 인플레이션이 7%였다면 독자가 받는 실질금리는 얼마인지 계산해 보시오.

03 독자는 1백만원의 여유 자금을 노트북을 살지 예금을 할지 고민하다가 예금금리가 5%라는 정보를 입수하고 정기예금에 예치하였다. 1년 후 원리금을 찾아 노트북을 사러 갔지만 노트북을 사지 못했다. 노트북 매장 주인이 다음과 같이 말하였다면 독자가 노트북을 사지 못한 이유를 명목금리, 실질금리, 인플레이션을 이용하여 설명해 보시오.

"작년 물가가 7% 올라 컴퓨터 가격이 많이 올랐습니다."
(컴퓨터 가격은 물가상승률만큼 올랐다고 가정한다.)

04 소비자물가지수(CPI)는 통계청이 매월 조사하여 발표하는 대표적인 물가지수다. 지난달 CPI는 102.4였고 금월 CPI는 104.5였다면 지난달 대비 금월 물가상승률은 얼마인지 구해 보시오.

05 대표적인 대출 이자지급 방식은 원금균등상환과 원리금균등상환 방식이 있다. 이 두 방식의 원리에 대해서 설명해 보시오.

06 보유기간수익률(HPR)을 이용하여 금액 및 수익률을 계산해 보시오.

- 독자는 A주식을 연초에 1만원을 주고 매수하였다.
- 이후 A주식은 연초대비 60% 상승하였다가 50% 하락한 후 다시 20% 상승하였다.

07 지난해 예금금리는 10%였고, 연초 CPI는 103.5, 연말 CPI는 108.6이었다면 명목금리, 실질금리, 인플레이션은 각각 얼마인지 구해 보시오.

SECTION 02

화폐수요이론

금융을 이해함에 있어서 가장 중요한 요소 중에 하나가 화폐의 가격이라 할 수 있는 이자율이다. 시장경제에서 수요량과 공급량은 가격 조정의 메커니즘에 의해서 이뤄지는 것과 같이 금융시장에서는 이자율의 조정 메커니즘에 의해 자금의 수요와 공급이 조정되게 되는 것이다. 또한 이자율은 실물시장과 금융시장을 이어주는 매개체로서도 매우 중요한 요소이므로 우리가 꼭 알고 넘어가야 할 요소이다. 이번 단원에서는 이자율 결정이론의 출발점이 되는 화폐수요 이론에 대해서 우선 알아볼 것이다. 보통 화폐공급은 중앙은행에 의해서 결정되므로 외부적인 충격에 의해서 변화되지 않는다고 가정한다. 하지만 화폐수요는 여러 가지 요인으로 인해 수요가 증가할 수도 있고 감소할 수도 있다고 가정하기 때문에 이러한 요소들에 대해서 자세히 살펴볼 필요가 있다.

1 | 고전학파적 견해

1 피셔의 거래화폐수량설

대표적 고적학파이자 경제학자인 피셔(I. Fisher)는 교환방정식(equation of exchange)을 통해 화폐수요를 설명하였다.

$$MV = PT$$

(M: 통화량, V: 유통속도, P: 물가, T: 상품과 서비스의 총 거래액)

위의 교환방정식에서 M은 현시점(stock) 통화량을 나타내고 V는 일정 기간 동안(flow) 화폐 1단위가 몇 번 주인이 바뀌는지를 나타내는 유통속도(velocity)를 나타낸다. P는 일반 물가를 나타내며 T는 일정기간 동안(flow) 상품과 서비스의 총 거래량을 나타낸다. 이 식은 발행된 통화가 몇 번의 거래를 통해 사용된 총 지출액이 현재 물가에서 재화와 서비스의 총 거래액과 같다는 의미다. 예를 들어 현재 물가 P에서 재화와 서비스의 총 거래액이 100억원일 때, 현재 발행된 통화가 10억원이라면 화폐의 유통속도는 10이라는 뜻이다. 이는 화폐의 발행액은 10억원이지만 이 화폐가 거래되면서 주인이 10번 바뀌었다는 뜻이고 이로 인해 화폐의 지출액은 100억원이 되었다는 뜻이다. 이와 같이 교환방정식은 우변과 좌변이 항상 같아야 하는 항등식이다.

고전학파는 교환방정식에 몇 가지 제약을 가하며 화폐수요를 결정하였다. 우선 유통속도(V)가 단기적으로는 일정하다고 보았다. 그 이유는 유통속도가 지급결제관행, 개인의 소비패턴, 금융기술 등에 의해 의존하며 이는 단기적으로 쉽게 변할 수 없는 요인으로 보았다. 또한 상품과 서비스의 총 거래액(T) 역시 단기적으로 일정하다고 보았다. 이는 고전학파가 가격이 신축적이어서 단기적으로 완전고용수준의 국민소득을 달성하고 있으며 이 때문에 생산에 의존하는 상품과 서비스의 총 거래액도 단기적으로 일정하다고 가정하였다. 유통속도와 총 거래액이 일정하다는 제약을 가하면 교환방정식의 식은 다음과 같다.

$$M\overline{V} = P\overline{T}$$

위의 식을 화폐의 수요에 대한 식으로 표현하기 위해 좌변의 유통속도를 우변으로 보내면 다음과 같이 표현이 가능하다.

$$M_d = \frac{1}{\overline{V}} P\overline{T}$$

즉 교환방정식에 의한 화폐수요는 상품과 서비스의 총 거래액에 의존하며,

통화량은 물가에만 영향을 준다는 사실을 확인할 수 있다. 고전학파의 이런 주장은 화폐가 단순히 재화와 서비스의 교환수단으로만 사용된다는데 근거를 두고 있다.

2 마샬과 피구의 현금잔고수량설

먀셜(A. Marshall)과 피구(A.C. Pigou)는 화폐를 가치저장수단인 자산으로 상정하였다. 따라서 통화수요가 거래의 편의성과 안정성이 주는 효용의 가치와 예상 이자율, 물가 등의 변동 요인에 따른 이자소득 및 자본소득을 비교하여 얼마만큼의 화폐를 보유해야 하는지 결정한다고 주장하였다. 하지만 화폐가 주는 편의성과 안정성, 이자율, 물가 등의 요소가 변화가 없기 때문에 화폐수요는 명목소득에 의해서 결정된다고 단순화 하였다. 현금잔고방정식(cash balance equation)은 다음과 같다.

$$M_d = kPY$$

현금잔고방정식에서 Y는 실질국민소득을 나타내며 현금잔고는 실질국민소득에 물가를 곱한 명목국민소득에 비례한다고 가정하였다. 여기서 상수 k는 마샬 k라고 부르며 명목국민소득 중 현금보유비율을 나타낸다. 다른 해석을 위해 우변에 있는 물가를 좌변으로 이항하면 다음과 같은 식을 얻을 수 있다.

$$\frac{M_d}{P} = kY$$

이는 좌변이 실질화폐수요로 명목화폐수요를 물가로 나누었다는 것을 확인할 수 있으며 실질화폐수요가 실질국민소득에 일정한 비율(k)이라는 것도 확인할 수 있다. 여기서 위의 식을 자세히 보면 앞서 설명한 교환방정식과 매우 유사하다는 점을 볼 수 있다. 두 식을 비교하기 위해 상수 k를 교환방정식에서 사용한 $k = \frac{1}{V}$로 정의하면 다음과 같은 식을 유도할 수 있다.

$$MV = PY$$

위의 식에서 V는 교환방정식에서 사용한 유통속도와 구분하기 위해 소득 유통속도(income velocity of money)라고 부른다. 본 식이 교환방정식과 다른 점은 총 거래액 T가 실질소득인 Y로 바뀌었다는 것 이외에는 없다는 점을 확인할 수 있다.

고전학파의 거래화폐수량설과 현금잔고수량을 정리하자면 두 이론에서 주장하는 방정식은 총 거래액과 실질소득요소만 다를 뿐 유사하다는 것을 확인하였다. 또한 만약 유통속도가 일정하다고 가정할 경우 화폐수요는 총 거래액과 명목소득에 비례함을 확인할 수 있다. 마지막으로 유통속도 뿐만 아니라 완전고용수준 하에서 총 거래액과 실질소득이 일정하다면 통화량은 물가에 비례한다는 것을 확인할 수 있다.

$$MV = PY$$

2 케인즈의 유동성선호설

고전학파는 화폐수요의 목적이 단순교환을 위한 수단이라고 주장한 것에 반해 케인즈(J.M. Keynes)는 화폐수요의 목적이 유동성에 기인한다는 유동성선호설(liquidity preference theory)을 주장하였다. 여기서 유동성이란 환금성을 뜻하는 것으로 원래 자산의 손실 없이 얼마나 빠르게 화폐로 교환할 수 있느냐를 나타낸다. 가장 유동성이 큰 자산을 화폐로 정의함에 따라 유동성 자체가 시중에 화폐량을 나타내기도 한다.

유동성선호설은 화폐를 수익성 자산으로 인식하여 이자율이 화폐수요에 직접적인 영향을 미친다고 주장하였다. 즉 이자율 변동이 금융상품의 수익률에 영향을 미치게 되므로 경제주체는 이를 통해 화폐보유량을 결정하게 된다는 것이다. 예를 들어 이자율이 상승하는 경우 현금을 보유하고 있는데 따른 효용보다 정기예금이나 고정이자부(fixed income) 상품에 투자하는 것이 개인의 효용을 증가시키므로 화폐보유에 대한 수요가 감소한다는 것이다.

케인즈는 개인의 화폐보유 동기를 다음 3가지로 구분하였다.

첫째, 거래적 화폐수요에 대한 동기(transactional demand for money)다. 이는 화폐를 단순교환수단으로서의 동기를 정의한 것으로 소득의 발생시점과 재화와 서비스의 구매시점 간에 시점 불일치가 발생하는 것에 기인한다. 즉 현실경제에서 가계의 소득은 월급을 통해 매월 정해진 날에 지급된다. 반면 재화와 서비스를 구매하는 시점은 특정되어 있지 않으므로 항상 구매를 위한 화폐가 존재해야 한다는 것이다.

거래적 화폐수요

둘째, 예비적 화폐수요에 대한 동기(precautionary demand for money)다. 우리는 일상을 살아가면서 항상 돌발적인 상황에 직면해 있기 때문에 예비적으로 화폐를 보유하고 있어야 한다는 것이다. 예를 들어 가족 중에 누군가가 다쳐서 병원에 갈수도 있고, 집에 보일러가 갑자기 고장 나서 수리를 해야 할 수도 있다. 이때 어느 정도의 화폐를 보유하고 있어야 돌발적인 상황을 대처할 수 있다는 것이다. 거래적 화폐수요와 예비적 화폐수요는 소득수준에 의해서 결정된다. 이는 소득수준이 증가할수록 재화와 서비스 구매액이 늘어나고 예비적으로 보유하는 화폐도 늘어난다는 것이다. 따라서 거래적 화폐수요와 예비적 화폐수요는 명목소득에 증가함수로 가정한다.

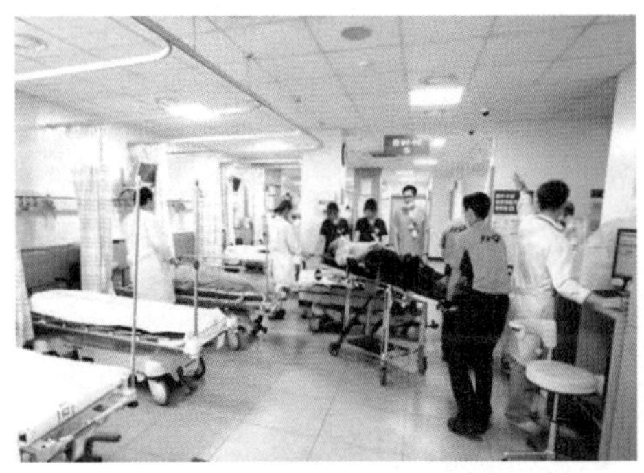

예비적 화폐수요

마지막으로 투자적 화폐수요 동기(speculation demand for money)다. 이는 고전학파적 견해와 가장 큰 차이점으로 고전학파는 투자적 목적으로 화폐를 보유하는 것은 비합리적이라고 주장하였다. 고전학파는 투자적 목적이 있다면 굳이 화폐를 보유할 필요가 없으며 채권을 매수하면 된다고 주장한 것이다. 하지만 케인즈는 이자수익률만을 고려한 투자적 목적이 아니라 이자율에 따라서 채권가격이 변동될 수 있기 때문에 자본소득(capital gain)을 고려한 화폐수요가 필요하다고 주장하였다. 실제로 개인들은 주식이나 채권 등 금융상품에 투자하기 위해 화폐를 보유하기도 한다. 예를 들어 글로벌 금융위기처럼 외부 충격이 발생할 경우 주가는 하락한다는 사실을 알고 있기 때문에 충격이 충분히 반영된 이후, 즉 하락장세가 멈춘 후 주식을 매수하기 위해 화폐를 보유한다는 것이다.

케인즈는 투자적 화폐수요의 주요 매개체를 이자율로 간주하였다. 즉 이자율이 올라갈 경우 금융상품을 소유하는 것에 대한 효용이 화폐를 보유하는 것에 대한 효용보다 높게 되므로 화폐수요를 줄이게 된다. 반면 이자율이 하락하면 금융상품을 소유하는 것에 대한 효용이 화폐를 보유하는 것에 대한 효용보다 낮게 되므로 화폐수요를 늘리게 된다. 이를 통해 투자적 화폐수요는 금융상품의 수익률과 반비례한다는 사실을 확인할 수 있다.

현실에서 투자목적인 금융상품은 주식, 채권, 신탁, 정기예금, 펀드 등 매우 다양하다. 하지만 다양한 종류의 금융상품을 이자율 경로로 설명하기는 매우 복잡하다. 따라서 케인즈는 투자적 화폐수요를 채권과 화폐, 두 종류의 자산만을 가정하였으며 채권자산은 이자수입과 시장이자율 변동에 따른 자본소득만을 고려하였다. 여기서 채권은 영구적으로 이자(coupon)만 지급하는 콘솔(consol)[1]을 가정하였다. 콘솔의 채권가격은 다음과 같이 나타낼 수 있다.

1 콘솔(consol) 이를 영구채권이라고 한다. 자세한 사항은 "금융실무 채권" 단원을 통해 확인하기 바란다.

$$P_{\text{채권}} = \frac{R_{\text{표면이자율}}}{i_{\text{시장이자율}}}$$

위의 식을 통해 채권가격이 표면이자와는 비례하고 시장이자율과는 반비례한다는 사실을 확인할 수 있다.[2] 즉 시장이자율이 오르면 채권가격은 하락하고 시장이자율이 하락하면 채권가격은 상승한다. 이는 직관적으로도 설명이 가능한데 만약 시장이자율이 올라서 표면이자율보다 높아지면 채권을 매도하고 시장이자율로 예금을 하는 것이 수익률을 높일 수 있는 방법이라는 것이다. 이 과정에서 채권을 매도하게 되므로 채권의 가격은 하락하게 되는 것이다.

2 채권가격에 대한 자세한 설명은 "금융실무 채권" 단원을 통해 확인하기 바란다.

채권의 가격변동을 통해 투자적 목적의 화폐수요가 시장이자율에 따라 결정된다는 것을 위의 식을 통해 확인하였다. 하지만 보다 엄밀히 말하면 현재의 시장이자율이 아니라 예상이자율에 따라 투자적 화폐수요가 결정된다고 할 수 있다. 즉 시장이자율이 상승할 것이라고 예상한 경우, 채권을 매입하게 되면 향후 채권가격 하락으로 자본손실을 볼 수 있으며 이표(액면이자율)이자율이 손실을 상계하지 못한다면 채권을 매입하는 것보다 화폐를 보유하는 것이 유리하다는 것이다. 반면 시장이자율이 하락할 것으로 예상되는 경우, 채권가격이 상승하여 자본소득을 얻게 되므로 화폐를 보유하는 것보다 채권을 매입하는 것이

유리하다.

그런데 앞에서 언급한 이자율은 어떤 수준이 높은 것이고 어떤 수준이 낮은 것인지 알 수 없다. 이에 케인즈는 사람마다 각자 생각하는 정상이자율(normal rate of interest)이 존재하고 만약 현재 시장이자율이 낮으면 시장이자율이 상승하여 정상이자율로 복귀하고, 현재 시장이자율이 높다면 시장이자율이 하락하여 정상이자율로 복귀한다고 가정하였다. 예를 들어 시장이자율이 지속적으로 오를 경우 대부분의 사람들이 생각하는 정상이자율은 현재의 시장이자율보다 낮다고 생각하기 때문에 향후 시장이자율이 하락할 것이라고 예측한다. 이럴 경우 향후 채권가격이 상승하여 자본소득이 발생한다고 예측한 것으로 투자적 화폐수요는 감소한다. 반면에 지속적으로 시장이자율이 하락할 경우 대부분의 사람이 생각하는 정상이자율은 이보다 높다고 생각하여 향후 시장이자율이 상승할 것으로 예측된다. 이는 향후 채권가격이 하락하여 자본손실이 발생한다고 예측한 것으로 투자적 화폐수요는 증가한다.[3]

정리하면 현재 시장이자율이 높은 수준이라면 개별주체들은 향후 시장이자율이 하락할 것으로 예상하기 때문에 채권을 매입하게 되며 투자적 화폐수요는 감소한다. 반면 현재 시장이자율이 낮은 수준이라면 개별주체들은 향후 시장이자율이 상승할 것으로 예상하기 때문에 채권을 매도하게 되며 투자적 화폐수요는 증가한다.

3 구체적인 채권가격 계산은 "채권실무" 단원에서 확인하길 바란다.

그림 4-5 | **채권가격과 시장이자율 간 관계**

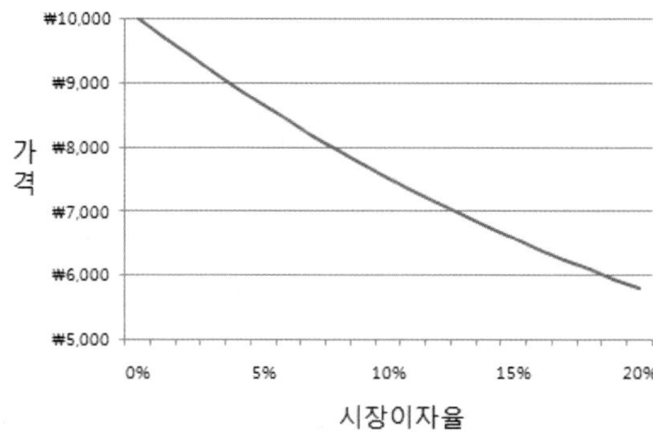

그림 4-6 | **시장금리와 채권가격, 채권수요 및 화폐수요 메커니즘**

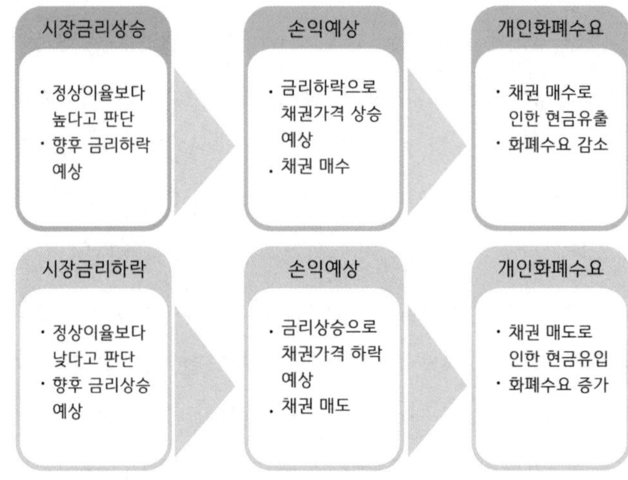

1 화폐수요함수

케인즈에 따르면 거래적 화폐수요와 예비적 화폐수요, 투자적 화폐수요를 합하면 총 화폐수요가 결정된다고 보았다. 이미 앞에서 설명하였듯이 거래적 화폐수요와 예비적 화폐수요는 명목소득에 증가함수로 가정하였다. 즉 명목소득이 증가하면 거래적·예비적 화폐수요는 증가한다는 것이다. 반면 투자적 화폐수요는 이자율의 감소함수로 정의하였는데, 이자율이 상승하면 채권에 투자할 것이므로 투자를 위해 소지하고 있는 화폐는 감소한다. 따라서 총 화폐수요는 다음과 같이 표현할 수 있다.

$$M_d = M_{거래적\ 화폐수요} + M_{예비적\ 화폐수요} + M_{투자적\ 화폐수요}$$

여기서 거래적 화폐수요와 예비적 화폐수요는 명목소득의 증가함수이므로 $L(Y)$로 나타낼 수 있고 투자적 화폐수요는 이자율의 감소함수이므로 $L(i)$로 나타낼 수 있다. 따라서 총 화폐수요를 함수의 형태로 표현하면 다음과 같다.

$$M_d = L(Y) + L(i) = L(Y, i)$$

총 화폐수요함수를 그래프로 표현하면 〈그림 4-7〉과 같이 우하향하는 그래프로 표현할 수 있다. 그래프의 가로축은 화폐수요를 나타내며 세로축은 이자율을 나타낸다. 즉 화폐수요와 이자율 관계를 보고자 하는 그래프이다. 총 화폐수요함수가 우하향한다는 것은 이자율이 높을 때 투자적 화폐수요는 감소하고, 이자율이 낮을 때는 투자적 화폐수요가 증가한다는 의미다. 이를 간단한 예를 통해 확인해보자. 우선 현재의 이자율 수준이 i^*에서 형성되어 있는데 이자율이 점점 올라서 i^{**}까지 상승하였다고 가정해보자. 그렇다면 개인들은 본인들이 생각하는 적정이자율(자연이자율)보다 현재 높게 형성되어 있기 때문에 향후 이자율이 i^* 근처로 내려올 것이라 예상할 것이다. 이는 채권가격이 향후 올라갈 것이라는 의미와 같다. 즉 이자율이 향후 하락할 것이기 때문에 채권을 매수하면 가까운 미래에 자본소득을 기대할 수 있다. 따라서 합리적인 사람이라면 채권을 매수할 것이다. 개인들이 채권을 매수한다는 의미는 보유하고 있던 화폐를 사용한다는 의미로 화폐수요는 감소한다. 이는 개인이 최초에 가지고 있던 M_d^*에서 M_d^{**}로 화폐수요가 감소했음을 의미한다. 반대로 이자율이 i^{***}로 점점 하락하였다면 개인들은 현재 적정이자율보다 낮게 형성되어 있으므로 가까운 미래이자율이 상승할 것으로 기대할 것이다. 이는 채권가격이 향후 하락할 것이란 것과 같은 맥락이다. 따라서 합리적인 개인들은 채권가격 하락으로 인한 자본손실을 입지 않기 위하여 채권을 매도하고 화폐를 보유하려 할 것이다. 이 과정에서 개인들은 채권매도 자금을 화폐로 보유하기 때문에 화폐수요는 증가한다. 이는 그래프 상에서 최초 개인이 가지고 있던 M_d^*에서 M_d^{***}로 화폐수요가 증가했음을 의미한다.

그림 4-7 | **총 화폐수요곡선**

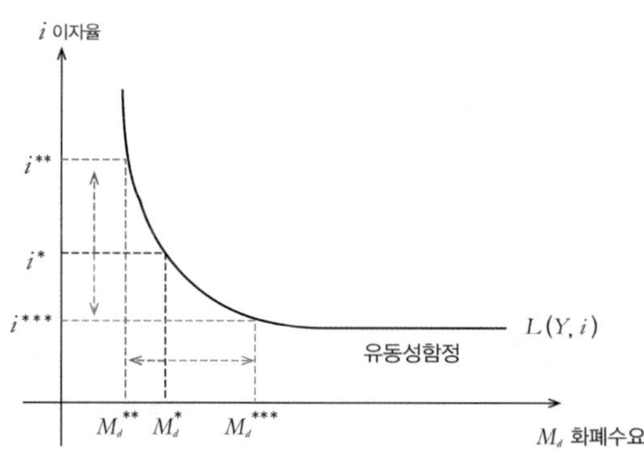

앞서 투자적 화폐수요 요인을 통한 총 화폐수요와 이자율 간의 관계를 설명하였다. 그러나 거래적·예비적 화폐수요에 대한 설명을 하지 않았다. 이미 언급하였듯이 거래적·예비적 화폐수요는 명목소득에 증가함수이기 때문에 이자율과 화폐수요로 표현된 그래프 상에서 이를 표현하기 위해서는 축을 하나 추가하여 3차원적인 그래프를 그려야 한다. 하지만 이 방법은 복잡하고 그리기도 쉽지 않기 때문에 좋은 방법은 아니다. 따라서 이를 쉽게 표현하기 위한 수학적 방법인 그래프의 이동을 통해 명목소득의 증가를 표현할 수 있다. 예를 들어 명목소득이 증가할 경우 거래적·예비적 화폐수요의 증가로 인해 개인의 총 화폐수요는 이전보다 증가하게 된다. 이는 이자율과는 무관하기 때문에 이자율은 i^*에서 변화가 없고 단지 총 화폐수요만 M_d^*에서 M_d^{***}로 증가했음을 그래프의 우측이동으로 표현할 수 있는 것이다. 만약 명목소득이 감소하였다면 이자율이 변화가 없는 상태에서 총 화폐수요만 M_d^*에서 M_d^{**}로 감소했음을 그래프의 좌측이동으로 표현하면 된다.

한편 총 화폐수요 그래프를 보면 금리가 하락함에 따라 화폐수요가 증가함을 확인할 수 있는데 어느 구간 이상이 되면 수평하게 유지되는 모습을 볼 수 있다. 즉 금리가 i'가 되면 총 화폐수요는 무한대가 된다는 것이다. 이는 금리가 매우 낮은 상태에서 다시 말해 채권가격이 너무 높은 상태에서는 채권가격이 하락할 일만 남았기 때문에 개인들은 채권에 투자하지 않고 모두 화폐만 보유하려 한다는 것이다. 이것을 유동성함정(liquidity trap)이라고 한다. 유동성함정은 케인즈의 재정정책 이론에 힘을 실어준 이론으로 경기침체기에는 아무리 돈을 풀어도 돈이 돌지 않기 때문에 통화정책 효과가 없으므로 재정정책을 실시해야 한다는 이론을 뒷받침하였다.

읽을거리

일본의 장기침체와 유동성함정

우리는 앞서 유동성함정에 대한 이론적 배경을 알아보았다. 그렇다면 실제로 유동성함정이라는 것이 발생될 수 있을까? 이 견해에 대해서는 노벨경제학상을 수상한 폴 크루그먼(P. Krugman)의 주장과 논문에 잘 나타나 있다. 일본은

1990년 초부터 시작된 장기 불황을 타개하기 위해 통화정책과 재정정책 등 많은 정책을 시행했지만 장기불황에서 벗어나지 못했다. 우리는 이것을 “일본의 잃어버린 10년” 혹은 “일본의 잃어버린 20년” 등으로 기억하고 있다. 일본은 침체가 시작된 1990년 초부터 지금까지 저금리 정책을 유지하고 있다. 더욱이 금리를 제로수준까지 낮췄는데도 성장률이 높아지지 않자, 비전통적 통화정책인 양적완화정책까지 꺼내들며 시장에 유동성을 거의 무제한적으로 공급하게 되었고, 현재는 마이너스금리까지 도입하고 있다. 이론적으로 확장적 통화정책의 목적은 기준금리를 인하하여 투자수요 및 소비수요를 자극함으로써 경제성장률을 끌어올리려 하는 정책이다. 하지만 일본은 금리를 낮추고 유동성을 풀었지만 결국 성장률을 끌어올리지 못했다. 이런 결과가 나타난 이유는 위의 이론과 같이 채권가격이 너무 비싸기 때문에 앞으로 하락할 일만 남았다고 생각한 채권투자자가 채권투자를 하지 않고 현금을 보유하려는 욕구가 강했을 것으로 예견해 볼 수 있다. 하지만 이는 분명하지 않다. 중요한 사실은 기준금리를 제로수준으로 낮추고, 유동성을 그렇게 많이 풀었는데도 투자수요 및 소비수요를 자극하지 못했다는 것이다. 그리고 최근 일본의 쓰나미 사태 직후 일본이 유동성함정에 있었다고 짐작할 수 있는 사건이 하나 발생했다. 이는 쓰나미로 인해 부서진 집들 사이로 발견된 “개인금고”에서 유동성함정의 원인을 찾을 수 있다. 실제로 일본에서는 개인금고를 흔하게 볼 수 있으며 개인금고에는 우리나라 화폐가치로 억 단위 이상의 현금을 가지고 있는 분도 많다고 한다. 이는 우리나라와는 대조적인 모습으로 실제 일본 국민들이(특히 노인들) 화폐에 대한 수요가 굉장히 높다는 사실을 입증하는 결과라고 할 수 있다.

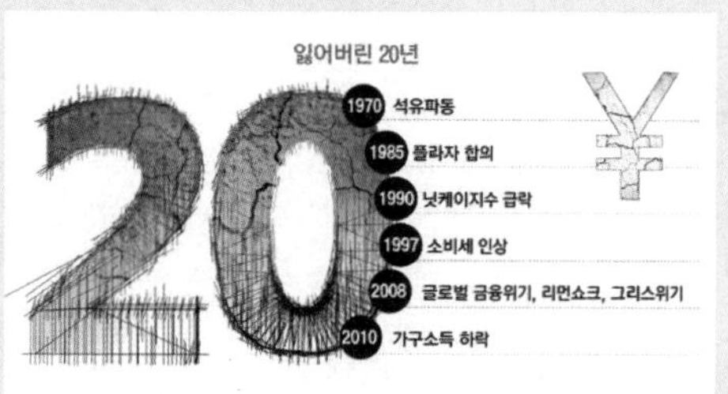

일본의 장기 불황

쓰나미 사태 당시 개인 금고

연습문제

01 고전학파의 교환방정식은 $M\overline{V}= P\overline{T}$(장기)이다. 해당 방정식이 나타내는 의미가 무엇인지 설명해 보시오.

02 케인즈의 유동성선호가설에서 금융소비자가 화폐를 보유하는 동기가 무엇인지 설명해 보시오(거래적 수요, 예비적 수요, 투기적 수요).

03 투자적 화폐수요는 이자율과 화폐수요 간의 관계에 대해서 설명한 것이다. 예를 들어 이자율이 높다면 채권가격이 낮은 상태이고 향후 정상이자율로 복귀할 것이기 때문에 이자율이 하락할 것으로 예측할 수 있다는 것이다. 따라서 향후 채권가격이 상승할 것이기 때문에 지금 채권을 매수해야 한다는 것이다. 즉 화폐의 수요가 감소한다는 것이다. 그렇다면 시장금리와 채권가격, 채권수요 및 화폐수요에 대한 전반적인 메커니즘에 대해서 위의 예를 바탕으로 자세히 설명해 보시오.

04 케인즈의 화폐수요함수에 대해서 그래프를 그리고 이자율과 화폐수요 간의 관계에 대해 설명해 보시오.

05 일본은 기준금리를 제로 상태로 장기간 유지했지만 경제가 살아나지 못했다. 이를 유동성함정이라고 한다. 유동성함정을 화폐수요함수를 이용하여 설명해 보시오.

SECTION 03

화폐공급이론

"돈은 누가 발행하는가?"라는 질문에 대부분은 조폐공사를 제일 먼저 떠올릴 것이다. 어떤 의미에서는 틀린 답은 아니다. 하지만 조폐공사가 지폐를 인쇄하는 곳은 맞지만 지폐를 인쇄하고 시중에 공급하는 주체는 아니다. 다음으로 생각나는 곳이 한국은행일 것이다. 한국은행은 한국의 중앙은행으로서 통화량을 조절하는 주요 기구다. 즉 한국은행은 물가안정과 경제성장, 금융안정 등을 목적으로 화폐를 발행하고 통화량을 조절하는 기능을 한다.

우리나라의 중앙은행인 한국은행

화폐의 공급을 단순히 한국은행이 발행한 지폐나 동전의 총합으로 생각할 수 있는데, 그렇게 단순하지만은 않다. 예를 들어 우리는 한국은행이 발행한 지폐나 동전이 아닌 수표로도 재화와 서비스를 구매할 수 있다는 사실을 알고 있다. 또한 은행시스템을 통한 신용창출이라는 기능을 통해서 한국은행이 발행한 화폐보다 훨씬 많은 화폐가 시중에서 유통된다는 점도 학습을 통해 확인할 것이다. 따라서 어디까지를 통화로 보는지를 통화지표라는 항목을 통해 먼저 확인하고 통화의 팽창기능을 가진 신용창출에 대해서 살펴보도록 하자.

돈을 찍어내는 조폐공사

1 | 통화지표

국내의 통화지표는 크게 4가지로 구분하고 있다. 우선 2002년부터 유동성을 기준으로 협의 통화(M1), 광의 통화(M2)로 구분하였고 2006년부터 더 넓은 통화지표를 위해 금융기관 유동성(Lf), 광의 유동성(L)을 구분하여 총 4가지로 작성하고 있다.

1 협의 통화(M1)

협의 통화(narrow money)는 유동성이 크며 지급결제수단으로서 기능을 중시하여 정의된 지표다. 지급결제수단으로서 기능이란 언제든 재화와 서비스를 구매할 수 있는 용도로 활용할 수 있다는 의미로 거래의 목적을 가진 화폐를 정의한다. 또한 유동성이 크다는 의미는 언제든지 현금화 할 수 있음을 나타내는 것으로 예금취급기관이 취급하는 요구불예금과 수시입출금식 예금 등이 이에 해당한다. 요구불예금은 고객이 지급을 요구할 시 언제든 현금을 인출할 수 있는 예금을 의미하며 수시입출금식 예금 역시 언제든 입출금이 가능한 예금을 의미한다. 이런 예금의 경우 대부분 이자가 없거나 아주 작다.

이외에 수시입출금식 저축성예금 등이 포함되며 MMDA(money market deposit account), MMF(money market fund), MMT(money market trust) 등도 포함된다. 여기서 저축성예금이란 수시입출금도 가능하지만 일정한 만기를 포함할 수 있는 예금으로 요구불예금 등에 비해 금리가 높은 상품을 말한다. 발행기관에 따라 은행은 MMDA를, 자산운용사는 MMF를, 신탁사는 MMT를 판매한다. 그러나 최근 자본시장과 금융투자업에 관한 법률(이하 자통법)에 따라 투자증권사(증권사) 내에 자산운용사와 신탁사를 둘 수 있으므로 MMF와 MMT는 증권사를 통해 판매되고 있다. 보통 M1은 단기 금융시장의 유동성을 측정하는데 매우 유용한 지표로 활용된다.

$$M1 = \text{현금통화} + \text{요구불예금} + \text{수시입출금식 저축성예금}$$
$$(MMDA, MMF, MMT \text{ 등})$$

2 광의 통화(M2)

광의 통화(broad money)는 협의 통화에 준결제성예금을 추가한 통화지표다. 준결제성예금이란 협의 통화에 비해 유동성은 낮지만 소유자가 원할 경우 이자소득을 포기하고 언제든지 결제성 자금으로 전환할 수 있는 예금을 뜻한다. 준결제성예금에 포함되는 지표는 정기예·적금 및 부금, 시장형 금융상품, 실적배당형 금융상품, 금융채 등이 속한다.

먼저 정기예금은 최초 불입액을 만기에 이자와 같이 상환 받는 상품을 말하며 정기적금은 일정금액을 매월 납입하고 만기 시 이자와 같이 상환 받는 상품을 말한다. 시장형 금융상품에는 양도성예금증서(CD: certificate of deposit), 환매조건부채권(RP: repurchase agreements), 표지어음 등이 있다. 여기서 CD는 무기명예금증서로 예금의 역할을 하지만 양도가 가능한 증서를 말한다. RP는 채권을 일정한 기간과 조건으로 다시 사는 것을 말한다. 표지어음은 기업어음이나 무역어음 등을 근거로 은행이 재발행한 어음을 말한다. 다음으로 실적배당형 금융상품에는 금전신탁, 수익증권, CMA(cash management account) 등이 있다. 금전신탁은 신탁에 자금을 맡기고 운용수익에 따라 배분 받는 금융상품을 말하며 수익증권은 우리가 흔히 말하는 펀드상품을 뜻한다. 수익증권은 자금을 불특정다수에게 위탁받아 펀드를 구성하고 이에 따른 수익을 배분할 증서를 발행하는데, 이를 수익증권이라 한다. CMA는 투자증권사가 자금을 위탁받아 단기채무증서, 발행어음, CD 등을 운용하여 수익금을 배분하는 단기 금융상품이다. 기타 부분에는 발행어음이나 증권저축 등이 포함된다. 이들 상품들은 만기가 2년 이내의 유동성을 갖는 상품들이다.

M2 = M1 + 정기예·적금 및 부금 + 시장형 금융상품(CD, RP, 표지어음 등)
+ 실적배당형 금융상품(금전신탁, 수익증권, CMA 등)+금융채+기타

3 금융기관 유동성(Lf)

금융기관 유동성은 비은행금융기관까지도 포함하는 유동성 수준을 측정하기 위한 지표로 M2에 예금취급기관의 만기 2년 이상 예·적금과 금융채 등을 포

함한다. 또한 2년 이상의 금전신탁과 생명보험사의 보험준비금 및 증권금융사의 예수금 등이 포함된다.

Lf = M2 + M2포함 금융상품 중 만기 2년 이상 정기 예·적금 및 금융채 등 + 한국증권금융의 예수금 + 생명보험회사의 보험계약준비금 등

4 광의 유동성(L)

광의 유동성은 발행 주체에 상관없이 정부나 기업이 발행한 모든 유동성을 의미한다. 따라서 광의 유동성에는 금융기관 유동성에 정부와 기업이 발행한 국채, 지방채, 회사채, 기업어음 등이 포함된다.

표 4-1 | **통화 및 유동성 지표 구성 금융상품**

	통화지표		유동성지표	
	M1 (협의 통화)	M2 (광의 통화)	Lf (금융기관 유동성)	L (광의 유동성)
현금통화	•	•	•	•
요구불예금	•	•	•	•
수시입출식 저축성예금	•	•	•	•
MMF		•	•	•
2년 미만 정기예적금		•	•	•
수익증권		•	•	•
시장형 상품[1)]		•	•	•
2년 미만 금융채		•	•	•
2년 미만 금전신탁		•	•	•
기타 통화성 금융상품[2)]		•	•	•
2년 이상 장기금융상품			•	•
생명보험계약 준비금 등[3)]			•	•
기타금융기관 상품[4)]				•
국채, 지방채				•
회사채, CP[5)]				•

1) CD, RP, 표지어음
2) CMA, 2년 미만 외화예수금, 종합금융회사 발행어음, 신탁형 증권저축
3) 증권금융 예수금 포함
4) 손해보험회사 장기저축성보험계약 준비금, 증권사 RP, 예금보험공사채, 여신전문기관 발행채 등
5) 전자단기사채 포함
출처 : 한국은행

그림 4-8 | **통화 및 유동성 지표 증가율 추이**

출처 : 한국은행

L = Lf + 정부 및 기업 등이 발행한 유동성 시장금융상품(증권회사 RP, 여신전문기관의 채권, 예금보험공사채, 자산관리공사채, 자산유동화전문회사의 자산유동화증권, 국채, 지방채, 기업어음, 회사채 등)

2 | 통화공급

1 통화발행

서두에도 설명했지만 통화의 발행은 조폐공사가 하는 것이 아니며 조폐공사는 화폐를 찍어내는 역할을 하는 곳이다. 그렇게 찍어낸 화폐는 한국은행으로 이동하고 창고에 보관되는데 이 시점까지도 통화가 발행된 것이 아니며 이를 미발행화폐라고 한다. 이렇게 한국은행에 보관된 미발행화폐는 통화당국의 혹은 정부의 정책 등에 의해 정부나 금융기관 등의 경로를 통해 시중에 공급되며 이것을 통화발행이라고 한다. 즉 한국은행의 출납창구를 통해 발행된 화폐는 법화로서의 지위를 얻고 비로소 통화의 기능을 발휘하게 되는 것이다.

2 본원통화와 지급준비금

본원통화(RB: reserve base)는 한국은행의 창고에 있던 화폐가 창구를 통해 시장에 공급된 통화다. 만약 독자들 중에 경제나 금융을 처음 접하는 사람이라면 본원통화라는 단어가 생소하게 느껴질 것이다. 그럼 본원통화의 의미를 하나하나 살펴보도록 하자. 중앙은행을 통해 시장에 나온 통화는 경제주체인 가계나 기업에 현금형태로 보유할 수도 있고 일부는 상업은행에 예치하기도 할 것이다. 여기서 가계가 보유한 현금을 민간보유 현금이라고 한다. 또한 기업은 순이익에서 배당금을 제외한 자금을 사내유보금이라고 하는데 이 중 일부를 단기 유동성 관리를 위해 현금으로 보유한다. 게다가 중앙은행에서 발행된 통화의 일부분은 상업은행의 예금 형태로 보유하게 되는데 이 예금 역시 예금통화의 형태로 본원통화의 범주에 들어간다. 여기서 상업은행은 가계나 기업의 예금 중 일부분만 남기고 대출을 하게 되는데 이를 지급준비금(reserve)이라고 하며 상업은행의 대출기능은 후에 배울 신용창조의 중요한 역할을 한다.

상업은행의 지급준비금을 이해하기 위해서는 현대 은행의 탄생을 한 번 되짚어 보는 것이 좋다. 현대 은행의 시초는 금세공업자(goldsmith)에서 출발하였다. 당시 금은 화폐기능을 하고 있었지만 무겁고 분실의 위험이 있었으며 약탈당할 위험도 있었다. 따라서 상인들은 금을 금세공업자에게 맡기고 보관증서를 발급받아 그것을 거래에 이용하였다. 최초에는 상인들이 물건을 거래하고 금을 찾으러 왔지만 상인들은 한 번 거래하고 금을 찾으러 왔다가 다시 거래를 하는 것이 번거롭게 느껴졌다. 그래서 상인들은 물건을 거래한 후 받은 금보관증서를 다시 다른 물건을 거래할 때 사용하게 되었으며 이는 현대의 지폐처럼 사용되게 된 것이다. 상인들이 이렇게 금보관증서를 가지고 금을 찾으러 오지 않게 되면서 금세공업자는 많은 금을 그냥 보유하는 것이 효율적이지 않다고 생각했다. 그 시기 금세공업자에게 많은 금이 있다는 사실을 알게 된 상인들이 사업 확장을 위한 금을 빌리기 위해 금세공업자를 찾아갔다. 금세공업자는 마침 맡고 있는 금이 너무 많다고 생각하고 있었으며 최근에 금을 찾으러 오는 상인들이 많지 않다는 사실도 확인하고 있었다. 그리하여 금세공업자는 결심을 하게 된다. 금세공업자는 자주 찾으러 오지도 않는 금을 그냥 보유하고 있는 것보다는 일부를 빌려주고 추가적인 수익을 올릴 수 있다면 그보다 좋은 건 없을 것이라 생각한 것이다. 이때 금의 일부분을 빌리는 것이 현대 은행의 대출 형태이고 상인들이 금을 찾으러 올 것을 대비하여 남겨둔 금이 지급준비금의 형태가 된 것이다.

좀 더 구체적으로 예를 들어 설명하자면 금세공업자는 최근 몇 개월 간 금의 출납부를 조사하여 전체 금의 약 5%만 금을 찾으러 온다는 사실을 확인했다고 하자. 금세공업자는 혹시 모를 일을 대비하여 약 10%만 금을 보유하고 나머지 90%의 금은 사업을 확장하고자 하는 상인에게 빌려주고 빌려준 금에 10%를 추가하여 받기로 했다고 한다면 금세공업자는 예금 중 90%를 대출해주고 10%만 금으로 보유하고 있다고 해석할 수 있다. 즉 금을 현금으로 생각한다면 현금을 찾으러 올 예금고객들을 대비하여 10%만 현금으로 보유하면 되고 이를 지급준비금이라고 하는 것이다. 금세공업자는 수익을 올리기 위해 통계적 수치인 5%까지 지급준비금을 낮출 수 있으나 이럴 경우 갑자기 금을 찾으러 오는 사람이 늘어날 경우 금을 상환해 줄 수 없기 때문에 위험(risk)이 커질 수 있다. 실제로 이런 현상을 뱅크런(bank run)이라고 하며 2008년 미국의 금융위기(서브프라임 모기지 사태) 때 미국 은행과 유럽 은행에서 발생하기도 하였다. 또한 국내에서도 2011년 저축은행사태(부산저축은행) 당시 예금자들이 인출을 위해 한 번에 몰리면서 뱅크런 사태가 발생하기도 하였다. 현대 은행시스템에서의 지급준비금시스템은 법률적으로 꼭 지켜야 하는 법정지급준비금이 있으며 은행 자체적으로 리스크 관리 등의 이유를 들어 현금을 보유하고 있는데 이를 초과지급준비금(excess reserve)이라고 한다. 따라서 은행이 실제로 보유하고 있는 준비금은 법정준비금과 초과지급준비금의 합인 실제지급준비금(actual reserve)이 된다. 또한 흔히 현업에서는 지급준비율이라는 용어를 많이 사용하는데 이는 지급준비금을 예금총액으로 나눈 비율을 뜻한다.

그리스의 뱅크런

국내 저축은행사태 뱅크런

실제지급준비금 = 법정지급준비금 + 초과지급준비금

다시 본원통화로 돌아와서 본원통화는 민간이 보유한 현금과 은행이 보유한 지급준비금으로 정의된다고 하였다. 여기서 지급준비금은 은행이 예금자들의 인출요구를 실행하기 위해 준비해 놓은 현금이라고 하였다. 은행은 지급준비금을 은행의 금고에 현금형태로 보관하기도 하지만 한국은행에 예치해두기도 한다. 한국은행은 은행이 예치해 둔 예치금을 은행의 요구가 있을 때 언제든지 인출해줘야 한다. 이렇게 은행이 한국은행에 예치해둔 지급준비금을 지준예치금이라고 한다. 또한 한국은행에 예치한 이외의 지급준비금을 시재금(vault cash)이라고 한다. 주변에 은행에서 근무하는 분이 있으면 시재금 맞추느라 늦었다는 이야기를 들은 적이 있을 것이다. 여기서 시재금은 바로 위에서 설명한 시재금과 같은 것이다.

본원통화 = 민간보유현금 + 은행 지급준비금
= 민간보유현금 + 한국은행 지준예치금 + 은행시재금
= 화폐발행액 + 한국은행 지준예치금

그림 4-9 | **본원통화**

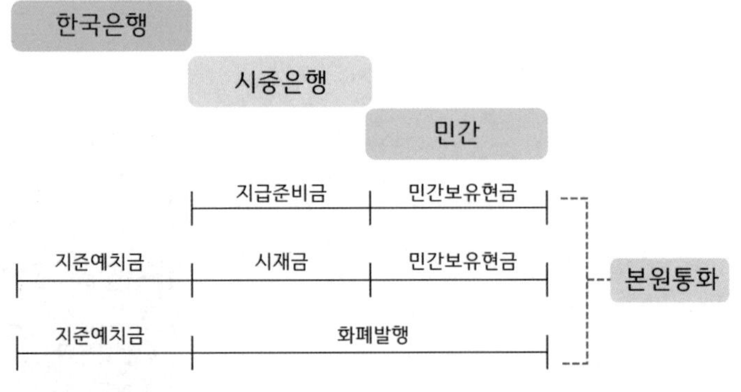

그림 4-10 | **본원통화, 현금발행, M2 추이 (단위: 조원)**

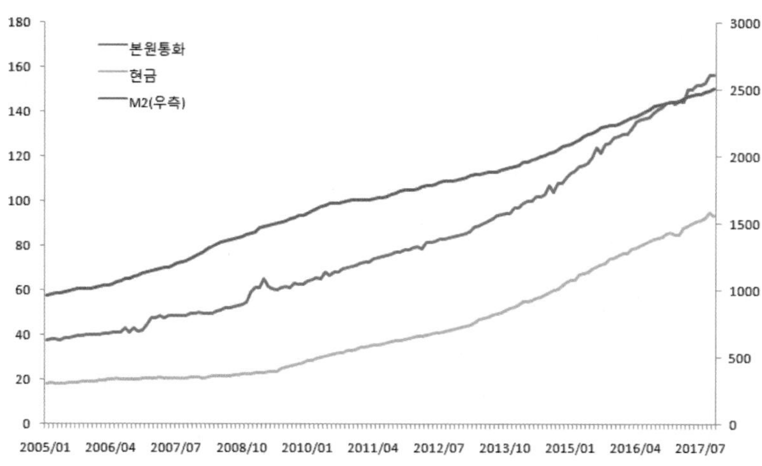

출처: 한국은행

3 은행의 마술 신용창조

한국은행의 창구를 통해 시장으로 나온 화폐는 민간이나 은행, 한국은행에 보유되며 이를 본원통화라고 하였다. 그렇다면 한국은행의 창구를 통해 나온 화폐만이 시장에 통화로 계산될까? 그렇지 않다. 우리는 앞서 본원통화보다 M1, M2 등 통화지표가 훨씬 크다는 사실을 확인할 수 있었다. 그렇다면 한국은행을 통해 나온 화폐 이외에 무엇이 이렇게 통화를 팽창시켰을까? 그 해답은 은행의 신용창조에 있다. 앞서 은행의 지급준비금에 대해서 설명하였는데 은행은 예금자의 예금 중 일부분(지급준비금)을 남기고 나머지 금액은 수익창출을 위해 대출을 실행하게 된다. 이 지급준비금과 대출을 통해 자금이 계속 회전하게 되면서 통화를 팽창시키는 역할을 하는 것이다.

좀 더 이해를 쉽게 하기 위해서 사례를 들어서 설명해 보도록 하자. 우선 사례를 들기 위해서는 몇 가지 가정을 해야 하는데 첫째, 민간은 현금을 단 한 푼도 보유하지 않고 있다고 가정한다. 이는 민간이 현금을 보유하면 바로 은행에 예금을 맡긴다는 전제와 같다. 둘째, 은행은 지급준비금 이외에는 현금을 보유하고 있지 않다. 즉 법정지급준비금만 남기고 나머지 예금은 모두 대출로서 사용한다는 뜻이다. 셋째, 은행의 부채는 요구불예금으로만 설명하고 은행의 수익구조는 예대마진(예금과 대출의 차이)으로만 정의한다.

최초 Z국가는 중앙은행을 통해 100만원의 화폐를 발행하였다. 이는 민간으로 흘러들어 갔고 민간인 B씨는 이 현금을 A은행에 예치하였다. 이는 앞서 가정한 민간은 현금을 보유하지 않는다는 전제와 같다. A은행은 B씨로부터 예금을 받았기 때문에 A은행의 대차대조표는 다음과 같다.

자산	부채
현금 1,000,000원	예금 1,000,000원

A은행은 앞선 전제와 같이 현금을 보유하지 않으며 지급준비금을 제외한 나머지는 대출을 통해 수익사업을 한다. 여기서 지급준비율은 10%라고 가정하자. 그럼 A은행은 10만원(100만원×0.1)만 지급준비금으로 남기고 90만원은 대출을 하게 된다. 대출을 진행할 경우 은행의 대차대조표는 다음과 같이 변경된다.

자산	부채
현금 100,000원 대출 900,000원	예금 1,000,000원

이제 대출을 받은 민간인 C씨는 대출자금을 사용하기 전에 다시 현금을 은행에 예치한다. 이는 앞선 가정에 의한 것이지만 실제로 금융과 통신의 발달로 현금을 소지하기보다 계좌에서 바로 사용하는 방식을 많이 사용함을 가정했을 때 가정이 터무니없지 않다는 것을 확인할 수 있다. 이렇게 C씨가 대출금 90만원을 다시 은행에 예치하게 되는데 이것을 파생적 예금(derived deposit)이라고 한다. 이에 반해 최초 본원통화에서 창출된 예금을 본원적 예금(primary deposit)이라고 한다. 파생적 예금이 은행에 다시 예치됨에 따라 은행의 대차대조표는 다음과 같이 변경된다.

자산	부채
현금 1,000,000원 대출 900,000원	예금 1,900,000원

여기서 A은행은 현금이 90만원 들어왔기 때문에 이 중 지급준비율인 10%만을 남기고 나머지는 또 대출을 하게 된다. 즉 9만원(90만원×0.1)을 지급준비금으로 남기고 나머지 81만원은 또 대출을 통해 현금이 은행 밖으로 나가게 되는 것이다. 이럴 경우 은행의 대차대조표는 다시 변경된다.

자산	부채
현금 190,000원 대출 1,710,000원	예금 1,900,000원

81만원의 대출을 받은 민간인 D씨 역시 81만원을 보유하지 않고 다시 은행에 예치하게 된다. 그럼 은행의 대차대조표는 다음과 같이 다시 변경된다.

자산	부채
현금 1,000,000원 대출 1,710,000원	예금 2,710,000원

이제 신용창조에 대한 규칙이 눈에 들어오는가? 은행 자산 중 현금은 계속 100만원에 있다. 이는 최초 중앙은행에서 발행한 본원통화가 100만원으로 변경이 없다는 뜻이다. 반면 은행 자산 중 대출과 부채인 예금은 계속해서 증가하는 모습을 확인할 수 있다. 앞서도 설명했지만 예금도 통화의 일종이므로 예금통화로 잡힌다는 사실을 알고 있을 것이다. 가장 중요한 규칙은 자산의 합계와 부채의 합계가 1에서 지급준비율을 차감한 만큼 계속해서 증가한다는 사실이다. 이는 우리가 앞서 금융 수학 기초에서 배웠던 등비수열과 같다는 것을 금방 확인할 수 있다. 즉 초항이 최초 중앙은행이 발행한 본원통화인 100만원이고 공비가 예금에서 지급준비율만큼을 제외한 대출금이라는 사실을 확인할 수 있다. 더욱이 공비가 0.9(1-0.1)로 $|r| < 1$라는 사실을 확인할 수 있기 때문에 등비수열의 합인 $\frac{a}{1-r}$를 사용하여 신용창조를 구할 수 있다. 식에 대입해 보면 $\frac{1,000,000}{1-0.9}$으로 1천만원이 됨을 확인할 수 있다.

정리하면 은행의 대출과 지급준비금시스템을 통해 중앙은행에서 발행한 통화가 팽창하게 되는데 이를 신용창조라고 한다. 따라서 통화정책당국은 신용창조의 규모를 조절하기 위해 지급준비율을 조절할 수 있으며 시중에 통화를 확대 혹은 축소하기 위해 예상되는 통화량 보다 훨씬 적은 양의 통화공급을 통해 이를 달성할 수 있다.

앞서 신용창조를 설명하기 위해 민간에선 현금을 보유하고 있지 않다고 가정하였다. 또한 실제로 금융과 통신 기술의 발달로 인해 현금을 보유하거나 사용하는 금액 및 횟수가 줄어들고 있다고 설명하였다. 독자들도 주변에 지갑이나 주머니에 현금을 두둑하게 챙겨 다니는 사람을 본적이 거의 없을 것이다. 그럼에도 불구하고 케인즈가 주장한 것과 같이 거래적·예비적 목적으로 현금을 보유하기도 한다. 따라서 위에서 가정한 것보다 신용창조가 작아질 수 있다. 이것을 현금누출(cash drain)이라고 한다. 만약 시장에 불확실성이 커지거나 유동성함정 등에 빠지게 되면 신용창조의 기능이 약해진다. 즉 정부가 단기적인 경기부양을 위해 확장적 통화정책을 시행하여도 시중에 통화량은 계획했던 만큼 늘지 않을 수도 있다는 뜻이다.

그림 4-11 | **신용창조 과정**

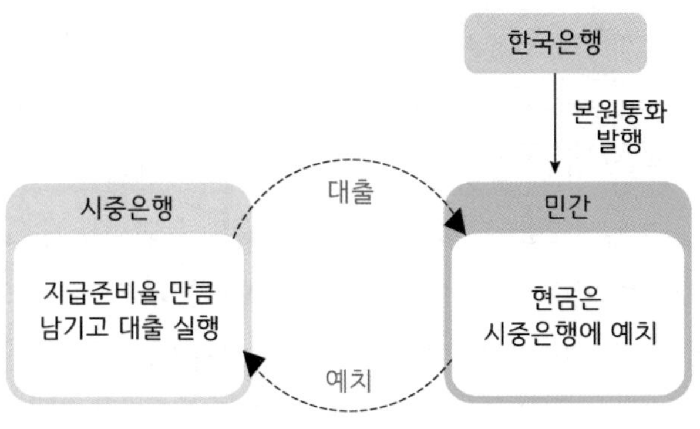

01 우리나라 통화지표인 M1, M2, L, Lf는 어떤 통화들로 구성되어 있는지 나열해 보시오.

02 본원통화는 한국은행의 창고에 있던 화폐가 창구를 통해 시장에 공급된 통화이며 시중에 현금, 은행의 시재금이나 중앙은행에 지준예치금 등의 형태로 존재한다. 그렇다면 본원통화가 민간과 시중은행, 중앙은행에 어떤 형태로 존재하는지 자세히 설명해 보시오.

03 시중은행에 지급준비율이 현행 15%에서 10%로 인하되었다면 은행은 어떤 조치를 취하겠는가? 그리고 이처럼 지급준비율을 낮춘 이유는 무엇인지 설명해 보시오.

04 시중에 통화량은 본원통화 발행 이상으로 증가하는 것이 보통이다. 이는 시중은행의 대출과 지급준비금 제도에 의한 것이다. 이를 신용창출이라고 하는데 이에 대해서 자세히 설명해 보시오.

05 통화당국은 최근 경기침체를 우려하여 통화량을 증가시키는 확장적 통화정책을 실시하기로 결정하였다. 따라서 통화정책의 일환으로 본원통화를 100억원 늘리기로 하였다. 현재 시중은행의 지급준비율은 10%이며 민간은 현금을 보유하지 않고 모두 시중은행에 예치한다면 실제 늘어난 통화량은 얼마인지 계산해 보시오.

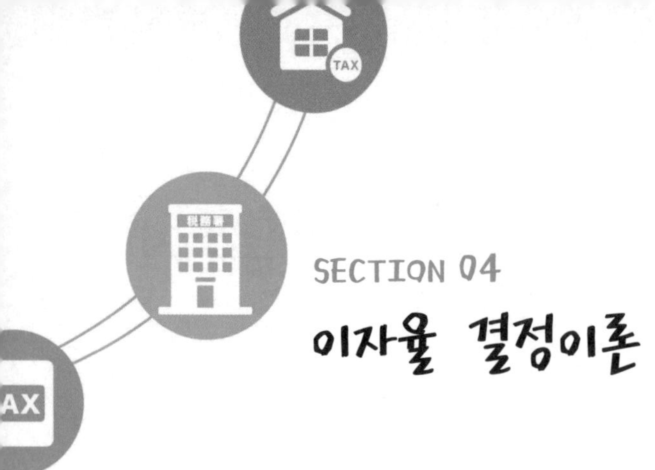

SECTION 04

이자율 결정이론

이자율 결정이론은 크게 실물부분만을 고려한 고전학파의 자연이자율 이론과 화폐시장의 수요와 공급, 즉 유동성에 의해서 결정된다는 케인즈의 유동성 선호설로 구분된다. 그리고 고전학파의 이론을 계승한 현대적 대부자금설 등이 있다.

1 고전학파의 자연이자율 이론

고전학파는 이자율이 실물시장의 저축과 투자에 의해서 결정된다고 주장하였다. 여기서 저축의 주체는 가계이며 저축은 현재 소비를 포기한 대가로 정의하였다. 따라서 이자율이 상승한다는 것은 현재 소비를 포기한 대가가 증가한다는 의미로 해석된다. 이는 현재 예금금리가 10%라면 내가 당장 재화나 서비스를 구매하지 않고 현재의 소비를 미래로 이전 시키는 대가가 10%라는 의미다. 만약, 금리가 20%로 증가한다면 현재 소비를 미래로 더 많이 이전시킨다는 의미를 내포하고 있다. 실제로 다른 투자대안이 없고, 물가상승률이 낮다면 금리가 오를 경우 예금을 늘리는 대안을 선택하는 것이 이상하지 않을 것이다. 따라서 고전학파는 저축이 이자율의 증가함수라고 가정하였다.

반면 투자는 이자율의 감소함수로 정의하였다. 이는 기업의 한계생산성

(marginal productivity)으로 대변되는 미래 기대수익과 자본조달비용 간의 관계를 나타낸 것으로 미래 기대수익보다 자본조달비용이 증가하면 기업은 투자를 줄일 것이고, 반대의 경우에는 투자를 늘릴 것이란 의미다. 다시 말해 기업은 투자를 위해 자본을 조달하여야 하며 여기서 이자율은 비용과 직결되기 때문에 이자율이 상승할 경우 투자가 감소하고 이자율이 하락하면 투자가 늘어날 것으로 가정하였다.

고전학파의 주장에 따르면 〈그림 4-12〉와 같이 저축은 우상향하는 모습을 나타내고 투자는 우하향 하는 모습을 나타낸다. 이렇게 저축과 투자가 만나는 점에서 균형이자율이 형성되며 이를 자연이자율(natural rate of interest)이라고 부른다. 균형이자율에서 자금의 공급자는 원하는 만큼 자금을 공급하며 자금의 수요자 역시 원하는 만큼 자금을 공급받게 된다. 그러나 만약 가격을 나타내는 지표인 이자율이 상승한다면 투자하려는 기업이 줄어들어 자금 수요는 감소하는 반면, 현재 소비 포기에 대한 대가가 증가하므로 저축하려는 가계는 증가하게 된다. 따라서 초과저축에 대한 잉여자금이 생겨나게 된다. 잉여저축은 금리를 조금 낮추더라도 자금의 수요가 있는 곳에 투자되기를 원하며 계속적으로 하락하여 결국 균형이자율까지 하락한 후에 멈추게 된다.

고전학파 자연이자율의 가장 큰 특징은 실물요인만을 고려하였다는 것이다. 즉 이자율 결정에 있어서 화폐는 전혀 관여하지 못하고 실물요인인 저축과 투자만이 이자율을 결정하는 요인으로 작용했다는 것이다. 고전학파의 통화량은 물가에만 영향을 비치며 이자율과는 무관하다고 간주하였다.

그림 4-12 | **고전학파의 이자율 결정 모형**

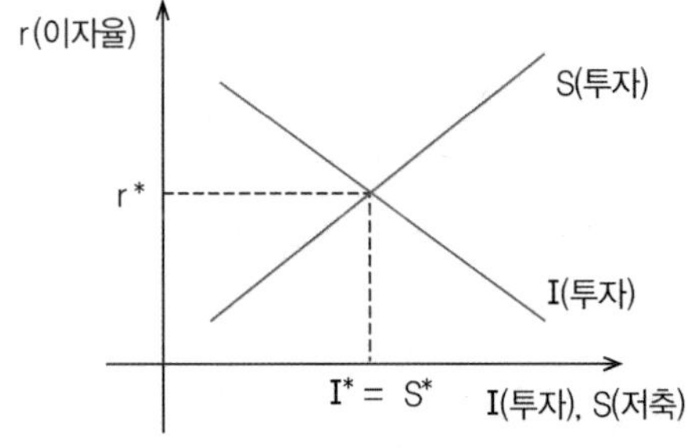

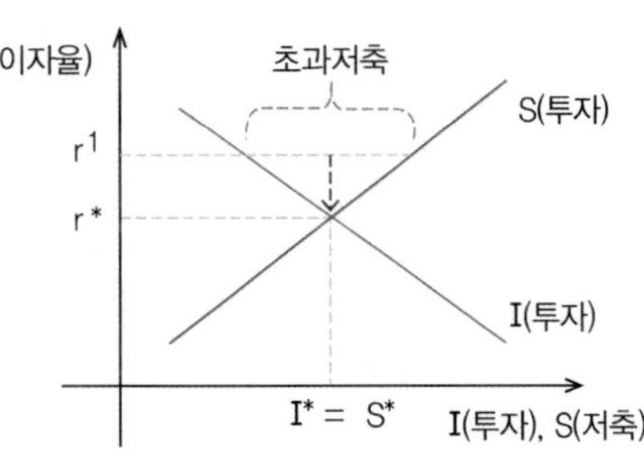

2 | 케인즈의 유동성선호설에 의한 이자율 결정

유동성선호이론에 입각한 이자율 결정이론은 이자율이 화폐수요와 공급에 의해서 결정된다는 이론이다. 즉 이자율은 유동성을 포기하는 대가로 고전학파가 주장한 소비를 포기한 대가와는 다른 해석이다.

그렇다면 화폐의 수요와 공급은 어떻게 결정되는 것일까? 우선 화폐의 공급은 외생적(exogeneous)으로 결정된다고 보았다. 실제로 통화공급은 통화당국인 한국은행에서 결정하는 것으로 내생적인 변수에 의해 변화되는 것은 아니다. 따라서 〈그림 4-13〉과 같이 수직인 형태의 그래프를 갖는다. 다음으로 화폐의 수요는 앞서 케인즈의 유동성선호설에 입각한 화폐수요이론과 같이 거래적·예비적·투자적 화폐수요에 의해서 결정된다고 보았다. 거래적·예비적 화폐수요는 명목소득의 증가함수이고, 투자적 화폐수요는 이자율의 감소함수라는 점은 이미 화폐수요이론을 통해 확인했기 때문에 우리는 그림에서와 같이 화폐수요가 우하향하는 곡선을 갖는다는 사실을 알고 있다. 이를 수식으로 나타내면 다음과 같다.

$$M_s = \text{외생적 결정(중앙은행에 의해서 결정)}$$

$$M_d = L(Y, i)$$

그림 4-13 | **유동성선호설**

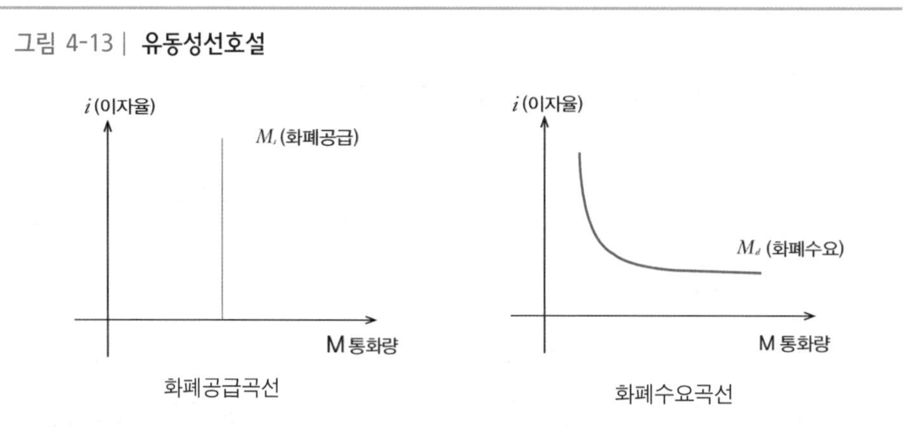

이제 우리는 재화시장의 균형조건과 같이 수요와 공급곡선이 만나는 점에서 균형이자율을 찾을 수 있다. 〈그림 4-14〉에서는 i^*가 균형이자율이 된다. 균형이자율은 외부충격이 없는 한 현재의 이자율 상태를 유지하려 하지만 외부충격 혹은 수요, 공급의 변화에 의해서 새로운 균형점을 찾아가기도 한다. 우선 그림처럼 외부 충격에 의해 이자율이 i^{**}로 상승하였다고 가정해보자. 그럼 시장은 자금초과공급 상태가 된다. 이때 개인들은 이자율이 너무 높은 상태라고 생각하고 향후 이자율이 하락할 것을 예상하여 채권을 매수하게 된다. 즉 채권가격이 향후 올라갈 것을 예상하여 보유하던 현금자산을 채권을 구매하는데 사용한다는 것이다. 개인들은 균형이자율로 회귀할 때까지 계속해서 채권을 매수하고 균형이자율인 i^*에 다다르면 더 이상 추가적인 자본소득을 얻을 수 없으므로 채권 매수를 멈추게 된다.

그림 4-14 | **유동성선호설에 의한 이자율 결정**

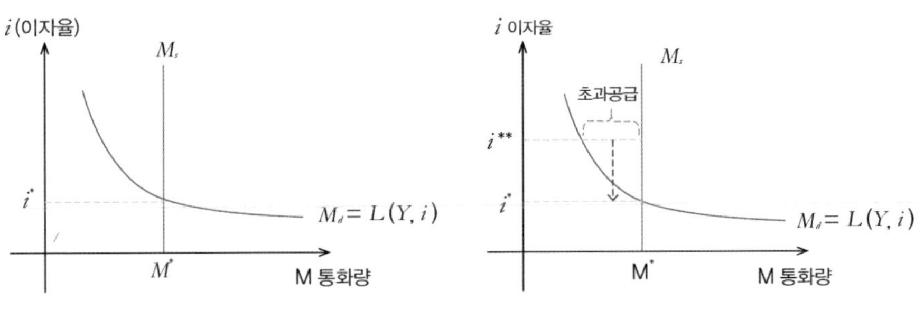

다음은 외생적으로 가정한 화폐공급의 변화에 따라 이자율이 변동하게 된다. 통화당국은 단기적으로 경기를 부양하거나 과도한 인플레이션을 억제하기 위해서 통화공급을 늘리면 〈그림 4-15〉와 같이 통화량은 M_s에서 오른쪽인 M_s'로 이동하게 된다. 이럴 경우 이자율은 i^*에서 i^{***}로 하락하게 된다. 반면 인플레이션을 억제하기 위해 이자율을 올리고자 한다면 통화량을 흡수하여 이자율을 상승시킬 수 있다. 마지막으로 명목소득이 증가하게 되면 거래적·예비적 화폐수요가 증가하여 화폐수요곡선을 오른쪽으로 이동시킨다. 따라서 그림과 같이 명목소득이 Y에서 Y'로 증가할 경우 이자율은 i^*에서 i^{****}로 상승하게 된다.

그림 4-15 | **이자율 변동**

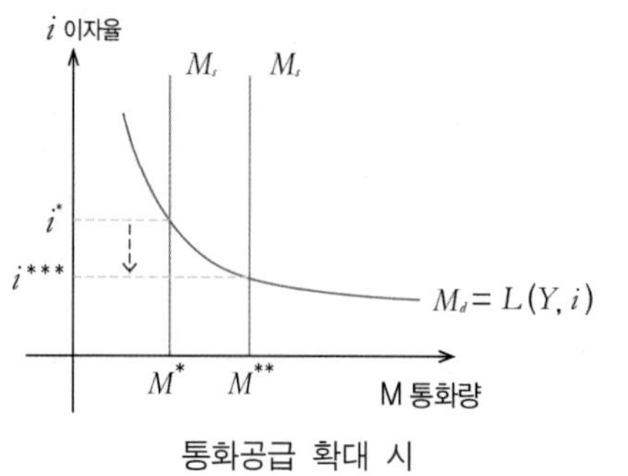

통화공급 확대 시

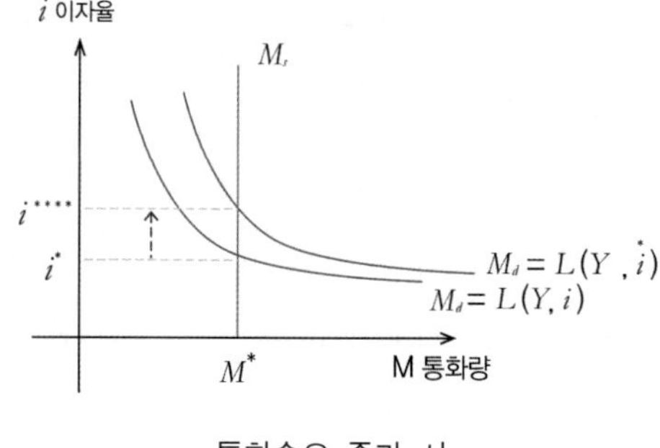

통화수요 증가 시

01 고전학파의 자연이자율 이론에 따르면 저축은 이자율의 증가함수이고 투자는 이자율의 감소함수라고 정의하였다. 저축함수와 투자함수에 대해서 설명하고, 자연이자율 이론에 대한 그래프를 그려 보시오.

02 고전학파의 자연이자율 이론에서 현재 균형상태에 있던 이자율이 외부 충격에 의해 하락하게 되면 초과투자가 발생하게 된다. 이를 그래프로 그리고, 균형으로 복귀하는 과정을 설명해 보시오.

03 케인즈의 유동성선호설에 입각한 이자율 결정이론은 화폐의 수요곡선과 화폐의 공급곡선이 만나는 점에서 균형이자율이 형성된다는 이론이다. 그렇다면 케인즈가 주장한 화폐의 수요곡선과 화폐의 공급곡선은 어떻게 이뤄져 있는지 설명하고 그래프를 이용하여 균형이자율을 설명해 보시오.

04 통화당국은 경기부양을 위해 통화량을 증가시키는 확장적 통화정책을 실시하기로 결정하였다. 통화당국의 통화정책 시행으로 통화량이 증가한다면 시장이자율은 어떻게 변동되는지 케인즈의 유동성선호설을 이용하여 설명해 보시오(그래프를 그려서 설명할 것).

05 최근 경기가 호전되는 모습을 보임에 따라 가계소득이 증가하였다는 통계자료가 발표되었다. 이처럼 가계의 소득이 증가할 경우 시장이자율은 어떻게 변동되는지 케인즈의 유동성선호설을 이용하여 설명해 보시오(그래프를 그려서 설명할 것).

SECTION 05

기준금리 결정

1 | 금리는 누가 결정하는가?(기준금리 결정)

앞서 고전학파와 케인즈안적 견해를 통해 이자율이 어떻게 결정되는지 살펴보았다. 하지만 여러분들은 신문이나 방송 어디에서도 이러한 이론적 견해로 이자율이 결정된다고 본 적은 없을 것이다. 대신에 "한국은행 금융통화위원회에서 이번 기준금리를 00% 인하하였습니다"라는 기사나 방송을 본 적이 있을 것이다. 그렇다면 금리를 결정하는 한국은행의 금융통화위원회와 기준금리(base rate)라는 것은 무엇인지에 대해서 살펴보자.

우선 우리나라의 기준금리를 결정하는 기관은 한국은행의 금융통화위원회라는 곳이 있으며 흔히 줄여서 금통위라고 부른다. 금통위는 우리나라의 통화신용정책에 대한 주요 사항을 심의·의결하는 기관으로서 한국은행 총재 및 부총재를 비롯하여 총 7인으로 구성되어 있다. 구성원의 임기는 한국은행 총재 4년, 부총재 3년, 나머지 위원은 4년으로 위원들은 연임이 가능하나 총재와 부총재는 1차례에 한하여만 연임할 수 있다. 금통위는 매월 둘째 주 목요일에 정기회의를 열며, 기준금리에 대한 결정은 본회의를 통해 연 8회 결정한다. 통상적으로 전체 위원 7인 중 5인 이상

금융통화위원회

출석과 출석위원 과반수의 찬성이 있을 시 안건을 심의·의결하게 된다.

이렇게 금통위에서 결정한 기준금리는 은행의 예금금리, 대출금리는 물론 자본시장의 채권수익률, 회사채 수익률 등에 기준이 된다. 그렇다면 이만큼 중요한 기준금리를 결정하는 금통위 위원들은 무엇을 기준으로 기준금리를 결정할까? 우리나라의 중앙은행인 한국은행의 통화정책 목표는 물가안정에 있다.[1] 즉 물가안정목표제를 시행하고 있다. 따라서 과도하게 물가가 상승할 경우 우리나라 경제에 미칠 악영향을 우려하여 선제적으로 기준금리를 조정하는 정책을 시행하는 것이다. 기준금리 결정에 최우선 목표는 물가에 있지만 실제 통화정책 운영에는 경기 및 금융, 외환시장 상황, 세계경제흐름 등을 종합적으로 고려(look-at-everything approach)한다. 즉 단순히 목표물가수준만을 타겟하기 위해서 기준금리를 결정하는 것이 아니라 국내외 경기동향 및 환율 상황 등 모든 경제 상황을 고려하여 기준금리를 결정한다는 것이다. 예를 들어 최근에 저금리 기조는 국내 경제가 저성장 국면에 접어들면서 좀처럼 회복되는 기미를 보이지 않기 때문에 경기부양을 위한 목적으로 기준금리를 인하한 것이다. 이와 더불어 선진국들의 비전통적 통화정책인 양적완화에 대응하고자 기준금리를 인하한 것이다.

한국의 기준금리는 현재 한국은행과 금융기관과의 환매조건부채권(RP) 매매금리를 사용하고 있다. 환매조건부채권 매매금리 이전에는 콜금리를 사용하였으며 콜금리는 은행 간 초단기 거래에 사용되는 금리를 말한다.

1 한국은행법 제1조 제1항은 "한국은행을 설립하고 효율적인 통화신용정책의 수립과 집행을 통하여 물가안정을 도모함으로써 국민경제의 건전한 발전에 이바지함"으로 정의하고 있다.

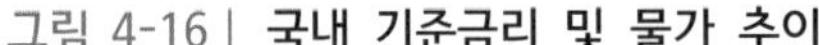

그림 4-16 | **국내 기준금리 및 물가 추이**

출처 : 한국은행

그림 4-17 | **미국의 기준금리 추이**

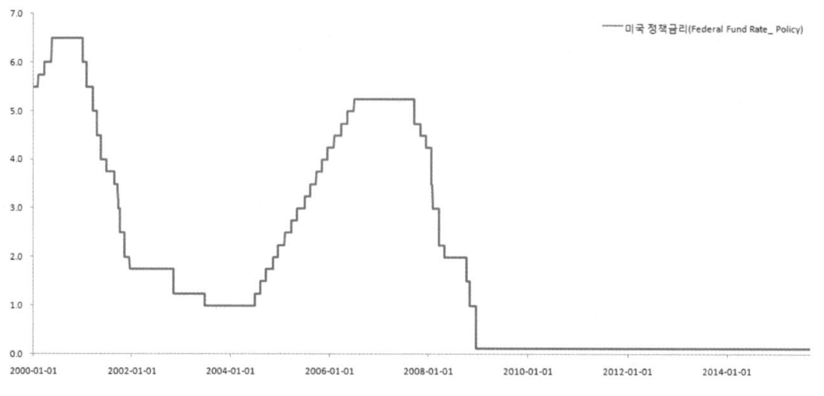

출처: FED

2 | 기준금리의 파급경로와 장단기 금리구조

한국은행의 금통위를 통해 결정된 기준금리는 즉시 단기 금융시장의 금리를 조정하게 된다. 초단기 금리가 적용되는 금리는 은행 간 하루짜리 금리인 콜금리가 있다. 앞서 지급준비금이라는 것을 배웠는데 은행의 경우 법정지급준비금만큼은 꼭 현금으로 보유하고 있어야 하기 때문에 자금이 부족할 경우, 같은 시중은행 중 법정지급준비금 이상의 현금을 보유하고 있는 은행으로부터 단기 차입하게 된다. 이 단기 차입의 대가로 이자를 지급하게 되는데 이를 콜금리라고 한다.

이렇게 기준금리가 변경되면 초단기 금리 등은 즉각적으로 반응하고 이어서 은행의 여수신금리가 변경되게 된다. 보통 정기예금으로 대변되는 수신금리는 기준금리 변경에 따라 며칠 사이 금리를 반영한다. 여신금리 역시 기준금리 변경에 따라 대출금리를 인상 혹은 인하하게 되는 것이다.

이어서 장기금리인 채권이나 장기대출 금리 등이 변동된다. 채권금리 혹은 장기대출금리 등은 기준금리 뿐만 아니라 시장의 수요-공급에 의해 금리가 변동되므로 기준금리 변경 이후에도 한동안 변동성이 큰 모습을 나타내기도 한다.

그림 4-18 | **금리의 파급경로**

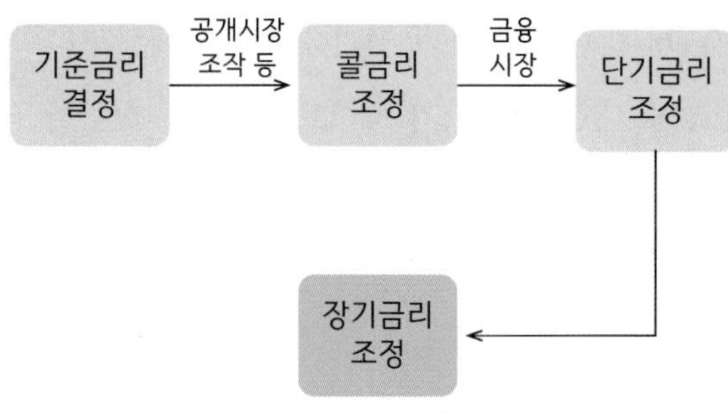

그림 4-19 | **기준금리, 예금금리, CD금리, 채권금리, 회사채금리, CP금리 등 추이 비교**

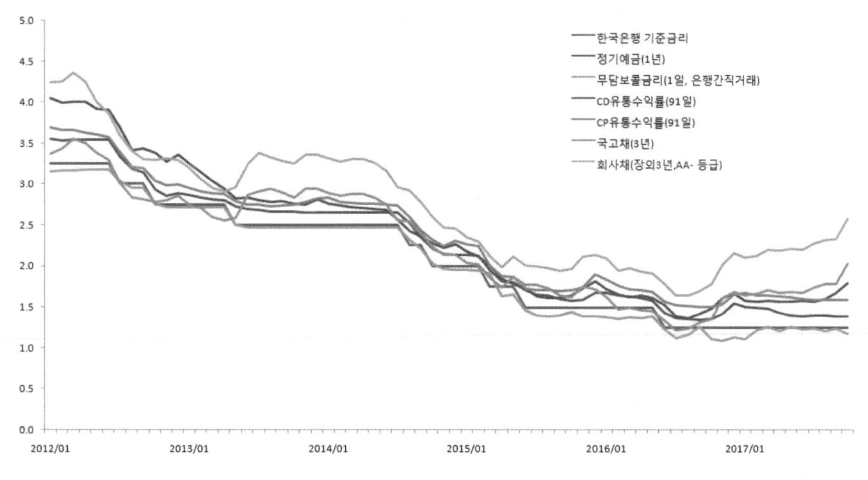

출처 : 한국은행 경제통계시스템

보통의 경우 〈그림 4-20〉에서 나타나 있는 것처럼 단기금리보다는 장기금리가 높다. 물론 금리가 역전되는 현상도 있지만 일반적인 현상은 아니다. 그렇다면 장기금리가 단기금리에 비해서 높은 구조를 가지고 있는 이유는 무엇일까? 일반적으로 장기 금융상품이라는 것은 만기가 긴 상품을 정의한다. 즉 만기가 2년 이상으로 길기 때문에 투자 원금과 이자를 회수할 때까지 시간이 오래 걸린다는 것이다. 금융에서는 원금과 이자를 회수하는데 오랜 시간이 걸리는 것을 유동성 위험(liquidity risk)이라고 한다. 따라서 개인들은 유동성 위험에 직면하고 있는 대신에 추가적인 대가를 원하게 되며 이를 유동성프리미엄(liquidity

2 유동성 프리미엄
장기금리에 유동성리스크를 감안한 이론을 유동성프리미엄이론이라고 한다. 유동성프리미엄이론은 J. R. Hicks가 처음 주장한 것으로 만기가 길어질수록 유동성프리미엄이 증가하여 금리가 높아진다는 이론이다.

premium)[2]이라고 한다. 예를 들어 모든 조건이 동일할 경우, 1년 만기 정기예금 금리가 4%이고 2년 만기 정기예금도 4%라면 독자는 어떤 정기예금을 선택하겠는가? 합리적인 사람이라면 1년 만기 정기예금을 선택할 것이다. 이유는 만기가 짧기 때문에 유동성에 대한 리스크가 적으며, 1년 후 현금을 확보하여 또 다른 투자처를 찾거나 소비를 할 수 있기 때문이다. 따라서 조건이 동일하다면 2년 만기 정기예금은 4%보다 높은 금리를 제시해야 투자를 받을 수 있을 것이다.

그림 4-20 | **단기금리와 장기금리 구조**

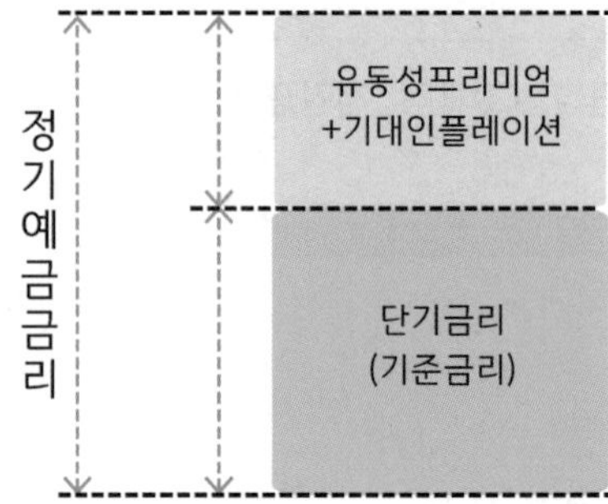

3 | 왜 은행의 예금금리와 대출금리 간에는 차이가 존재할까?

흔히 여러분들은 은행 지점을 지날 때나 이체 및 납입 업무를 위해 지점에 들어서면 은행에서 판매하고 있는 금융상품에 대한 플래카드와 팜플렛을 볼 수 있을 것이다. 또한 이들 광고매체에는 대표적으로 정기예금과 적금, 대출상품에 대한 금리가 표시되어 있는 것을 확인할 수 있을 것이다. 독자들은 은행에서 본 금리가 자세히 기억나지 않겠지만 대출금리가 예금금리보다 높다는 점은 어렴풋이 기억하고 있을 것이다. 그리고 항상 대출금리가 예금금리에 비해 높게 형성되어 있는 것을 이상하지 않게 생각할 것이다. 그렇다면 우리는 왜 은행 대출금리가 예금금리에 비해서 높은 것을 당연하게 생각하는 것일까? 이것은 쉬운 가정 하나로 해결할 수 있다. 만약에 A은행의 1년 만기 정기예금 금리가 10%이고 B은행의 1년 만기 대출금리는 5%라고 가정해보자(금리 이외에 부대비용은 없다고 가정). 그럼 여러분들은 B은행에서 100만원을 대출 받은 후 A은행 정기예금에 예금하면 1년 후 아주 쉽게 5만원을 벌 수 있다(100만원에 대출이자는 5만원(100만원×0.05)이고 100만원에 대한 정기예금 이자는 10만원(100만원×0.1)이다).[3] 이해를 돕기 위해 극단적으로 A은행의 1년 정기예금 금리가 10%이고 대출금리가 5%라면 투자자 입장에서는 무위험 투자가 가능하지만 은행 입장에서는 가만히 있어도 손해가 불어나는 구조가 될 것이다. 따라서 상식적으로 대출금리가 예금금리보다 높아야 한다는 것을 독자들도 직관적으로 알고 있던 것이다. 이것이 바로 은행의 주요 수입원인 예대마진이다. 예대마진이란 예금금리와 대출금리의 차를 말하는 것으로 은행은 다수의 개인들과 기업들로부터 예금을 받아 이를 대출로 운용함으로써 수익을 올리는 구조를 가지고 있다.

3 실제로 이런 투자가 국제적 금융투자에서 가능한데 이를 무위험차익거래(arbitrage trading)라고 한다.

예대마진은 은행의 주요 수입원으로서 〈그림 4-21〉에 나타나 있는 것처럼 수익원 중 많은 부분을 차지하고 있다. 예금과 대출금리 차가 발생한 이유에 대해 은행 입장에서 설명을 하였지만 예금자나 대출자 입장에서는 설명하지 않았다. 이유는 여러 논란이 존재하기 때문이다. 우선 예금금리와 대출금리의 차는 우리가 앞서 직·간접 금융시장을 설명하면서 언급했다. 간접금융시장의 경우 예금자들은 예금에 대한 리스크를 지지 않는다.[4] 즉 은행이 불특정다수로부터 받은 예금을 은행 책임으로 대출을 진행하기 때문에 대출 리스크에 대한 리스크가 예금자에게 전가되지 않는다는 것이다. 결국 예금자에게는 안전하게 수익을 올릴 수 있는 기회를 제공하기 때문에 낮은 금리를 책정할 수 있고, 대출자에게는 부도 위험 및 대출자에 대한 신용을 스크리닝하는 비용 등을 감안하여 높은 대출 금리를 책정하는 것이다. 그럼에도 불구하고 예대마진에 대한 논란에서 은행이 벗어나지 못하는 이유는 예대마진에 대한 수익비중이 너무 높다는 점과 기준금리 변동에 따라 대출금리는 쉽게 인상하고 느리게 인하하는 반면 예금금리는 느리게 인상하고 빠르게 인하하는 일이 빈번이 발생하기 때문이다.

4 1인당 5천만원까지 예금자보호 대상이며, 은행이 파산하지 않는 경우 예금에 대한 리스크를 지지 않는다는 의미다.

은행들 입장에서는 고금리보다 저금리 상황에서 수익구조가 악화되는 현상이 자주 발생하는데 그 이유도 예대마진에 있다. 고금리 상황에서는 예대마진이 높아져도 예금금리가 높기 때문에 예금자나 대출자가 크게 인지하지 못한다. 반면 저금리 상황에서는 예대마진이 높아지면 예금자와 대출자의 원성이 높아지는데 이는 예대금리 차의 상대적 비율 때문에 발생한다. 예를 들어 예금금리가

10%일 때 대출금리가 12%이면 예대금리차는 2%가 된다. 이는 예금금리를 기준으로 봤을 때 20%($\frac{2\%}{10\%}$)에 해당하는 수치다. 반면에 예금금리가 2%이고 대출금리가 4%인 저금리 상황에서는 앞서와 같은 2%의 예대금리차라고 하더라도 예금금리 대비 예대금리차는 100%($\frac{2\%}{2\%}$)가 된다. 따라서 예금자와 대출자는 은행이 예대마진으로 폭리를 취하고 있다고 생각할 수 있다. 결국 이러한 이유 때문에 은행들은 저금리 상황에서 은행의 수익구조가 악화될 가능성이 높다.

그림 4-21 | **은행의 수신금리와 여신금리 및 금리 차 추이**

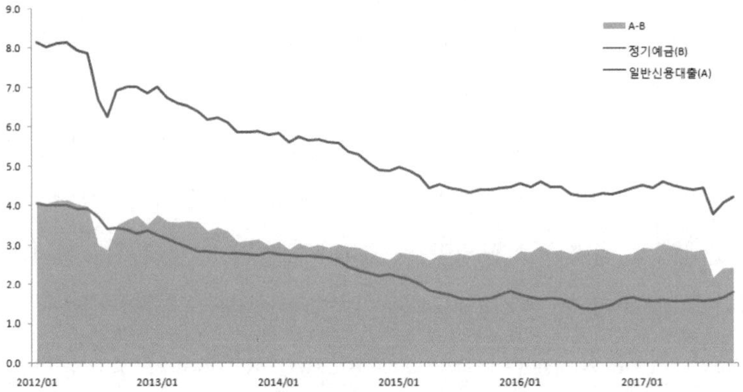

* 한국은행 경제통계시스템

** 정기예금(1년) 신규취급액기준, 일반신용대출 신규취급액 기준

그림 4-22 | **시중은행 명목순이자마진(NIM) 추이**

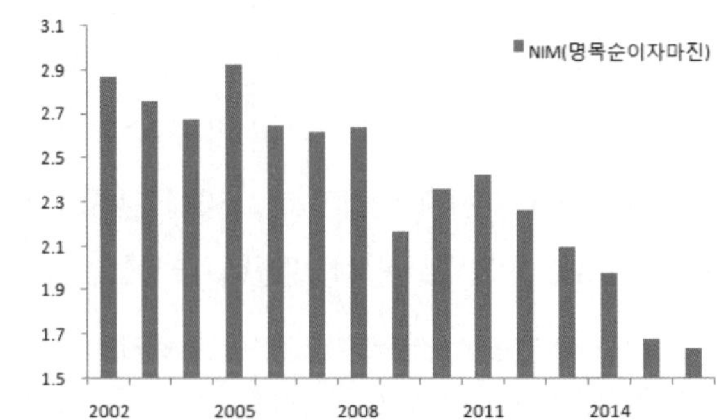

* 금융감독원 금융통계정보시스템

** 국민은행, 신한은행, 우리은행, 하나은행, 한국스탠다드차타드은행, 한국씨티은행 평균

4 같은 고정이자부 금융상품[5] 간에도 왜 금리 차이가 존재할까?

[5] 고정이자부 금융상품이란 정해진 기간에 정해진 이자를 지급하고 만기 시 원금을 지급하는 금융상품을 말한다.

독자들은 은행이나 투자증권사의 고정이자부 금융상품을 보면 각각의 상품마다 금리가 천차만별인 것을 볼 수 있을 것이다. 은행의 대표적인 상품인 정기예금, 양도성예금증서(CD)부터 투자증권사의 기업어음(CP), 회사채, 국채 등 매우 다양한 고정이자부상품이 존재하며 이들 간에 금리가 상이하다는 점을 확인할 수 있다. 앞서 금리의 구조에서 유동성프리미엄이 존재하며 만기가 긴 상품일수록 금리가 높다고 하였다. 금융상품에서는 만기 이외에도 금리를 결정하는 중요 요소가 있는데 그것을 채무불이행위험(default risk) 혹은 신용위험(credit risk)이라고 부른다. 즉 고정이자부 금융상품을 발행한 기관의 신용도에 따라 금리가 결정된다는 것이다. 예를 들어 합리적인 투자자라면 삼성전자가 부도날 위험보다는 회사명을 들어 본 적이 없는 중소기업이 부도날 확률이 높다고 생각할 것이다. 이는 삼성전자는 부도날 확률이 적기 때문에 투자해도 안정적인 수익을 거둘 수 있고 따라서 투자자들이 몰리게 되므로 낮은 조달비용(낮은 금리)으로도 시장에서 자본조달이 가능하다는 것이다. 반면 중소기업은 부도날 확률이 상대적으로 높기 때문에 자금조달이 어렵다는 말과 같다. 즉 중소기업은 자본조달을 위해 삼성전자보다 높은 금리를 제시하여야 자금을 조달할 수 있다는 것이다. 이때 삼성전자보다 높은 금리가 바로 신용스프레드(credit spread)이다.

신용스프레드는 상품 간에도 존재하지만 상품 내에서도 존재한다. 우선 상품 간 신용스프레드는 상품을 발행한 기관신용도에 따라 신용스프레드가 달리 설정된다는 것이다. 예를 들어 국채, 회사채가 있다면 회사채>국채 순으로 신용스프레드가 높다. 이는 국채의 경우, 국가가 부도나지 않는 이상 지급을 보증하기 때문에 신용도가 매우 높은 것으로 간주한다. 실제로 미국 국채인 T-bill, T-note 등은 무위험자산(risk free asset)으로 간주된다. 무위험자산이란 말 그대로 위험이 없는 자산이라는 말로써 미국이 부도날 위험이 없다는 뜻이다. 회사채의 경우, 발행회사의 신용도를 중심으로 발행되기 때문에 국가 부도위험보다는 높다고 본다. 즉 회사가 부도나는 일은 한 국가 안에서도 빈번하게 일어나지만 국가가 부도나는 사건은 거의 없다고 보는 것이다. 다음으로 상품 내 신용스프레드는 같은 국채 혹은 회사채 간에도 신용스프레드가 존재한다는 것이다. 우선 국채 간 신용스프레드는 국가 간 국가신용도에 따라 국채금리가 결정된다는 것이다. 〈표 4-2〉는 국가별 신용도를 나타낸 표이다. 한국은 2017년 5월 기준 AA(Aa2) 등급으로 아시아에서는 일본과 중국에 비해서 높은 신용도를 가지고 있다. 국채와 마찬가지로 회사채 역시 신용등급이 존재한다. 회사채는 AAA에서 D까지 18개 등급으로 나눠져 있으며 AAA 신용도가 가장 높다. 또한 회사채와 유사하게 기업의 신용도로 발행되는 고정이자부 금융상품이 있으며 이를 기업어음(CP)이라고 한다. CP는 기업이 단기자금조달을 목적으로 발행하는 것으로(1년 이내) A1에서 D까지 6등급으로 나눠져 있다.[6]

6 국채, 회사채, CP 신용등급은 "금융실무 고정이자부 금융상품"에서 확인하길 바란다.

표 4-2 | **주요 국가 신용등급 현황(2017년 5월 기준)**

등급 ( )안은 무디스 기준	무디스(Moody's)	스탠다드앤드푸어스(S&P)	피치(Moody's)
AAA(Aaa)	미국, 독일, 캐나다, 호주, 싱가포르	독일, 캐나다, 호주(-), 싱가포르, 홍콩(-)	미국, 독일, 캐나다, 호주, 싱가포르
AA+(Aa1)	영국(-), 홍콩(-)	미국	홍콩
AA(Aa2)	**한국**, 프랑스	**한국**, 영국(-), 프랑스, 벨기에	영국(-), 프랑스
AA-(Aa3)	대만, 칠레, 벨기에	중국(-), 대만, 칠레(-)	**한국**, 대만, 사우디(-)
A+(A1)	중국, 일본, 사우디	일본, 아일랜드	중국, 칠레
A(A2)			일본, 아일랜드
A-(A3)	말레이시아, 멕시코(-), 아일랜드(+)	말레이시다, 사우디	말레이시아
BBB+(Baa1)	태국	멕시코(-), 태국, 스페인	태국, 스페인, 멕시코(-)
BBB(Baa2)	필리핀, 이탈리아(-), 스페인(+), 남아공(-)	필리핀	이탈리아
BBB-(Baa2)	인도(+), 인도네시아(+)	인도, 이탈리아, 남아공(-)	인도, 인도네시아(+), 필리핀(+), 러시아, 남아공

* G20, ASEAN, PIGS 국가중심
** 국가 뒤(-) = 부정적 등급전망, (+) = 긍정적 등급전망, (*+) = 긍정적 관찰대상, (*-) = 부정적 관찰대상
출처: 기획재정부

그림 4-23 | **국채, 회사채, CP 금리 추이**

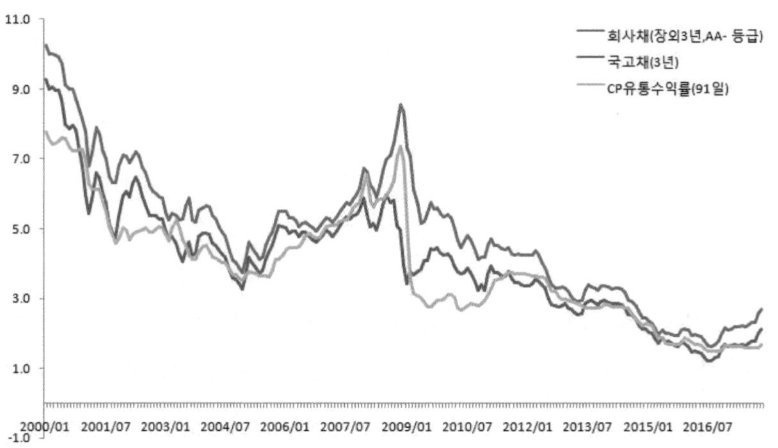

출처 : 한국은행 경제통계시스템

그림 4-24 | **회사채 간 신용도에 따른 금리 추이**

출처 : 한국은행 경제통계시스템

연습문제

01 현재 우리나라의 기준금리는 중앙은행인 한국은행의 금융통화위원회에서 결정한다. 그렇다면 금융통화위원회에서 기준금리를 결정하는 근거는 어떤 것들이 있는지 설명해 보시오.

02 금융통화위원회를 통해서 결정된 기준금리는 시장의 장단기 금리에 영향을 미치게 된다. 이 경로에 대해서 설명해 보시오.

03 보통 시중은행들의 대출금리는 예금금리보다 높다. 그 이유를 은행의 수익구조를 통해 설명해 보시오.

04 만기가 같은 고정이자부 상품들도 이자율이 다른 경우가 많다. 이렇게 이자율이 다르게 적용되는 이유는 채무불이행위험(default risk) 혹은 신용위험(credit risk) 때문이라고 하였다. 그렇다면 채무불이행위험과 신용위험 등이 고정이자부 금융상품 이자율을 어떻게 변동시키는지 설명해 보시오.

CHAPTER

05

실물경제와 금융

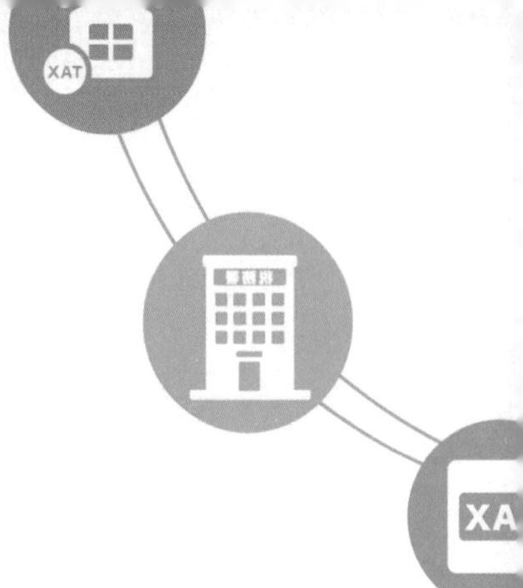

단원을 시작하며

만약 독자가 매수한 주식 가격이 급등하여 수익이 2배 늘었다면 독자는 제일 먼저 무엇을 하고 싶은가? 부모님에게 선물을 하거나 친구와 밥을 먹거나 본인을 위해 선물을 해주고 싶지 않은가? 이것을 자산효과라 하고 금융이 실물경제에 미치는 대표적인 경로라고 설명한다.

또한 글로벌 금융위기 이후 금리가 지속적으로 내려가는 현상을 확인하였을 것이다. 이를 통해 어떤 분들은 은행에 돈을 넣어 놓아도 이자가 별로 없어 재산 형성이 어려워졌다는 이야기를 하기도 한다. 그렇다면 실제로 통화당국은 독자들이 재산 형성을 어렵게 만들기 위해 금리를 인하하였을까? 정답부터 이야기 하면 그렇지 않다. 통화당국이 금리를 낮춘 이유는 경기를 부양하기 위한 목적이 강하다. 즉 통화정책을 통해 실물경제에 영향을 주기 위함이다. 우리는 이번 단원을 통해 실물경제와 금융 간에 관계에 대해서 알아볼 것이다.

1 | 실물경제에서 화폐의 역할

흔히 실물경제에서 화폐를 우리 몸의 혈액으로 비유한다. 즉 우리 몸에 혈액이 잘 돌지 않으면 죽는 것처럼 화폐가 잘 돌지 않으면 경제도 죽는다는 것이다. 이런 비유는 사실 경제학의 아버지 애덤 스미스(A. Smith)가 국부론(The Wealth of Nations)을 집필할 때 큰 영감을 준 프랑스의 경제학자 프랑수아 케네

(F. Quesnay)에 의해서 처음 사용되었다. 케네는 의학자이면서 경제학자였기 때문에 의학을 경제학에 접목시켰으며 화폐를 영양분을 운반하는 혈액과 같다고 주장한 것이다. 그렇다면 화폐는 어떻게 우리 경제 안에서 순환될까?

우리는 경제순환 2분면 모형을 통해 재화와 서비스의 흐름과 화폐흐름을 확인할 수 있다. 경제순환 2분면 모형[1]에서 경제주체는 기업과 가계만 존재한다고 가정한다. 여기서 기업은 생산요소를 사용해 재화와 서비스를 만들고 이를 판매해 수익을 올린다고 가정하며 가계는 모든 생산요소를 소유하고 있다고 가정한다. 또한 생산요소시장과 생산물시장 등 2개의 시장이 존재한다고 가정한다. 생산요소시장은 기업이 재화와 서비스 생산에 필요한 요소들이 거래되는 시장을 뜻하며 생산물시장은 기업이 생산한 재화와 서비스가 거래되는 시장을 뜻한다. 우선 가계는 모든 생산요소를 소유하고 있으므로 생산요소시장을 통해 노동, 자본, 토지, 경영능력을 제공한다. 기업은 생산요소시장을 통해 가계가 제공한 노동, 자본, 토지, 경영능력을 구매하여 재화와 서비스를 생산하고 대가로 임금, 이자, 지대, 이윤을 가계에게 지급한다. 또한 기업은 이렇게 만들어진 재화와 서비스를 생산물시장을 통해 판매하게 되며 가계는 생산요소를 판매하여 벌어들인 수입으로 생산물시장에서 구매를 하게 된다. 이 과정에서 기업은 생산물시장을 통해 판매수입을 얻게 되고 가계는 소비지출을 하게 된다. 〈그림 5-1〉에

1 **경제순환 2분면 모형** 폐쇄경제 하에서 2분면 모형보다 확장된 모형은 정부가 포함되며, 개방경제 모형은 재화와 서비스의 수·출입이 포함된다. 자세한 내용은 경제학원론과 거시경제학 서적을 참고하길 바란다.

그림 5-1 | **경제순환 2분면 모형**

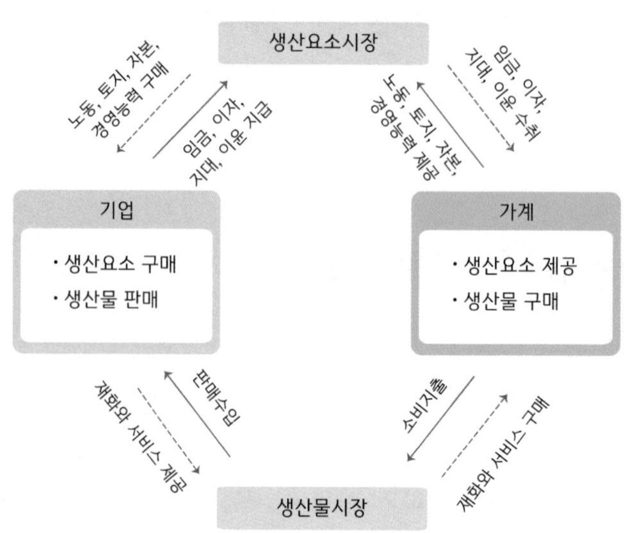

서 파란색의 화살표로 연결된 부분이 재화와 서비스가 이동하는 경로이고 이와 반대로 연결된 빨간색 화살표 부분이 화폐가 이동하는 경로다.

2 통화정책과 실물경제

최근 국내 금리가 저금리라는 기사 혹은 방송 등을 많이 들었을 것이다. 독자들은 이런 정보를 듣게 되면 어떤 생각이 드는가? 일부는 경제가 저성장에 들어서면서 이런 현상이 발생했다고 생각할 수도 있고, 일부는 예금금리가 낮기 때문에 이자수익이 줄었다고 생각할 수도 있을 것이다. 또한 일부는 투자를 하거나 집을 사고 싶은데 대출금리가 낮아서 비용이 적게 든다고 생각할 수 있다. 모두 맞는 말이다. 독자들이 어렴풋이 알고 있는 정보들이 실제 기준금리를 인하한 이유에 포함된다. 그렇다면 금리와 실물경제 사이에는 무슨 연관이 있는지 한 번 살펴보도록 하자.

우선 국내 경제를 구성하는 국내총생산(GDP)은 아래 수식에 나타나 있는 것처럼 민간소비와 민간투자, 정부지출, 순수출로 정의된다.[2] 이 식은 국내총생산이 증가하기 위해서는 민간소비나 민간투자, 정부지출 및 순수출이 증가하여야 한다는 의미다.

$$Y_{\text{국내총생산}} = C_{\text{민간소비}} + I_{\text{민간투자}} + G_{\text{정부지출}} + NX_{\text{순수출}}$$

그렇다면 금리가 금융시장을 통해 어떻게 실물경제에 영향을 미치는지 살펴보자. 우선 정부는 경기가 침체되거나 과열되었을 경우 재정정책과 통화정책을 통해 이를 해결하려 한다.[3] 재정정책은 정부가 국채(정부발행채권)를 발행하여 직접 경기를 부양하거나 인플레이션을 억제하기 위해 세금을 인상하는 등의 정책을 말하며 통화정책은 통화당국(중앙은행)이 통화량이나 기준금리를 조정하여 경기를 부양하거나 인플레이션을 억제하려는 정책이다. 금융시장과 실물경제 사이에 직접적인 관계가 있는 것은 통화정책이므로 우리는 통화정책에 대해서 고찰해 볼 것이다. 예를 들어 현재 경기가 침체되어 있는 상태라고 가정해보자. 이

2 국내총생산(GDP)에 대한 자세한 정의는 경제학원론이나 거시경제학을 통해 확인하기 바란다.

3 이는 케인즈의 거시경제 총수요 정책으로 경기가 단기적인 순환변동에 의해 침체되거나 과열되었을 경우 정부가 개입하여 이를 해결해야 한다는 이론적 주장이다. 자세한 이론은 거시경제학 서적을 통해 확인하기 바란다.

런 경우 통화당국은 기준금리를 낮추거나 통화량을 증가시키는 확장적 통화정책을 시행한다. 여기서 기준금리를 낮추거나 통화량을 증가시키는 것은 모두 금리를 낮추는 기본 방향이라는 점을 이해해야 한다. 우리는 앞서 이자율 결정이론을 살펴보았으며 케인즈의 유동성선호설[4]에 의해 통화량이 증가하면 이자율이 하락한다는 사실을 확인하였다. 이렇듯 금리 인하 정책은 금융시장을 통해 장단기 금융상품에 영향을 미치게 되며 고정이자부 금융상품 전체에 영향을 미치게 된다. 이는 국내총생산을 결정하는 민간투자에 직접적인 영향을 가하게 된다. 기업은 대체투자(기존의 설비가 마모되어 교체하는 투자) 혹은 신규투자(사업확장을 위한 새로운 투자)를 위해 은행에서 자금을 차입하게 되는데 이때 차입금리가 인하되면 기업들은 차입비용이 낮아지므로 투자를 늘리게 되는 것이다. 즉 금리 하락은 금융시장을 통해 〈그림 5-2〉와 같이 실물경제에 영향을 미치게 되는 것이다. 또한 금리 하락은 민간소비에도 영향을 준다. 최근 금융의 발달로 인해 할부 금융시장이 크게 확대됨에 따라 금리 하락은 할부 금융을 사용할 수 있는 자동차나 가전제품(내구소비재) 등을 중심으로 소비가 증가되는 경향을 보인다.

4 유동성선호설 "이자율 결정이론" 단원을 참조하기 바란다.

그림 5-2 | **확장적 통화정책의 실물경제 파급 경로**

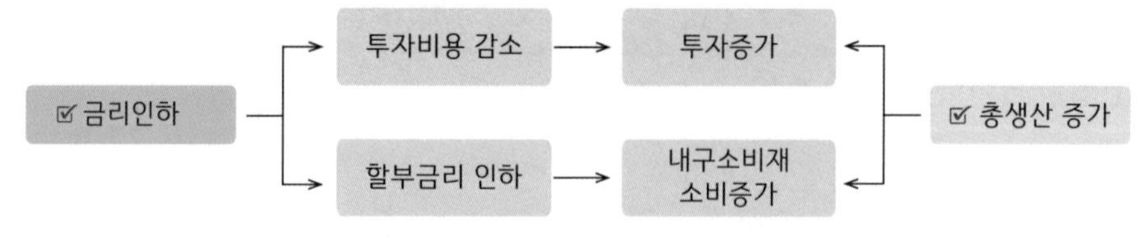

3 | 자산효과와 투자효과

실물경제와 금융상품 간에 관계는 앞서 경제순환 2분면 모형에서도 확인하였듯이 서로 긴밀한 관계를 유지하고 있기 때문에 오래전부터 지속적으로 연구되어 오고 있다. 이런 연구 중에 대표적인 연구 사례가 주식과 실물시장 사이의 관계다. 주식은 대표적인 금융투자상품 중에 하나이며 개인투자자는 자본소득과 배당소득을 목적으로 주식을 매수하게 되는데 이렇게 주식을 매수하는 행위는 금융시장을 통해 이뤄진다. 기업은 향후 기대되는 이익을 위해 투자자금 모집의 방법으로 주식을 발행한다. 이 또한 금융시장을 통해 이뤄진다. 그렇다면 주식과 실물시장 간에는 어떤 관계가 있을까?

우선 자산효과(wealth effect)를 통해 주식은 실물경제인 소비에 영향을 미친다. 여기서 자산효과란 자산 가격 상승이 개인의 소비를 증가시킨다는 이론이다. 예를 들어 A라는 개인투자자가 Z주식을 100만원에 매입했다고 가정해보자. 이 Z주식이 1년 후 200만원이 되었다면 A씨는 100만원의 잠재수익을 얻었기 때문에 기분이 매우 좋을 것이다. 여기서 잠재수익이란 아직 실현되지 않은 수익을 말한다. 즉 Z주식을 매도하여 A계좌에 200만원이 입금되어야 실현이익이 되는 것이다. 하지만 사람들은 주가가 올랐다는 사실만으로도 소득이 올랐다고 믿는 경향이 있다. 이렇게 생각한 A씨는 소득이 증가하였기 때문에 현재 소비할 수 있는 여력이 증가하였다고 생각하게 된다. 이때 실제로 자산가격 상승이 소비로 이어지게 되면 자산효과가 나타나는 것이다. 즉 A씨가 소유한 금융자산의 가치가 상승하여 소비가 증가하는 현상이 발생하게 되는 것이다. 앞서 국내총생산(GDP)을 구성하는 요인들에서 보았듯이 이럴 경우 민간소비가 증가하여 국내총생산이 증가하는 결과를 나타내게 된다.

자산효과(출처 : 한국은행)

$$Y\uparrow = C\uparrow + I + G + NX$$

다음은 투자효과(investment effect)를 통해 주식은 실물경제에 영향을 미친다. 만약 Z주가가 지속적으로 오르고 있는 과정이라면 투자자들이 Z주식을 발행한 회사에 대해서 긍정적인 생각을 가지고 있다고 판단해 볼 수 있다. 주가가 오르는 이유는 그 회사의 이익이 앞으로 증가할 것으로 기대하거나 혹은 성장가

5
일부 투기거래에 의해서도 주가가 상승하는 모습을 보이기도 하지만 이는 지속적이지 못하며 금감원 혹은 거래소의 감시에 의해서 단기에 확인된다.

능성이 있다고 믿기 때문이다.[5] 이렇듯 주가가 계속해서 상승하는 추세를 보이고 있다면 기업은 추가적인 주식발행, 즉 증자를 계획할 수 있다. 기업은 투자를 위해서 차입이나 채권을 발행하는 방법도 있지만 이는 이자비용이 발생하게 되므로 투자에 대한 수익만을 생각한다면 증자를 통한 투자자금 모집이 좋은 대안이 될 수 있다. 기업은 이처럼 좋은 흐름의 주가를 바탕으로 주식을 추가 발행하며, 투자자들은 좋은 흐름을 보이고 있는 주식이기 때문에 미래 추가 이익을 기대하며 청약을 많이 할 것이다. 기업은 증자를 통해 얻은 자금으로 신규투자를 행할 수 있고 이는 국내총생산(GDP)을 구성하는 민간투자를 증가시켜 국내총생산에 긍정적인 영향을 미치게 되는 것이다.

$$Y\uparrow = C + I\uparrow + G + NX$$

그렇다면 실제로 이런 효과들이 실물경제에 긍정적인 영향을 미쳤을까? 미국의 연구결과에 따르면 1년 간 10%의 시가총액 상승이 있었더라도 소비지출은 3년에 걸쳐 약 4% 증가하는데 그쳤으며 투자효과는 이보다 낮았다. 우리나라 역시 주식시장에 의한 자산효과는 크지 않은 것으로 나타났다. 자산효과에 대해서 설명할 때는 대부분의 독자들이 그럴 수도 있겠다고 고개를 끄덕였을 것이다. 그렇다면 왜 효과가 낮을까? 그 이유 중에 하나는 우리나라 국민 중에 주식 투자를 하는 비중이 약 10% 밖에 되지 않기 때문이다. 즉 주식투자를 하는 인구가 10명 중 1명뿐 이다 보니 주가가 상승하여도 이로 인해 수익을 얻고 소비를 하는 사람은 극히 미미하다는 것이다. 또 다른 이유로 주가의 변동성을 들 수 있다. 현재 우리나라의 주식 가격변동폭은 상·하한선 30%다. 이 말은 주가가 시가대비 하루에 최대로 올라갈 수 있는 비율이 30%까지이고 반대로 최대로 하락할 수 있는 비율도 30%까지라는 말이다. 하지만 상·하한선에 현혹 되선 안 된다. 〈그림 5-3〉에서 보는 바와 같이 상한선과 하한선을 합하면 60%가 된다. 그러나 실제 하루 최대 변동폭은 60%가 넘는다. 예를 들어 100원으로 시작한 주가가 하한선까지 내려갔다고 해보자. 그럼 30%가 하락한 70원(100원－(100원×0.3))이 된다. 만약 70원에 이 주식을 매수한 사람이 있고 주가가 다시 상한선까지 올라갔다면 130원(100원＋(100원×0.3))까지 상승하게 된다. 그렇다면 70원에 이 주식을 매입한 사람의 수익은 85.7%(60원/70원×100)에 달하게 되는 것이다. 정리하면 하루 주가의 최대 변동폭은 약 85%에 달한다는 것이다. 실제로 이와 같은 일이 자주 발생하는 것은 아니지만 외환위기 당시인 1997년 주가가 42.2%나 폭락한 적이 있으며 이듬해인 1998년 6월부터 1999년 7월까지 300%가 넘게 상승하기도 하였다. 이처럼 주가는 변동성이 심하기 때문에 주가가 올랐다고 해서 투자자들이 바로 소비로 연결되지 않는다는 것이다.

그림 5-3 | **주가의 상·하한 변동폭**

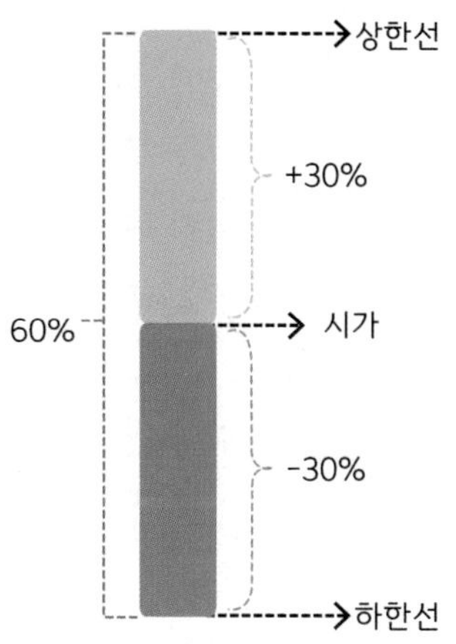

그림 5-4 | **외환위기 당시 주가의 흐름**

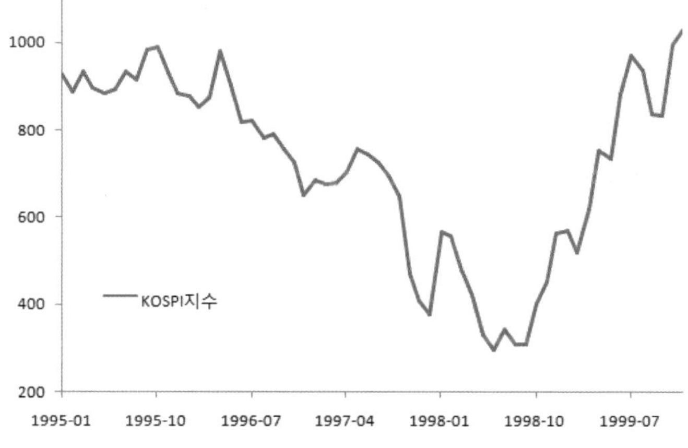

앞서 설명한 대로라면 자산효과는 이론과 같이 유의하게 나타나지 않는다고 오해할 수도 있다. 하지만 그렇지만은 않다. 우리가 앞서 살펴본 자산은 모두 금융자산이었다. 따라서 다른 자산에서도 자산효과가 나타났는지 살펴볼 필요가 있다. 그 중에 대표적인 자산이 부동산자산이며 실제로 부동산자산에서는 자산효과가 유의하게 있는 것으로 연구되었다. 이는 미국의 연구뿐만 아니라 국내 연구에서도 부동산자산효과에 대한 결과가 다수 존재한다는 것을 통해 확인할 수 있다. 미국은 지난 2000년 닷컴버블 및 2001년 911테러, Enron회계부정사건 등이 연이어 발생하며 미국 주식시장 시가총액은 2000년 3월부터 2002년 7월까지 약 3조 7천억 달러 급락하였다. 이런 이유 때문에 부의 자산효과가 발생하여 소비가 줄어들 것으로 예상하였으나 소비는 줄지 않은 것으로 나타났다. 당시 소비가 줄지 않은 가장 큰 이유 중에 하나가 주택가격 상승 때문이었다. 즉 주가가 많이 하락하여 금융자산은 줄었지만 주택가격 상승으로 인해 부동산자산이 늘어나며 금융자산의 하락을 상쇄하였다는 것이다. 물론 동 기간에 세금을 줄이고 금리를 낮추는 등 여러 가지 정책적 원인도 있었지만 소비가 줄지 않은 가장 큰 이유로는 주택가격 상승 때문이라고 할 수 있다. 국내에서는 가계부채의 증가로 인한 부동산자산 가격 상승이 소비에 영향을 미치는 자산효과가 있었는지를 연구한 자료가 있다.[6] 해당 연구 자료에 대한 결과는 부동산자산 가치 상승으로 인한 소비변동분이 15.65%에 달했으며 GDP의 변동분은 28.55%에 달한다는 결론을 제시하였다. 즉 국내에서도 부동산가격 상승에 대한 소비증가가 통계적으로 유의하게 나타났었다는 말로 해석할 수 있다.

6 최남진 · 주동헌(2016)의 연구자료를 참고하길 바란다.

01 경제순환 2분면 모형을 통해 재화와 화폐의 흐름에 대해서 설명해 보시오.

02 통화당국은 최근 침체된 경기를 부양하기 위하여 확장적 통화정책을 실시한다고 발표하였다. 통화당국이 확장적 통화정책을 통해 달성하고자 하는 실물경제 부양 경로에 대해서 설명해 보시오.

03 금융자산의 가치 상승이 실물경제에 영향을 주는 현상을 자산효과, 투자효과라고 부른다. 그렇다면 자산효과와 투자효과가 무엇인지 자세히 설명해 보시오.

04 국내에서는 금융자산 가치 상승을 통한 자산효과가 크게 발생하지 않는다고 하였다. 그 이유에 대해서 설명해 보시오. 그리고 부동산 자산효과는 왜 유의한 결과를 나타내는지 설명해 보시오.

CHAPTER 06

금융기관의 기능적 특징

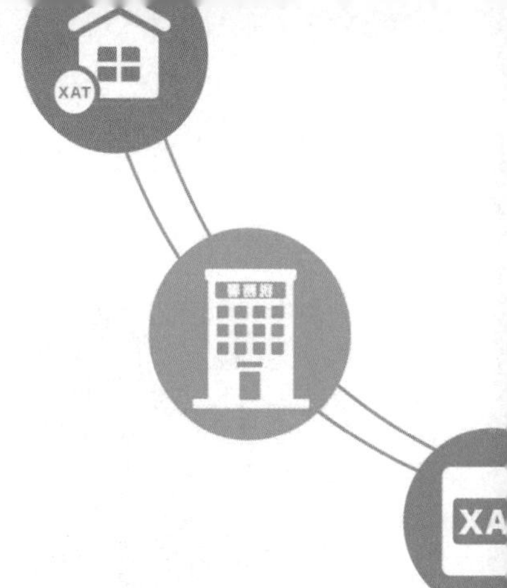

단원을 시작하며

앞 단원에서 금융은 자금 공급자가 자금 수요자에게 자금이 이전되는 것이라고 이야기 하였다. 하지만 생각해보면 독자들은 자금이 필요한 기업이나 개인에게 자금 공급을 목적으로 은행에 예금을 한다고 생각하지는 않을 것이다. 또한 자금을 필요로 하는 기업이나 개인의 정보를 전혀 알지 못할 뿐더러 그들이 필요로 하는 자금의 금액도 독자들은 모를 것이다.

이렇게까지 질문하면 독자들의 의문은 증폭될 것이다. 그러나 걱정하지 마라. 독자들이 모르는 이유는 당연한 것이다. 그 이유는 중간에 금융중개기관이 있기 때문이다. 그렇다면 금융중개기관의 특징은 무엇이며 하는 일은 무엇인지 이번 단원을 통해 확인해 보도록 하자.

1 | 거래비용의 절감기능

금융기관의 가장 큰 특징 중에 하나는 거래비용을 절감 시켜준다는 것이다. 여기서 거래비용이란 금융거래에 수반되는 탐색비용(searching cost), 정보획득비용, 감시비용 등 모든 비용을 말한다. 만약 여러분이 자금을 가지고 금융투자를 하고 싶은데 금융중개기관이 없다고 가정해보자. 여러분은 돈이 필요한 사람을 찾으러 직접 전국을 돌아다녀야 할 것이다. 이와 유사한 예는 공인중개사의 중

탐색비용과 공인중개사

요성에서 찾을 수 있다. 만약 공인중개사가 없으면 집을 구하기 위해 모든 지역을 돌아다녀야 할 것이다. 그리고 집집마다 들어가서 주인이 있는지 확인하고 주인이 있다면 그때서야 방을 볼 수 있을 것이다. 운이 없다면 하루 종일 방 몇 개만 보고 끝날 수도 있다. 하지만 공인중개사가 있다면 어느 지역, 어느 정도의 가격에 방을 원하는지 공인중개사에게 전달하고 공인중개사는 필요 정보만을 사용하여 독자에게 최적의 방을 보여줄 것이다. 그것도 원하는 시간에 약속을 잡아 낭비되는 시간을 줄여줄 것이다. 금융기관도 마찬가지다. 독자는 자금을 투자하고 싶다면 은행이나 투자증권사 등을 찾아가 원하는 수익률과 위험도를 가진 상품을 고르면 된다. 그럼 금융기관은 요구에 맞춰 자금을 운용하고 그에 따른 수익금을 배분해 줄 것이다.

다음으로 금융기관은 자금의 수요자와 공급자 간 정보의 비대칭성(information asymmetry) 때문에 발생할 수 있는 신용정보비용과 정보분석비용 등을 절감할 수 있다. 정보의 비대칭성이란 자금의 공급자는 자금의 수요자가 본인의 신용도에 대해 정확한 정보를 제공하지 않는 이상 자금의 수요자에 대한 모든 정보를 알 수 없기 때문에 서로 간에 정보에 대한 비대칭이 발생한다는 것이다. 쉽게 이해할 수 있도록 중고차 시장을 통해 정보의 비대칭성 문제를 설명해보자. 중고차 시장에는 구매자와 판매자가 존재하며 구매자는 모든 정보를 이용하여 합리적인 가격에 중고차를 구매하려 할 것이고 판매자는 판매자가 가지고 있는 정보를 이용하여 많은 이윤을 남기려 할 것이다. 즉 중고차를 팔려고 하는 사람은 자동차 결함에 대한 정보를 모두 가지고 있지만 가격이 떨어질 것을 우려하여 모든 정보를 구매자에게 공개하지 않을 수 있다는 것이다. 이럴 경우 정보의 비대칭성으로 인해 중고차 구매자는 지불한 가격보다 못한 자동차를 구매하게 되는 것이다. 마찬가지로 금융기관이 없다면 독자는 직접 자금 수요자의 정확한 신용정보를 찾아야 하고 이를 분석하여 위험도가 얼마나 큰지 확인하여야 한다. 독

정보의 비대칭성과 중고차 시장

자는 이런 일들이 쉽지 않다는 것을 직감적으로 알 수 있을 것이다. 이에 반해 금융기관은 시스템적으로 신용정보수집에 우월한 정보력을 가지고 있으며 신용평가분석 또한 전문가 집단과 시스템을 보유하고 있기 때문에 저렴한 비용으로 정보의 비대칭성 문제를 해결할 수 있다.

마지막으로 금융기관은 감시비용을 절감할 수 있다. 만약 금융기관이 없다면 독자는 자금 수요자를 중간 중간에 찾아가 돈을 갚을 능력이 되는지 수시로 감시해야 한다. 더욱이 극단적인 경우 자금 수요자가 돈을 갚지 않고 도망가지는 않을까 매일 매일 불안감에 살아야 할지도 모른다. 반면 금융기관은 자금 수요자에 대한 감시기능을 시스템적으로 보유하고 있다. 따라서 중간에 소득상황이나 매출, 신용도 등을 지속적으로 모니터링 하여 감시비용을 절감할 수 있도록 해준다.

2 | 금융자산의 변환기능

금융기관의 중요기능 중에 금융자산의 변환기능이 있다. 이는 불특정다수의 자금 공급자로부터 받은 자금을 자금 수요자의 필요에 맞게 금융자산을 재생산하는 것을 말한다. 각각의 자금 공급자와 자금 수요자들은 본인들의 사정에 맞게 자금을 공급하거나 수요하고 싶어 할 것이다. 즉 자금의 규모, 만기, 수익률 등 각각의 사정에 따라 모두 다를 것이다. 이는 우리가 앞서 학습한 물물교환의 한계를 나타내는 욕망의 불일치를 통해 이해할 수 있다. 물물교환에서 욕망의 불일치란 내가 원하는 상품을 가지고 있는 사람이 내가 가지고 있는 상품을 원했을 때만 교환이 가능하다는 뜻이다. 예를 들어 내가 농부라고 가정해보자. 나는 내가 먹을 만큼의 쌀을 충분히 생산하고 잉여 쌀을 가지고 있다. 이 잉여 쌀을 고기와 교환하고 싶다면 대장간에 있는 철이도 쌀과 고기를 바꾸고 싶어 해야 한다는 것이다. 그래야만 서로 간에 원하는 조건으로 거래가 성립된다는 것이다. 금융도 마찬가지다. 독자가 여유자금이 1천만원이 있고, 1년 뒤에 1천만원을 전세 보증금으로 써야 한다면 독자는 1천만원을 1년만 자금 수요자에게 공급하길 원할 것이다. 그런데 만약 치킨집을 운영하는 대식이는 1천만원의 자금을 치킨집 리모델링에 사용하고 치킨을 팔아 2년 후에 상환하기를 원한다면 이 금융거래는 성사되지 않는다. 또한 대식이가 2천만원이 자금이 필요하다면 이 또한 거래가 성립하지 않는다. 금융기관은 이런 자금의 수요자와 공급자가 발생할 수 있는 자금 규모와 만기 등에 대한 불일치 문제를 해결할 수 있다.

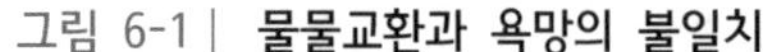

그림 6-1 | **물물교환과 욕망의 불일치**

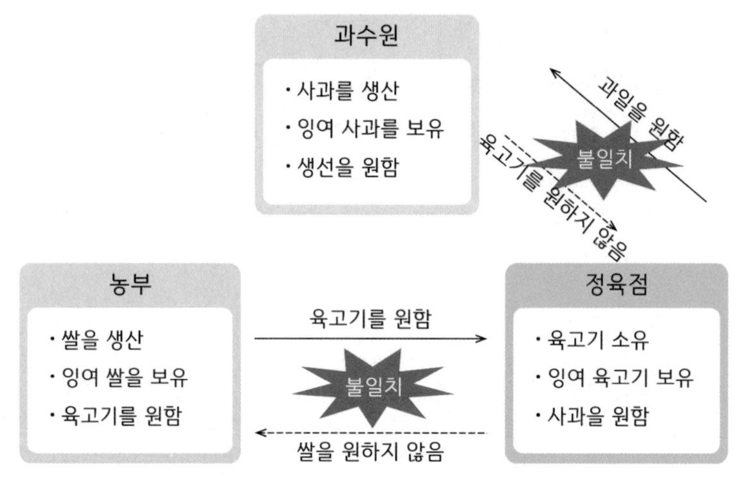

금융기관의 금융자산 변환기능에는 금액변환과 만기변환, 위험변환기능 등이 있다.

우선 금액변환(denomination transmutation)은 앞서 예를 든 것과 같이 자금의 공급자와 자금의 수요자 간 금액이 일치하지 않을 경우 자금중개기관이 금액을 변환하여 거래를 할 수 있도록 하는 것이다. 금융중개기관은 불특정다수의 자금 공급자들로부터 받아 풀(pool)을 구성하고 이를 자금 수요자의 요구에 맞게 금액을 변환하여 제공한다. 앞선 예를 통해 보면 독자의 경우 여유자금 1천만원을 금융중개기관을 통해 투자 혹은 저축을 할 것이고 금융중개기관은 독자를 포함해 매우 많은 사람들로부터 자금을 공급받을 것이다. 이를 통해 대식이가 원하는 2천만원 자금을 제공하여 철수의 니즈를 만족시켜 주는 것이다.

다음으로 만기변환기능(maturity transmutation)은 자금의 수요자와 자금의 공급자 간 자금 융통기간의 불일치를 해소시키는 기능이다. 앞선 예에서처럼 독자는 1천만원을 1년 동안만 예치하기를 원하는 반면 대식이는 2년 동안 자금 공급받기를 원하기 때문에 만기의 불일치가 발생한다. 실제로 자금 공급자들은 유동성 위험과 다른 투자기회 등을 위하여 가급적 짧은 만기로 자금을 운용하길 원한다. 반면에 자금의 수요자들은 사업자금 등을 위해 비교적 안정적으로 길게 자금을 운용하길 원한다. 이것이 만기의 미스매칭(mismatching)이다. 이에 금융기관은 자금 공급자들로부터 받은 자금의 풀(pool)을 구성하여 자금 수요자가 원하는 만기구조를 재생산함으로써 서로 간의 만기를 충족시켜 준다.

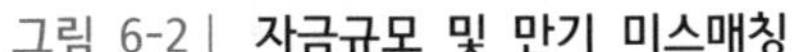
그림 6-2 | **자금규모 및 만기 미스매칭**

그림 6-3 | **금융중계기관 거래**

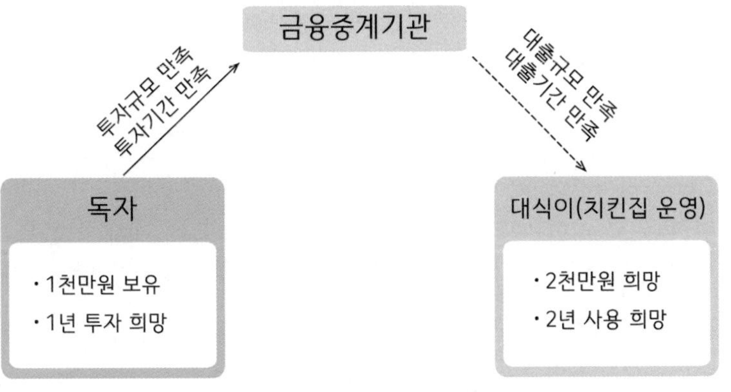

읽을거리

외환위기와 장단기 자금 미스매칭

외환위기 당시 시중은행 파산

금융기관의 주요 기능인 만기 변환기능이 과도할 경우 외부적인 충격에 의해 금융기관이 파산하는 현상이 발생할 수도 있다. 이는 1997년 외환위기 당시 국내 시중은행들이 파산한 것과 무관하지 않다. 외환위기가 발생한 원인에 대해서는 여러 가지 원인들이 있지만 시중은행이 파산한 이유 중에 하나는 과도한 자금 수요-공급 간 미스매칭이 있었다. 당시 시중은행들은 해외에서 단기자금을 빌려 국내에서 장기로 자금을 대여하는 전략을 사용하였다. 이는 은행의 수익성제고를 위한 전략으로 단기자금의 경우 낮은 금리로 조달이 가능하다는 점을 활용한 것이다. 즉 해외에서 낮은 금리로 조달한 자금을 국내에서 높은 금리로 대출하면서 은행의 수익성을 높였던 것이다. 이는 외부적인 충격이 없을 경우 단기 조달 자금이 만기가 되었을 때 무리 없이 연장하는 롤오버(roll over)가 가능하지만 외부 충격이 가해지면 롤오버가 되지 않아 은행은 파산할 수 있다. 즉 외부에서 들여온 단기자금 상환 요청에 따라 시중은행은 단기자금을 상환하여야 하나 장기로 대출되어 있는 자금을 회수 할 수 없으므로 파산에 이르게 되는 것이다.

마지막으로 금융기관의 위험변환기능(risk transmutation)은 자금 공급자가 직면하게 될 유동성 위험, 대손위험, 포트폴리오 위험 등에 대해 위험을 변경 혹은 감축시켜주는 기능이다. 금융기관은 기타 자산들에 비해 유동성이 매우 높은 상품을 제공함으로써 자금 공급자의 유동성 위험을 줄여준다. 예를 들어 대표적인 실물자산인 부동산과 비교하면 금융기관에서 제공하는 금융상품 유동성이 얼마나 높은지 확인할 수 있다. 만약 독자가 정기예금과 주택을 소유하고 있는 경우 급하게 현금이 필요하다면 어떻게 하겠는가? 운이 좋게도 여러분의 주택을 눈여겨 본 사람이 있어서 주택이 쉽게 팔릴 수도 있겠지만 그런 경우는 흔치 않다. 설사 그렇다 하더라도 주택을 현금화 하는 과정은 하루만에 이뤄지지 않는다. 대부분의 사람들은 정기예금을 해지하여 현금을 마련할 것이다. 정기예금은 일정 이자율을 포기하면 언제든지 현금화 할 수 있기 때문에 유동성이 매우 높다. 대손위험은 자금 공급자가 만기에 약속 받은 자금의 일부나 전부를 받지 못할 위험을 말하는 것으로 금융기관은 기관이 소유한 전문인력과 시스템으로 이런 위험을 낮출 수 있다. 마지막으로 포트폴리오 위험은 1:1 자금거래에서 특정 자금 수요자가 상환하지 못하고 파산하는 경우 위험이 한 곳에 집중된 것을 말한다. 포트폴리오를 통한 리스크 분산에 대해서 독자들은 "계란을 한 바구니에 담지 마라"는 명언을 통해 익히 알고 있을 것이다. 계란을 한 바구니에 담을 경우 바구니가 쓰러지면 모든 계란이 깨져 버린다. 따라서 계란을 여러 바구니에 분산하여 담을 경우 한 바구니가 떨어져도 남은 바구니의 계란들은 무사하기 때문에 위험을 분산시킬 수 있는 것이다. 금융기관의 경우 자금 공급자들의 자금을 분산하여 자금 수요자에게 대여하기 때문에 분산투자의 효과를 얻을 수 있다. 즉 리스크를 분산함으로써 개인이 지는 리스크는 현저하게 감소된다는 뜻이다.

포트폴리오 위험 분산

3 | 지급결제수단의 기능

금융기관은 시장경제체제 하에서 재화와 서비스를 거래할 때 대가의 지급결제수단을 제공한다. 즉 개별주체들은 시장에서 재화와 서비스를 구매하고 그에 따른 대가로 화폐 혹은 수표 등을 지급해야 한다는 것이다. 단순한 화폐거래에 있어서는 재화와 서비스를 구매하고 국내에서 법화로 인정된 5만원권, 1만원권 등을 대가로 지급하면 거래가 종료된다.

하지만 이외에 지급결제는 수표, 카드, 전자화폐 등 2차 결제과정이 뒤따른다. 특히 최근 현금 사용보다 간편한 카드나 전자결제가 발달함에 따라 이에 대한 사용금액은 크게 증가하고 있다. 여기서 2차 결제과정이란, 예를 들어 독자들이 커피 전문점에서 커피를 한잔 사고 체크카드로 결제를 할 경우 커피 전문점과 독자 사이의 거래는 바로 종료되나 거래 쌍방 간에 지급결제는 한 번 더 이뤄지는 것이다. 즉 독자의 은행계좌에 있던 자금이 커피 전문점으로 이체되는 과정에서 지급결제가 이뤄지는 것이다. 수표도 마찬가지다. 만약 독자가 커피 전문점에서 커피를 주문하고 수표를 제시할 경우 커피 전문점은 이를 받아들여 거래를 종료 시킬 것이다. 하지만 지급결제는 커피 전문점 주인이 은행을 통해 수표에 대한 자금을 이체 받은 후에 종료된다. 정확히 이야기 하면 독자가 발행한 수표는 은행의 별단예금에 예치되고 이는 커피 전문점 주인이 은행에 수표를 제시할 때 별단예금에서 커피 전문점 주인계좌로 이체되는 것이다. 이처럼 금융기관은 신속하면서 낮은 거래비용의 지급결제수단을 제공함에 따라 실물경제 시장의 거래를 활성화시키는 역할에도 기여한다.

그림 6-4 | **2차 결제과정**

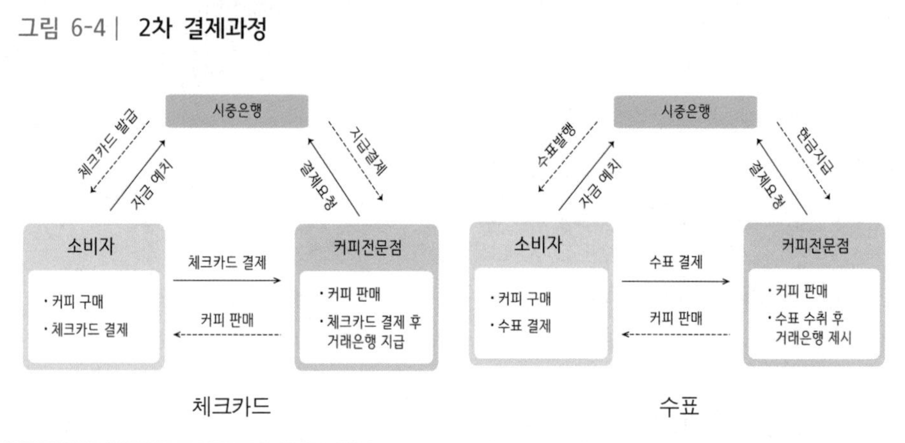

税務署
TAX
TAX
BANK

PART 2

금융 실무

CHAPTER 07

금융상품과 금융투자의 이해

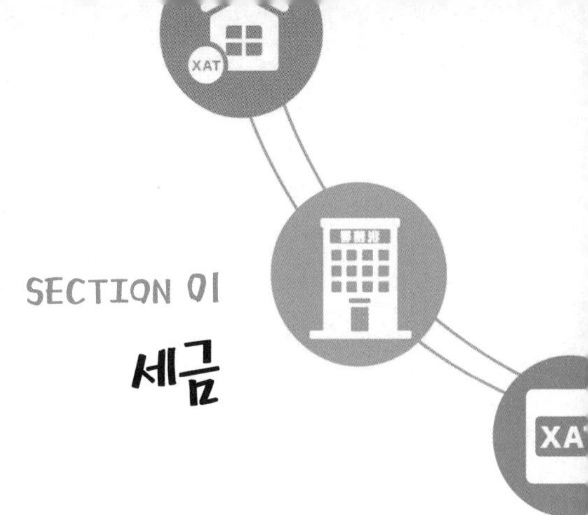

SECTION 01

세금

단원을 시작하며

독자들은 간혹 금융상품의 수익률을 확인할 때 세전 수익률 00%라는 것을 본적이 있을 것이다. 이는 세금을 내기 전 수익률을 나타내는 것으로 세금을 제외한 수익률을 세후 수익률이라고 부른다.

그렇다면 금융상품 수익률을 왜 세전 수익률을 제시할까? 세금이 그만큼 수익률에 미치는 영향이 크기 때문이다. 우리는 이번 단원에서 금융상품들의 세금에 대해서 자세히 알아볼 것이다.

우리나라에서 수익이 발생한 곳에는 세금이 부과되는 것을 기본으로 한다. 금융상품 역시 수익이 발생하기 때문에 세금이 발생한다. 따라서 각 금융상품별 세금 정도의 차이에 의해서 수익률이 달라지기 때문에 세금을 꼭 고려하여 투자를 결정해야 한다. 예를 들어 A금융상품과 B금융상품 수익률이 각각 10%와 11%라고 가정할 경우, 보통의 경우는 B금융상품이 좋다고 이야기 할 것이다. 하지만 세금을 감안한 수익률이 각각 10%(비과세 금융상품 가정)와 9.3%라면 더 이상 B금융상품 수익률이 좋다고 할 수 없다. 즉 세후 수익률은 A금융상품이 좋다. 이처럼 각각 금융상품에 어떤 세금이 적용되며 금융소득에 따라 차등적으로 어떤 세율이 적용되는지 확인이 꼭 필요하다.

그림 7-1 | **세전 수익률과 세후 수익률 비교**

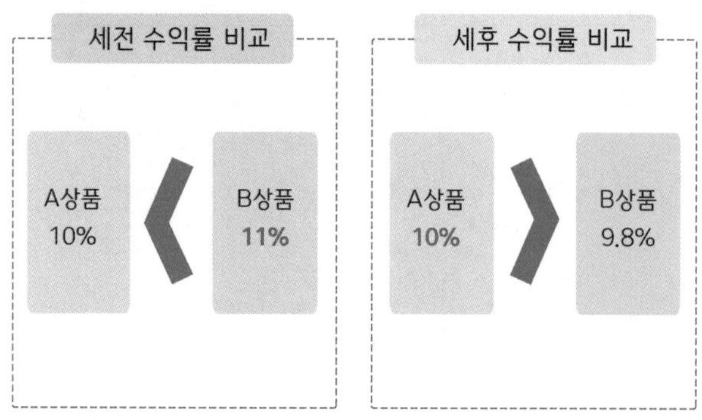

1 | 금융상품 기본세율과 납부방법

우리는 흔히 직장에 들어가면 월급이라는 것을 받게 된다. 이때 월급을 소득이라고 하며 국가는 이 소득에 대해서 소득세를 부과한다. 금융상품에서 발생한 수익을 우리는 금융소득이라고 부르며 대표적인 금융소득은 이자소득과 배당소득이 있다. 여기서 이자소득이란 예금상품이나 적금상품 등과 같이 주로 은행에서 판매되는 예금위주의 상품에서 발생한 수익을 말하며 배당소득은 주식을 소유함으로써 발생하는 배당소득 및 펀드 등에서 발생하는 수익 등을 말한다. 기본적으로 독자들이 접하는 대부분의 금융상품, 예를 들어 예금, 적금, 주식, 펀드 등은 이자소득과 배당소득 과세 방법을 적용 받는다. 이자소득과 배당소득의 기본세율은 각각의 소득에 대한 15.4%(주민세 1.4% 포함)를 부과한다.

표 7-1 | **이자소득 및 배당소득에 대한 세율**

금융상품	소득구분	세율(주민세 포함)	종합과세
예금, 적금 등	이자소득	15.4%	2,000만원 초과 시 종합과세 (6.6~41.8%)
주식, 펀드 등	배당소득		

금융소득에 대한 세금의 납세 방법은 크게 원천징수와 종합과세 방법으로 구분한다. 독자들은 대부분 원천징수 방법으로 금융소득에 대한 세금이 종결될 것이기 때문에 본인이 받은 이자소득에서 얼마나 세금으로 차감되는지 잘 알지 못할 것이다. 보통의 경우는 정기예금 혹은 적금을 가입할 때 금리가 얼마인지 확인하고, 만기 때 원리금 합계를 상환 받으면서 금리가 잘 적용되었을 것이라고 믿는다. 따라서 만기 때 이자금액으로 들어온 돈이 최초 가입할 때 적용한 금리가 맞는지 계산해 보는 사람은 드물다. 그렇다면 실제로 독자들이 과거에 가입했던 예금통장을 한 번 찾아보길 바란다. 예를 들어 1천만원의 예금을 5%의 금리로 1년 간 예치하였다면 1년 후 기대되는 이자소득금액은 50만원(10,000,000×0.05)이고 원리금 합계인 1,050만원이 상환되기를 기대할 것이다. 하지만 실제로는 이자소득에 대한 세금인 77,000원(500,000×0.154)을 제외한 1,042,3000원이 상환된다. 여기서 세금인 77,000원은 금융소득 발생시점에 자동적으로 징수하는 것으로 이를 원천징수라고 한다. 원천징수는 금융소득이 2천만원 이하일 때 자동적으로 적용되는 것으로 독자들의 금융소득이 2천만원 이하라면 별도로 세금을 신고할 필요가 없다.

반면 종합과세 방법은 금융소득이 2천만원을 초과하는 경우 발생하는 세금으로 금융소득 2천만원 초과분에 대해서 6.6~41.8%의 누진세를 추가 부과하는 것을 말한다. 여기서 누진세율이란 소득 구간에 따라서 세율이 변경되는 것을 말하며 우리나라의 경우 소득이 증가할수록 세율이 증가하는 누진세율을 적용하고 있다. 소득에 대해 누진구간을 적용하는 이유는 부의 재분배 효과와 자동적인 경제 안정화 기능을 위해서다. 부의 재분배 효과란 양극화를 해소하기 위해 소득이 높은 사람이 더 많은 세금을 부과하고 그렇지 못한 사람에게는 낮은 세금을 적용하여 소득의 균형을 맞추고자 하는 것이다. 다음으로 자동경제 안정화 기능은 경기가 호황일 때는 소득이 올라가므로 더 많은 세금을 걷어 경기과열을 막고, 경기 침체 시에는 소득이 감소하기 때문에 세금을 줄여 부담을 줄여주는 기능을 누진세가 하는 것이다. 종합소득세율은 〈그림 7-2〉와 같다.

그림 7-2 | **종합소득세율 누진구간**

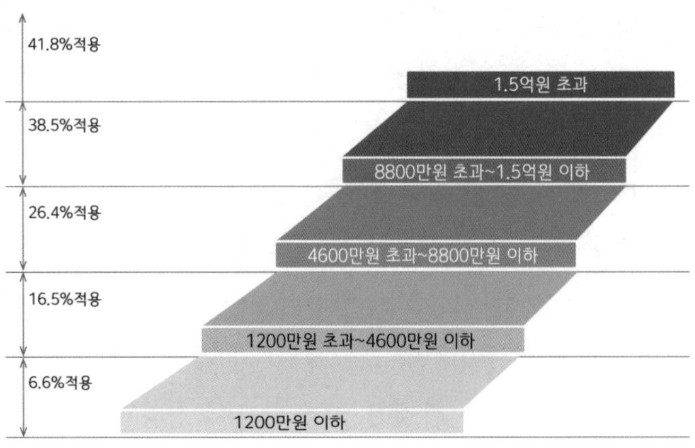

표 7-2 | **종합소득세율(2015년 기준)**

과세표준	세율(지방소득세 포함)
1,200만원 이하	6.6%
1,200만원 초과~4,600만원 이하	16.5%
4,600만원 초과~8,800만원 이하	26.4%
8,800만원 초과~1.5억원 이하	38.5%
1.5억원 초과	41.8%

만약 금융소득이 2천만원을 초과하는 경우 납세자는 다른 종합소득(근로소득, 사업소득 등)과 합산하여 이듬해 5월에 종합소득세를 신고하여야 한다. 원천징수의 경우 독자들이 신경 쓰지 않아도 자동적으로 납부가 되기 때문에 크게 어렵지 않다. 반면 금융종합소득은 직접 신고도 하여야 하고 계산도 해 보아야 하기 때문에 관심을 가져야 한다. 그리고 독자가 금융종합소득세를 신고한다는 사실은 금융투자를 통해 많은 수익을 올리고 있다는 것을 방증하는 결과이므로 그 정도의 노고는 기쁘게 받아들이길 바란다. 그렇다면 생소한 금융종합소득을 예를 통해서 확인해보도록 하자. 만약 A씨와 B씨 둘 모두 4천만원의 금융소득을 올리고 있다고 가정해보자. 이미 독자들은 A씨와 B씨 둘 모두 금융소득이 2천만을 초과하므로 2천만원을 초과한 2천만원에 대해서 금융종합과세가 적용된다는 사실을 알 것이다. 이외 A씨와 B씨는 각각 사업을 하고 있으며 A씨는 사업소득

이 1천만원, B씨는 사업소득이 1억원 발생했다고 가정해보자. 우선 A씨는 사업소득과 금융소득 초과분을 합산하면 3천만원이 되므로 2번째 세율 구간인 16.5%를 적용 받게 된다. 하지만 이미 원천징수로 15.4%를 납부했기 때문에 16.5%와 15.4%의 차이인 1.1%의 세율만 더 적용한 22만원(2,000,000×(0.165−0.154))만 추가 납부하면 된다. 반면 B씨는 사업소득과 금융소득 초과분 합산이 1억 2천만원이므로 4번째 구간인 38.5%의 세율을 적용받게 된다. 따라서 원천징수로 납부한 15.4%를 38.5%에서 차감한 23.1%의 세금을 더 납부하여야 한다. 이를 계산하면 462만원(2,000,000×(0.385−0.154))으로 이를 추가적으로 납부하여야 한다.

그림 7-3 | **금융종합소득에 대한 이해**

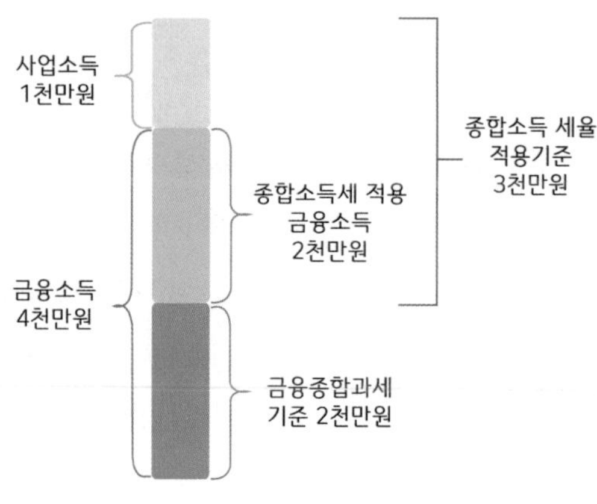

2 | 이자 및 소득세의 발생시점

앞서 원천징수와 금융종합과세에 대해서 살펴보았다. 금융소득이 2천만원을 넘지 않는 경우 원천징수로 세금에 대한 의무가 종료되며 2천만원이 넘는 경우 금융종합과세 대상에 포함되므로 별도의 세금을 납부하여야 한다. 따라서 원천징수는 예금 및 투자금의 이자와 수익금을 상환 받는 시점에 발생하므로 세금의 발생시점은 이자나 수익금을 상환 받는 시점이 된다. 예를 들어 작년에 만기 1년의 정기예금을 가입하였고 오늘 정기예금 만기 날이며 금일 원리금을 찾았다면 이자소득세의 발생시점은 오늘이 되는 것이다. 예금의 경우 앞선 예처럼 만기 상환하거나 중도 해지, 새롭게 정기예금을 가입하는 경우가 대부분이다. 따라서 이자소득세의 발생시점은 만기상환시점, 중도해지시점, 예금연장 가입시점에서 발생한다. 예금을 연장하는 경우 실제로 자금을 인출한 것은 아니지만 실제로 새로운 정기예금으로 투자원금을 결정해야 하기 때문에 이자소득세를 차감한다. 저축성 보험에 대한 차익의 경우 보험금이 실제로 지급되는 시점에 세금이 발생한다. 저축성 보험 역시 예금과 마찬가지로 중도 해지할 경우 중도해지일에 세금이 발생한다. 양도가능한 채권의 이자와 할인액은 무기명과 기명에 따라 다르며 무기명의 경우 채권의 이자 혹은 할인액의 지급날에 세금이 발생하는 것으로 본다. 반면 기명채권의 경우 채권에 기입된 날짜, 즉 약정일에 세금이 발생하는 것으로 본다. 펀드의 배당도 지급 받은 날짜에 발생하는 것으로 본다.

이처럼 세금의 발생시점이 사전에 약정된 채권 이자나 정기예금, 적금 등은 선택이 어렵다. 반면 펀드, 주식과 같이 만기가 없는 금융상품의 경우 투자자가 원할 때 상품을 매도하거나 해지하여 세금 발생시점을 조절할 수 있다. 따라서 이 점을 이용하여 세금 부담을 줄일 수도 있다. 예를 들어 12월에 금융소득이 이미 1,800만원을 넘고 있다면 수익이 나고 있는 펀드는 경제상황과 시황 등을 고려해 이듬해에 환매하는 것이 세금을 절약할 수 있는 방법이다. 특히나 종합소득이 높아 누진세율 구간이 높다면 금융소득 발생시점을 분산하여 세금 부담을 줄일 필요가 있다. 또 다른 예로는 12월 현재 펀드수익이 이미 2천만원을 넘어 섰다면 투자자는 일부 환매를 통해 올해 금융소득을 2천만원 이하로 실현하고 나머지는 해를 넘겨 부분환매를 진행하는 것이 세금을 줄일 수 있는 방법이다.

표 7-3 | **이자 및 배당 소득세의 발생 시기**

구분	세금 발생시점
예금, 적금, 부금 등의 이자	원칙은 실제 이자를 지급 받는 날 해약 시: 해약일 계약 연장 시: 연장일
저축성 보험차익	보험금 지급일 해지 시: 해지일
양도가능채권의 이자, 할인액	무기명: 지급일 기명: 약정일
펀드의 배당	지급일

그림 7-4 | **2천만원을 초과하는 금융소득 분산**

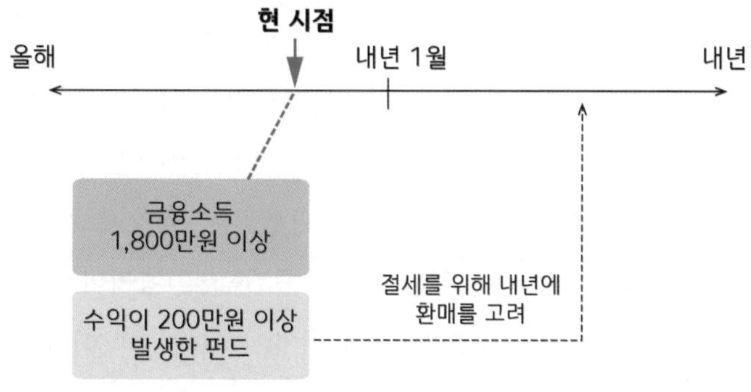

3 | 예금상품에 대한 세율

시중은행의 예금상품에 대한 세율은 앞서 설명한 이자소득세에서 벗어나지 않는다. 따라서 대부분의 독자들은 15.4%를 기억하면 크게 어려움이 없을 것이다. 다만 금융소득의 합계가 2천만원을 넘어서게 되면 금융종합과세가 적용되기 때문에 세금에 대해서 좀 더 자세히 알아야 한다. 특히 금융소득 2천만원에는 독자들이 생각하는 단순 예금 혹은 적금의 이자소득만 적용되는 것이 아님을 꼭 염두에 두기 바란다. 예를 들어 예금과 적금에서 벌어들인 이자소득이 8백만원으로 1천만원을 넘지 않는다고 하더라도 주식과 채권, 펀드 등에서 벌어들인 수익이 1천 3백만원이라면 합계가 2천만원이 넘으므로 금융종합과세가 적용된다는 것이다.

지금처럼 저금리 상황에서 이자소득만으로 금융종합과세에 포함되기 위해서는 10억원 이상 예치를 하고(정기예금 금리가 2%라고 가정할 경우) 있어야 하기 때문에 이자소득만으로 금융종합과세가 되기 쉽지 않다. 따라서 독자들이 대학생이거나 사회 초년생인 경우에는 이자소득세인 15.4%를 꼭 기억하고 있길 바란다.

4 | 주식과 채권에 대한 세율

채권은 정부나 공공단체, 주식회사 등이 거액의 자금을 조달하기 위해 발행하며 만기 시 상환의무를 지는 사채다. 따라서 채권발행자는 정해진 날짜에 이자를 지급하고 만기 시 원금과 이자를 지급함으로써 계약이 종료된다. 투자자 입장에서 채권을 매입하면 분기 혹은 반기, 연 단위로 채권이표율(coupon rate)만큼의 이자를 지급받게 된다. 이는 성격이 이자이기 때문에 이자소득세를 납부한다. 즉 채권 이표가 지급될 때마다 이자소득세를 지급한다는 것이다. 반면 채권도 주식과 같이 장내·외 시장에서 모두 거래가 되기 때문에 매매차익이 발생한다. 하지만 채권의 매매차익에 대해서는 과세되지 않는다.

채권의 과세에 대해 이해를 돕기 위해 한 가지 예를 들어보자. 독자가 1억원짜리 채권을 표면이자율 5%에 매수하였다고 가정해보자. 당시 시장이자율은 4%였는데 1년 뒤 시장이자율이 하락하여 채권가격이 1억 5백만원으로 올랐다. 그럼 이 채권을 매도하여 수익을 정산하기로 하고 채권을 매도하여 매도대금인 1억 5백만원과 이자수익인 5백만원을 수취하였다면 세금은 얼마를 지불하면 될까? 채권의 매매차익에 대해서는 비과세이기 때문에 1억 5백만원에 대해서는 과세하지 않고 이자인 5백만원에 대해서만 15.4%의 이자소득세를 부과하여 4,230,000원을 수령하면 된다. 만약 시장이자율이 상승하여 채권가격이 9천 5백만원이 되었다고 하더라도 이자소득인 5백만원에 대해서는 이자소득세를 과세한다.

주식은 주식회사가 거액의 자금조달을 위해 발행하지만 채권과 달리 만기가 없다. 따라서 주식은 발행시장을 통해 투자하기 보다는 유통시장을 통해 거래되는 것이 일반적이다. 이렇게 거래되는 주식은 배당과 매매차익에 대해서 과세한다. 우선 배당은 주식을 발행한 기업이 이익결산을 하면서 배당일을 지정하게 되며 배당지급일에 배당소득세인 15.4%를 원천징수 하게 된다.

표 7-4 | **채권 투자에 대한 세금**

구분	과세여부	세율
매매차익	비과세	-
표면이자액	과세	15.4%

다음으로 주식투자의 세금은 주식 양도 시 발생하는 증권거래세와 매매차익에 대한 양도소득세가 있다. 우선 증권거래세는 모든 증권거래 시 발생되는 세금으로 상장주식을 거래소를 통해 매매하는 경우 매매대금의 0.3%(매도 시에만 적용)를 증권거래세로 원천징수 한다. 반면 상장주식과 비상장주식을 장외에서 거래하는 경우, 양도가액의 0.5%에 대해 거래가 성사된 분기 말일로부터 2개월 이내에 양도소득세를 신고·납부하여야 한다. 장외에서 거래되는 주식의 경우 대부분 거액으로 거래가 이뤄지므로 소액투자자들은 직접 양도소득세를 신고하거나 납부할 일은 매우 드물다. 다음으로 매매차익에 대한 세금은 소액주주에게는 해당되지 않는다. 즉 소액주주의 경우 매매차익이 발생하더라도 그 차익에 대해 과세하지 않는다. 다만 대주주[1]의 경우는 매매차익에 대해서 양도소득세를 납부해야 한다. 또한 비상장주식의 경우는 대주주와 상관없이 항상 양도소득세를 납부하여야 한다.

그럼 소액투자자가 주식을 매매하는 경우를 예를 들어서 설명해보자. 우선 독자는 1천만원의 여유자금으로 투자를 고려하고 있다. 최근 세계 경제상황이 지속적으로 좋아지며 거시경제 지표가 좋은 흐름을 보이고 있는 상황에서 반도체와 스마트폰이 향후 몇 년간 수요가 꾸준히 증가할 것이란 전문가의 의견도 들었다. 독자는 세계 경제상황과 국내 경제상황, 산업현황 및 업황 등을 고려하여 S전자 주식에 투자하기로 결정하였다. 현재 S전자의 주가는 주당 100만원이라고 가정하면 독자는 10주의 S전자 주식을 매수할 수 있을 것이다(주식 매매수수료는 없는 것으로 가정). 앞서 이야기 했듯이 주식을 매수할 때는 세금이 발생하지 않는다. 1년 후 독자가 예측하고 분석한 대로 세계 경제가 지속적으로 좋은 모습을 보이며 수요가 증가하여 S전자의 반도체와 스마트폰이 호황을 누렸다. 그 때문에 주가는 2배가 올라 주당 200만원이 되었다고 가정해보자. 독자는 이 시점에서 목표했던 수익률에 도달했기 때문에 매도를 고려할 것이다. 그렇다면 독자가 S전자 주식을 전량 매도할 때 얼마의 예수금이 독자의 주식거래계좌로 입금되겠는가? 우선 순수한 매도 대금인 2천만원(200만원×10주)은 쉽게 계산할 수 있을 것이다. 여기에 증권거래세인 0.3%를 원천징수하게 되므로 6만원(20,000,000×0.003)을 증권거래세로 납부하게 된다. 결과적으로 독자가 주당 2백만원에 10주를 매도하게 되면 독자의 주식거래계좌에는 19,960,000원이 입금되게 되는 것이다. 실제로는 이것보다 더 적은 금액이 입금되는데 이는 증권사의

1 대주주
대주주란 직전 사업연도 말 상장법인의 지분율이 2%를 넘거나 시가총액이 50억원이 넘는 경우를 말한다. 코스닥법인의 경우 지분이 4%이거나 시가총액이 40억원이 넘는 경우를 대주주로 본다.

거래수수료를 제외하고 입금되기 때문이다. 증권사의 거래수수료는 매수, 매도 시 모두 발생하게 되며 오프라인 수수료가 온라인 수수료에 비해서 높다.[2]

2 자세한 사항은 "투자상품 실무" 단원에서 확인해 보기 바란다.

표 7-5 | **주식 양도소득세율**

구분				세율(지방세포함)
상장법인	소액주주(장내거래)			비과세
	그외	중소기업		11%
		대기업	대주주 & 1년 미만	33%
			그 외	22%
비상장법인	중소기업			11%
	대기업		대주주 & 1년 미만	33%
			그 외	22%

출처 : 금융투자 절세가이드

최근 해외 주식투자에 대한 관심과 거래가 증가하고 있다. 그렇다면 해외 주식도 거래소를 통해 매매하는 것은 과세되지 않을까? 그렇지 않다. 해외주식을 거래했다면 투자를 통해 발생한 이익에 대해서는 무조건 양도소득세가 부과된다. 하지만 국내 양도소득세와 같이 2달 이내에 신고할 필요는 없고 1년치를 이듬해 5월에 확정 신고·납부하면 된다. 해외 주식에 직접 투자하는 경우 양도소득에 대해 22%(지방소득세 포함) 양도소득세를 납부하면 그것으로 세금에 대한 의무는 종료된다. 또한 해외 주식을 직접 투자하는 경우 분리과세로 금융종합소득에 합산되지 않기 때문에 금융소득이 큰 경우 부담을 완화 시켜 줄 수 있다. 그렇다면 이해를 돕기 위해 예를 들어 보자. 독자가 미국주식 X, Y, Z 3종을 투자하여 X주식에서는 5백만원의 수익을 냈고 Y주식에서는 3백만원의 수익을 낸 반면 Z주식에서는 4백만원의 손실을 보았다면 얼마의 세금을 납부하면 될까? 우선 독자의 순수익은 4백만원(5백만원+3백만원-4백만원)이다. 따라서 순수익 4백만원에 대한 양도소득세 22%를 적용해 이듬해 5월 말까지 88만원을 신고·납부하면 된다.

5 | 펀드상품에 대한 세율

펀드란 불특정다수의 투자자로부터 모집된 자금을 자산운용사가 주식과 채권 등으로 운용하여 수익금을 배분하는 것을 말한다. 펀드는 일반 주식형에서 채권형, 국내형, 해외형, 금, 원유, 환율 등 투자자산과 국내외에 따라 매우 다양한 종류의 펀드가 존재하므로 투자자산에 따라 부과되는 세금도 달라진다. 따라서 수천 종류의 펀드에 대해 일일이 세금을 나열하는 것은 본서의 범위를 벗어나므로 펀드에서 빈번하게 발생하는 세율에 대해서만 살펴보도록 하자. 금융투자 초보자들이 가장 많이 투자하는 펀드는 국내 주식형 펀드다. 국내 주식형 펀드란 펀드 구성요소 중 60% 이상을 국내 주식에 투자하는 펀드를 말한다. 현행 세법 상 국내 주식형 펀드에서 거래되는 국내 주식의 매매차익에 대해서는 세금을 부과하지 않는다. 또한 국내 주식선물(파생상품)의 매매차익에 대해서도 세금을 부과하지 않는다. 따라서 국내 주식형 펀드이면서 실제로 대부분의 운용자산이 국내주식이라면 매매차익에 대해서는 거의 세금이 없다고 보면 된다. 하지만 유념해야 할 사항은 주식의 매매차익에 대해서만 세금이 부과되지 않고 배당수익에 대해서는 과세가 된다는 사실이다. 더욱이 국내 주식형 펀드라고 하더라도 국내 주식을 60%만 유지하면 되기 때문에 나머지 40%에 채권이나 정기예금 등이 운용되고 있다면 이자소득세가 발생한다. 따라서 국내 주식형 펀드라고 하더라도 운용자산 내역에 대해서는 확인할 필요가 있다. 국내 주식형 펀드가 아닌 해외 주식형 및 국내 채권형 펀드 등은 모두 과세대상이다.

표 7-6 | **국내 펀드 과세 현황**

구분		과세여부
주식	매매차익	비과세
	배당	과세
채권	매매차익	과세
	이자	과세

펀드의 과세시점은 일반적으로 환매일이라고 생각할 수 있는데 꼭 그렇지만은 않다. 펀드의 경우 과세시점은 결산일과 환매일로 나눈다. 결산일이란 펀드의 경우 1년에 1번 결산을 통해 수익금을 정산하는 절차를 따른다. 이때 수익금을 정산하면서 세금도 정산을 하게 되며 정산된 자금을 재투자하는 방식으로 펀드가 재설정된다. 펀드의 결산이라는 시스템을 통해 세금이 분산되는 효과도 있지만 재투자 시 투자원금이 줄어드는 효과도 발생한다. 우선 세금이 분산되는 효과는 예를 들자면 지난해 투자한 펀드가 올해까지 200만원 수익이 발생했다면 지난해 발생한 수익금에 대해서는 이미 세금을 납부하였기 때문에 올해 발생한 수익금, 예를 들어 올해 발생한 수익금 100만원이 채권 매매수익과 이자수익에서 발생했다면 100만원에 대한 이자소득세인 15만 4천원(15.4%)을 제외한 84만 6천원만 수익금으로 받게 된다. 하지만 지난해 펀드에서 수익이 발생하여 세금을 납부하였으나 올해 손실이 발생하였더라도 기 납부된 세금은 돌려주지 않는다.

다음으로 재투자 시 투자원금이 줄어드는 효과다. 예를 들어 지난해 투자자가 1억원을 가지고 가입한 펀드가 10%의 수익을 내고 올해 다시 10%의 수익을 냈다면 결산이 있을 때와 없을 때 최종 수익금이 달라진다. 우선 결산이 없을 경우, 지난해 10%의 수익을 기록했기 때문에 1천만원의 수익금과 원금의 합계인 1억 1천만원이 재투자된다. 그리고 올해 10%의 수익이 또 발생했기 때문에 수익금이 1천 1백만원(1억 1천만원×0.1) 발생하였으므로 투자원금인 1억 1천만원과의 합계가 1억 2천 1백만원이 된다. 반면 결산이 일어날 경우, 지난해 발생한 1천만원의 수익금 중 15.4%(1,540,000원)의 세금을 납부하여야 하기 때문에 올해 재투자 시 원금이 108,460,000원이 된다. 그리고 올해 10%의 수익이 발생했기 때문에 10,846,000원의 수익금이 발생하여 최종 원금과의 합계는 119,306,000원이 된다. 즉 중간에 결산을 통해 세금을 납부하였기 때문에 1,694,000원의 차이가 발생하는 것이다. 물론 몇몇 펀드들은 결산을 하지 않고 최종 환매 시 세금을 내도록 정하는 것도 있으니 펀드 가입 시 확인해 보길 바란다.

그림 7-5 | **결산과 재투자의 수익금 비교**

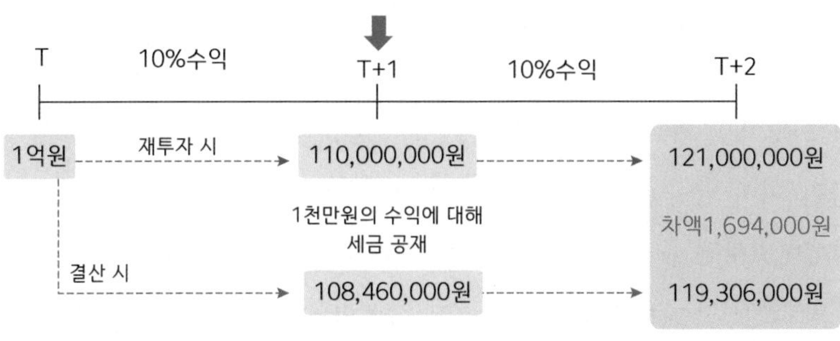

인덱스펀드와 뮤추얼펀드의 특징을 결합하고 2002년 처음 도입된 이후 꾸준히 관심을 받고 있는 지수연동형펀드(ETF)의 경우도 펀드와 같이 운용자산에 따라 매우 다양한 ETF를 구성하고 있다. 하지만 세금 부과 방식은 앞서 설명한 펀드와 유사하다. ETF도 크게 국내주식형ETF와 기타ETF로 구분할 수 있으며 국내주식형ETF의 경우 매매차익에 대해 세금이 없지만 기타ETF의 경우 매매차익에 대해 배당소득세를 부과한다.

6 비과세, 분리과세 금융상품에 대한 세율

금융상품에 대한 투자수익률 제고 및 절세를 위해서는 비과세 및 분리과세 상품에 대한 이해가 필요하다. 하지만 비과세나 분리과세 상품은 정부의 정책에 따라 수시로 변하는 경우가 많으므로 지속적인 관심이 필요하다. 독자들은 금융 전문가가 아니기 때문에 직접 찾는 수고를 하기 보다는 투자증권사나 은행의 전문가를 만나 상담을 받는 것이 가장 효율적인 방법이라고 하겠다. 그렇다면 이제 비과세와 분리과세에 대한 정의에 대해서 알아보자.

비과세와 분리과세 상품들은 일반적인 이자·배당 소득세에 비해 낮은 세율을 적용하는 금융상품들을 뜻하며 특히 금융종합소득과세 기준인 금융소득 2천만원 기준에 포함되지 않으므로 금융투자 수익률 제고 및 절세에 매우 유리한 상품이다. 그럼 비과세 금융상품이란 무엇일까? 비과세 금융상품은 금융소득에 대한 세금을 전혀 부과하지 않는 상품을 말한다. 대표적인 비과세 금융상품으로는 장기 저축성 보험, 브라질 채권, 물가연동 채권 등이 있다. 다음으로 분리과세란 금융소득에 대해서 과세는 되지만 상품별 특정 세율로 납부하게 되면 세금에 대한 의무가 종결되며 금융소득 종합과세 합산에서도 제외되는 것을 말한다. 예를 들어 이미 금융소득이 1천 8백만원인 상황에서 4백만원의 금융소득이 추가로 발생하였다면 투자자는 금융종합소득과세로 분류되게 된다. 하지만 후자에 발생한 4백만원의 금융소득이 분리과세 가능하다면 분리과세에 해당하는 만큼의 세금을 납부하고 세금에 대한 의무를 종결시킬 수 있기 때문에 금융종합소득은 1천 8백만원으로 금융종합소득과세 대상에서 제외된다. 분리과세의 대표적인 상품은 장기채권 등이 있다.

독자들의 이해를 돕기 위해 비과세, 분리과세 상품 중 브라질채권, 물가연동채권, 장기채권에 대해서 간단하게 알아보자. 우선 브라질채권은 브라질에서 발행한 국채를 의미한다. 브라질채권에 대한 이자소득이 비과세된 이유는 우리나라와 브라질 양국 간 조세정책의 합의에 의한 것으로 이는 각국 발행 국가 내에서만 이자소득세를 과세하자는데 합의했기 때문이다. 따라서 국내 투자자가 브라질채권에 투자한 경우 이자소득세를 내지 않아도 된다. 다만 브라질채권에 투자하기 위해서는 환율을 고려해야 하며 브라질 화폐인 헤알화의 가치가 하락한다면 환차손이 발생하여 손실을 볼 수도 있다. 또한 브라질 경제 사정에 따라 브라질채권가격변동이 예상되기 때문에 가격변동에 대한 리스크도 존재한다는 사실을 꼭 확인해야 한다. 다음으로 물가연동채권은 국채에 해당하는 채권으로 발행당시 물가와 연동된 수익률을 제공하기 때문에 표면금리를 매우 낮게 발행하는 채권을 뜻한다. 예를 들어 표면금리를 1.5%에 발행하고 물가를 연동시킨다면 이듬해 물가에 따라 수익률이 변경되게 된다. 만약 내년 물가가 2%라면 물가연동채권의 금리는 표면금리 1.5%에 2%를 가산하여 3.5%의 금리로 발행되게 되는 것이다. 국내 세법에는 2014년 12월 31일 이전에 발행된 물가연동채권에 대해서 물가상승률만큼 증가한 원금증가분에 대해서는 비과세하는 것을 원칙으로 한다. 보통 물가연동채권은 10년 이상의 장기채로 발행되기 때문에 아직도 2014년 12월 31일 이전에 발행된 물가연동채권의 물가상승률 연동 이자소득은 비과세된다. 마지막으로 10년 이상 장기채권의 경우 이자소득에 대해서 분리과세를 신청할 수 있으며 분리과세를 신청할 경우 33%(지방소득세 포함)의 세율을 적용 받는다. 33%의 세율이 일반 이자소득세인 15.4%에 비해 높다고 판단할 수 있지만 사업소득과 기타소득이 높은 투자자의 경우 금융소득종합과세 누진구간이 38.5%, 41.8%가 될 수도 있기 때문에 33%의 분리과세는 혜택이 될 수도 있다. 즉 고액의 소득을 올리는 투자자라면 분리과세를 통해 5.5% 혹은 8.8%의 세금 혜택을 볼 수 있다는 것이다.

표 7-7 | **비과세와 분리과세**

구분	의의	관련 상품
비과세	금융소득에 대한 세금을 전혀 부과하지 않는 상품	장기 저축성 보험, 브라질 채권, 물가연동채권
분리과세	금융소득에 대해서 과세는 되지만 상품별 특정 세율로 납부하게 되면 세금에 대한 의무가 종결되며 금융소득 종합과세 합산에서도 제외되는 상품	장기채권

비과세 및 분리과세와는 별개로 최근 금융상품에 대한 세액공제에 대한 관심이 높아지고 있다. 이유는 최근 보편적인 세액공제 혜택에 대한 국민정서 영향 등으로 판단해 볼 수 있다. 즉 부유한 사람들에게는 세액공제 혜택을 줄여서 국가 제원 확보에 사용하겠다는 것이다. 따라서 과거에 있었던 장기주택마련저축통장 등 많은 상품들이 세액공제기능을 상실하게 되었다. 다만 장기연금저축은 여전히 세액공제 혜택을 제공하고 있으므로 아직도 관심이 뜨겁다. 세액공제란 납입금액의 일정부분을 세금에서 공제해 준다는 의미로 연금저축의 경우 연간 납입금액의 400만원 이내에서 총 급여가 5,500만원 이상인 경우 13.2%(지방소득세 포함) 세액공제 혜택을, 총급여가 5,500만원 이하인 경우 16.5%(지방소득세 포함) 세액공제 혜택을 준다. 따라서 일반 근로소득자나 자영업자 등은 세금을 줄이고 향후 노후 생활에 대한 대비도 할 수 있다는 점에서 관심을 가져볼 필요가 있다.

총급여 5,500만원 이상	총급여 5,500만원 이하
13.2%	16.5%
납입액(400만원) X 13.2%	납입액(400만원) X 16.5%
528,000원 환급	660,000원 환급

연금저축 총급여 한도와 세액 공제 기준

연습문제

01 금융소득 납세 방법은 크게 원천징수와 종합소득세율에 따라 과세하는 방법이 있다. 원천징수와 종합소득세율을 나누는 기준은 무엇이고, 종합소득세율은 어떻게 결정되는지 설명해 보시오.

02 개인 사업을 하는 금융투자자가 올해 금융소득이 4천만원 발생하였고, 사업소득으로 2천만원의 소득을 올렸다면 종합소득세는 얼마인지 구해 보시오.

03 12월 현재 채권과 예금, ETF 투자로 인한 금융소득이 3천만원이다. 이를 자세히 살펴보면 채권의 액면이자액 수익 1천만원, 정기예금 이자액 5백만원, ETF 투자로 인한 수익금 1천 5백만원이다. 현재 채권의 액면이자액과 정기예금 이자액은 지급 받은 상태이며 ETF는 매도하지 않은 상태다. 만약 독자가 이런 상황이라면 절세를 위해 어떤 방법을 택하겠는가? 또한 그렇게 택한 이유는 무엇인가?

04 다음을 보고 물음에 답해 보시오.

> XXX회사채 현재가 8,000원, 액면가 10,000원, 3년 만기(현재 만기 2년 남음), 액면이자율 5%(분기당 지급)

(1) 위와 같은 회사채에 독자가 8천만원을 투자하였다고(수수료가 없다고 가정) 가정해보자. 독자는 약 10개월 간 회사채를 보유하고 있으면서 3번의 액면이자를 지급받았고, XXX회사채를 9,000원에 매도하였다면 회사채 투자를 통해 얻은 이익금은 얼마인가?

(2) 또한 이익금에서 세금은 얼마를 납부하여야 하는가? 세전 이익률과 세후 이익률을 계산해 보시오.

05 다음을 보고 물음에 답해 보시오.

YYY주식 현재가 10,000원, 배당금 주당 500원

(1) 위와 같은 주식에 독자가 1억원을 투자하였다고(수수료가 없다고 가정) 가정해 보자. 독자는 해당 주식을 10개월 간 보유하고 있으면서 중간에 배당금을 지급 받았다. 그리고 YYY주식을 10,500원에 매도하였다면 해당 주식 투자를 통해 얻은 이익금은 얼마인가?

(2) 또한 이익금에서 세금은 얼마를 납부해야 하는가? 세전 이익률과 세후 이익률을 계산해 보시오.

06 펀드의 경우 매년 결산을 통해 펀드를 재설정하는 상품들이 많다. 그렇다면 결산을 하는 펀드와 그렇지 않은 펀드 사이에는 어떤 차이점이 있는지 설명해 보시오.

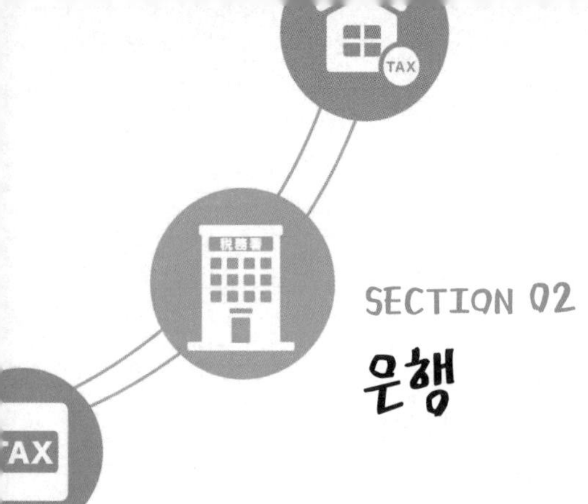

SECTION 02

은행

단원을 시작하며

독자들은 은행하면 무엇이 가장 먼저 떠오르는가? 많은 독자들이 은행의 간판이 떠오를 것이다. 신한은행, 국민은행, NH농협은행, 산업은행, 신협, 저축은행 등. 그렇다면 독자는 신한은행, NH농협은행, 산업은행, 신협, 우체국 등이 모두 동일한 은행이라고 생각하는가? 이에 대해서는 선뜻 대답하기 어려울 것이다.

이번 단원에서는 은행업에 대해서 자세히 살펴볼 것이다.

1 상업은행

전통적으로 상업은행이라 함은 불특정다수로부터 예금을 받아 대출 등 상업자금을 공급하는 은행을 말한다. 현재 우리나라 상업은행(commercial bank)의 설립근거는 은행법에 의거하여 규제를 받으며 특수은행(specialized bank)은 각각의 설립법에 의거하여 규제 받는다. 상업은행은 다시 전국을 영업구역으로 하는 시중은행(nationwide commercial bank)과 특정 지역에서만 영업을 영위하는 지방은행(local bank)으로 구분된다.

은행법상 상업은행의 고유업무는 독자들이 익히 알고 있는 예금과 적금의 취급 및 대출, 외국환 업무가 있으며 유가증권 및 채무증서 발행, 어음 할인 업무 등이 있다. 독자들에게 익숙한 예·적금 및 대출, 외국환 업무 이외의 업무는 차차 설명하도록 하겠다. 은행은 고유업무 이외에 겸영업무를 영위하고 있으며 이는 신탁업무, 카드업무, 보험대리점 업무, 자산운용회사 및 판매회사 업무, 증권업무 중 국공채의 간사 및 판매업무, 자기계정을 이용한 유가증권 보유 및 운용업무 등이 있다. 이 또한 독자들에게 익숙하지 않은 부분이 많을 것으로 생각된다. 은행의 겸영업무에 대해서 간단하게 예를 들어 설명하자면 독자들은 은행에서 판매하는 보험을 본 적이 있을 것이다. 이를 방카슈랑스라고 한다. 또한 독자들은 은행에서 신용카드를 개설해 본 적이 있을 것이며 주식매매를 위한 증권계좌를 개설해 본 독자들도 있을 것이다. 이런 업무들은 은행의 고유업무에 해당되지 않지만 겸영업무로 분류되어 실제로는 은행에서 업무를 행하고 있는 것이다.

1 시중은행

우리은행, 신한은행, 국민은행, KEB하나은행 등 여러분들이 국내 은행하면 가장 먼저 머릿속에 떠오르는 은행들이 시중은행이다. 시중은행의 정의는 서울에 본점을 두고 전국을 영업구역으로 은행업을 수행하는 은행들을 말한다. 시중은행에는 국내은행 뿐만 아니라 외국은행의 국내 지점도 포함되며 대표적으로 스탠다드차타드은행, 씨티은행, HSBC은행, BOA은행, 중국건설은행, UBS은행, BNP Paribas은행 등이 있다.

2 지방은행

지방은행이라 함은 지역에 거점을 두고 지역경제의 균형적인 발전을 위해 설립한 은행을 말한다. 현재는 대구은행, 부산은행, 광주은행, 경남은행, 전북은행, 제주은행 등 6개 지방은행이 존재하며 영업을 영위하고 있다. 지방은행의 설립취지는 해당 지역에서 조성된 자금을 지역발전과 지역주민의 생활 안정 및 향상을 위함에 있다. 하지만 현재는 지방에 국한되어 있던 규제 등이 철폐됨에 따라 일반시중은행과 업무 차이가 크게 없으며 지점 역시 전국에 설치할 수 있도록 규제가 개정되어 있으나 대형시중은행에 비해 경쟁력이 열쇠에 있으므로 외형적 확장은 어려운 상태다.

3 인터넷전문은행

인터넷전문은행(internet only bank)이라 함은 점포 없이 온라인과 모바일로 계좌를 개설할 수 있으며 예금 및 적금, 대출, 결제 등의 업무를 수행하는 은행을 말한다. 2018년 현재 국내에는 케이뱅크와 카카오뱅크 등 2개의 인터넷전문은행이 영업을 하고 있으며 향후 정책당국은 은행산업 발전과 국민들의 효용증진을 위해 인터넷전문은행을 확대할 방침이다.

인터넷전문은행이 시중은행과 가장 큰 차이점은 점포가 없기 때문에 점포에 들어가는 임대료, 시설비, 인건비 등을 절약하여 시중은행보다 높은 예·적금 금리와 낮은 대출금리를 제공할 수 있다는 것이다. 이는 인터넷전문은행의 강한 경쟁력이라 할 수 있다.

다만, 개인신용도를 평가하는 빅데이터 분석시스템과 비대면으로 이뤄지는 시스템 상의 해킹문제 등은 점차 개선해야 할 것으로 보인다.

2 특수은행

특수은행은 상업은행과 같이 수익성 목적으로는 충분한 자금조달이 어려운 산업에 금융지원을 위하여 설립된 은행들을 말한다. 국내의 대표적인 특수은행은 농협은행, 수협은행, 한국산업은행, 기업은행, 수출입은행 등이 있다.

이런 특수은행들의 설립취지는 특정 산업이 민간으로부터 자금 공급을 통해 대출이 어려운 경우 특정 산업을 위해 안정적인 자금 공급을 위한 목적으로 설립되었다. 특히 특수은행들은 특정 산업 자금 수요자들이 정부나 해외로부터 차입 혹은 채권 발행을 통해 자금을 조달할 수 있도록 도와주는 역할을 한다. 하지만 독자들도 농협은행, 수협은행, 한국산업은행, 기업은행 등 지점을 한 번이라도 방문한 경험이 있다면 일반은행과 별 차이점이 없다는 것을 알고 있을 것이다. 이는 금융환경 변화 및 경제·금융 산업의 발달로 인해 자금조달에 대한 방법 등이 다양화 되어 사실상 특수은행과 상업은행과의 차이가 사라지게 된 결과이다.

1 농협은행

농협은행은 지방의 대표적인 은행으로 농협중앙회에서 관리하는 농협은행과 지역은행과 같이 지역을 중심으로 형성된 지역농협[1]으로 구분된다. 농협은행은 농협금융지주회사의 자회사이며 이외에도 NH생명보험, NH손해보험, NH투자증권 등의 자회사를 두고 있다.

농협은행의 경우 일반은행이 수행하는 업무 이외에 농업협동조합법상 농업인 및 조합에 대한 자금 대출, 농축산물 생산·유통·판매 자금 지원 등을 행하고 있다. 또한 농업협동조합법에 의해 조합원들에 대한 복지 및 부대서비스 등을 제공한다. 시중은행의 경우 예금자보호법에 의거하여 은행이 파산하더라도 1인당 5천만원에 한해서 예금을 보호해주는 제도를 운영하고 있다. 반면 농협중앙회는 농업협동조합의 『구조 개선에 관한 법률』에 의거하여 "상호금융예금자보호기금"을 운영하고 있으며 이는 시중은행의 예금자보호제도와 같이 조합이 파산할 경우 지급을 보장해주는 제도다. 지역농협의 경우 지역농협이 파산할 경우 인근에 있는 지역농협과 통합하여 운영되며 이 과정에서 지역농협에 있는 채무도 인수된다.

1 **지역농협** 현재 지역농협을 단위농협으로 알고 있는 독자들이 많을 것이다. 단위농협이 지역농협으로 명칭이 개편됨에 따라 현재는 단위농협이라는 말을 쓰지 않는다.

2 한국산업은행

한국산업은행은 한국전쟁 이후 국내 경제발전과 산업부흥을 촉구하기 위한 안정적인 자금 공급을 위해 설립된 특수은행이다. 한국산업은행 최초 설립 시에는 원활하지 못한 국내 자금흐름과 경제구조의 취약성 때문에 장기자금조달이 어려웠으므로 원조자금과 재정지금이 한국산업은행의 주요 재원이었다. 그러나 지금은 국내 경제 및 금융산업의 발달로 인해 산업금융채권 발행, 외국차관 등이 주요 재원이 되고 있다.

현재는 산업금융지주의 자회사로 한국산업은행이 존재하고 있으며 소매금융 확대를 통한 상업투자은행(commercial investment bank)을 표방하고 있으나 한국산업은행 정체성에 대한 논란으로 지속적인 소매금융 확대는 어려워 보인다.

3 중소기업은행

중소기업은행은 설립 초기 자금 공급이 어려운 중소기업에게 자금을 공급하여 자주적인 경제활동을 원활히 할 수 있도록 지원할 목적으로 1961년 농협은행에서 분리되었다. 현재는 일부 특수한 경우를 제외하고 대부분 은행들과 동일 업무를 수행하고 있기 때문에 일반 은행들과 큰 차별화는 없는 상태이며 중소기업은행 역시 상업은행이 하는 대부분의 업무를 수행하고 있다. 특히 배우 송해를 통해 보여준 중소기업은행의 이미지는 중소기업뿐만 아니라 개인들의 자산형성, 즉 상업은행의 이미지를 보여주고 있다는 면에서 성격이 크게 전환된 것으로 보인다.

4 수협은행

수협은행은 농협은행과 유사하게 수산업협동조합 조직 중 수산업중앙회의 신용사업을 영위하는 부분이다. 여기서 신용사업부분이란 은행법에 의한 은행으로 상업은행의 전반적인 업무를 수행하고 있다는 뜻이다. 이외에 특수업무로서 수산금융, 해양투자금융 등을 수행하고 있으며 조합원을 대상으로 공제보험, 어

그림 7-6 | **상업은행 및 특수은행 분류**

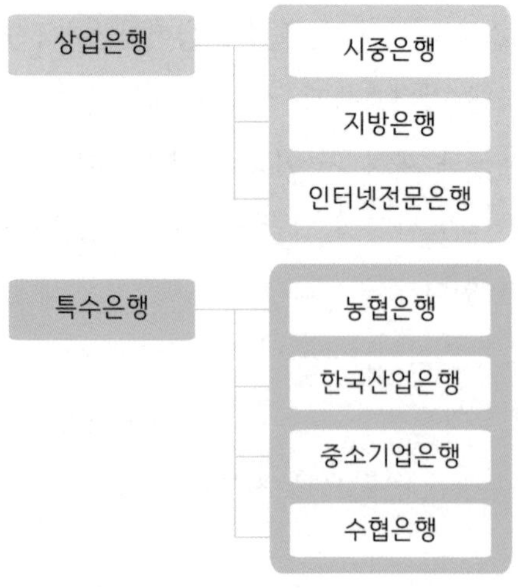

선원 및 어선보험 등을 취급하고 있다. 또한 농협은행과 마찬가지로 조합원들의 자금 보호를 위해 수산업협동조합의 『구조개선에 관한 법률』에 의거한 "상호금융예금자보호기금"을 설치·운영하여 수협은행이 파산하더라도 안전하게 조합원들 자금을 지급 보장해주고 있다.

3 비은행예금취급기관

비은행예금취급기관이란 은행이 아니지만 은행처럼 예금을 취급할 수 있고 신용업무도 할 수 있는 기관을 말한다. 조금 더 구체적으로 말하자면 특정한 조직이나 구성원들로부터 자금을 조달하여 그 조직 내에서 대출업무를 실행하는 기관을 말한다. 대표적으로 주식회사 형태인 상호저축은행과 조합형태인 신용협동기구가 있다.

상호저축은행과 신용협동기구는 중앙회를 두고 통합금융정보시스템을 구축하여 전국 회원들의 원활한 자금이체서비스를 제공하고 있으며 금융결제원의 은행공동망에 특별회원으로 참여하여 은행의 창구, CD/ATM기기 등에서 자유롭게 자금이체 및 공과금 납부 등을 수행할 수 있다. 또한 서민들의 금융편의성을 높이기 위해 2007년부터 직불카드 및 선불카드의 발행, 결제업무를 시행하고 있다. 직불카드와 선불카드는 미리 자금을 충전하여 사용하는 카드로 교통카드나 커피숍의 기프트 카드 등이 이와 유사한 형태다.

1 상호저축은행

상호저축은행은 사금융을 제도금융으로 편입시키기 위해 설립된 서민금융기관으로 2001년 3월 상호신용금고에서 상호저축은행으로 명칭이 변경되었다. 명칭에 "은행"이라는 단어가 삽입됨에 따라 시중은행과 같을 것이라는 오해의 소지가 있으나 명백히 다르다는 점을 독자들은 확인하기 바란다. 특히 2011년 저축은행 사태 당시 문제가 있었던 상호저축은행에 돈을 맡긴 금융소비자들은 상호저축은행을 상업은행과 같은 것으로 오해하고 있었던 분들이 꽤 많았었다.

표 7-8 | **국내 상호저축은행 상호명(2017년 12월 기준)**

서울		인천/경기		부산/경남	대구/경북/강원	호남	충청
대신	조은	공평	영진	고려	강원	대한	대명
더케이	키움YES	금화	융창	국제	구미	더블	세종
동부	푸른	남양	인성	동원제일	대백	동양	아산
민국	하나	모아	인천	솔브레인	대아	삼호	아주
삼보	한신	부림	키움	우리	대원	센트럴	오쿠
스카이	현태	삼청	페퍼	조흥	드림	스마트	청주
신안	HK	세람	평택	진주	삼일	스타	한성
신한	JT친애	안국	한국투자	흥국	엠에스		
예가람	KB	안양	한화	BNK	오성		
웰컴	NH		JT	DH	유니온		
	OK			IBK	참		
	OSB			S&T			
	SBI						

현재 상호저축은행은 1997년 상호신용금고법이 개정됨에 따라 예금과 저축업무를 영위하고 있다. 또한 대출업무도 계원 등에 한정하지 않고 일반적인 대출업무로 범위가 확대되었으며 공과금 대리수납, 내국환 및 외국환 업무, 할부금융업무 등을 시행하고 있다. 또한 예금자보호에 대한 기능은 일반은행과 같이 예금보험공사를 통해 시행하고 있다.

국내 상호저축은행은 신한, 현대, OK, BNK 등 79개가 있다.

2 신용협동조합

신용협동조합은 흔히 신협으로 불리는 비예금취급기관으로서 조합원의 공동유대를 바탕으로 조합원의 경제적 지위를 향상시키기 위한 민주적 조직이다. 금융기관을 논하면서 민주적 조직이라는 단어가 독자들에게 생소하게 느껴질지도 모른다. 여기서 민주적 조직이라 함은 조합원들이 출자좌수에 상관없이 평등한 의결권과 선거권을 가지며 이를 통해 조합이 운영됨에 있다. 우선 신협 조합원이 되기 위해서

신협

는 출자금을 납입하여야 하며 출자금은 1좌 이상 출자하여야 한다. 여기서 1좌라 함은 2017년 기준으로 3만원 혹은 5만원을 기준으로 한다.

조합의 신용사업은 조합원으로부터 받은 예탁금 및 적금을 조합원을 대상으로 대출하는 업무를 말한다. 조합은 이외 내국환, 어음할인, 직불·선불전자지급수단의 발행·관리 및 결재 업무 등을 수행한다. 조합원들에 대해 우선적으로 신용사업을 진행하지만 조합원에 피해가 없다고 지정한 범위 내에서는 조합원이 아닌 자도 신용사업을 이용할 수 있다.

조합원 역시 중앙회를 구성하여 운영하고 있으며 중앙회는 조합 사업에 대한 조사연구 및 홍보, 임·직원 교육사업, 검사·감독 등의 업무를 영위한다. 또한 중앙회는 조합으로부터 수납한 예금과 적금 등의 자금을 대출, 국공채, 회사채 그 밖의 증권의 매입, 금융기관 예치 등의 방법으로 운용한다. 또한 중앙회는 조합원들의 예치금 환급 보장을 위해 "신용협동조합예금자보호기금"을 설치·운영한다.

3 새마을금고

새마을금고는 신용조합 회원들로부터 받은 예탁금을 회원들에게 대출로 운용하는 신용사업을 영위하며 대도시의 동이나 농어촌의 리 단위, 직장 단위로 조직되어 있다. 새마을금고는 은행의 지급준비금 형태로 예·적금의 10%를 상환준비금으로 보관하여야 하며 이 중 50%를 새마을금고연합회에 예치하여야 한다. 이는 은행의 지준예치금과 같은 맥락으로 예·적금자들이 인출을 요구할 경우 원활한 현금을 지급하기 위함에 있다.

새마을금고는 연합회를 구성하여 운영되고 있으며 연합회는 금고의 감사 및 감독, 금고를 대상으로 한 예탁금의 수입과 대출, 공제사업 등을 수행한다. 또한 은행의 예금자보호제도와 같이 안전기금을 설치 운영하여 예·적금자의 자금을 보호하고 있다.

MG새마을금고

4 한국수출입은행

한국수출입은행은 1971년 설립된 것으로 국내 수출산업 및 해외투자의 안정적인 자금지원을 위해 설립되었다. 한국수출입은행의 주요 업무는 국내업자의 중장기 수출자금지원, 수출환어음 재할인, 국내 상품 수입업자에 대한 자금공여, 주요 원자재 수입자금지원, 주요 자원개발 수입자금지원 등이다. 한국수출입은행은 정부, 한국은행, 한국산업은행이 공동출자하여 설립하였다.

5 우체국(우정사업본부)

우체국금융

우체국은 정부기관으로 우편과 물류 이외에 금융업도 영위하고 있다. 우체국에서 최초 예금을 취급한 이유는 경제개발 초기 국가 정책사업에 소요되는 자금을 조달하기 위함이었다. 따라서 당시 국민들로부터 조달된 자금은 국가가 경제개발을 위해 발행한 채권을 매수하는 형태로 예금자금이 운용되었다. 하지만 경제와 금융의 발달로 인해 국가 운용자금을 직접금융시장에서 국채발행을 통해 조달할 수 있게 됨에 따라 우체국예금 활용도는 줄어들게 되었다. 따라서 현재 우체국예금은 일부 영업자금을 제외하고 전액 채권 등을 통해 운용되며 운용된 수익금은 이자의 형태로 지급하고 있다. 이는 일반 혹은 특수은행의 예대마진 수익구조와 다른 개념으로 우체국만의 특징이라고 할 수 있다.

우체국의 최대 장점은 전국 농어촌 단위까지 퍼져있는 지점이라고 할 수 있다. 최근 시중은행들은 수익과 비용을 고려하여 농어촌에서 지점을 폐쇄한 반면 우체국은 모든 국민들의 보편적인 금융서비스를 위해 존재하므로 농어촌 지역에서도 영업을 계속하고 있다. 또한 일반보험, 개인연금 등의 보험업무도 병행하여 금융서비스를 폭넓게 제공하고 있다. 최근 우체국은 온라인 전산망 개발 등을 통해 스마트뱅킹 등 서비스를 확대하며 지역주민들의 편의성 제고를 위해 노력하고 있다.

표 7-9 | **시중은행과 우체국 지점 수 비교(2016년도 말 기준)**

	우체국	국민	신한	우리	하나	SC	한국씨티	합계
지점수	2,599	1,116	870	905	886	252	133	6,716
비중	38.4%	16.5%	12.9%	13.4%	13.1%	3.7%	2.0%	100%

연습문제

01 상업은행의 종류와 특징에 대해서 설명해 보시오.

02 특수은행의 종류와 특징에 대해서 설명해 보시오.

03 비은행예금취급기관의 의미와 종류에 대해서 설명해 보시오.

04 우체국예금이 다른 은행과 차이점은 무엇인지 설명해 보시오.

SECTION 03

투자상품

단원을 시작하며

독자들은 여의도 증권가라는 말을 들어본 적이 있는가? 이는 우리나라의 증권사 본사들이 대부분 여의도에 위치하고 있기 때문에 생겨난 말이다. 미국의 투자은행이 모여 있는 월가와 비슷하게 사용한 말이기도 하다. 그렇다면 여러분이 생각하는 여의도 증권가에서 일하는 사람들의 모습은 어떤가? 깔끔한 정장에 전문성을 가지고 고액의 연봉을 받는 모습을 떠올리는 사람이 있는가 하면 글로벌 위기, 부의 탐욕 등으로 기억하는 사람들도 있을 것이다. 또한 미국의 월가처럼 거래소에 모여서 소리를 지르는 트레이너들을 떠올리는 사람이 있는가 하면 많은 모니터에 알 수 없는 그래프들을 띄워 놓고 무엇인가 전문적인 일을 하는 사람의 모습을 떠올리는 독자들도 있을 것이다. 하지만 정확히 그들이 무엇을 하는지는 잘 알지 못할 것이다.

우리는 이번 단원에서 이런 증권가에서 거래되고 운용되는 증권에 대해서 배울 것이다. 또한 이들이 만들고 운용하는 금융투자상품의 정의와 독자들이 어렴풋이 들어봤을 주식, 채권, 파생결합증권, 신탁 등에 대해서도 배워볼 것이다.

1 | 금융투자와 금융투자상품의 정의

금융투자는 개인이 보유하고 있는 자금을 금융상품들로 운용하여 미래에 수익을 얻고자 하는 행위를 말한다. 대표적으로 주식, 채권을 매수하거나 펀드를 가입하는 행위들을 금융투자라 한다. 흔히 주식이나 채권투자 및 펀드를 매입하는 행위는 은행의 이자수익 보다 많은 수익을 얻고 싶기 때문일 것이다. 이렇게 예상되는 수익을 기대수익(expected earnings)이라고 한다. 그런데 은행의 이자수익보다 금융투자수익이 높다면 누구도 은행에 예금을 하지 않을 것이다. 실제로 그런가? 그렇지 않다. 이유는 금융투자에는 리스크(risk) 혹은 불확실성(uncertainty)이 수반되기 때문이다. 이는 주식이나 채권가격 하락, 혹은 펀드의 순손실이 발생하여 원금 이상의 손실이 발생할 수도 있다는 의미다. 즉 금융투자는 이런 위험을 감수하고 은행이자보다 높은 수익률을 요구하는 행위라고 할 수 있다. 따라서 보통 저축은 금융투자라고 이야기 하지 않으며 단순히 시간가치에 대한 보상만을 요구하는 행위로 간주한다.

금융투자상품의 분류는 『자본시장과 금융투자업에 관한 법률』에서 포괄적으로 정의하고 있으며 원금손실 가능성이 있는 모든 금융상품을 금융투자상품이라고 정의한다. 즉 원금손실 가능성이 없다면 금융투자상품이 아니며 대표적으로 은행의 예금과 보험사의 보험계약이 해당된다. 〈그림 7-7〉과 같이 전체 금융상품 중 원금손실이 없는 예금과 보험계약을 제외한 모든 금융상품을 금융투자상품이라 한다.

그림 7-7 | **금융상품의 영역**

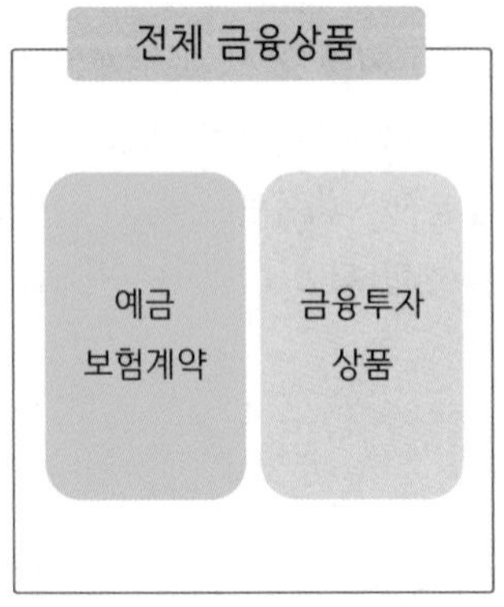

금융투자상품은 다시 원금 초과손실 가능성에 따라 파생상품과 증권으로 구분된다. 원금 초과손실 가능성이라는 말이 다소 생소하게 느껴지는 독자들이 많을 것이다. 이해를 돕기 위해 예를 들어 독자가 파생상품에 투자했다고 가정해보자. 아직 독자들은 파생상품이 무엇인지 모르기 때문에 간단하게 A주가가 현재 1만원이고 A주가가 변동될 때 10배씩 변동되는 옵션을 1천원에 매수하였다고 해보자. 이는 A주가가 1천원 올라 1만 1천원이 되면 옵션의 가치는 1천원의 10배인 1만원이 되는 것을 의미한다. 여기까지만 보면 수익률이 엄청난 투자상품이 파생상품이라는 것을 미뤄 짐작할 수 있을 것이다.[1] 하지만 반대로 A주가가 하락하면 어떤 결과가 나타날까? 만약 A주가가 1천원 하락하면 옵션은 10배인 1만원이 하락하게 되는 것이다. 여기서부터 문제가 발생한다. 즉 금융투자자는 1천원 밖에 투자하지 않았기 때문에 손실을 본 9천원에 대한 추가 조치를 취해야 한다. 이것을 금융전문 용어로 추가증거금 납입이라고 한다. 결국 독자는 원금보다 손실이 크게 발생하였고 이를 원금초과 손실이라고 하는 것이다. 실제로 옵션이라는 파생상품은 레버리지가 30배를 넘는 것도 있다.

1 이것을 금융 전문 용어로 레버리지가 10배인 상품이라고 말한다.

파생상품은 다시 거래소 시장에서 거래되는지 여부에 따라 장내 파생상품과 장외 파생상품으로 구분된다. 파생상품은 앞서 예를 들어 설명한 것과 같이 기초자산(주식 A)의 가치에 의존하여 손익이 결정되는 상품으로 금융투자상품 중에는 투자위험이 가장 높은 상품이다. 따라서 파생상품은 본서의 범위를 벗어나기 때문에 자세한 설명은 금융투자 전문서를 찾아보기 바란다.

그림 7-8 | **금융투자상품 분류 기준**

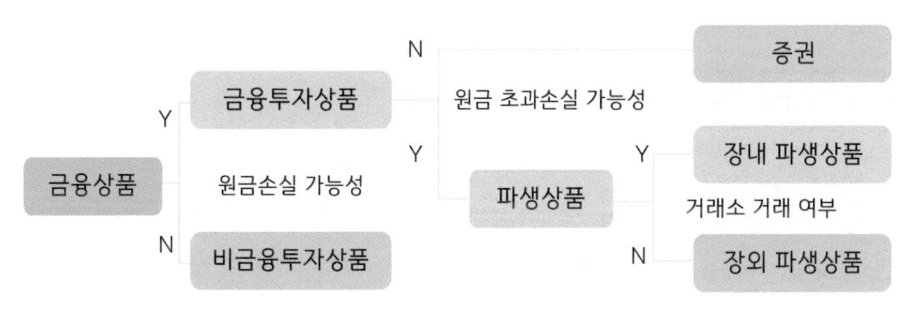

이어서 원금손실 가능성이 없는 것을 증권이라고 하였다. 증권은 크게 지분증권, 채무증권, 수익증권, 파생결합증권으로 구분할 수 있다.[2] 각각의 증권 특징을 살펴보면 우선 지분증권의 대표적 상품은 주식이다. 이는 주식을 매수할 경우 해당 회사의 지분권을 행사할 수 있기 때문에 지분증권이라 하는 것이다.

2 실제 자통법에서는 투자계약증권과 증권예탁증권이 있지만 이들은 본서의 범위를 벗어나기 때문에 자세한 설명이 필요하면 금융투자 전문서적을 참고하기 바란다.

즉 주식을 매수한 경우 회사의 주주가 되므로 회사의 의결권을 갖게 되는 것이다. 주식은 당해 회사의 자기자본(equity)으로 분류되기 때문에 주주들에게 자금을 상환할 의무가 없다. 반면 채무증권은 말 그대로 당해 회사와 금융투자 간 채무관계를 형성하는 것으로 당해 회사는 채무증권 투자자에게 원금과 이자 상환 의무를 진다. 채무증권의 대표적인 상품은 채권이다. 다음으로 수익증권은 흔히 펀드(fund)라고 불리는 것으로 불특정다수로부터 자금을 모집하여 운영하고 그 수익을 분배할 수 있는 권리인 수익증권을 투자자에게 배분하는 것을 말한다. 마지막으로 파생결합증권은 주가연계증권(ELS), 주식워런트증권(ELW), 상장지수증권(ETN) 등을 말하며 구조는 파생상품과 유사하지만 손실의 가능성이 원금 이내이기 때문에 증권으로 구분되는 금융투자상품을 말한다.

표 7-10 | **증권의 종류**

증권의 구분	종류
지분증권	주식(우선주, 보통주 등)
채무증권	채권(단기채, 장기채, 회사채, 국채 등)
수익증권	투자신탁형 펀드의 수익증권
파생결합증권	주가연계증권(ELS), 주식워런트증권(ELW), 상장지수증권(ETN)

2 | 증권시장의 기능과 역할

증권시장(securities market)은 자금의 수요자인 기업이 유가증권(주식, 채권 등) 발행을 통해 자금을 조달하고, 자금의 공급자인 투자자들은 여유자금을 유가증권 매입을 통해 운용하는 시장을 말한다. 유가증권이 거래되는 장소는 조직적이고 체계적인 증권거래소 시장을 통해 대부분 이뤄진다.

또한 유가증권이 최초에 발행되는 시장을 발행시장(primary market)이라고 하며 최초 발행 이후에 거래되는 시장을 유통시장(secondary market)이라고 한다. 이렇게 증권시장이 양분된 이유는 유가증권 발행자인 기업과 투자자 사이에 투자기간 불일치가 발생하기 때문이다. 즉 유가증권 발행자는 신규투자 및 설비투자 등의 목적으로 안정적인 장기 자금을 원하는 반면 투자자는 언제든지 투자자금을 회수하여 현금화 할 수 있는 단기 유동성을 원하기 때문에 두 주체 간에 기간 불일치가 발생한다는 것이다. 이 문제는 발행시장과 유통시장의 양분화로 인해 해결할 수 있다. 즉 장기적으로 안정적인 자금 공급을 원하는 유가증권 발행자는 발행시장을 통해 자금을 조달할 수 있고, 투자자들은 유가증권을 현금화하고 싶으면 언제든지 유통시장을 통해 유가증권을 매도하여 현금화 할 수 있다.

증권시장은 다음과 같은 몇 가지 경제적 기능을 가지고 있다.

첫째, 산업자본 조달이 가능하다. 기업은 간접금융시장을 통한 자금조달 이외에 시장의 유휴자금을 기업 장기 조달자금으로 전환하여 기업 투자에 활용할 수 있다. 이는 규모의 경제실현 및 연구개발 확대 등을 통해 기업의 장기적인 산업안정화를 이룰 수 있도록 도와준다.

둘째, 저축 및 투자수단 제공이다. 증권시장을 통한 유가증권 발행은 새로운 금융투자수단을 제공함으로써 개인투자자들의 투자 선택 폭을 확대해 준다.

셋째, 재정금융정책의 수단을 제공한다. 정부는 통화정책의 일환으로 공개시장조작을 통한 시중 통화량 조절을 통해 경기 안정화를 도모한다. 즉 통화당국은 증권시장을 통해 국채를 매수 혹은 매도함으로써 시중 통화량을 조절하는 기능을 한다. 또한 정부는 증권시장을 통한 국채 발행을 통해 재정정책 재원을 조달할 수 있다. 즉 정부가 정책적 사업을 위한 적자 예산을 증권시장을 통한 국채 발행으로 조달한다는 것이다.

그림 7-9 | **증권시장을 이용한 기업의 자금조달 구조**

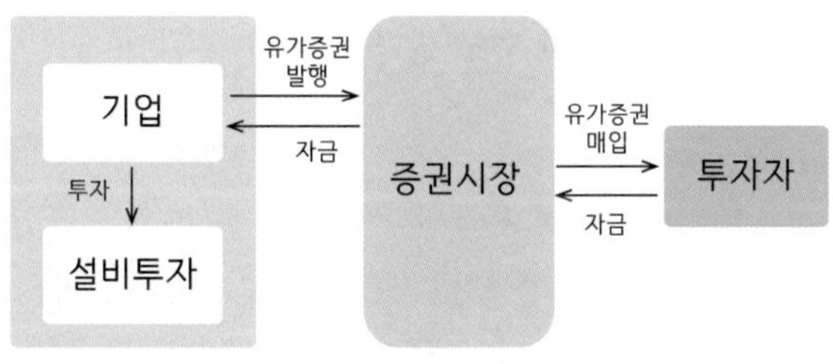

그림 7-10 | **기업 이윤의 증권시장 전달 구조**

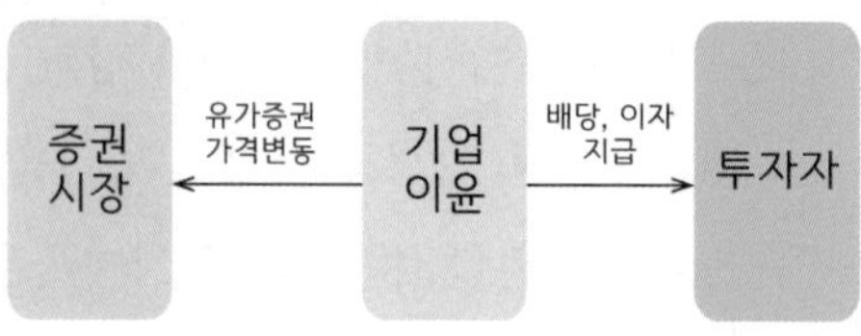

3 | 증권시장별 구분

1 주식시장

주식시장은 주식이 새롭게 공급되는 발행시장과 투자자 간 거래되는 유통시장으로 구분된다.

1) 발행시장

주식의 발행은 기업공개 및 유상증자 등을 통해 이뤄지며 주식발행을 위한 당사자는 주식발행인, 투자자, 인수기관으로 구분한다. 우선 주식발행인은 자금수요자인 기업이 대표적이며 투자자는 개인투자자, 기관투자자,[3] 외국인투자자 등이 있다. 인수기관은 국내에서 증권사를 말하며 주식 매매와 중개업무 등을 담당한다.

3 기관투자자
기관투자자는 은행, 보험, 증권사, 연기금 등이 포함된다.

주식발행 방식은 공모와 사모, 직접발행과 간접발행으로 구분되며 주식발행 형태는 기업공개 및 증자를 통한 주식발행으로 구분된다.

① 공모발행과 사모발행

공모방식은 불특정다수를 대상으로 주식을 발행하는 것을 말한다. 즉 주식발행에 대해 일반 대중을 상대로 공개하고 동일 가격과 조건으로 투자자를 모집하는 방식을 말한다. 보통 독자들이 증권사에서 주식을 공모한다는 정보를 들었다면 이는 공모발행(public offering) 방식인 것이다.

반면 사모발행(private placement) 방식은 기업 발기인 또는 기존 주주 등 특정인만을 상대로 주식을 발행하는 것을 말한다. 사모발행의 경우 발행 방식이 공개되지 않는 것이 일반적이기 때문에 사모발행에 관계자가 아니라면 모르는 경우가 많다.

② 직접발행과 간접발행

직접발행이란 주식발행자가 발행사무 및 주식발행에 대한 모든 위험을 직접 부담하는 방식을 말한다. 즉 주식발행 회사가 주식발행에 필요한 모든 행정적 절차를 직접 진행하며 주식발행 모집이 미달되었을 경우 주식잔량을 모두 발행인이 인수하는 형태다. 실제로 주식 발행시장에서 주식을 직접 발행하는 경우는 흔치 않으며 상대적으로 발행규모가 작고 발행절차가 단순한 경우에 한해서만 직접 발행한다.

간접발행은 주식발행을 전문으로 하는 인수기관을 선정하여 주식발행에 대한 사무업무 및 위험을 인수기관에 위탁하는 것을 말한다. 보통 주식발행 인수기관은 증권사를 말하며 증권사는 주식 발행회사로부터 업무를 의뢰 받아 모집발행을 실시하고 수수료를 수취한다. 간접발행은 주식 발행위험 부담여부에 따라 위탁모집(offering on commitment) 방식, 잔액인수(stand-by underwriting) 방식, 총액인수(firm-commitment underwriting) 방식으로 나뉜다. 위탁모집 방식은 증권사에 발행주식의 모집만을 위탁하는 방식으로 미달된 주식에 대해서는 주식 발행회사가 위험을 부담하는 방식이다. 이런 경우 증권사는 모집발행에 대한 수수료만을 수취한다. 다음으로 잔액인수 방식은 증권사가 발행사무를 비롯하여 모집발행업무를 진행하고 만약 모집이 미달된 경우 주식 잔량을 전부 인수하는 방식이다. 마지막으로 총액인수 방식은 주식발행 초기부터 증권사가 발행된 모든 주식을 자신의 명의로 인수하고 주식발행에 대한 위험 및 발행사무 등도 증권사가 담당하는 방식이다.

그림 7-11 | **발행구조**

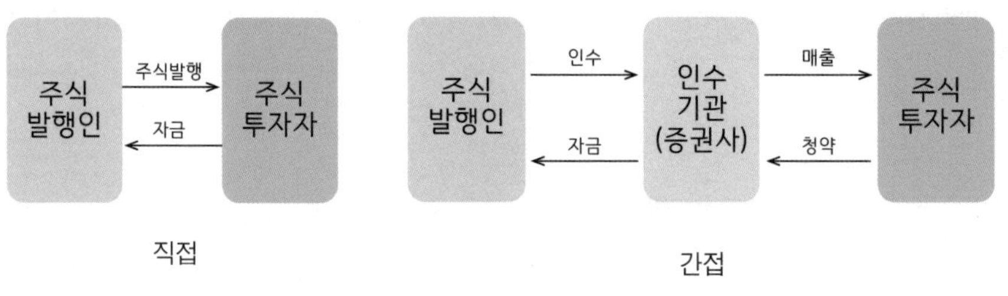

읽을거리

공모주 아줌마란?

독자들은 "공모주 아줌마"란 명칭을 들어본 적이 있는가? 공모주 아줌마라고 하여 특정 성을 가진 사람을 지칭하는 말은 아니다. 즉 실제로 아줌마(결혼한 여자)를 지칭하는 말은 아니라는 것이다. 공모주 아줌마란 주식투자에 있어서 공모주 투자를 주요 투자 대상으로 삼고 있는 주식투자자들을 지칭하는 말이다. 그렇다면 왜 "아줌마"란 단어가 붙었을까? 정확한 유래는 없지만, 과거에 주식투자에 대해서 잘 모르는 가정주부들이 간단하게 투자수익을 올릴 수 있는 수단으로서 공모주 투자가 유행했던 적이 있다. 따라서 당시 가정주부들 사이에서 공모주 투자에 대한 붐이 일어났으며 이를 "공모주 아줌마"라고 칭했을 것으로 추측하고 있다.

그렇다면 공모주 아줌마가 하는 공모주 투자란 무엇일까? 공모주 투자란 기업이 기업공개(IPO)를 공모 방식을 통해 발행할 때 주식을 청약하여 최초 배분받은 주식을 당일 매도 처리함으로써 수익을 얻고자 하는 투자를 말한다. 과거에는 최초 주식이 상장되면 당일 주가가 크게 오르는 경향을 보였다. 따라서 최초 청약 가격과의 차이를 투자수익으로 얻는 투자를 공모주 투자라고 한다. 하지만 공모주 청약을 위해서는 일부 자금이 필요하기 때문에 일정 금액을 예치하여야 하며, 계좌당 청약이 진행되므로 가족들 모두의 계좌로 청약을 진행하는 경우도 많다. 예를 들어 A회사가 IPO를 위해 공모를 진행할 경우 투자자 B씨는 일정 금액을 예치하고 해당 주식을 청약할 수 있다. A회사 주식은 상장 이전에 적정 주가를 계산하여 산정하는데 적정 주가가 5만원이라면 청약 당시

자는 5만원에 주식을 배분 받게 되는 것이다. 만약 배분된 주식 수는 10주로[4] 가정하고 상장 첫날, A주식이 1만원 상승한 6만원까지 올랐을 때 매도하였다면 공모주 투자자 B씨는 10만원의 수익을 올리게 되는 것이다. 수익률로 계산하면 20%의 수익률을 기록한 것이다.

4 실제로 공모방식을 통한 청약의 경우, 실제로 배당 받는 주식 수는 많지 않다. 더욱이 경쟁률이 높을수록 청약 주식 수는 더 적어질 수 있다.

③ 기업공개(IPO)

기업공개(initial public offering)란 기업을 최초 거래소에 상장시킬 목적으로 일반투자자들에게 주식을 공모하거나 기 발행된 주식 일부를 매출하는 것을 말한다. 기업은 자통법상 직접금융시장을 통한 자금조달 및 경영과 소유 분리를 위해 30% 이상의 주식을 분산시켜야 한다. 기업공개를 통해 주식을 분산시키는 방법은 신주공모 방식과 구주매출 방식이 있다. 우선 신주공모 방식은 주식 분산을 위해 새로운 주식을 발행하여 일반투자자들에게 청약하는 방식을 말한다. 신주공모 방식을 통한 기업공개는 기존 주주의 지분율 감소 및 주식 분산의 효과를 볼 수 있으며 신규로 발행된 자금은 기업에 귀속된다. 반면 구주매출 방식은 기존 주주들이 보유하고 있는 기 발행된 주식을 분산하는 방법이다. 해당 방식은 기존 주주의 주식을 일반투자자에게 매도하는 방식으로 매도 자금은 기존 주주에게 귀속된다.

④ 증자

증자란 회사의 주식자본을 증가시키는 것을 말하며 유상증자와 무상증자가 있다. 우선 유상증자(seasoned equity offering)는 기업이 신주를 발행하여 자금 혹은 재산이 기업에 유입되는 형태를 말한다. 유상증자는 크게 구주주 배정(direct rights offer) 방식, 제3자 배정 방식, 일반공모(general cash offer) 방식, 주주우선공모(stand-by right offer) 방식 등이 있다. 구주주 배정 방식이란 신주발행 시 구주주의 주식 수에 비례하여 우선 신주를 배정하는 방식이다. 제3자 배정 방식은 신주를 특정 연고자(임원, 거래은행 등)에게 신주인수권을 우선 배정하는 방식이다. 이 방식은 향후 기존 주주나 경영권에 심대한 영향을 줄 수 있기 때문에 주총 특별결의 절차 등 엄격한 통제를 거쳐 진행된다. 일반공모증자 방식은 미국의 일반적인 형태로 신주를 불특정다수인 일반 공모자들로부터 모집하는 방식이다. 주주우선공모 방식은 신주 발행 시 우선적으로 기존 주주에게 소유 지분 비율만큼을 청약하고 미청약된 신주를 일반공모하는 방식이다. 무상증자는 회사가 신규 자금조달 목적이 아닌 자본준비금이나 재평가적립금의 자본전입을 목적으로 할 때 기존 주주에게 무상으로 신주를 발행하는 것을 말한다.

2) 유통시장

주식의 유통시장은 기 발행된 주식이 거래되는 시장을 말한다. 즉 자동차시장이 신차시장과 중고차시장으로 양분되어 중고차시장에서는 중고차들이 거래되고 있는 것처럼 주식시장도 기 발행된 주식이 거래되는 유통시장이 있다. 유통시장은 주식투자자에게 유동성을 확보할 수 있게 해줌으로써 거래 활성화를 유도한다. 즉 주식투자자는 언제든지 유통시장을 통해 주식을 현금화 할 수 있다. 또한 이런 장점 때문에 다수의 주식투자자들이 유통시장을 통해 주식을 거래함으로써 주식의 공정한 가격형성이 가능하다. 이와 더불어 유사한 산업군의 신규 주식 발생 시 기준가격을 제공하는 역할도 한다.

현재 우리나라에 장내시장은 한국거래소(KRX)에서 운영하고 있으며 장외시장은 한국금융투자협회에서 운영하는 K-OTC시장이 있다. 한국거래소에는 코스피(KOSPI)시장과 코스닥(KOSDAQ)시장 및 코넥스(KONEX)시장이 개설 운영되고 있다.

표 7-11 | **국내증권시장 현황(2017년 말 기준)**

구분	KOSPI	KOSDAQ	KONEX
설립	1956년	1996년	2013년
운영주체	유가증권시장본부	코스닥시장본부	코스닥시장본부
시장특성	중대형 우량기업 위주	중소벤처 및 성장기업 위주	창업초기 중소벤처기업 위주
시가총액	1,606조원	282.7조원	4.9조원
일평균거래금액	5.3조원	3.69조원	17.9억원
일평균거래량	3.8억주	7.35억주	24.4만주

① KOSPI시장(유가증권시장)

KOSPI시장은 우리나라를 대표하는 주식시장으로 삼성전자 등 대기업과 중견기업 등이 상장된 주요 시장이다. KOSPI시장은 1997~1998년 외환위기로 인해 큰 폭의 하락을 경험했지만 1999년 단, 1년 만에 상승폭을 회복했으며 2000년대 초반부터 미국의 금융위기가 있기 전까지 꾸준히 상승하여 2,000P를 돌파하였다. 이후 글로벌 금융위기, 유럽의 재정위기 등을 겪으며 2,000P 박스권에 6년 간 갇혀있었으나 2017년 들어서며 박스권을 돌파하여 2,500P까지 상승하였다.

코스피시장은 토요일과 일요일, 공휴일 및 근로자의 날, 연말 등을 제외하고 매일 개장되며 장중 거래시간은 09:00부터 15:30까지 거래된다. 또한 07:30부터 08:30, 16:00부터 18:00까지는 시간외 시장으로 구분하여 거래가 이뤄진다. 장중 거래는 복수가격 방식으로 거래가 이뤄지며 08:00부터 09:00 및 15:20부터 15:30까지는 단일가격 방식으로 거래가 이뤄진다. 복수가격 원칙이란 주문별로 경쟁매매를 원칙으로 거래가 이뤄지는 것으로 매수호가와 매도호가가 만나는 가격에서 거래가 이뤄지는 것을 말한다. 즉 매수자가 많은 경우 현재 호가보다 높은 가격에 거래가 이뤄지고 매도자가 많은 경우 현재 호가보다 낮은 가격에 거래가 이뤄지기 때문에 매매 가격이 수시로 변동될 수 있다. 반면 단일가격 방식은 해당 시간 동안 가장 많은 주문 호가를 나타낸 단일가격으로 거래가 이뤄지는 것을 말한다. 실제로 장이 마감되기 10분 전에는 거래가 이뤄지지 않고 호가와 매수, 매도 주문 잔량만 변동되는 것을 확인할 수 있다. 10분 동안 계속 변동되던 호가와 주문 잔량은 15:30이 되면서 단일가격에 매수자와 매도자가 체결되며 거래가 마무리된다.

이외에도 07:30부터 08:30까지 장 개시 전과 16:00부터 18:00까지 장 종료 후 시간외 종가매매를 할 수 있다. 이는 정규시장 시간에 매매를 하지 못한 투자자들에게 당일 종가로 투자 기회를 제공하는 것이다. 시간외 종가매매는 단일가격을 적용하기 때문에 주문의 시간적 우선순위만 고려한 시간우선원칙을 적용한다. 또한 장 종료 후 16:00부터 18:00까지 10분 단위로 시간외 단일가매매가 적용된다. 이는 10분 동안 당일 종가의 ±10%[5] 이내에서 매수자와 매도자가 호가를 결정하고 거래는 단일가로 체결되는 방식이다.

5 당일 종가의 ±10%가 당일 상한가와 하한가를 넘어가는 경우 당일 상한가와 하한가 이내에서 가격이 결정된다.

표 7-12 | **주식체결 방식 및 거래시간**

체결방식	시간
장 전 종가매매	07:30 ~ 08:30
동시호가	08:00 ~ 09:00 15:20 ~15:30
정규시장매매	09:00 ~15:30
장 후 종가매매	15:40 ~16:00
시간외 단일가매매	16:00 ~18:00

주식의 주문은 지정가주문, 시장가주문, 조건부지정가주문, 최유리지정가주문, 최우선지정가주문 등이 있다. 이 중에 보편적으로 사용하는 주문 방식은 지정가주문과 시장가주문이다. 지정가주문은 주식의 매수자나 매도자가 호가를 지정하여 주문을 하는 방식을 말한다. 예를 들어 A주식을 5천원에 10주 매수주문 냈다고 한다면 매수자는 지정가주문을 통해 주식주문을 낸 것이다. 매도도 마찬가지로 주식 매도자가 원하는 가격에 원하는 수량의 지정가주문을 낼 수 있다. 시장가주문은 현재 거래되고 있는 주식을 즉시 체결할 목적으로 주문하는 것을 말한다. 예를 들어 A주식이 5천원 매도호가에 100주 대기주문이 있고 4천원 매수호가에 100주 대기주문이 있을 경우, 10주 시장가주문 방식으로 매수주문을 내면 5천원에 바로 10주 체결이 이뤄진다. 시장가주문은 보통 주가의 가격변동이 심할 경우 사용하는 주문 방식이다. 즉 매수하고 싶은 주식이 계속해서 가격이 올라가고 있다면 지정가로 체결이 되지 않을 가능성이 크고, 이렇게 시간이 지체될 경우 더 높은 가격으로 주식을 매수해야 하기 때문에 바로 체결할 수 있는 시장가로 주문을 내는 것이다. 반대로 주식가격이 급락할 때도 매도 타이밍을 놓치면 손실이 커지므로 시장가주문을 통해 주문을 체결시키는 방법을 사용한다. 조건부지정가주문은 15:20 전까지 지정가로 주문된 주식이 체결되지 않을 경우 15:20 이후 단일가격으로 변경될 경우 자동적으로 시장가주문으로 변경되어 15:30 주문이 시장가로 체결되는 것을 말한다.

주식매매 단위호가의 경우 주가가 1천원 미만인 경우는 1원씩 호가가 변경되며 1천원 이상~5천원 미만인 경우 5원, 5천원 이상~1만원 미만 10원, 1만원 이상~5만원 미만은 50원, 5만원 이상~10만원 미만은 100원, 10만원 이상~50만원 미만은 500원, 50만원 이상은 1천원씩 호가가 지정된다. 또한 매매 수량은 1주 단위다.

표 7-13 | **매매거래 단위호가**

구분	유가증권	코스닥시장
1,000원 미만	1원	1원
1,000원 이상 ~ 5,000원 미만	5원	5원
5,000원 이상 ~ 10,000원 미만	10원	10원
10,000원 이상 ~ 50,000원 미만	50원	50원
50,000원 이상 ~ 100,000원 미만	100원	100원
100,000원 이상 ~ 500,000원 미만	500원	500원
500,000원 이상	1,000원	1,000원

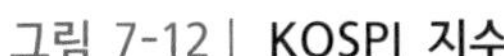
그림 7-12 | **KOSPI 지수**

추이　　　　로그 차트[6]

증권시장은 주가의 급등락에 따른 투자자의 피해를 막고 공정한 거래 정착을 위해 매매거래 중단제도(circuit breakers)와 프로그램매매호가 관리제도(side car)를 운용하고 있다. 매매거래 중단제도는 코스피지수가 직전거래일 종가보다 10%이상 하락하면 매매거래 중단 발동을 예고하고 이 상태가 1분 이상 지속되면 모든 주식매매를 20분 간 중단한다. 또한 프로그램매매호가 관리제도는 주가와 같이 움직이는 선물가격이 전일 종가대비 5%(코스닥은 6%) 이상 등락하여 1분 이상 지속되면 프로그램 매매호가에 대해서 5분 간 효력을 정지하는 제도이다. 여기서 프로그램 매매란 주문을 사람이 직접내지 않고 컴퓨터 프로그램이 대량으로 주문을 넣는 것을 말한다. 이때 프로그램 매매는 차익거래라는 것을 하는데 현물인 주식과 선물을 동시에 사고파는 거래를 한다. 선물은 현 시점이 아니

6 로그 챠트
KOSPI지수 추이는 단순 KOSPI의 추이만을 확인할 수 있기 때문에 전문가들은 KOSPI 지수 로그챠트를 같이 본다. 로그챠트의 경우 등락률을 비교해서 볼 수 있기 때문이다. 예를 들어 외환위기 당시 KOSPI 지수는 약 1,000P에서 약 300P까지 하락하였다. 하락폭은 700P지만 등락률로는 70% 하락한 수치다. 반면 2017년 KOPSPI 지수는 2,500P까지 상승하였는데 만약 1,800P에서 2,500P까지 상승하였다면 상승폭으로는 똑같이 700P가 되는 것이다. 반면 등락률로는 39%에 지나지 않는다. 따라서 같은 등락폭을 가진 단순 KOSPI지수 추이만으로는 정확한 등락률을 판단할 수 없다.

라 미래 시점에서 주식을 사거나 팔겠다는 하나의 약속인 셈이다. 예를 들어 선물을 팔고 현물을 사는 것을 프로그램 매수라고 하는데 이런 경우 프로그램이 대량으로 현물(주식)을 매수하는 과정에서 주가가 오르게 된다. 반대로 선물을 대량으로 파는 과정에서 선물가격은 하락하게 된다. 따라서 사이드카가 발동하여 프로그램 매매가 중단된 경우 이런 대량의 매수, 매도 거래가 중지되므로 가격변동폭이 작아지게 되는 것이다.

이와 더불어 거래소 시장에는 공정한 시장형성과 투자자의 피해 축소 등을 위해 주식가격의 상하한선을 두고 있다. 이는 주가가 하루 최대 변동할 수 있는 폭을 정하여 그 이상 혹은 그 이하로 주가가 하락하지 못하게 하는 것이다. 현재 우리나라의 가격 상하한선은 2015년 6월 15일을 기준으로 ±15%에서 ±30%로 확대되었다. 가격변동폭의 확대는 선진 금융시장을 위한 대안이지만 이로 인해 투자자들의 피해가 커질 수 있으므로 주가 급변방지를 위한 장치인 변동성안정장치(VI: volatility interruption)를 운용하고 있다. VI제도는 동적VI와 정적VI제도로 나뉜다. 우선 정적VI는 참조가격보다 ±10% 주가가 변동하면 정적 VI가 발동하여 2분 간 거래가 중지되고 단일가매매로 전환된다. 여기서 참조가격은 시가 결정 전에는 당일기준가격(전일종가)이 되며 시가 결정 후에는 직전단일가격(시가단일가)이 된다. 동적VI는 종가 단일가매매 시간, 시간외 단일가매매 시간 등에 호가 제출 직전 체결가격이 예상가격과 차이가 나면 2분 동안 거래가 중지되는 것을 말한다. 발동기준은 〈표 7-14〉를 참조하기 바란다.

표 7-14 | **변동안정장치(VI)**

[참조가격]

동적VI	정적VI
호가제출직전 체결가격	호가제출직전 단일가격 - 시가결정전: 당일 기준가격 - 시가결정후: 직전 단일가격

[발동가격] 참조가격±(참조가격×발동가격률)

구분		동적VI			정적VI
		접속매매시간 (09:00~15:20)	종가단일가 매매시간* (15:20~15:30)	시간외단일가 매매시간 (16:00~18:00)	정규시장 모든세션
주식	KOSPI200 구성종목	3%	2%	3%	10%

	유가 일반종목, 코스닥종목	6%	4%	6%	
ETF/ ETN	KOSPI200/100/50, KRX100, 인버스, 채권	3%	2%	3%	10%
	레버리지, 섹터해외지수, 상품 등 기타지수	6%	4%	6%	

* 다만, 주식관련 파생상품 최종거래일(각 파생상품별 결제월의 두 번째 목요일)종가단일가매매시간에는 파생상품 기초자산 주식에 대해 별도의 동적VI 발동률(1%) 적용(KOSPI200 지수 구성종목, KOSDAQ150 지수 구성종목, 섹터지수 구성종목, 개별주식 선물옵션 구성종목이 이에 해당)
 - 하루 중 발동횟수의 제한 없음

출처: 한국거래소

이런 변동안정화장치로 인해 가격상한선 혹은 하한선에 도달하기 위해서는 적어도 두 번의 VI가 발동되기 때문에 쉽게 상하한선에 도달하지 못한다. 이는 과거에 연속 상한가 혹은 하한가를 기록하며 움직이는 주가의 모습을 이제는 거의 볼 수 없다는 뜻이다. 또한 변동안정화장치 도입 초기에는 코스피나 코스닥이 모두 하루에 100번도 넘게 정적VI가 발동되기도 하였으나 점차 시장이 안정화를 찾고 제도에 적응함에 따라 현재는 약 20회 정도로 VI 발동횟수가 줄어들어 안정적인 모습을 보이고 있다.

② 코스닥(KOSDAQ)시장

코스닥(korea securities dealers automated quotation)시장은 정부가 중소벤쳐기업 육성 및 첨단산업에 대한 투자 증진을 위해 미국의 NASDAQ을 벤치마크하여 설립한 시장이다. 따라서 코스피시장에 비해 상장 조건이 완화되어 있으나 매매거래제도 등은 동일하게 적용하여 운영하고 있다. 코스닥시장은 1996년 7월 1일부터 우량기업, 성장유망 중견기업, 혁신형 기업 등이 상장되고 얼마 지나지 않아 코스닥 붐을 일으켰다. 2000년대 초 벤처 붐 및 미국의 닷컴버블 등에 힘입어 사상 최고치인 2,800P를 넘어섰으나 벤처 버블이 붕괴됨에 따라 지수는 500P 이하로 떨어졌다. 이후에 세계적 호황기를 맞아 코스피는 크게 상승한 반면 코스닥은 코스피만큼 상승하지 못했다. 그러나 2000년대 중반 바이오 등 테마주를 중심으로 잠시 상승세를 보였지만 2008년 미국의 글로벌 금융위기가 발생하며 200P대로 다시 하락하는 모습을 보였다. 이후 500P까지 회복하기는 하였으나 2015년 초까지 특별한 흐름 없이 박스권인 500P에 갇혀 있다가 2015년 후반 박스권을 뚫고 상승하는 모습을 보이기도 했으나 최근 코스피가 2,500P를 돌파하여 양호한 흐름을 보이는 것과는 달리 크게 상승하는 모습을 보이지 못하고 있다.

특히 코스닥시장은 우량기업, 중견기업, 신성장기업, 혁신기업 등이 혼재되어 있어 코스피시장처럼 우량기업을 스크리닝 하는 기능이 떨어짐에 따라 코스닥 상장을 기피하는 현상이 발생하였다. 더욱이 코스닥시장에서 일정부분 성장하고 나면 코스피시장으로 이전하는 현상이 지속적으로 발생함에 따라 코스닥시장 기피 현상은 더욱 가속화 되었다. 이에 코스닥시장 활성화를 위하여 우량기업에 대한 공시 사전리뷰 면제 등 특혜를 부여하고 부실징후 기업에 대해서는 관리를 강화하는 등 제반 여건을 정리하고 있으나 최근 코스닥시장의 대장주였던 NAVER가 코스피시장으로 이전하는 등 문제점은 여전히 지속되고 있다.

그림 7-13 | **코스닥 지수 추이**

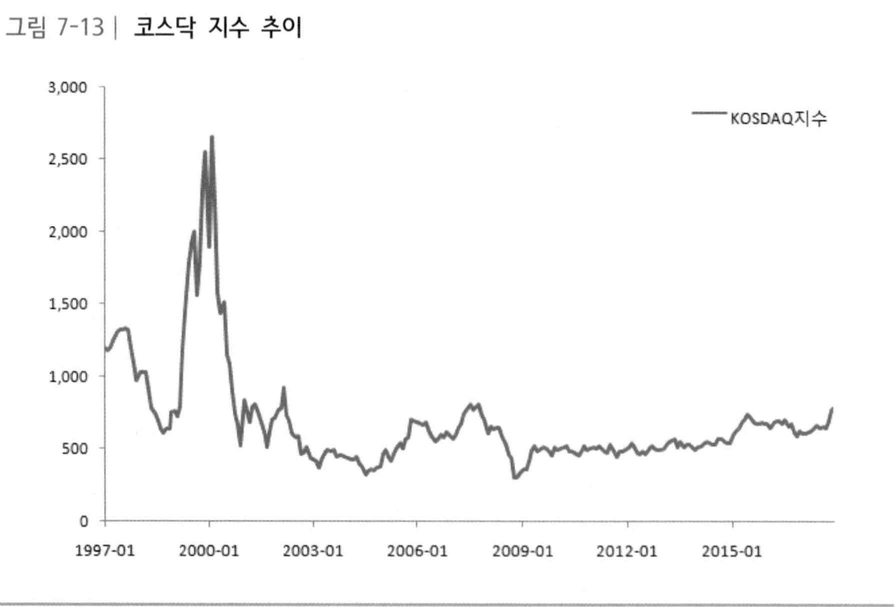

③ 코넥스시장(KONEX)

코넥스(korea new exchange)시장은 2013년 7월 1일 개장되었으며 코스닥시장에 상장하지 못하는 중소기업들의 원활한 자금 공급을 위하여 개설되었다. 특히 벤처기업 혹은 중소기업 등이 사업초기에 사업운영 자금 문제가 자주 발생한다는 점에 착안하여 중소, 벤처기업의 자금 공급을 원활하게 하고 이후 건실한 중소기업으로 성장할 수 있도록 코넥스시장이 성장사다리 역할을 하는 것이다.

이 때문에 코넥스시장은 코스닥시장에 비해서도 상장 요건이 대폭 완화되어 있다. 즉 공시의무, 기업지배구조 등 코스닥시장에서 요구하는 기본 요건들을 코넥스시장에서는 요구하지 않는다. 또한 기업 간 성장을 위해 M&A 지원 및 합병요건 완화, 대량매매제도 등이 도입되어 운영되고 있다. 더욱이 중소기업 등은 재무나 회계 담당자를 채용하는 비용 등에 대한 부담이 있으므로 지정자문인제도를 도입하여 이를 해결하고 있다. 이 제도는 증권사 특정인을 지정자문인으로 지정하여 사업보고서, 공시업무 지원, 상장지원 등의 업무를 도와준다.

코넥스시장은 투자자로 누구나 참여할 수 있는 것은 아니다. 그 이유는 코스피시장이나 코스닥시장에 비해서 공시의무 등이 완화되어 있기 때문에 일반투자자들이 상장업체에 대한 정보를 정확히 알 수 없고 제도 또한 상이한 점이 많기 때문에 일반투자자들에게는 익숙하지 않다. 더욱이 아직까지는 상장기업도 154개(2017년 12월 기준)로 많지 않기 때문에 거래가 활성화 되어 있는 것이 아니다. 따라서 코넥스시장에 투자자로 참여할 수 있는 주체는 전문투자자나 벤처캐피탈, 전문엔젤투자자 등 기관투자자 중심의 한정된 시장이다. 그렇다고 개인이 전혀 투자를 못하는 것은 아니며 투자를 원할 경우 1억원(최초 예탁금은 3억원 이었으나 2016년 6월 29일 투자활성화를 위해 1억원으로 완화)의 기본예탁금을 예치하고 투자자로 참여할 수 있다.

그림 7-14 | **코넥스시장 구조**

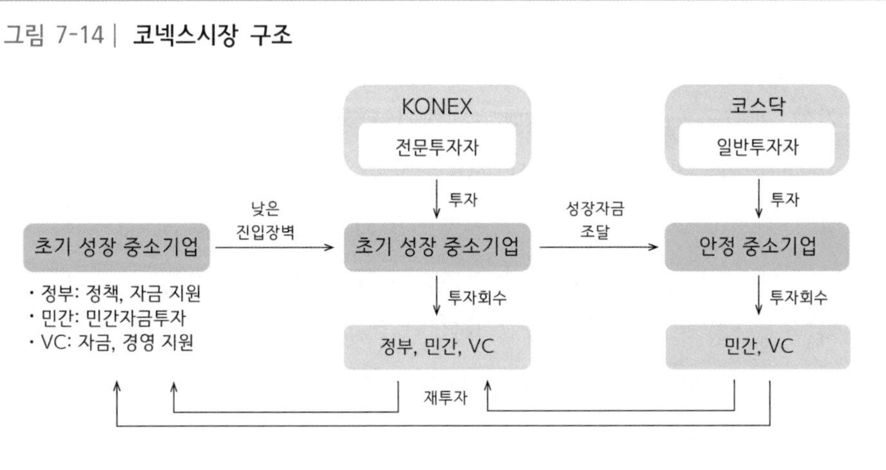

④ K-OTC시장

K-OTC(korea over-the-counter)시장은 비상장주식이 매매되는 시장이다. 장외시장은 2000년에 한국금융투자협회가 비상장주식 투자활성화를 위해 제3시장을 개설하면서 시작되었고 2005년에 프리보드(freeboard)시장으로 이름을 변경하여 운영했으나 코넥스시장이 개장됨에 따라 시장에서 역할이 애매모호한 위치가 되었다. 이에 비상장주식 거래 활성화를 위해 2014년 K-OCT로 이름을 바꾸고 운용하고 있다.

K-OTC의 매매시간은 장외거래시간 따로 없이 정규시간인 09:00부터 15:00까지 거래된다. 상하한 가격제한폭은 코스피, 코스닥시장과 같은 ±30%다. 또한 매매주문 시 100%의 증거금이 필요하며 결제 전에도 매매가 가능하다.

K-OTC시장은 거래 활성화를 위해 여러 가지 노력을 하고 있지만 코넥스시장과 차별성 부재 등의 이유로 크게 성장하기는 어려울 것으로 보인다.

2 채권시장

채권은 기업이나 국가가 거액의 장기자금을 조달하기 위해 발행하는 부채성 유가증권을 말한다. 따라서 채권은 만기가 있으며 부채에 대한 이자금액을 납입하여야 하고 만기 시에는 원금을 상환하여야 한다. 또한 채권은 일반적인 차용증서와 달리 법률로서 보호 받기 때문에 정부, 공공기관, 특수법인과 주식회사만이 발행할 수 있다. 그리고 채권 투자자는 만기상환 전에 언제든지 유통시장을 통해 유동성을 확보할 수도 있다. 이외에도 채권은 다음과 같은 특징을 가지고 있다.

첫째, 채권은 기한부 증권이다. 즉 만기가 정해져 있다는 의미로 만기 시에는 원금과 이자를 상환하여야 한다. 만기가 되지 않은 채권은 시장이자율 등의 영향으로 가격이 변동되고 이는 채권 투자수익률에도 영향을 줄 수 있다.

둘째, 확정이자부 증권이다. 채권은 발행시점에서 이자가 결정된다. 따라서 투자자는 정해진 이자를 확정된 시기에 수령하며, 채권 발행자는 동일한 시기에 이자를 지급하여야 할 의무가 있다. 특히 채권은 발행 시 확정된 이자로 인해 시장이자율 변동에 따라 채권가격이 변동될 수 있다.

셋째, 이자지급 증권이다. 채권은 발행자의 수익에 따라 배당을 지급하는 주식과 달리 이자를 지급하여야 한다. 주식은 배당을 지급하지만, 배당은 발행자가 수익이 있을 경우 주총을 통해 지급하며 꼭 지급할 의무를 지는 것은 아니다. 반면 채권 발행자는 필히 이자를 지급하여야 하기 때문에 발행자 입장에서는 금융비용이 증가할 수도 있다.

1) 채권의 종류

채권은 발행주체, 이자지급방법, 상환기간, 보증 유무, 이자지급 변동 유무 등에 따라 분류할 수 있다.

① 발행주체에 따른 분류

채권은 발행주체에 따라 국채, 지방채, 특수채, 회사채 등으로 분류된다. 국채는 정부가 발행한 채권으로 국고채권, 국민주택채권, 재정증권 등으로 분류되고 지방채는 지방자체단체가 재정상 필요에 의해 발행하는 채권으로 도시철도채권, 지역개발채권 등이 있다. 특수채는 특별법에 의해 발행되는 채권으로 한국은행이 발행하는 통화안정증권, 특수은행이 발행하는 금융특수채, 공공기관 등이 발행하는 비금융특수채 및 지방공사채 등이 있다. 마지막으로 회사채는 상법상 주식회사가 발행하는 채권으로 일반기업이 발행하는 일반사채 및 금융기업이 발행하는 금융회사채가 있다. 이외에도 채권에 표시되는 외환에 따라 외화표시채권 등이 있다.

② 이자지급방법에 따른 분류

채권은 이자지급방법에 따라 이표채, 할인채(무이표채), 복리채로 구분된다. 우선 이표채(coupon bond)는 채권에 이자를 지급하는 이표(coupon)가 붙어 있는 채권을 말한다. 따라서 채권 매입자는 채권에 표시된 이자지급일에 이표를 제시하고 이자를 지급받을 수 있다. 우리나라에서 현재 발행되고 있는 채권 중 회사채 및 금융채(일부) 등이 이표채로 발행되고 있다. 할인채(discount bond)는 이표가 따로 없고 만기와 액면가만 존재하는 채권이다. 따라서 최초 발행 당시 채권에 명기된 이자만큼 액면가에서 차감하고 매매되는 채권을 말한다. 예를 들어 액면가 1만원인 1년 만기의 할인채가 10%의 이자율로 발행되었다면 발행시점에서 9,091원을 주고 채권을 매수할 수 있으며 만기에 할인채를 제시하고 1만원을 받을 수 있다. 우리나라에서 할인채는 통화안정증권, 외국환평형기금채권, 재정증권, 금융채(일부) 등이 발행되고 있다. 복리채(compound interest bond)는 예금의 복리와 같은 구조로 이자를 매기마다 지급하지 않고 복리로 재투자하여 만기 시 복리로 투자된 이자와 원금을 지급하는 채권이다. 예를 들어 액면가 100만원인 2년 만기 복리채가 10%의 이자율로 발행되었다면 1년마다 이자를 10만원($1,000,000 \times 0.1$)씩 지급하는 것이 아니라 2년 후 만기 때 복리로 투자된 이자와 원금 합계인 121만원($1,000,000 \times (1+0.1)^2$)을 지급하는 것이다. 우리나라의 복리채는 국민주택채권, 상수도공채, 양곡기금증권, 전신전화채, 금융채(일부) 등이 있다.

③ 보증 유무에 따른 분류

채권은 보증 유무에 따라 보증채, 무보증채, 담보부채 등으로 나뉜다. 우선 보증채는 채권의 원리금 지급에 대해 정부나 금융기관 등이 보증하는 것을 말하며 정부보증채와 일반보증채(시중은행 등이 보증) 등이 있다. 무보증채는 원리금 지급에 대해 별도의 보증이 없으며 발행자의 신용도로 발행되어 유통되는 채권이다. 무보증채로는 국민주택채권, 상수도공채, 금융채(일부) 등이 있다. 다음으로 담보부채는 채권에 물상담보권이 붙어 있는 채권으로 통화안정증권, 외국환평형기금채권, 금융채(일부) 등이 있다.

④ 만기별 분류

채권은 만기별로 단기채, 중기채, 장기채로 분류한다. 여기서 단기와 중기, 장기를 구분하는 기간은 1년 이내, 1~5년, 5년 이상이다. 우선 단기채는 1년 이내 채권을 말하며 통화안정증권, 재정증권 등이 있다. 중기채는 만기가 1년에서 5년 이내인 채권으로 외국환평형기금채권, 회사채(보통 3년) 등이 있다. 장기채는 만기가 5년 이상인 채권으로 국민주택채권(5년, 20년), 도시철도채권 등이 있다.

⑤ 이자율 변동 유무에 따른 분류

채권은 이자율 변동 여부에 따라 고정금리부채권(straight bond)과 변동금리부채권(floating rate bond)으로 나뉜다. 우선 고정금리부채권은 채권의 최초 발행 시기에 확정된 금리를 변동 없이 만기까지 유지하는 채권을 말한다. 대표적인 고정금리부채권은 국공채와 회사채 등이 있다. 반면 변동금리부채권은 시장금리 및 인플레이션 등과 연동되어 기준금리 및 인플레이션 변동에 따라 지급이자율이 변동되는 채권을 말한다. 예를 들어 물가연동채의 경우 채권의 하한 기본금리 이외에 물가 변동에 따라 채권 전체 금리가 변동되는 구조를 가지고 있다. 예를 들어 물가연동채 기본금리가 1.5%이고 물가가 2%라면 물가연동채의 금리는 3.5%(1.5%+2%)가 되는 것이다. 대표적인 변동금리부채권은 물가연동채권, 산금채 등이 있다.

그림 7-15 | **채권의 종류**

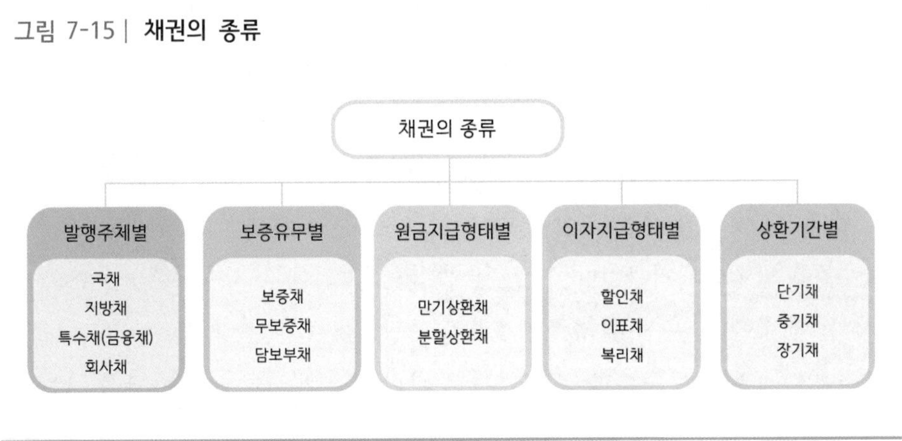

2) 발행시장

채권 역시 주식과 마찬가지로 발행시장과 유통시장으로 구분되어 있다. 채권 발행은 보통 증권대리 업무를 수행하고 있는 증권사를 통해 행해지며 증권사는 채권 발행자의 요청을 받아 불특정다수를 상대로 공모하여 채권을 발행하게 된다. 특히 채권은 부채증서로서 발행요건이 법률로 엄격하게 관리되고 있다. 따라서 국채를 발행하기 위해서는 국회의 사전의결을 얻어야 하며 회사채의 경우 금융위원회가 증권신고서를 수리한 날로부터 일정한 기간이 경과 후 효력이 발생하여야 회사채를 발행할 수 있다. 이는 국채의 경우 나라의 빚인 국가 부채로 연결되기 때문에 국가 부채가 관리되지 않으면 그리스처럼 국가 부도사태가 발생할 수도 있기 때문이다. 따라서 국가 부채를 늘리는 국채 발행은 엄격한 법률과 절차로 진행되어야 하는 것이다.

우리나라의 채권시장은 경제도입 초기(1950~1960년대)에는 대부분 국가 재원

충당을 위해 발행되었으며 1970년대 이후 고도 성장기를 맞으며 산업자본 충당을 위해 국공채시장과 회사채발행시장이 성장하였다. 이후 외환위기 및 글로벌 금융위기와 같은 경기침체를 벗어나기 위한 재정확대정책으로 국채가 증가하는 모습을 보였으며 최근 국가 신용등급 상향[7] 등과 맞물려 국제적 수요가 증가함에 따라 국공채 시장이 확대되고 있다.

7
2017년 5월 24일 기준으로 무디스(Moody's)와 스탠더드앤푸어스(S&P)는 한국을 최고 등급보다 2단계 낮은 AA 등급(일본은 한국보다 2단계 낮은 A+등급)을 부여하고 있으며 피치(Fitch)는 최고등급보다 3단계 아래인 AA-(일본은 한국보다 2단계 낮은 A등급)등급을 부여하고 있다.

8
기관투자자는 은행, 보험회사, 투자신탁, 증권회사, 신용금고 등 금융 관련 대규모 투자자들과 연기금, 재단기금과 같이 대규모 자금을 운용하는 투자자들이 있다.

① 채권시장의 구조

채권 발행시장의 참가자는 발행자, 발행중개기관(증권사), 투자자 등 3자로 구성되어 있다. 채권 발행자의 주체는 정부, 지방자체단체, 특별법에 의해서 설립된 법인, 주식회사 등으로 구성되어 있으며 투자자는 기관투자자[8]와 개인투자자가 있다. 채권은 발행 단위가 큰 경우가 대부분이기 때문에 투자자는 대부분 전문적 지식과 대규모 자금을 보유하고 있는 기관투자자 비중이 높다.

채권발행에서 중요한 역할을 하며 여러 가지 업무(판매기능 및 위험부담 등)를 하는 곳이 발행중개기관이다. 보통은 발행중개기관에 투자증권회사, 종합금융회사 등이 속한다. 우선 발행중개기관의 채권발행 업무는 크게 주관회사, 인수기관, 청약기관으로 구분할 수 있다. 주관회사는 채권발행의 타당성, 발행시기, 발행조건 등을 채권 발행회사와 협의하고 결정하는 채권발행 총괄회사다. 만약 채권 규모가 클 경우 주관사 업무를 나눠서 진행하게 되는데 이때 주관사 업무를 총괄하는 회사를 대표주관사라 하고 주관 업무에 참여한 회사를 공동주관사라고 부른다. 현재 우리나라에서 주관사 업무를 할 수 있는 언더라이팅(underwriting) 회사는 금융투자회사, 종합금융회사, 한국산업은행 등이 있다. 다음으로 인수기관은 발행된 채권을 인수하여 청약기관과 일반투자회사로 매도하는 업무를 수행하는 기관을 말한다. 쉽게 말해 도매업자와 비슷하다고 생각하면 된다. 즉 생산업자로부터 납품 받은 물건을 소매업자(retail)에게 판매하는 역할을 하는 것이다. 마지막으로 청약기관은 발행된 채권을 자금 공급자인 투자자에게 판매하는 역할을 담당한 판매회사이다. 보통 청약업무는 청약 업무 허가를 받은 금융투자회사가 하고 있으며 본점과 지점(retail)을 통해 불특정다수로부터 청약을 받아 채권을 판매한다.

그림 7-16 | **채권발행시장 구조**

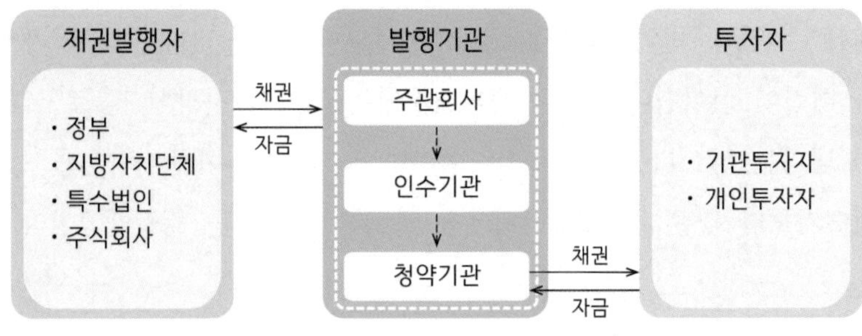

② 회사채의 발행방식 및 종류

회사채 발행방식은 주식 발행방식과 매우 유사하다. 우선 공모방식에 따라 사모방식과 공모방식으로 나눌 수 있다. 사모방식은 채권을 소수의 특정인을 대상으로 발행하는 방식을 말하며 보통 소규모의 단기자금이 필요한 경우 사용한다. 반면 공모방식은 50인 이상의 불특정다수 투자자에게 청약을 받아 발행하는 방식이다.

다음으로 직접발행과 간접발행 방식이 있다. 직접발행은 회사채 발행기관이 투자매매업 인가를 받아 직접 자기위험부담 하에 회사채를 발행하는 방식이다. 간접발행은 전문투자기관인 금융투자회사에게 발행에 모든 권한을 위임하여 회사채를 발행하는 방식이다. 간접발행은 다시 총액인수, 잔액인수 및 위탁모집으로 구분된다. 총액인수는 모든 회사채 발행업무를 인수기관이 맡아하고 발행총액을 인수기관이 인수하여 투자자에게 매도하는 방식이다. 잔액인수는 인수회사가 먼저 청약, 투자자에게 판매한 후 남은 잔량을 인수하는 방식이다. 따라서 증권사 지점이나 홈트레이딩시스템에 접속하여 증권사가 팔고 있는 회사채를 검색해 보면 증권사가 인수하여 판매하고 있는 회사채를 쉽게 찾아볼 수 있다. 위탁모집은 인수회사가 발행기업의 대리인 혹은 자기이름으로 투자자를 모집하고 모집되지 않은 발행위험을 발행자가 모두 부담하는 방식이다.

회사채는 또한 발행가액에 따라 액면발행, 할증발행, 할인발행으로 구분할 수 있다. 액면발행이란 채권 액면에 표시된 금액으로 발행되는 채권을 말하며 채권에 표시된 이자와 시장이자율이 같을 경우가 이에 해당된다. 할증발행은 액면이자율이 시장이자율보다 높은 경우 액면가보다 높은 가격으로 발행되는 채권을 말한다. 마지막으로 할인발행은 액면이자율이 시장이자율보다 낮은 경우 액면가보다 낮은 가격으로 발행되는 채권을 말한다. 이는 다음의 예를 통해 쉽게 이해할 수 있다. 만약 시장이자율보다 채권이자율이 낮다면 해당 채권 투자에 대한 매력이 떨어진다. 즉 채권을 매수하는 것보다 시장이자율로 예금을 하는 편이 낫다는 말이다. 따라서 시장이자율 보다 낮은 채권이자율을 보상하기 위해 액면가보다 낮은 가격으로 채권을 발행하는데 이를 할인발행이라고 하는 것이다.

회사채의 종류는 일반사채와 전환사채(convertible bond), 신주인수권부사채(bond with warrants), 교환사채(exchangeable bond), 수의상환채(callable bond) 등이 있다. 일반사채는 보통의 회사채를 말하며 보증사채, 담보부사채, 무보증사채로 구분된다.[9] 전환사채(CB)는 채권으로 발행된 유가증권이 일정한 조건이 충족되면 발행회사의 주식으로 전환할 수 있는 옵션이 첨부된 채권을 말한다. 전환사채의 경우 투자자는 주식 전환 전에 안정적인 이자수익을 얻을 수 있고, 주식으로 전환될 경우 추가적인 자본이득을 얻을 수 있다. 또한 발행회사 입장에서는 옵션이 첨부된 채권인 만큼 낮은 이자율로 발행할 수 있으며 주식으로 전환 시 부채에서 자기자본금으로 전입되게 되므로 재무개선효과를 누릴 수 있다. 다음으로 신주인수권부사채(BW)는 채권의 소유자에게 일정기간 경과 후 발행회사의 신주를 인수할 수 있는 옵션을 부여한 채권이다. 이는 투자자 입장에서 채권을 통한 안정적인 이자수익을 얻을 수 있는 동시에 신주를 우선 인수 받아 추가적인 자본이득을 얻을 수 있는 장점이 있다. 하지만 신주 인수 시에는 추가 인수자금을 납입하여야 한다는 부담도 있다. 발행자 입장에서는 옵션이 첨부된 채권이므로 낮은 이자율로 발행이 가능하고 투자자가 인수권 행사 시 자기자본금 충당에 따른 재무구조 개선효과를 얻을 수 있다. 교환사채(EB)는 채권 발행자와 투자자가 합의한 일정한 조건을 충족할 경우, 채권 발행인이 보유하고 있는 상장 유가증권으로 교환할 수 있는 옵션이 첨부된 채권을 말한다. 예를 들어 A회사는 Z주식을 보유하고 있으며 Z주식과 교환할 수 있는 교환사채를 발행하였고, B씨가 교환사채를 매수하였다고 가정해보자. B씨는 교환사채를 소유함으로써 일정기간 마다 이자소득을 올릴 수 있고, 일정 조건이 충족되면 A회사가 소유하고 있는 Z주식과 사채 교환을 청구할 수 있다. 이에 A회사는 일정 조건이 충족된다면 사채와 보유하고 있던 Z주식 교환에 응해주어야 한다. 교환사채의 경우 앞서

9 보증 유무에 따른 채권 분류를 참조하기 바란다.

설명한 전환사채와 신주인수권부사채처럼 자기자본과 부채의 변화가 없다. 즉 사채와 교환사채를 발행한 회사가 소유한 유가증권과 교환되기 때문에 부채가 준만큼 자기자본이 줄던지, 부채가 준만큼 새로운 부채가 늘던지 하는 것이다.

표 7-15 | **전환사채(CB), 신주인수권부사채(BW), 교환사채(EB) 비교**

구분	전환사채(CB)	신주인수권부사채(BW)	교환사채(EB)
권리	전환권	신주인수권	교환권
대상	발행회사 신주	발행회사 신주	발행회사 보유 유가증권
사채권 여부	사채권 소멸	사채권 존속	사채권 소멸
현금유입 여부	현금유입 없음	현금유입	현금유입 없음
재무구조 상태	개선 (부채↓, 자본↑)	개선 (자산↑, 자본↑)	변동 없음 (부채↓, 자산↓)
주식취득가격	전환가격	행사가격	교환가격
주주효력	전환청구 시 발생	신주대금 납입 시 발생	교환청구 시 발생
발행이자율	일반사채보다 낮음	일반사채보다 낮음	전환사채보다 낮음

수의상환채(CB)는 채권의 발행자에게 일정시간 경과 후 상환할 수 있는 옵션이 첨부된 채권을 말한다. 즉 채권의 발행자는 투자자의 의도와는 상관없이 채권 만기 이전에 정해진 상환가격으로 상환함으로써 발행자의 의무를 종료시킬 수 있는 것이다. 수의상환채는 발행자에게 유리한 조건으로 발행된 채권인 만큼 높은 이자율로 발행된다. 채권의 높은 이자율은 발행회사 입장에서 비용부담이 높은데도 불구하고 수의상환채를 발행하는 이유는, 발행회사의 단기적인 자금부족 때문인 경우가 많다. 발행회사는 자금부족이 해소되면 옵션을 행사하여 채권을 상환함으로써 높은 비용부담에서 벗어날 수 있다.

3) 유통시장

채권의 유통시장은 주식의 유통시장과 같이 기 발행된 채권이 거래되는 시장을 말한다. 채권의 유통시장은 조직적인 거래소시장(exchange market), 즉 장내시장과 비조직적인 시장인 장외시장(over-the-counter market)으로 구성되어 있다. 채권은 주식과 달리 장내시장보다는 장외시장 거래가 활발하며 비중도 높다. 장외시장은 증권사 창구를 이용하여 증권사 간, 증권사와 금융사 간, 증권사와 고객 간 종목에 대해서 상대매매로 이뤄진다. 채권 장외시장 거래에서 증권사가 가장 많이 쓰는 매매수단은 메신저를 통한 거래다.

① 거래소시장(장내시장)

장내시장을 통한 채권거래는 일반채권시장과 국채전문유통시장으로 구분된다. 일반채권시장은 불특정다수의 투자자가 참가하는 경쟁시장으로 국고채를 제외한 모든 상장채권이 거래될 수 있으나 실제로는 소액국공채와 상장전환사채가 주로 거래되고 있다. 소액국공채는 국민주택1종, 서울도시철도채권, 지역개발공채, 지방도시철도채권 등 5천만원 이하의 채권들을 말한다. 상장전환사채는 앞서 설명한 전환사채, 신주인수권부사채, 교환사채 등 콜옵션이 붙어 있는 채권 등을 뜻한다. 또한 최근 채권투자 활성화를 위해 2009년 7월부터 국고채 ETF[10]가 상장되어 거래되고 있다. 장내시장 거래에 참여하기 위해서는 회원증권회사의 위탁계좌를 개설하여 매매에 참여할 수 있다.

10 국고채 ETF는 채권 실무에서 자세하게 다루기로 한다.

표 7-16 | **일반채권시장의 주요 매매제도**

구분	주요 매매제도
매매대상	일반채권 및 주권관련사채와 거래소 상장된 모든 채권 - 주권관련사채: 전환사채, 신주인수권부사채, 교환사채 등 - 소액채권은 소액채권시장에서 매매
호가접수시간	08:00 ~ 15:00
호가단위	1원
호가수량	액면 10,000원
매매시간	09:00 ~ 15:00
매매수량	액면 1,000원(전자단기사채 액면 1억원)
호가유형	지정가 호가
가격제한폭	없음
매매체결방법	단일가격에 의한 개별경쟁매매(단일가매매), 복수가격에 의한 개별경쟁매매(접속매매)
주요 참가자	증권사(자기매매), 기관투자자, 일반투자자(위탁매매)
결제시간	당일결제

국채전문시장(inter-dealer market)은 국고채시장 활성화를 위해 1999년 개설한 국채전자거래시장이다. 주요 참가자는 은행과 금융투자회사, 연금, 보험, 기금 등이 한국거래소의 국채매매시스템(KTS)에 직접 접속하여 거래한다. 거래대상은 국고채, 통안증권, 예금보험공사채이며 대부분 국고채 거래이다. 국채전문시장은 거액의 전문투자자를 위한 시장으로 일반투자자를 위한 시장은 아니다.

② 장외시장

장외시장에서 거래되는 채권은 종목이 다양하고 거래조건이 표준화 되어 있지 않아 조직적인 장내시장에서 거래하기 어려움으로 대부분 증권회사를 중개기관으로 하여 장외에서 이뤄진다. 채권은 주식과 달리 거래규모(100억 단위)가 크기 때문에 개인투자 대상이 아니며 증권사, 자산운용사, 은행, 연기금, 보험사 등 기관투자자 중심으로 거래가 이뤄진다. 또한 장외거래는 정형화 된 시스템이 없기 때문에 거래 상대방을 찾기 위해 증권사 브로커를 통한 상대매매 방식으로 거래가 이뤄진다.

메신저를 통한 채권 장외거래

증권사는 전화, 메신저 등으로 매수자와 매도자의 호가를 받아 거래가 이뤄질 수 있도록 브로커 역할을 한다. 따라서 증권사들이 직접 채권을 보유할 필요가 없으며 상대방 거래에 반드시 응할 의무도 없다.

장외시장 역시 거래규모가 매우 크기 때문에 기관투자자 등과 같은 전문투자자 시장이며 일반투자자는 직접 참여하기 어렵다. 따라서 일반투자자가 국공채 등 거액의 채권에 투자하고 싶다면 ETF나 펀드를 통한 간접투자 방식으로 투자할 수 있다. 반면 주권관련사채 등 소액채권은 일반투자자도 쉽게 투자에 참여할 수 있다.

표 7-17 | **채권 장외시장제도**

구분	채권 장외시장
주요 참가자	딜러, 브로커
매매방식	상대매매
매매수단	메신저, 전화
호가방법	수익률 호가
매매단위	100억원(1단위)
매매시간	통상 거래소 시간과 같음
결제시점	T+1 ~ 30까지
결제방법	총액결제

3 집합투자증권시장

집합투자증권(collective investment security)이란 흔히 펀드(fund)라고 불리는 투자상품으로 집합투자업자가 불특정다수로부터 투자 자금을 모집하여 운용한 후 수익금을 투자자의 출자비율만큼 배분하는 증권을 말한다. 보통 개인투자자들은 전문적 지식이 부족하고 투자에 대한 정보 획득이 어려우며 투자규모 또한 한정되어 있기 때문에 선택할 수 있는 투자자산이 제한되고 거래비용도 높다. 따라서 펀드는 전문투자자가 개인투자자들의 투자자금을 모집하여 운용대상폭도 넓히고 규모의 경제를 실현하여 거래비용도 낮출 수 있다는 장점을 가지고 있다. 현재 우리나라 펀드는 수백 종류가 될 만큼 다양하며 개인투자자들은 자신의 투자 스타일에 맞게 펀드를 선택하여 소액으로 다양한 투자혜택을 누릴 수 있다. 집합투자업자는 전문운용과 다양한 서비스를 제공하며 일정수수료를 수취한다.

펀드는 주요 투자 대상 자산을 기준으로 증권펀드, 부동산펀드, 특별자산펀드 등으로 구분한다. 또한 단기자금이 운용되는 MMF(money market fund)도 있다. 그리고 상장지수펀드(ETF: exchange traded fund)와 같이 펀드지만 주식의 성격을 갖추고 거래비용을 절감한 펀드도 있다. 현재 집합투자업자는 자산운용사와 겸업이 허용된 투자증권사 등이 있다.

1) 펀드의 형태

펀드는 자금을 모으는 형태에 따라 공모방식과 사모방식으로 구분된다.

공모방식은 다시 모집(public offering of new issues)과 매출(public offering of outstanding subscription)방식으로 나뉜다. 모집은 50인 이상의 투자자에게 새로 발행되는 증권 취득을 권유하는 것을 말한다. 또한 매출은 50인 이상의 투자자에게 기 발행된 증권의 매도를 청약하거나 매수 청약을 권유하는 것을 말한다. 사모와 공모를 나누는 기준은 50인의 불특정다수인이며 불특정다수인이 50인 이상일 경우를 공모, 이하일 경우를 사모라고 한다. 공모의 경우 불특정다수 투자자들을 대상으로 자금을 유치하는 것이기 때문에 투자자 보호를 위해 공시 등 일반적인 규제가 강한 편이다. 반면 사모는 일부 기관투자자나 적격투자자들을 대상으로 하기 때문에 규제가 없거나 공모에 비해 상대적으로 적다.

우리나라의 펀드는 투자신탁, 투자회사, 투자전문회사 등으로 구분된다.[11] 펀드를 운용하는 전문투자자가 불특정다수로부터 투자자금을 모집하여 운용하기 때문에 전문투자자의 개인자산과 투자자산을 혼재하여 운용하면 이해상충 및 대리인의 문제가 발생할 수 있다. 따라서 자산분리의 법적 수단으로 신탁 혹은 회사의 형태가 이용되는 것이다.

11 펀드의 형태는 이 외에도 유한회사, 투자합자회사, 투자익명조합, 투자조합 등의 형태가 있지만 해당 내용은 본서의 범위를 벗어나므로 전문 금융투자서적을 참고하기 바란다.

① 투자신탁

투자신탁은 위탁자(집합투자업자), 수탁자(신탁업자), 수익자(투자자) 간 집합투자계약(신탁계약)으로 이뤄지는 신탁형펀드라고 한다. 여기서 위탁자란 집합투자업자로 투자신탁재산을 설정, 운영하는 회사이고 수탁자는 신탁업자로 집합투자업자와 신탁계약을 체결하여 집합투자재산을 보관, 관리하는 회사를 말한다. 수익자는 투자신탁에 자금을 투자한 투자자로서 집합투자재산의 지분증서인 수익증권을 배분 받는다.

신탁계약에는 위탁자와 수탁자의 업무, 수익증권, 수익자, 신탁재산의 운용방법, 신탁보수 및 수수료, 상환 및 이익의 배분, 신탁계약 해지, 수익증권 기준가격의 계산방법, 수익증권 환매에 관한 사항이 기재되어 있다. 집합투자업자는 투자신탁을 설정할 경우 신탁원본을 전액 금전으로 납입하여야 하며, 집합투자업자가 신탁계약을 변경하고자 하는 경우에는 신탁업자와 변경계약을 체결하고 중요사항 변경 시 수익자총회의 결의를 거쳐야 한다.

집합투자업자는 투자신탁 재산을 운용함에 있어 신탁업자에게 투자대상 자산의 취득 및 처분 등에 관해 지시하고 신탁업자는 이 지시에 따라 투자대상 자산을 취득, 처분하여야 한다. 집합투자업자도 신탁업을 겸영할 수 있으나 자신이 운용하고 있는 집합투자재산에 대해서는 이해상충 등의 문제로 신탁업의 당사자가 될 수 없다. 신탁업자는 집합투자자의 운용지시가 법령 및 투자설명서 등을 위반했는지 확인하고 위반 사실이 있을 경우 집합투자자에게 운용행위 철회, 변경 등 시정요구를 하며 이 사실을 지체 없이 금융위원회에 보고하여야 한다. 또한 신탁업자는 집합투자계약의 주요 변경 및 투자운용인력 변경 등이 있는 경우 이 사실을 투자자에게 제공하여야 한다.

투자신탁형 펀드에 가입한 투자자는 수익증권을 배분받게 되는데 수익증권이라 함은 투자신탁의 수익권을 균등하게 배분받을 수 있는 지분증권으로 투자자는 좌수에 따라 균등하게 수익을 배분 받는다. 집합투자업자는 수익증권의 발행가액 전액이 납입되면 신탁업자의 확인을 받아 한국예탁결제원에 예탁하고 수익증권을 발행한다. 수익증권에는 집합투자업자 및 신탁업자의 상호, 수익자의 성명, 신탁원본 가액, 수익증권의 총 좌수, 발행인 등이 기재되어 있다. 그러나 실제로는 증권사에 방문하여 투자신탁형 펀드를 가입하여도 수익증권이 배부되지 않는데 이는 최근 금융과 통신의 발달로 실물 발행보다 한국예탁결제원에 수익자명부를 전달함으로써 이를 대용하고 있기 때문이다. 수익증권은 무액면 기명식으로 발행된다.[12]

12 무액면이라 함은 액면가액이 기재되어 있지 않은 것을 말하며 기명식은 누가 발행했는지 등이 기재되어 있는 것을 말한다.

그림 7-17 | **투자신탁의 운영구조**

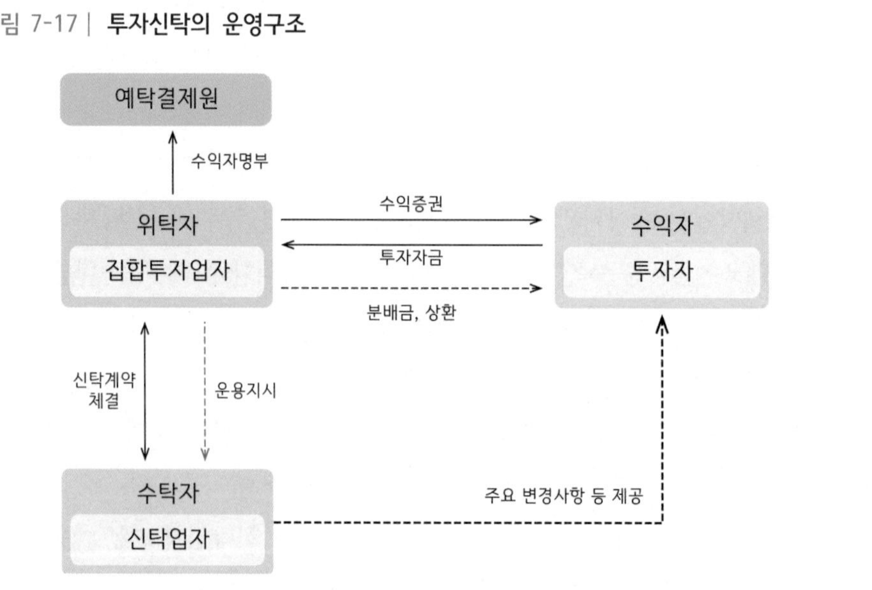

투자신탁의 주요 사항은 수익자들이 결정하는 수익자총회를 통해 이뤄지지만 사실 주식과 같이 활발히 이뤄지지는 못하기 때문에 현실을 감안하여 서면의결권을 행사하거나 서면으로도 의사를 행사하지 못하는 수익자들은 중립적 행사(shadow voting)제도를 도입하여 운용하고 있다. 투자신탁의 주요 사항들은 신탁계약의 변경, 투자신탁의 합병 등이 있다.

② 투자회사

투자회사는 투자 대행만을 목적으로 설립된 명목상 페이퍼 컴퍼니(paper company)다. 투자회사가 명목상 회사의 형태를 갖는 것은 집합투자증권 서두에서 언급했듯이 집합투자업자의 고유재산과 집합투자재산을 분리하여 운용하기 위함이다. 투자회사는 발기인(promotor)[13]이 중심이 되어 설립되며 발기인은 발행주식 총수를 인수하고 그 가액을 금전으로 납입함으로써 설립된다. 투자회사의 주식 역시 투자신탁의 수익증권처럼 무액면 기명식으로 발행된다.

13 최초 회사 설립을 위해 정관을 작성하고 기명날인한 자를 발기인이라고 한다. 상법상 주식회사 설립에 발기인은 7인 이상이다.

집합투자업자는 집합투자재산을 투자회사의 명의로 투자대상 재산의 취득, 처분 등 운용을 행하고 자산보관 및 운용에 관한 사항은 신탁업자, 주식의 모집 또는 매출은 판매회사, 증권의 발행, 명의개서, 자산가치계산 등 일반적 사무처리는 일반사무관리회사가 담당하여 진행한다. 우선 신탁업자는 투자신탁과 유사한 업무를 하며 집합투자재산의 보관 및 관리 업무를 행하고 집합투자재산 운용에 중요한 지시를 받는다. 신탁업자는 예탁 받은 집합투자재산을 자신의 고유재산과 분리하여 펀드별로 예탁결제원에 예탁하여야 한다. 집합투자업자는 자산운용보고서(asset management report)를 작성하여 신탁업자의 확인을 받은 후 3개월에 1회 이상 투자자들에게 제공하여야 한다. 신탁업자는 투자회사가 법령, 투자설명서 등을 위반하는 경우 지체 없이 투자회사의 감독이사에게 보고해야 하며 보고 받은 감독이사는 집합투자업자에게 시정 요구를 할 수 있다. 일반관리회사는 집합투자재산 운용에 있어 일반적인 사무를 위탁받아 실행하며 업무의 객관성 확보를 위해 이해상충방지체계를 구축하여야 한다. 이외 참여자로서는 집합투자기구를 평가하고 이를 투자자에게 제공하는 집합투자평가회사와 집합투자재산 중 채권 자산 등의 가격을 평가하고 정보를 제공하는 채권평가회사 등이 있다. 이들 회사 역시 펀드의 공정한 평가와 이해상충 방지를 위해 집합투자업자의 계열사가 아니어야 하며 소정의 요건을 갖춰야 한다.

그림 7-18 | **투자회사의 운영구조**

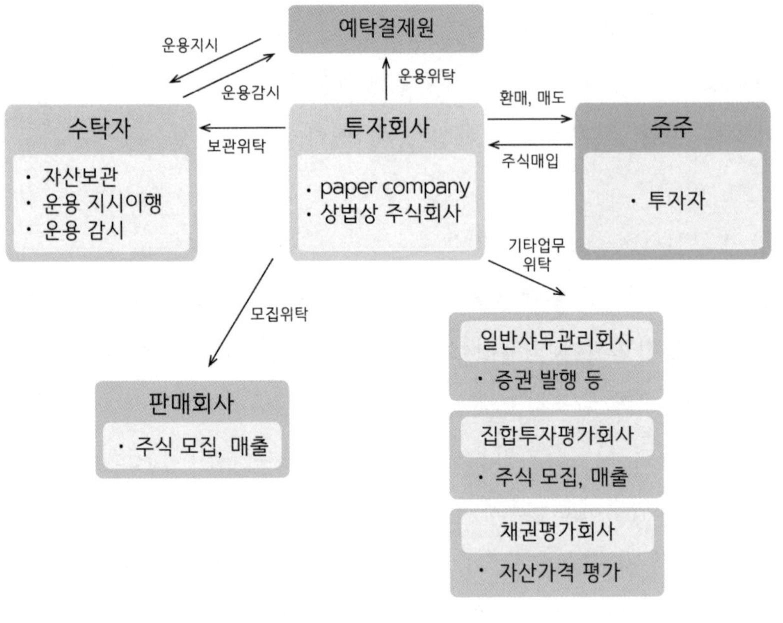

투자회사는 주주의 환매청구에 대한 이행 여부에 따라 개방형과 폐쇄형으로 구분된다. 개방형은 주주의 환매요청이 있을 시 주식을 매수해야 할 의무가 있으며 보통 뮤추얼펀드(mutual fund)라고 부른다. 폐쇄형의 경우 주주의 환매요청에 응할 수 없으므로 주주들의 유동성 확보를 위해 주식발행일로부터 90일 이내 거래소에 상장하여야 한다. 즉 주주들은 거래소를 통해 주식을 매도함으로써 현금을 확보할 수 있게 되는 것이다.

투자회사는 주식회사이므로 주요 사항을 변경하고자 하는 경우에는 투자자들로 구성된 주주총회 결의를 거쳐야 한다. 투자자는 서면으로 결의할 수 있으며 정관 변경이나 합병에 반대하는 경우 주식매수청구권[14]을 행사할 수 있다. 집합투자자는 집합투자재산을 운용함에 있어 펀드의 계산으로 금전을 차입할 수 없으며 자기 계산으로 자기가 발행한 집합투자증권을 원칙적으로 취득할 수 없다.

14 주주는 합병이나 정관변경에 반대하는 경우 투자회사를 상대로 주식매수청구권을 행사할 수 있다. 이럴 경우 투자회사는 주주의 주식을 매수할 의무가 있다.

4 자산관리운용시장

1) 신탁

신탁(trust)이란 위탁자(재산의 소유자)가 수탁자(재산을 관리, 처분하는 자, 신탁업자)에게 재산권을 위임하고 수탁자는 신탁의 목적에 따라 재산을 관리, 처분하여 수익을 위탁자 혹은 수익자에게 귀속시키는 것을 말한다.[15] 신탁행위는 대체로 위탁자와 수탁자 간 쌍방계약에 의해 이뤄지지만 유언신탁(testamentary)과 같이 위탁자의 단독행위로 이뤄지는 것도 있다. 신탁은 『신탁법 제33조』에 의해 수탁자는 신탁의 본지에 따라 선량한 관리자의 주의로써 신탁재산을 관리 처분하여야 한다.

신탁업자가 위탁자로부터 수탁할 수 있는 재산의 종류에 대해서 제한은 없다. 즉 자통법상 금전, 증권, 금전채권, 부동산, 동산, 지상권, 전세권, 부동산임차권 등 투자자 보호 및 건전한 거래질서를 해할 우려가 없는 재산들을 모두 포함하여 시장에 유연하게 대처하고 있다. 신탁은 수탁재산 형태에 따라 크게 금전신탁(money in trust)과 재산신탁(property in trust)으로 구분된다. 재산신탁은 본서의 범위를 벗어나므로 금전신탁에 대해서만 살펴보도록 하겠다.

금전신탁은 신탁자산인 금전의 운용방법에 따라 불특정금전신탁과 특정금전신탁으로 구분된다. 불특정금전신탁은 위탁자가 금전을 위탁하면서 특정한 지시를 내리지 않고 수탁자가 불특정다수로부터 공모한 자금을 일괄적으로 운용하여 수익을 위탁자에게 배분하는 형태다. 즉 펀드와 유사한 형태다. 하지만 불특정금전신탁은 2004년 7월부터 연금신탁을 제외하고 신규판매가 금지되어 현재는 신규로 설정된 불특정금전신탁을 볼 수 없다. 특정금전신탁은 위탁자의 운용지시에 따라 수탁자가 금전을 운용하는 것이다. 예를 들어 위탁자가 1억원을 신탁에 맡기고 수탁자에게 ○○회사 CP 매수를 지시하면 수탁자는 위탁자의 지시에 따라 ○○회사 CP를 매수하면 되는 것이다.

특정금전신탁은 원칙적으로 집합운용[16]이 금지되어 있으나 위탁자의 개별 신탁재산을 분별할 수 있는 경우 매매주문 집합처리가 가능하다. 예를 들어 A, B, C 3명이 금전신탁을 맡기고 Z주식 매수할 것을 지시한 경우, 수탁자는 A, B, C의 금액을 모아서 Z주식에 대해 매수하고 이를 금액에 따라 공정하게 배분하면 되는 것이다. 실제로 월 적립식 ETF신탁 같은 경우 ETF매매 시 집합처리하

15 『신탁법 제1조 2항』 신탁이란 위탁자(trustor)와 수탁자(trustee) 간의 신임관계(fiduciary)를 바탕으로 위탁자가 수탁자에게 재산이나 영업 등을 이전하거나 담보권을 설정 또는 그 밖의 처분을 하고 수탁자로 하여금 수익자(beneficiary)의 이익 또는 특정의 목적을 위하여 그 재산의 관리, 처분, 운용, 개발, 그 밖에 신탁목적의 달성을 위해 필요한 행위를 하는 법률관계를 말한다.

16 집합운용은 펀드 및 불특정금전신탁과 같이 불특정다수에게 받은 자금을 운용하는 것을 말한다.

여 운용하기도 한다.

현재 대표적인 특정금전신탁은 단기 운용상품인 MMT(money maket trust)와 고정이자부(fixed income) 신탁 등이 있다. MMT는 별도의 중도해지 수수료 없이 수시입출금이 가능한 초단기 특정금전신탁 상품이다. MMT 운용자산은 당일 매도가 가능한 발행어음, 콜론, RP 등이 포함된다. 다음으로 고정이자부 신탁은 대체로 신탁 운용자산 안에 고정이자부 상품인 CP, 정기예금, CD, 단기채권 등이 운용되며 만기 매칭형으로 운용되는 경우가 대부분이다. 하지만 매도가 가능한 CP, 단기채권, CD 등은 위탁자의 지시에 의해 매도하여 현금화 할 수도 있다.[17]

17 신탁의 자세한 상품 설명은 금융투자실무 단원에서 다루도록 하겠다.

2) 투자자문 · 일임

투자자문업(non-discretionary investment advisory service)이란 투자판단에 대한 자문을 영업으로 하는 업을 말한다. 즉 개인투자자가 정보 부족 등의 이유로 투자판단의 어려움을 도와주는 역할을 하는 것이다. 또한 투자일임업(discretionary investment advisory service)은 투자자로부터 금융투자에 대한 전부 또는 일부를 일임 받아 자산을 취득, 처분 하는 등의 운용을 영업으로 하는 업을 말한다.

언뜻 보면 자산운용회사의 공모펀드와 유사하다고 생각할 수 있으나 다음과 같은 차이점이 있다. 우선 공모펀드는 투자목적별[18] 상품을 만든 후 불특정다수에게 공모하는 방식인데 반해 투자자문 · 일임업은 특정고객으로부터 투자에 대한 관리를 대행하는 방식이다. 다음으로 공모펀드의 경우 집합자산의 소유권을 신탁회사(수탁회사)가 보유하고 고객은 수익을 분배받을 수 있는 수익증권을 보유한 반면 투자자문 · 일임업은 투자재산 소유권을 투자자가 직접 소유하고 있다. 이외에도 규모면에서 공모펀드가 투자자문 · 일임업에 비해 월등히 많다.

18 예를 들어 주식형, 채권형, 혼합형 등을 말한다. 주식형도 주식형 안에서 또 세분화 할 수 있다.

투자자문 · 일임업은 특정금전신탁과 달리 투자자가 투자에 대한 전권을 일임하는 형태이기 때문에 직원의 도덕적 해이와 이기적 행동에 따른 투자자 피해 소지가 크다. 따라서 자통법에서는 투자자문 · 일임업자의 금지행위와 일임재산 운용상의 금지행위를 나열하고 있다. 또한 투자자문 · 일임업자의 과당경쟁 방지 및 고위험군 투자 방지를 위해 성공보수(incentive fee)를 금지하고 있다. 만약 성공보수를 인정할 경우 투자자문 · 일임업자들은 레버리지 비율이 높은 파생상품에 과다 투자하게 되어 리스크가 크게 상승할 수 있다.

① 랩어카운트

랩어카운트(wrap account)는 투자일임업의 대표적인 상품으로 투자자의 자금을 위탁받아 개별투자자 성향에 맞게 운용, 관리하는 금융상품을 말한다. 랩어카운트는 증권사의 전형적인 수수료(commission) 형태가 아닌 예탁자산의 일정 비율을 보수(fee) 형태로 지급받는다. 이는 금융투자회사가 수수료 증대를 목적으로 한 과당 매매회전을 방지하기 위함이다. 랩어카운트는 크게 자산관리자가 직접 포트폴리오를 구성하여 운용하는 일임형과 투자자문회사의 자문을 받아 운용하는 자문형, 전문성을 갖고 있는 리서치센터 등으로부터 투자종목 등을 선별 추천 받아 운용하는 연계형 등으로 구분된다.

랩어카운트는 고객의 취향에 맞는 맞춤형 자산관리서비스(customized service) 형태로 정형화된 공모펀드의 수익증권과는 다른 이점이 있다. 최근 저성장, 저금리, 고령화 추세로 개인 자산형성에 대한 관심이 어느 때보다 높은 시점이다. 따라서 랩어카운트에 대한 관심이 높아질 가능성이 있다.

표 7-18 | **랩어카운트와 펀드의 비교**

	랩어카운트	펀드
운용방식	개별 계좌	펀드매니저 통합
맞춤형 투자	투자자 성향에 따라 조절	반영할 수 없음
단일종목 투자한도	제한 없음	10% 이내
목표수익률	절대수익 추종	벤치마크 추종
투자내용	실시간 확인 가능	운용보고서(3개월)
판매수수료	없음(서비스 수수료 있음)	있음
환매수수료	없음	있음(일정 기간 내)

② 개인자산종합관리계좌(ISA)

개인자산종합관리계좌(individual savings account)는 근로자들의 재산형성 과정을 돕는 금융상품으로 예·적금, 펀드, 파생결합증권 등 다양한 금융상품을 종합관리계좌 내에서 포트포리오로 구성하고 수익률 제고를 위해 운용할 수 있는 계좌다.

개인자산종합관리계좌는 크게 신탁형과 일임형으로 구분되며 신탁형은 기본적으로 신탁계약을 통해 자금을 금융회사에 맡기는 구조로 은행, 금융투자회사, 보험사 등 모든 기관이 취급가능하다. 반면 일임형은 고객이 자금을 일임하는 구조로 금융투자회사에서만 취급가능하다.

본 상품은 근로자들의 재산형성을 돕는 금융상품으로 연간 200만원 한도 내에서 투자할 수 있으며 상품 수익의 200만원까지는 비과세이며 200만원 초과분에 대해서는 9.9%의 분리과세가 적용된다. 보통 이자·배당 소득세가 15.4%인 것에 비해서 세금이 낮다. 하지만 의무가입기간이 5년이기 때문에 5년 이내 해지하게 되면 혜택을 받지 못한다.

최근에 개인자산종합관리계좌에 대한 개정의 목소리가 높은데 이는 근로자들의 재산형성 현실에 상품 조건이 맞지 않는다는 의견이 많아서다. 우선 저금리로 인해 예·적금에 대한 금리가 매우 낮으며 펀드와 파생결합증권은 양의 수익을 기록할 수도 있지만 투자자들의 정확한 이해가 부족하여 쉽게 접근하지 못할 수 있다는 것이다. 결국 대부분의 개인자산종합관리계좌는 예·적금으로 운용되고 있으며 이는 근로자들의 재산 형성에 크게 기여하지 못한다는 것이다. 또한 5년 동안 해당 계좌를 유지해야 한다는 조건 또한 현실과 거리가 멀다는 주장이 있다. 마지막으로 5년 간 200만원까지 비과세 혜택은 근로자들이 비과세에 대한 혜택을 피부로 느끼기에 많이 부족하다는 주장도 있다.

개인자산종합관리계좌(ISA)

5 파생결합증권시장

파생결합증권이란 기초자산[19]과 연동하여 상품설계 시 정해진 방법에 따라 수익금 또는 회수금액을 결정하는 권리가 표시된 유가증권을 말한다. 파생결합증권은 기초자산 및 공학적 방법이 매우 다양하기 때문에 그 종류가 매우 많다. 현재 국내에서 판매되고 있는 파생결합증권은 크게 주식이나 주가지수와 연계된 주가연계증권(ELS)과 주가연계파생결합사채(ELB), 및 기타파생결합증권으로 구분할 수 있다.

19 기초자산이란 파생금융상품의 기준이 되는 자산으로 가격, 이자율, 지표, 지수 등 다양한 기초자산이 있다.

주가연계증권(equity linked security)은 개별 주가 및 종합주가지수 등과 연동된 파생결합증권으로 현재 우리나라에서 주로 판매되는 상품은 주가지수와 연동된 주가지수연계증권이 대부분이다. 이 밖에도 예금과 주식워런트 등이 결합된 주가지수연동예금(ELD: equity linked deposit)과 채권, 수익증권, ELS, 주식워런트 등이 결합된 주가지수연동펀드(ELF: equity linked fund) 등이 있다. ELS는 증권사에서만 판매되고 ELD는 은행에서만 판매되는 반면 ELF는 자산운용사, 증권사, 은행 모두에서 판매가 가능하다. 또한 ELD의 경우 예금자보호가 되는 상품이다.

표 7-19 | **ELS, ELD, ELF 비교표**

구분	ELS	ELD	ELF
형태	유가증권	정기예금	펀드
판매기관	증권사	은행	자산운용사, 은행, 증권사
상품구조	채권+파생상품	예금+주식워런트	채권+ELS, 펀드 등
원금보장	원금보장, 비보장형	원금보장형	원금보장, 비보장형
예금자보호	안됨	보장	안됨
수익률	제시수익률	제시수익률	실적배당
과세	전액과세	전액과세	배당, 이자율 과세

최근 주식시장 변동성이 확대되며 ELS에 대한 불안감도 높아짐에 따라 원금보장형 ELS상품이 주목 받고 있다. 특히 최근 법 개정에 따라 채권을 주요 기초자산으로 한 ELB를 따로 분류하였고 은행에서도 판매가능하도록 함으로써 금융투자자에 대한 수요를 충족시키기 위해 노력하고 있다. ELB는 원금보장형으로 구성되어 있어 위험이 적은 반면 약정조건에 따라 추가적인 수익을 얻을 수 있기 때문에 저금리 시대에 주요 투자대안으로 관심이 높다. 그러나 ELB의 기초자산이 대부분 채권에 투자되어 있기 때문에 만기가 길고 상대적으로 고수익을 추구하는 투자자에게는 매력도가 떨어진다는 단점이 있다. ELB의 기본구조는 구성자산의 약 95% 정도를 채권에 투자하여 원금을 보장하고 약 5% 정도의 자산을 옵션 등 파생상품에 투자하여 추가 수익을 올리는 구조다.[20]

20 ELS, ELB등 자세한 상품구조는 투자상품 실무부분에서 다루도록 한다.

그림 7-19 | **ELB의 기본 포트폴리오 구조**

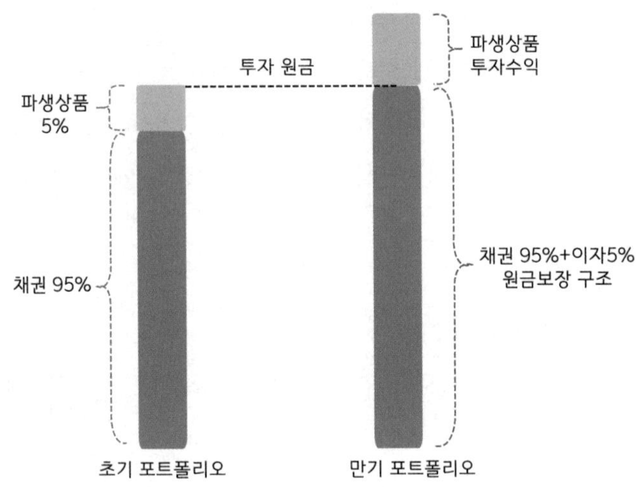

01 금융투자와 금융투자상품의 정의에 대해서 설명해 보시오.

02 증권시장의 경제적 기능에 대해서 설명해 보시오.

03 주식 유통시장의 장내시장은 코스피(KOSPI)시장과 코스닥(KOSDAQ)시장 및 코넥스(KONEX)시장으로 구분된다. 각각의 시장 특징에 대해서 설명해 보시오.

04 증권시장은 주가의 급등락에 따른 투자자의 피해를 막고 공정한 거래 정착을 위해 매매거래 중단제도(circuit breakers)와 프로그램매매호가 관리제도(side car)를 운용하고 있다. 여기서 말하는 circuit breakers와 side car는 무엇인지 설명해 보시오.

05 채권은 이자지급 유무에 따라 이표채, 할인채, 복리채 등으로 구분할 수 있다. 각각의 채권의 특징과 이자지급방법에 대해서 설명해 보시오.

06 회사채의 종류는 일반사채와 전환사채(convertible bond), 신주인수권부사채(bond with warrants), 교환사채(exchangeable bond), 수의상환채(callable bond) 등이 있다. 여기서 일반사채를 제외한 전환사체, 신주인수권부사채, 교환사채, 수의상환채 등의 정의 및 특징에 대해서 설명해 보시오.

07 펀드는 운용형태에 따라 투자신탁과 투자회사로 구분할 수 있다. 각각의 특징과 차이점은 무엇인지 설명해 보시오.

08 금전신탁은 크게 특정금전신탁과 불특정금전신탁으로 나뉜다. 각각의 특징과 차이점에 대해서 설명해 보시오.

CHAPTER

08 금융상품 실무

SECTION 01

은행상품

단원을 시작하며

독자들은 은행에서 예금이나 적금을 가입할 때 몇 %금리를 적용한다는 은행원의 안내 이외에 별다른 이야기를 듣지 못했을 것이다. 더욱이 대출을 신청한다면 대출이 어떤 형태로 상환되는지 보다 대출서류 작성으로 많은 시간을 보낼 것이다.

이번 단원에서는 실제로 독자들이 예금, 적금이 어떻게 계산되며 대출은 어떤 형태로 상환되는지에 대해서 자세히 알아볼 것이다.

1 예금관련 상품

예금(deposit)이란 고객으로부터 자금을 예탁 받아 보관, 관리해주고 예탁자가 요구할 시 예탁 받은 금액을 상환하는 법률상 소비임치계약[1]이다. 예금은 목적에 따라 요구불예금(demand deposit)과 저축성예금(savings deposit)으로 나뉜다.

요구불예금은 자금의 단기적 보관이나 결제수단을 위해 예치한 것으로 예금자가 인출을 요구할 시 즉각 인출이 가능한 예금이다. 요구불예금의 이름에서와 같이 고객이 요구하면 지체 없이 상환을 해야 한다는 것이다. 따라서 전통적 요구불예금은 별도의 이자가 없으나 최근 과도한 수신경쟁으로 인해 일정부분 이자를 지급하기도 하였다. 하지만 저금리와 경제적 불확실성이 확대됨에 따라 대출보다 수신이 증가하며 경쟁적 이자지급은 많지 않은 상황이다.

1 소비임차계약
소비임치계약이란 『민법 제702조』에 따르면 임치인이 소유권을 수취인에게 이전하고 수취인은 이를 소비한 후 임치물과 동종·동질·동량의 것을 반환하기로 약정한 계약을 말한다.

저축성예금은 이자수익을 목적으로 예치하는 예금으로 특정 만기가 존재하는 예금이다. 따라서 만기 이전에 예금을 인출하게 되면 중도해지로 처리되며 이자수익을 거의 받지 못하게 된다. 그럼에도 불구하고 소정의 이자수익만 포기하면 언제든 인출할 수 있기 때문에 유동성은 높은 편에 속한다. 최근에는 금융기법의 발달로 인해 여러 단계의 만기가 존재하는 예금상품도 존재한다. 예를 들어 3개월 간 예금을 유지할 경우 1%의 이자를 지급하고 인출기회를 부여한다. 인출이 발생하지 않으면 자동적으로 6개월로 만기가 연장되며 3개월 후 6개월까지 3개월 간 이자를 1.5% 지급하고 인출기회를 부여하는 계단식 예금도 존재한다.

1 요구불예금

요구불예금에는 보통예금(passbook deposit), 별단예금(temporary deposit), 당좌예금(checking account) 등이 있다. 이 중 가장 대표적인 요구불예금 형태는 보통예금이다. 보통예금은 만기, 금액 등 아무런 제한이 없는 예금으로 예치한 후에 고객이 원하면 언제든 찾을 수 있는 예금을 말한다. 독자들이 대학생 혹은 사회 초년생이라면 용돈 통장과 월급이체 통장이 대부분 보통예금 형태일 것이다. 별단예금은 실제로 독자들이 볼 수 있는 예금은 아니다. 별단예금의 목적은 자기앞수표나 환 발행 전 자금을 일시적으로 보관하기 위해 개설되는 예금이다. 따라서 자기앞수표가 결제되면 별단예금에 있던 자금은 고객의 계좌로 이체된다. 마지막으로 당좌예금은 개인수표(personal check)나 기업수표(cash letters) 발행에 의해 인출되는 예금이다. 사실상 우리나라에서는 개인수표는 거의 사용하지 않기 때문에 독자들은 당좌예금이라는 것을 볼일이 많지 않을 것이다. 반면 미국처럼 개인수표가 대중적으로 사용되어 지고 있으면 예금자들은 은행으로부터 개인수표(personal book)를 받아 원하는 금액을 기재하고 본인 사인을 통해 개인수표를 원할 때마다 발행할 수 있다. 개인수표를 받은 당사자는 해당 은행에 개인수표를 제시하고 수표에 적힌 금액만큼을 본인 계좌로 입금하거나 현금으로 인출할 수 있다. 우리나라의 경우 문화적으로 개인수표보다는 현금을 통한 거래를 선호하였고 현재는 인터넷뱅킹이나 스마트뱅킹의 발달로 인해 개인수표보다는 정보통신기기를 통한 이체를 더 선호한다.

그림 8-1 | **개인수표 거래 과정**

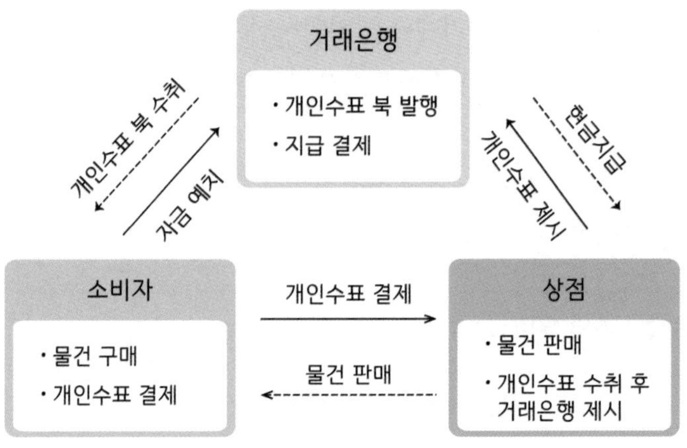

2 저축성예금

1) 정기예금

정기예금(time deposit)은 일정 금액을 일정기간(만기)까지 예치할 것을 약정하는 예금으로 만기 시 이자와 함께 원금을 수령하는 은행의 대표적인 상품이다. 정기예금의 가입 목적은 이자수익에 있으며 다른 예금에 비해서 금리가 높은 특징을 가지고 있다. 독자들도 언제든 현금을 찾아 쓸 수 있는 돈은 수시입출금식 예금이나 보통예금에 예치한 반면 일정기간 동안 이자수익을 목적으로 하는 돈은 정기예금에 가입하면 된다는 사실을 경험적으로 알고 있을 것이다.

현재 우리나라에 존재하는 정기예금의 종류는 은행마다 너무 많기 때문에 일일이 열거하기는 어렵다. 다만 최근에 판매되고 있는 정기예금 중 평균 금리보다 높은 금리를 제공하는 정기예금을 "특판예금"이라고 부르며 이는 은행의 마케팅 혹은 특정 목적을 위한 자금 모집을 위해 한정적으로 발행되는 정기예금을 말한다. 따라서 독자들이 이자수익을 목적으로 목돈을 정기예금에 예치하려 한다면 은행의 특판예금을 조사해 볼 필

특판예금(출처: 각 은행)

요가 있다. 또한 최근 정기예금은 부가서비스에 따른 추가 우대금리가 적용되는 상품이 많이 존재하므로 이 또한 이자수익을 목적으로 하는 독자들에게는 큰 도움이 될 것이다. 예를 들어 정기예금을 가입하면서 은행에서 발행하는 카드를 사용하거나 공과금 이체, 급여이체통장 지정 등 은행에서 제시한 부가서비스 사용에 따라 추가금리가 지급되는 상품이 많기 때문에 재무구조에 큰 영향이 없다면 추가금리 조건을 고려해 볼 필요가 있다.

그림 8-2 | **금리 추가 우대조건**

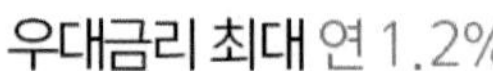

출처: KEB하나은행

2) 정기예금 금리계산법

정기예금 금리를 계산하는 방법은 크게 단리(simple rate)계산법과 복리(compound rate)계산법이 있다. 단리계산법이란 매년 원금에 이자율만큼만 가산되는 계산법이고 복리계산법이란 원금에 대한 이자뿐만 아니라 이자에 대해서도 매년 이자가 지급되는 방식이다. 이렇게 이론적으로 설명하지 않아도 실제로 독자들은 대부분 은행이자율을 계산하는 방법을 경험적으로 알고 있을 것이다. 100만원을 10% 금리로 예금하였다면 만기 때 이자를 10만원 받는다는 사실을 모르는 독자는 거의 없을 것이다. 그럼에도 불구하고 우리가 정확한 이자율 계산법을 알아야 하는 것은 중장기 관점에서의 자산 형성과 정확한 자금흐름 파악이 결국 독자들 삶의 질과 연결되기 때문이다.

우선 단리계산법은 원금에 이자율을 예치기간만큼 곱하여 구해진다. 예를 들어 100만원의 원금을 10%의 이자율로 1년 간 예치한다면 1년 뒤 원금 100만원과 이자 10만원(100만원×0.1)을 합한 110만원을 상환 받게 되는 것이다. 독자들의 이해를 돕기 위해 그림으로 표현하면 〈그림 8-3〉과 같다.

그림 8-3 | **단리계산법에 의한 정기예금 계산(1년)**

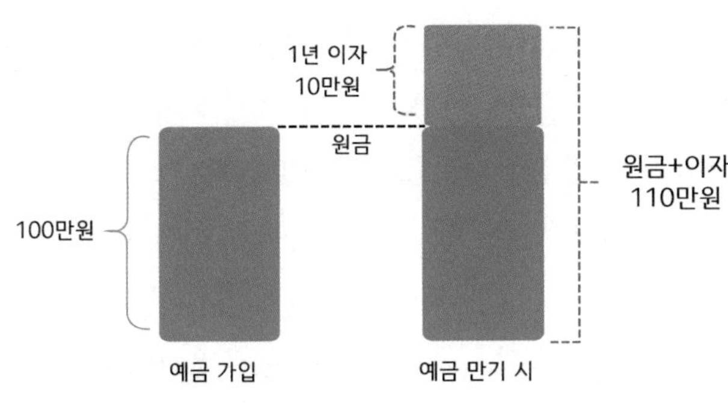

그렇다면 2년을 예치하면 어떻게 될까? 이럴 경우 1년에 10%씩 이자를 2번 주는 것으로 간주하여 20%(10%×2년)의 이자율을 적용받게 된다. 즉 2년 뒤에 원금 100만원과 이자 20만원(100만원×0.2)의 합계인 120만원을 지급받게 되는 것이다. 이를 그림으로 표현하면 〈그림 8-4〉와 같이 표현할 수 있으며 이를 〈그림 8-3〉과 한 번 비교해보기 바란다.

그림 8-4 | **단리계산법에 의한 정기예금 계산(2년)**

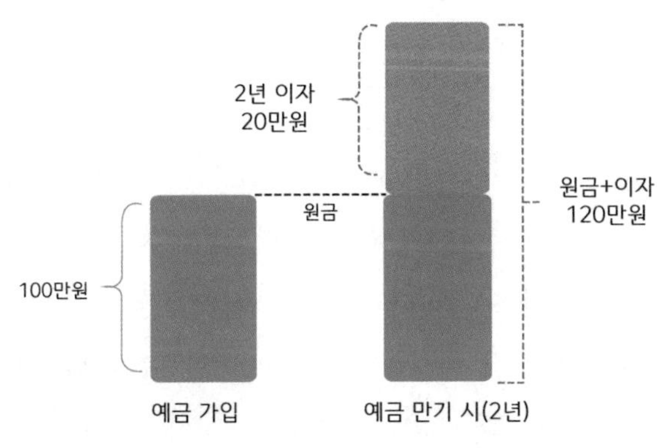

두 번의 예를 통해 단리계산법의 원리를 독자들은 이해했을 것이다. 즉 단리계산법은 원금에 이자율을 예치기간만큼 곱하여 원리금 합계를 구할 수 있다. 이것을 일반화 시키면 다음과 같이 표현할 수 있다.

단리계산의 일반식 $A \times A(r \times n) = A \times (1 + r \times n)$

여기서 A는 원금이고, r은 정기예금 이자율, n은 예치기간이 된다. 위의 식을 이용하여 100만원을 10% 이자율로 3년 간 예치하였다면 원리금 합계는 100만원 × (1 + (0.1 × 3년))이 되므로 130만원이라는 것을 알 수 있을 것이다.

다음으로 복리계산법은 원금과 이자금액에 대해서 매년 이자율만큼 곱해지는 방식이다. 쉽게 설명하자면 복리는 원금에 대해서만 이자를 지급하는 것이 아니라 이자금액에 대해서도 이자를 지급하는 방식이다. 흔히 이자가 이자를 낳았다는 표현으로 복리를 설명하기도 한다. 예를 들어 100만원을 10%의 이자율로 정기예금에 복리로 예치하면 1년 후 원금 100만원과 이자 10만원(100만원 × 0.1)의 합계인 110만원을 받게 된다. 이는 앞서 설명한 단리계산법과 크게 다르지 않다. 이유는 이자인 10만원에 대해 추가로 예치한 기간이 없었기 때문이다. 복리의 효과는 2년 이상 예치하면서부터 나타나게 된다. 앞서와 같은 조건으로 만기만 2년으로 전환되었다고 가정해보자. 그렇다면 최초 1년의 원리금 합계는 앞서와 같이 110만원이 될 것이다. 그리고 1년 후 1년 예치기간 동안 단리와 다른 점이 적용된다. 단리는 1년 후 1년에 대해서도 똑같이 원금인 100만원에 대해서만 이자가 적용되지만 복리는 최초 1년 후 지급받은 10만원의 이자 금액에 대해서도 이자를 지급받게 된다. 즉 이자에 이자가 붙는 개념이다.

복리 개념을 쉽게 이해하기 위해서는 재투자의 개념을 적용하면 된다. 재투자란 투자한 원금과 이자를 받아 다시 투자하는 개념으로 복리에서 1년 후 원리금 합계인 110만원을 다시 투자한다는 개념으로 이해하면 쉽다. 실제로는 1년 후 원리금을 상환 받지 않았지만 상환 받았다고 가정하고 그 돈을 다시 정기예금에 예치하였다고 생각하는 것이다. 이렇게 가정할 경우 앞선 예에서 정기예금에 예치한 100만원을 1년 뒤 이자와 합계인 110만원을 상환 받은 것으로 간주할 수 있다. 독자는 상환 받은 110만원을 바로 정기예금에 다시 예치한다고 가정하면 이제는 원금이 100만원이 아니라 110만원으로 바뀌게 된다. 이후 계산방식은 앞서와 같다. 1년 후 원리금 합계인 110만원을 재투자하면 2년 후에 원금인 110만원과 이자인 11만원(110만원×0.1)의 합계인 121만원을 상환 받게 된다.

앞서 단리와 비교해보면, 단리계산법으로 100만원을 10%의 이자율로 2년간 예치한 경우 원리금 합계는 120만원이었고 복리계산법을 적용하면 원리금 합계가 121만원으로 단리계산보다 1만원이 많다. 이 1만원의 차이는 10만원에 대한 이자의 차이로 앞서 설명한 이자가 이자를 낳은 개념과 일맥상통한다.

그림 8-5 | **복리계산의 기본 개념(재투자 개념)**

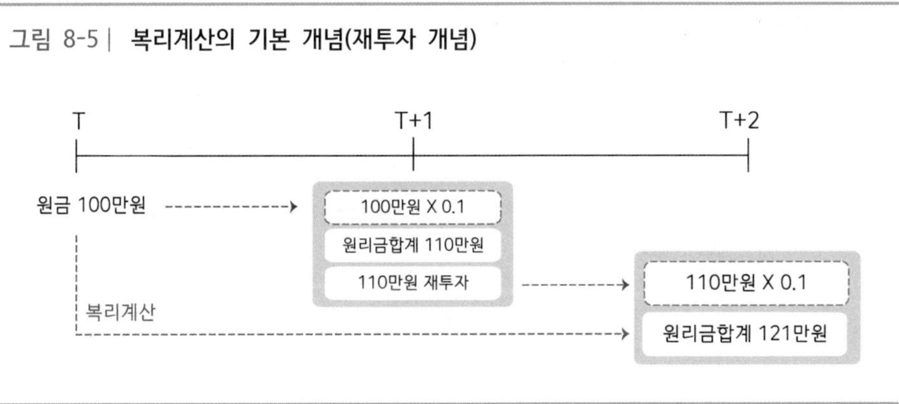

복리계산법을 위해 간단한 예를 들어 설명하였는데 단리계산법과 같이 일반적인 식을 유도할 수 있다. 일반식 유도는 독자 여러분들이 직접 해보길 권장한다. 앞으로는 일반식을 통해 채권이나 장기투자의 개념에 대한 설명이 이어지기 때문에 익혀두는 편이 크게 도움이 될 것이다. 일반식 유도를 위해 앞선 재투자 개념으로서의 그림을 생각해보자. 여기서 바뀌는 것은 100만원이었던 원금을 A라고 표시할 것이고 이자율을 r이라고 표시할 것이다. 그리고 만기를 똑같이 2년으로 가정할 것이다. 이럴 경우 1년 뒤 원리금의 합계는 $A \times Ar$이 된다. 이 식에서 A가 공통인자이므로 A를 앞으로 빼면 $A \times (1+r)$이라고 표현할 수 있다. 우리는 앞에서 재투자의 개념을 정의했으므로 이제는 $A \times (1+r)$가 원금이 됨을 알 수 있다. 그렇다면 재투자를 통해 1년 후 1년을 더 계산하면 원금 $A \times (1+r)$과 이자 $(A \times (1+r)) \times r$가 된다는 것을 확인할 수 있다. 식이 복잡해지니 $A \times (1+r)$을 a로 치환하면 쉽게 볼 수 있다. 다시 1년 후 1년을 더 계산하면 원금 a와 이자 ar의 합계인 $a \times ar$이 된다. 이는 앞서와 같이 공통인자인 a를 앞으로 뺄 수 있으며 $a\times(1+r)$이라고 표현할 수 있다. 이 식은 고맙게도 앞에 최초 1년 만기 때 계산한 식과 같다는 점을 알 수 있다. 이제 a를 원래의 값인 $A\times(1+r)$로 치환하면 $A\times(1+r)(1+r)$이 됨을 확인할 수 있다. 여기서 $1+r$이 2번 들어갔으므로 $A\times(1+r)^2$으로 표현할 수 있다.

그림 8-6 | **복리에 대한 일반식 도출**

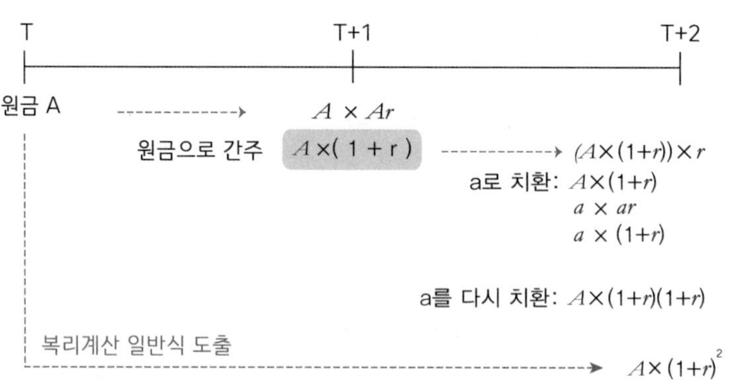

앞선 일반식 도출은 만기를 2년으로 가정하였기 때문에 만기를 n년으로 지정할 경우 복리계산 일반식은 $A\times(1+r)^n$된다. 예를 들어 1천만원을 5년 간 5%의 복리 이자율로 정기예금에 가입한다면 만기 때 원리금 합계는 12,762,816원$(10{,}000{,}000\times(1+0.05)^5)$이 된다. 이를 단리로 계산할 경우 12,500,000원$(10{,}000{,}000\times(1+0.05\times5))$이 되기 때문에 복리와 단리의 차이인 262,616원은 이자에 이자가 붙은 개념이 된다.

복리계산의 일반식 $A\times(1+r)^n$

① 금융 실무

2008년 미국의 금융위기를 시작으로 2009년 유럽의 재정위기, 일본의 장기 침체 등의 영향으로 세계적인 저금리 현상이 지속되고 있다. 우리나라도 예외는 아니다. 현재 우리나라는 2017년 11월 기준으로 1.25%의 기준금리를 유지하고 있다. 따라서 한국은행에서 발표한 2017년 9월 기준 1년 만기 정기예금은 1.67%를 기록 중이며 저축은행은 2.40%, 신협은 2.11%, 농협은 1.74%, 새마을금고는 2.04%를 기록 중이다. 그렇다면 실제로 해당 금리를 이용하여 예금에 대한 이자를 계산해보자. 현재 1천만원이 있다고 가정할 경우, 시중은행과 저축은행, 신협, 농협, 새마을금고에 각각 1년, 2년, 3년, 4년, 5년 정기예금을 예치한다면 받게 되는 원리금의 합계는 얼마인지 계산해보자. 우선 1년 정기예금에 가입한 경우 각각을 계산하면 〈표 8-1〉과 같은 원리금 합계를 도출할 수 있다.

표 8-1 | **각 금융기관별 정기예금 복리계산**

		1년	2년	3년	4년	5년
계산	시중은행	10,167,000	10,336,789	10,509,413	10,684,920	10,863,359
	농협	10,174,000	10,351,028	10,531,135	10,714,377	10,900,807
	새마을금고	10,204,000	10,412,162	10,624,570	10,841,311	11,062,474
	신협	10,211,000	10,426,452	10,646,450	10,871,090	11,100,470
	저축은행	10,240,000	10,485,760	10,737,418	10,995,116	11,258,999

〈표 8-1〉처럼 계산해보면 알겠지만 계산 과정이 그리 어려운 것은 아니다. 특히 엑셀을 통해서는 누구나 쉽게 계산할 수 있다. 결과를 보면 가장 높은 이자율을 제공하는 저축은행의 경우 1년 이자금액이 24만원이고 가장 낮은 이자율을 제공하는 시중은행은 16만 7천원으로 7만 3천원의 이자금액 차이가 발생함을 확인할 수 있다. 그리고 2년 차에는 148,971원, 3년 차에는 228,005원, 4년 차에는 310,196원, 5년 차에는 395,640원의 차이가 발생함을 확인할 수 있다. 실제 금리 차이는 0.73%이지만 이자금액 차이가 점점 벌어진다는 것을 계산을 통해 독자들은 확인할 수 있다.

여기서 독자들은 몇 가지 의문이 발생할지도 모른다. 첫 째는 은행에 저렇게 장기 예금상품이 존재하는가? 그리고 이자금액의 차이가 크게 매력적인가? 등의 의문이 발생할 것이다. 우선 은행에서 장기 예금 판매의 유무에 대해서 이야기 하면 실제로 2년 이상의 복리 정기예금은 거의 없다고 보면 된다. 그럼 복리가 중요하다고 주장하면서 정작 상품은 없다는 것을 어떻게 설명할 수 있을까? 장기의 복리 상품이 가장 많은 곳은 보험이다. 보험 계약은 일반적으로 장기 계약에 속하며 이런 속성 때문에 장기 복리 상품이 보험 쪽에 많이 존재한다. 그 중 대표적인 상품이 연금보험저축이다. 이는 보험사에서 판매하고 있는 장기 저축보험이라고 이해하면 된다. 보통 납입기간을 10년으로 하고 30년 정도 저축을 한 후에 연금형식이나 일시금 형식으로 지급받는 형태다. 따라서 복리효과를 톡톡히 볼 수 있는 상품임에는 틀림없다. 그렇다면 은행에서는 장기적인 복리효과를 누리는 상품이 없을까? 앞서도 이야기 했듯이 실제로는 거의 없다. 그 이유는 은행 입장에서 금리 변동에 대한 불확실성이 존재하기 때문에 리스크를 감수하기 원치 않는 은행은 장기 복리형 정기예금 상품을 출시하기 어려운 것이다. 특히나 우리가 앞에서 배운 금리구조처럼 장기로 갈수록 유동성프리미엄이 기본 금리에 추가되므로 금리가 상승하는 구조라면 은행 입장에서 리스크는 더욱 커질 수밖에 없다. 은행에서는 장기 복리형 예금상품이 거의 존재하지 않지만 독자는 우리가 앞서 배운 재투자의 개념을 도입하여 장기 복리형 상품을 만들 수 있다. 내가 상품을 만들 수 있다고? 의심하시는 독자들이 존재하겠지만 실제로는 그리 어렵지 않다. 개념만 잘 적용하면 누구나 쉽게 장기 복리형 예금상품을 만들 수 있다. 즉 정기예금을 1년 단위로 계산하며 재가입하면 된다. 이때 장기 복리형 상품과 차이점이 한 가지 발생하게 되는데 그것은 세금문제다. 현재 우리나라에서 이자소득세와 배당소득세는 15.4%로 정하고 있다. 복리의 가장 큰 매력은 이자에 이자가 붙는다는 것이다. 그런데 이자에서 세금을 제하면 그만큼 재투자 금액이 줄어들게 되는 것이다. 앞선 저축은행의 사례를 통해 확인해보자. 우선 저축은행에 2.4%의 금리로 매년 재투자한다고 가정해보자. 최초 1년 후 상환 받는 원리금 합계는 10,240,000원이다. 이 중 이자는 24만원으로 이자소득세를 제외하면 203,040원이다. 그렇다면 실제 내 주머니에 들어오는 원리금 합계는 10,203,040원(240,000×(1−0.154))[2]이 된다. 이를 같은 이자율로 재투자하게 되면 10,447,913원이 된다. 이 중 이자금액은 447,913원이 되고 세금을 제외한 이자금액은 378,934원이 된다. 따라서 원리금 합계는 10,378,934원이 된다. 〈표 8-2〉처럼 계속 재투자가 이뤄지면 5년 뒤에는 세후 이자금액이 777,675원이 되고 원리금 합계는 10,777,675원이 된다. 반면 5년 만기 복리형 정기예금에 투자한 후 만기 시 11,258,999원에서 이자소득인 1,258,999원 중 이자소득세를 제외한 1,065,113원(1,258,999×(1−0.846))의 세후 원리금 합계는 11,065,113원이 된다. 즉 세금만큼 재투자가 이뤄지지 않았으므로 그 차이인 287,438원의 차이가 발생하는 것이다. 재투자의 개념을 통한 장기 복리형 예금상품과 실제 장기 복리 예금상품의 또 다른 차이점은 예금자의 의지다. 예금

2 이자소득세가 15.4%이므로 전체 이자금액 중 예금자가 상환 받을 수 있는 금액은 전체 금액 중 84.6%가 된다.

의 만기 때 다시 재투자를 결정하기가 쉽지는 않다. 실제로 독자들도 그렇겠지만 목돈이 생기게 되면 어딘가에 소비를 하고 싶은 욕구가 생기기 마련이고 그렇지 않더라도 생애주기별로 보면 결혼이나 자녀 양육 등 목돈이 들어갈 시기가 많이 다가온다. 따라서 재투자 개념으로의 장기 복리형 상품을 구상한다면 장기적으로 정확한 목표를 가지고 시작해야 할 것이다.

표 8-2 | **세후 복리투자와 재투자 비교**

	1년	2년	3년	4년	5년
저축은행(복리)	-	-	-	-	11,065,113
저축은행(재투자)	10,203,040	10,378,934	10,531,312	10,663,318	10,777,675
차액					287,438

② 엑셀을 통한 계산 방법

단리계산법은 일반계산기로 계산이 가능하지만 복리계산법은 제곱에 대한 기능이나 괄호기능 등이 없으면 계산이 어렵다. 따라서 엑셀을 활용한 계산법을 알아두면 유용하게 사용할 수 있다. 우선 엑셀의 기본적인 기능을 살펴보면 식을 계산하기 위해서는 "="이라는 부호를 셀에 삽입하여 수식을 입력해야 한다. 또한 지수는 "^" 부호를 통해 우리가 쉽게 사용할 수 있다. 앞선 예를 통해 수식을 입력하면 다음과 같이 쓸 수 있다.

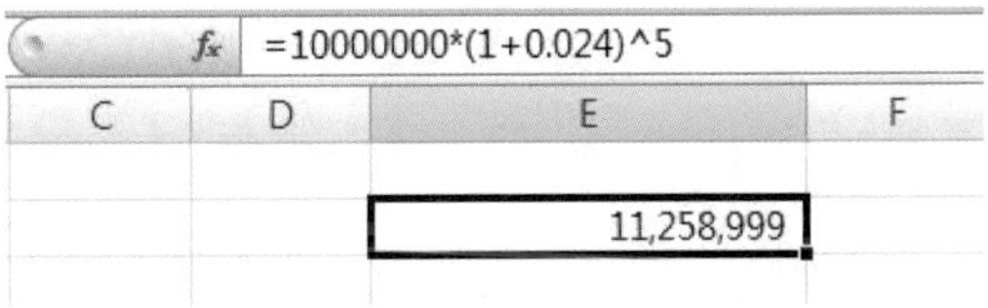

fx =10000000*(1+0.024)^5

C	D	E	F
		11,258,999	

또한 몇 가지 기능을 이용하면 더 유용한 정보를 얻을 수 있는데, 예를 들어 매년 적금으로 늘어나는 금액을 보고 싶다면 우선 셀 하나를 선정하여 1부터 5까지 다음과 같이 입력하면 된다(1과 2만 넣고 마우스를 아래로 드래그 하면 숫자는 오름차순으로 자동 삽입된다). 숫자를 넣었다면 숫자 옆 셀에다가 수식을 다음과 같이 입력하면 된다.

=10000000*(1+0.024)^D2

C	D	E	F
	1	=10000000*(1+0.024)^D2	
	2		
	3		
	4		
	5		

=10000000*(1+0.024)^D6

C	D	E	F
	1	10,240,000	
	2	10,485,760	
	3	10,737,418	
	4	10,995,116	
	5	11,258,999	

즉 지수에 들어가는 연수를 옆에 셀로 지정하면(위와 같은 경우는 D셀에 있는 것이 연수를 나타낸다) 엑셀이 자동으로 인식하여 계산 값을 보여준다. 이를 Ctrl+C, Ctrl+V를 통해 밑에 셀에 복사 후 붙여넣기를 하면 자동으로 셀을 조절하여 계산해 준다. 마지막으로 이자소득세를 계산하여 실제 이자 수령액을 알고 싶다면 계산된 셀에서 원금인 1천만원을 빼고(원금을 빼는 이유는 이자소득만을 추출하기 위함이다.) 0.846(이자소득세는 15.4%이므로 이자소득세를 별도로 계산하지 않고 이자소득세를 제외한 0.846(1−0.154)을 직접 입력하는 방법이 편하다)을 곱하면 세후 이자소득을 구할 수 있다. 이 계산법을 통해 독자의 여윳돈을 복리로 예금하였을 경우 매년 금액이 얼마가 되는지 확인해 보길 바란다.

=(E2-10000000)*0.846

C	D	E	F	G
	1	10,240,000	203,040	
	2	10,485,760		
	3	10,737,418		
	4	10,995,116		
	5	11,258,999		

=(E6-10000000)*0.846

C	D	E	F	G
	1	10,240,000	203,040	
	2	10,485,760	410,953	
	3	10,737,418	623,856	
	4	10,995,116	841,868	
	5	11,258,999	1,065,113	

③ 저축은행은 월복리로 계산된다

시중은행과 저축은행은 같은 방식으로 복리계산법이 적용될까? 당연히 양쪽 모두 예금을 취급하는 기관이기 때문에 같은 방식으로 계산될 것이라고 생각하는 사람들이 많을 것이다. 하지만 실제로는 다르다. 시중은행의 경우 연복리계산법을 사용하고 저축은행은 월복리계산법을 사용한다. 그렇다면 이 둘 사이에는 어떤 차이점이 있을까? 재투자의 개념으로 생각하면 쉽게 이해할 수 있다. 즉 연복리의 경우 이자의 발생시점이 매년으로 결정되기 때문에 재투자 역시 매년마다 나오는 이자에 대해서 재투자가 이뤄진다. 반면 월복리의 경우 이자 지급시기가 매월이기 때문에 재투자가 더 빈번하게 발생할 수 있다. 따라서 같은 복리방식 계산이라도 저축은행의 이자가 더 높다.

월복리계산법은 연복리계산법에서 약간 변형된 형태로 보면 된다. 우선 원금이 A, 이자율을 r, 투자기간을 t라고 가정했을 경우에 연복리계산법은 $A \times (1+r)^t$이 된다. 반면 월복리는 매월 재투자가 이뤄지므로 $A \times (1+\frac{r}{12})^{tn}$로 표현할 수 있다.

그럼 예를 들어 확인해보자. 우선 가장 일반적인 경우인 1년 만기 정기예금에 1억원을 예치하는 경우, 정기예금 금리가 5%라면 시중은행의 원리금 합계는 1억 5백만원$(100{,}000{,}000 \times (1+0.05))$이 된다. 반면 저축은행의 경우는 105,116,190원 $(100{,}000{,}000 \times (1+\frac{0.05}{12})^{12})$이 된다. 따라서 월복리로 계산된 저축은행 정기예금이 116,190원의 추가 이자가 발생하게 된다. 해당 추가 이자는 매월마다 발생하는 이자를 재투자하여 생긴 이자라고 생각하면 된다.

3) 정기적금에 대한 금리계산법

정기적금[3]은 예금과 함께 은행에 가장 일반적인 금융상품으로 목돈 마련과 재산형성에 기본이 되는 상품이다. 정기적금이 예금과 다른 점은 일정금액을 매달 혹은 정해진 기간에 납입하여 만기에 원금과 이자를 상환 받는다는 것이다. 다시 말해 정기예금은 목돈을 한 번에 예치하고 만기까지 기다리는 상품이며 정기적금은 매달 여윳돈을 일정금액만큼 지속적으로 납입하여 만기 때 원금의 합계와 이자를 받는 것이다. 보통 목돈이 필요하거나 계획된 자산 형성을 위해서 적금을 활용하는 경우가 많다. 또한 대부분 직장인들은 목돈을 가지고 있는 경우가 드물기 때문에 월급의 일정부분을 정기적금을 통해 예치하고 목돈을 모아서 금액이 큰 집이나 자동차, 고가의 가전제품 등을 구매하는데 활용한다. 또한 금융 및 실물자산 투자를 위한 종자돈(seed money)을 만드는 것에도 적금을 활용한다.

정기적금에 대한 계산법은 앞서 설명한 예금의 단리와 복리계산보다 다소 복잡하다. 이유는 현금흐름이 한 번에 끝나는 것이 아니고 매월 발생하여 투자기간이 매번 달라지기 때문이다. 예를 들어 매월 100만원씩 1년 만기 정기적금에 가입하기로 하였다면 매월 100만원씩 은행에 예치하여야 한다. 즉 가입 후 첫 달은 12개월 동안 예치가 이뤄지지만 두 번째 달은 11개월, 세 번째 달은 10

3 적금
적금의 종류는 정기적금과 자율적금이 있다. 정기적금은 상품 가입 당시 정해진 금액과 기간에 매번 납입하는 적금을 말하며, 자율적금은 상품 가입자의 임의대로 납입 시기와 금액을 결정하는 적금을 말한다. 본서는 독자의 이해를 돕기 위해 정기적금의 형태로 적금상품을 설명한다.

개월, 이런 방식으로 계속 투자기간이 줄어들어 마지막 달에 넣은 100만원은 1개월만 예치되고 만기 때 찾게 되는 것이다. 정기적금의 현금흐름을 보면 〈그림 8-7〉과 같다.

그림 8-7 | **정기적금의 현금흐름**

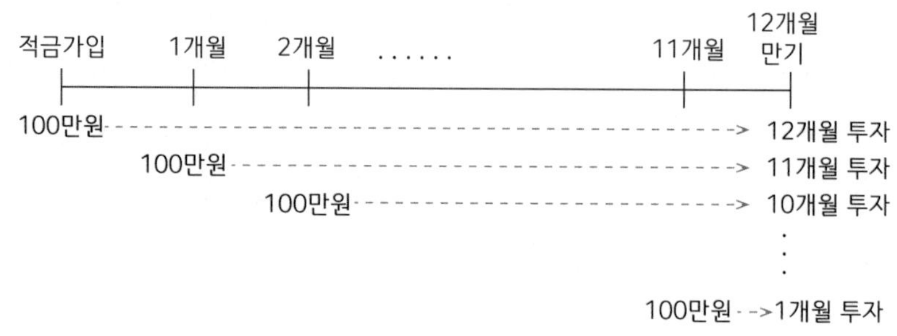

〈그림 8-7〉에서도 알 수 있듯이 매번 입금되는 예치금의 예치기간이 다르기 때문에 각각의 예치금마다 적용되는 수익금이 달라진다. 즉 정기적금 가입과 동시에 납입되는 첫 번째 예치금은 12개월 간 예치되므로 정기적금 가입 시 약정된 금리를 모두 적용 받을 수 있다. 하지만 두 번째 예치금은 11개월 간 예치되기 때문에 약정된 금리 중 11/12만큼만 적용 받을 수 있다. 이해를 돕기 위해 예를 들어 설명해보자. A씨는 월급에서 매월 100만원의 여윳돈을 정기적금에 가입하기로 결심하고 은행을 찾아갔다. 은행에서 가장 눈에 띄는 정기적금은 금리가 5%인 1년 만기 상품인 것을 확인하고 A씨는 바로 정기적금에 가입하였다. 그렇다면 A씨가 만기까지 꾸준히 100만원씩 예치금을 납입하였을 경우 만기 때 받는 원리금의 합계는 얼마일까? 우선 적금의 첫번째 납입금은 105만원$(1{,}000{,}000 \times (1+0.05))$이 될 것이다. 그리고 두번째 납입금은 1,045,833원 $(1{,}000{,}000 \times (1+0.05 \times \frac{11}{12}))$이 되고, 세번째는 1,041667원$(1{,}000{,}000 \times (1+0.05 \times \frac{10}{12}))$이 된다. 같은 방식으로 계속 계산하면 마지막 달에 납입금은 1,004,167원 $(1{,}000{,}000 \times (1+0.05 \times \frac{1}{12}))$이 된다. 이를 그림과 표로 나타내면 〈그림 8-8〉과 〈표 8-3〉과 같이 표현할 수 있다.

정기적금계산의 일반식 $\sum_{t=1}^{12} A(\text{월 납입금}) \times (1 + \frac{t}{12} r(\text{적금금리}))$

그림 8-8 | **정기적금의 현금흐름과 원리금 계산**

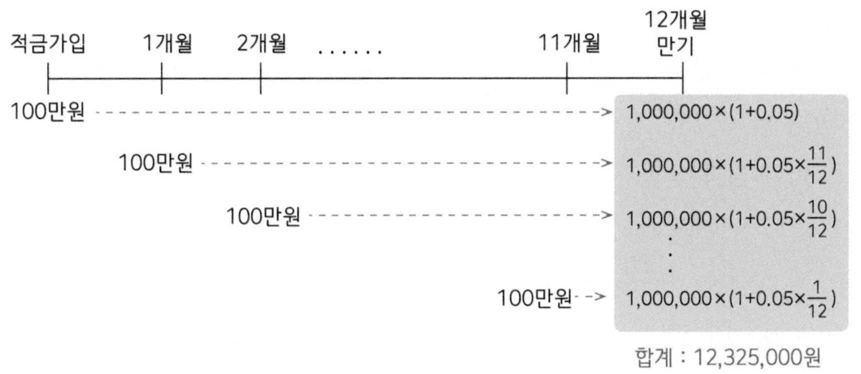

표 8-3 | **정기적금의 원리금 계산**

개월 수	원리금 합계(원)	계산식(원)
12	1,050,000	$1{,}000{,}000 \times (1+0.05)$
11	1,045,833	$1{,}000{,}000 \times (1+0.05 \times \frac{11}{12})$
10	1,041,667	$1{,}000{,}000 \times (1+0.05 \times \frac{10}{12})$
9	1,037,500	$1{,}000{,}000 \times (1+0.05 \times \frac{9}{12})$
8	1,033,333	$1{,}000{,}000 \times (1+0.05 \times \frac{8}{12})$
7	1,029,167	$1{,}000{,}000 \times (1+0.05 \times \frac{7}{12})$
6	1,025,000	$1{,}000{,}000 \times (1+0.05 \times \frac{6}{12})$
5	1,020,833	$1{,}000{,}000 \times (1+0.05 \times \frac{5}{12})$
4	1,016,667	$1{,}000{,}000 \times (1+0.05 \times \frac{4}{12})$
3	1,012,500	$1{,}000{,}000 \times (1+0.05 \times \frac{3}{12})$
2	1,008,333	$1{,}000{,}000 \times (1+0.05 \times \frac{2}{12})$
1	1,004,167	$1{,}000{,}000 \times (1+0.05 \times \frac{1}{12})$
합계	12,325,000	

위 계산에서 알 수 있듯이 예치기간에 따라 이자금액 계산이 달라지며 원리금 합계는 12,325,000원으로 원금을 제외한 이자 총 금액은 325,000원이 된다.

그렇다면 시중은행 및 제2금융권 등에서 판매하고 있는 정기적금은 어떤 것들이 있을까? 독자들은 시중은행 홈페이지나 제2금융권 홈페이지를 통해 쉽게 정기적금 상품에 대해 확인할 수 있으니 독자들이 직접 찾아보길 바란다. 이제 직접 찾아 봤다면 정기적금 금리가 정기예금 금리보다 다소 높다는 점을 쉽게 인지할 수 있을 것이다. 은행의 정기적금 상품과 금리를 조사하다 보면 독자들은 이런 생각을 할지도 모른다. 정기적금 금리가 높다면 굳이 정기예금에 가입할 필요가 있을까? 만약 이런 생각을 가졌다면 독자는 이미 금융에 대해 깊이 있는 생각을 하게 된 것이다. 그렇다면 정말로 독자들 생각과 같이 정기적금 금리가 높기 때문에 정기예금보다는 정기적금에 자금을 예치하는 것이 합리적인 판단일까? 만약 독자가 목돈을 가지고 있으면서 정기적금 금리가 정기예금 금리에 비해 2배 이상 높다면 이는 합리적인 판단일 수도 있다. 하지만 정기적금 금리가 정기예금 금리에 비해 2배 높은 경우는 매우 드물다. 그렇다면 왜 2배 높아야 하는지에 대해서 살펴보도록 하자. 앞선 예를 통해 1년 뒤 원리금 합계가 12,325,000원이라는 것을 확인하였다. 그리고 정기적금을 5%의 금리로 계산하였다는 것도 설명하였다. 그렇다면 실제 예치한 원금인 1천 2백만원으로 수익률을 계산하면 얼마나 될까? 수익률은 2.7%($\frac{12,325,000-12,000,000}{12,000,000}\times 100$)가 된다. 분명 금리가 5% 적용된다고 했는데 최종 수익률로 계산된 금리는 2.7% 밖에 되지 않는다. 이렇게 금리가 낮아진 이유는 현금흐름에 있다. 앞서도 언급했듯 첫째 달은 금리를 전부 적용 받지만 마지막 달은 5%의 12분에 1만 적용을 받는다. 따라서 전체 금리는 중간 정도인 2.7%에 형성되는 것이다. 자, 그럼 앞선 질문에 대한 답을 해보자. 만약 목돈을 가지고 있다면 정기적금 금리가 높다고 하여 무조건 정기적금에 가입하는 행동은 합리적인 행동일까? 아니다. 또한 정기적금 금리가 5%이고 매월 100만원씩 예치하였다면 만기 때 원금인 12,000,000원과 이자 600,000원을 받게 될 것이란 기대는 맞는가? 이것 역시 잘못된 것이다.

① 엑셀 계산법

앞서 정기예금에서 설명한 기본 툴을 활용하여 정기적금을 계산해보자. 우선 계산을 쉽게 하기 위해 100만원이라는 예금은 변화가 없으므로 별도로 표시한다. 그리고 지속적으로 변화하는 개월 수는 12개월부터 1개월까지 셀에 입력한다. 여기서 100만원은 모든 계산에 지속적으로 들어가는 값이기 때문에 엑셀에서 고정값으로 쓰는 "$"를 통해 활용할 수 있다. 즉 아래 그림에도 나타나 있듯이 E1셀을 고정시키기 위해서는 "E1"이라고 입력하면 된다.

fx =E1*(1+0.05*(D4/12))

C	D	E	F
		1,000,000	
	12	1,050,000	
	11	1,045,833	
	10	1,041,667	
	9	1,037,500	
	8	1,033,333	
	7	1,029,167	
	6	1,025,000	
	5	1,020,833	
	4	1,016,667	
	3	1,012,500	
	2	1,008,333	
	1	1,004,167	

fx =SUM(E3:E14)

C	D	E	F
		1,000,000	
	12	1,050,000	
	11	1,045,833	
	10	1,041,667	
	9	1,037,500	
	8	1,033,333	
	7	1,029,167	
	6	1,025,000	
	5	1,020,833	
	4	1,016,667	
	3	1,012,500	
	2	1,008,333	
	1	1,004,167	
		12,325,000	

그리고 계산을 위해 각 셀에 수식을 입력하면 되는데 지속적으로 변화하는 개월 수는 옆에 셀로 지정하면 된다. 즉 D열에 있는 셀로 지정해 놓으면 자동적으로 셀을 바꿔가면서 값을 입력하게 되므로 계산을 쉽게 할 수 있다. 위와 같이 결과가 나왔다면 매월 예치되는 100만원에 대해 현금흐름상 이자금액이 어떻게 구해지는지 쉽게 한눈에 확인할 수 있다. 또한 전체 합계를 보고 싶다면 엑셀기능 중 합계기능인 "SUM"기능을 활용하면 된다. SUM기능은 위에서와 같이 "=SUM(셀지정)"이라고 입력하면 합계를 계산해 준다. 실제로 독자들의 여유자금을 정기적금에 예치한다고 하였을 경우 현금흐름이 어떻게 되는지 한 번 계산해 보기 바란다.

4) 예·적금을 이용한 목표금액 찾기

지금까지는 예·적금을 이용하여 만기 때 얼마를 수령할 수 있는지 알아봤다. 보통 우리는 목돈 혹은 월급에서 여유자금을 예치하였을 경우 만기 때 얼마의 원리금 합계를 받을 수 있을지에 대해서만 생각해 왔다. 따라서 앞서 설명한 예·적금의 계산 방법만으로도 앞으로 재무설계를 하는데 무리가 없을 것으로 판단된다. 그러나 뒤집어서 생각해보면 우리는 어떤 특정한 목표를 가지고 돈을 모으거나 예·적금을 하는 경우를 흔히 발견할 수 있다. 예를 들어 졸업 전에 해외여행을 가고 싶은데 여행 경비가 적어도 2백만원은 필요하다든지 혹은 1년 후쯤 차를 바꾸고 싶은데 추가적으로 1천만원이 필요하다든지 등 매우 다양한 이유로 필요한 목표금액이 설정될 수 있다. 이런 경우 우리는 앞서 계산한 복리계산법이나 적금계산법의 할인방법을 이용해 이들을 계산해 볼 수 있다. 설명이 어렵다면 쉽게 예를 통해 알아보자. 독자는 2년 후 일본 여행을 가고 싶은데 꼭 가보고 싶은 일본 여행경비가 최소한 2백만원이 소요된다면 현재 얼마를 정기예금에 예치해 놓아야 할까? 이를 계산하기 위해서는 할인(discount)의 개념을 알아야 한다. 할인이란 미래가치를 현재가치로 전환시키는 것을 말한다. 즉 앞서 우리가 배운 정기예금의 개념은 현재가치인 보유자금을 예치하여 미래가치인 원리금 합계 금액을 알아보고자 함에 목적이 있었다. 하지만 할인은 미래에 받을 원리금의 합계를 현재가치인 현재 예치금액으로 전환시켜주는 개념이다. 방법은 간단하다. 우리가 앞서 복리계산식이 $A \times (1+r)^t$라는 것을 확인하였다. 이는 미래에 받을 원리금 합계이므로 『원리금 합계 $= A \times (1+r)^t$』라고 쓸 수 있다. 여기서 이미 우리는 원리금 합계가 2백만원(일본 여행경비가 200만원이므로)이라는 것을 알고 있다. 그리고 보통 예금금리도 정해져 있으며 여기서는 10%라고 가정해보자. 그렇다면 문제는 간단하다. 우변에 있는 $(1+r)^t$를 좌변으로 보내면 현재 우리가 예치하여야 할 A를 구할 수 있다. 이를 계산해보면 1,652,893원 ($\frac{2,000,000}{(1+0.1)^2}$)이라는 것을 계산할 수 있고 이를 현재 예치해 놓으면 2년 후 2백만원을 수령할 수 있다는 것이다. 또한 목돈이 없고 1년 후 여행을 간다고 가정한다면 적금의 기본식을 이용하여 구할 수도 있다. 적금의 일반식은 『적금만기금액 $= \sum_{t=1}^{12} A(\text{월 납입금}) \times (1 + \frac{t}{12} r(\text{적금금리}))$』이므로 앞서와 같이 우리가 궁금한 A(월 납입금)를 위해 $1 + \frac{t}{12} r(\text{적금금리})$를 좌변으로 넘기면 매월 납입하여야 하는 금액을 구할 수 있다. 실제로 한 번 계산해보길 바라며 한 달에 약 158,100원을 납입하면 1년 후 2백만원을 수령할 수 있다. 이때 납입 원금의 합계는 약 190만원이 된다.

2 | 대출관련 상품

대출이란 가계와 기업 등이 자금과부족을 충족하기 위해 원리금 상환을 전제로 금융기관에서 자금을 빌리는 행위이다. 대출은 자금의 상용 목적에 따라 소비자대출(가계대출), 기업대출, 증권대출, 보험대출 등으로 분류하고 담보여부에 따라 담보대출과 신용대출로 구분한다. 또한 대출금의 상환 방법에 따라 일시상환대출과 분할상환대출로 구분한다. 대출은 크게 기업신용과 소비자신용으로 구분하지만 기업신용은 본서의 범위를 벗어나기 때문에 소비자신용 위주로 대출관련 상품을 살펴보도록 하자.

대출의 경제적 의미는 부정적인 요인과 긍정적인 요인이 상존하고 있다. 우선 긍정적인 요인은 Keynes의 이론을 이어 받은 항상소득가설(permanent income hypothesis)과 생애주기가설(life cycle hypothesis)로 설명할 수 있다. 이는 개인들이 생애주기별로 소득과 소비지출 시점이 다르기 때문에 소득이 소비보다 적을 때는 대출을 통해 소비를 평활화(consumption smoothing)[4] 시킬 수 있다는 것이다. 이를 통해 가계는 원할 때 원하는 소비를 하므로 만족감(효용)이 극대화 될 수 있다는 이론이다. 실제로 대출은 미래의 소득을 전제하여 소비를 현재로 이전시키는 행위다. 즉 미래에 기대되는 수익을 바탕으로 대출을 통해 현재 소비를 늘릴 수 있다. 또한 현재 투자나 매매를 위해 부족한 유동성(현금)을 해소시켜주는 역할도 한다. 가장 대표적인 예가 주택이다. 주택가격은 보통 높게 형성되어 있기 때문에 현재 개인이 가지고 있는 현금만으로는 구매하기 어렵다. 따라서 부족한 유동성(현금)을 대출을 통해 조달하고 이를 미래에 발생할 소득으로 대체해 나가는 형태인 것이다. 반면 최근 우리나라의 상황처럼 가계부채가 급격히 증가한 경우,[5] 약간의 대출금리 상승에도 대출이자금액이 크게 증가하여 소비여력에 제한을 가할 수 있으며 심한 경우 가계파산으로도 이어질 수도 있다. 2017년 현재 국내 가계부채는 1,400조원을 넘어서며 상승세를 기록하고 있다.

4 소비의 평활화
본 이론은 가계가 합리적이라면 매월 혹은 매년 정기적인 소비를 한다는 가정이다. 실제로 가계는 가끔씩 소비가 급격하게 늘어나는 구간이 존재하지만 평균적으로는 일정한 소비를 한다.

5
보통 가계부채가 급격히 증가했다는 기준은 실질소득의 증가율 혹은 실질GDP의 증가율 보다 가계부채의 증가율이 높은 경우를 말한다.

1 소비자대출(가계대출)

소비자대출은 은행의 가장 일반적인 대출상품으로 금융소비자의 신용도를 전제로 대출하는 형태를 말한다. 독자들이 은행에서 쉽게 접할 수 있는 소비자 대출은 일반신용대출과 신용마이너스대출 등이 있다. 일반신용대출의 경우 대출자의 직업, 연봉, 해당 은행과의 거래 정도 등 은행들이 가지고 있는 일반적인 신용기준에 따라 대출규모와 금리가 결정된다. 일반신용대출은 보통 만기가 1년이며 매월 대출이자만 납입하다가 만기 시 대출이자와 원금을 상환하는 방식을 택하고 있다. 예를 들어 5%의 금리로 5천만원을 1년 간 일반신용대출 받았다면 매월 208,333원$(50{,}000{,}000 \times (\frac{0.05}{12}))$씩 이자만 납입하다가 1년 후 50,0208,333원을 납입함으로써 대출이 종료되는 것이다. 소비자대출에서는 금액 한도도 중요하지만 금리를 결정하는 것도 매우 중요하다. 보통 신용대출의 경우 기본 대출금리는 COFIX(cost of fund index)[6]금리에 은행마진이 가산되어 정해진다. 하지만 각 은행마다 우대조건을 제시하며 우대조건이 맞을 경우 금리를 낮춰주기 때문에 각 은행마다 우대조건이 무엇이 있는지 확인해 보는 것이 필요하다. 예를 들어 주거래 은행이거나, 일정부분의 카드실적 등이 있거나, 월급 이체통장으로 해당 은행 통장을 사용하고 있다면 괜찮은 조건의 우대금리를 적용 받을 수 있을 것이다. 앞선 예에서 몇 가지 우대조건이 충족하여 0.5%p의 우대금리를 받았다면 4.5%의 금리로 대출을 실행할 수 있다. 다만, 우대금리를 적용 받기 위해서 별도로 카드실적 등을 만드는 것은 배보다 배꼽이 더 클 수 있으니 필히 계산을 해봐야 한다.

6 COFIX
은행연합회는 매월 9개 시중은행(농협, 신한, 우리, SC, 하나, 기업, 국민, 외환, 한국씨티)으로부터 정기예금, 정기적금, 상호부금, 주택부금, CD, RP, 표지어음, 금융채 등 자본조달비용을 취합하여 COFIX를 산정한다.

그림 8-9 | **신용대출 금리구조**

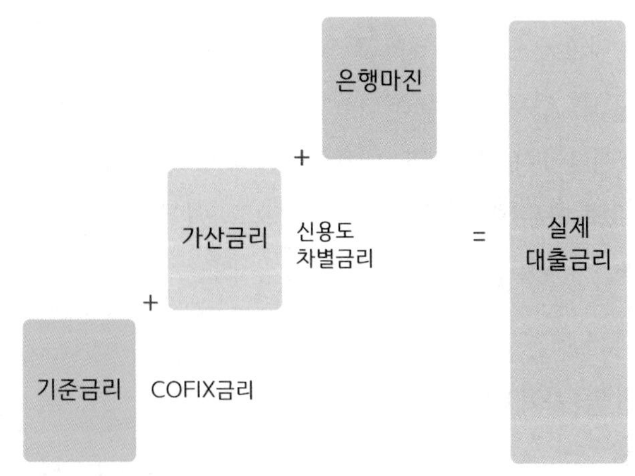

다음으로 신용마이너스대출이다. 보통 마이너스 통장이라고도 부르는 본 대출상품은 금융소비자의 신용도를 바탕으로 요구불예금계좌에 신용한도를 미리 설정해 놓고 필요할 때마다 자유롭게 신용을 이용하는 대출상품이다. 또한 자금의 여유가 있을 때 언제든지 신용을 상환할 수 있어 금융소비자들이 쉽게 사용하는 대출상품이다. 일반적으로 대출을 신용한도 내에서 언제든 사용할 수 있고, 언제든 중도상환 수수료 없이 상환할 수 있기 때문에 보통의 신용대출보다 금리가 높다. 이는 은행 입장에서 불리한 조건이기 때문에 그만큼의 추가금리를 요구하는 형태라고 이해하면 된다. 즉 은행 입장에서는 일정한 금액과 만기를 가진 대출을 실행했을 때 안정적인 자금운용이 가능하고 만약 이를 이행하지 않았을 경우 중도상환수수료를 부과하여 리스크를 줄일 수 있는데 반해 신용마이너스 대출은 그렇지 못하기 때문이다. 이렇게 높은 금리에도 불구하고 사회초년생의 경우 자금관리에 대한 이해 부족 등의 이유로 신용마이너스 대출을 개설하고 사용하게 되는데 신용마이너스 대출은 정말 필요한 시기에 유동성 문제를 해결해 줄 수는 있으나 금액이 한도에 도달하게 되면 큰 부담이 될 수도 있다. 앞선 신용대출의 예와 비교하여 만약 1천만원 한도인 신용마이너스대출의 금리가 8%이고 이미 한도에 도달해 있는 상태라면 3달 정도만 지나도 20만원$(10,000,000 \times (0.08 \times \frac{3}{12}))$이 이자 부담이 늘어나게 된다. 매달 받는 월급이 급격하게 늘어나지 않는 이상, 1천만원의 돈을 한 번에 상환하기는 쉽지 않다는 점에서 신용마이너스 대출은 관리가 필요하다.

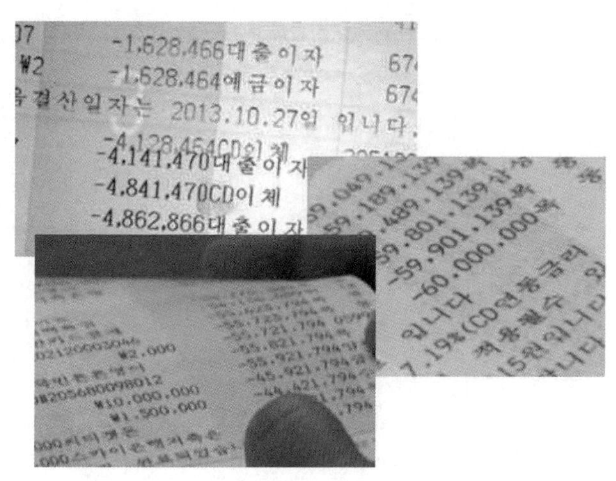

신용마이너스 대출(마이너스 통장)

읽을거리

마이너스의 덫 신용카드 현금서비스

은행의 마이너스 대출과 함께 항상 조심해야 할 대출상품으로 거론되는 것이 바로 신용카드 현금서비스다. 신용카드의 본래 기능은 결제기능과 단기대출기능이다. 최근 현금보다 신용카드를 통한 결제를 더 많이 이용하는 추세이기 때문에 현금과 같은 기능을 한다고 오해하는 사람도 있는데 실제로는 단기대출기능을 수행하고 있는 것이다. 즉 신용카드의 결제기능을 통해 독자들은 상점에 있는 상품을 구매할 수 있다. 이 경우 카드사는 일정수수료를 제외하고 상점에 구매대금을 지불하며 독자에게는 매달 결제일에 카드사용 대금을 청구한다. 즉 신용카드 사용일과 결제일 기간 동안에 단기대출을 해준 셈이다. 이런 단기대출 기능을 이용해 신용카드는 부가적 기능으로 단기대출인 현금서비스를 제공하고 있다. 이 서비스는 신용카드 사용자의 신용 및 사용금액 등을 기준으로 일정 수준의 현금 대출을 시행하는 것이다. 신용카드의 현금서비스는 ATM/CD기 등에서 쉽게 받을 수 있다.

하지만, 마이너스 대출처럼 쉽게 받을 수 있는 만큼 금리가 매우 높다는 점을 명심해야 한다. 또한 개인 신용도도 하락할 수 있다는 점도 염두에 둬야 한다. 무심코 현금서비스를 받기엔 그 대가가 너무 클 수도 있다는 말이다. 이는 매달 지속적으로 청구되는 신용카드 사용금액과 함께 현금서비스 원금 및 이자 금액을 추가로 계속 납입해야 하는 부담감이 상당히 크며 향후 신용도 하락으로 인한 피해 역시 소비자가 감당해야 하기 때문에 신중한 접근이 요구되는 서비스다.

실제로 2000년대 초반 무분별한 신용카드 남발로 인해 우리나라는 "카드사태"라는 경제적 충격을 받은 사실이 있다. 당시 카드사와 은행의 무분별한 경쟁으로 소득이 없고 소비에 대한 절제가 부족한 대학생들을 상대로 신용카드가 무차별적으로 발행되어졌다. 신용카드를 발급 받은 대학생들은 신용카드 한도까지 결제함은 물론 현금서비스도 한도까지 받아 사용하였으며 이는 "카드돌려막기" 라는 신종 행태까지 만들어내기에 이르렀다. 결국 카드돌려막기는 부채의 해소가 아니라 더 높은 금리로 부채를 증폭시키는 역할을 하게 됨에 따라 대량의 신용불량자를 양산하는 결과를 초래하고 말았다. 특히 당시 피해는 대학생들에게 집중되는 현상이 발생하였다.

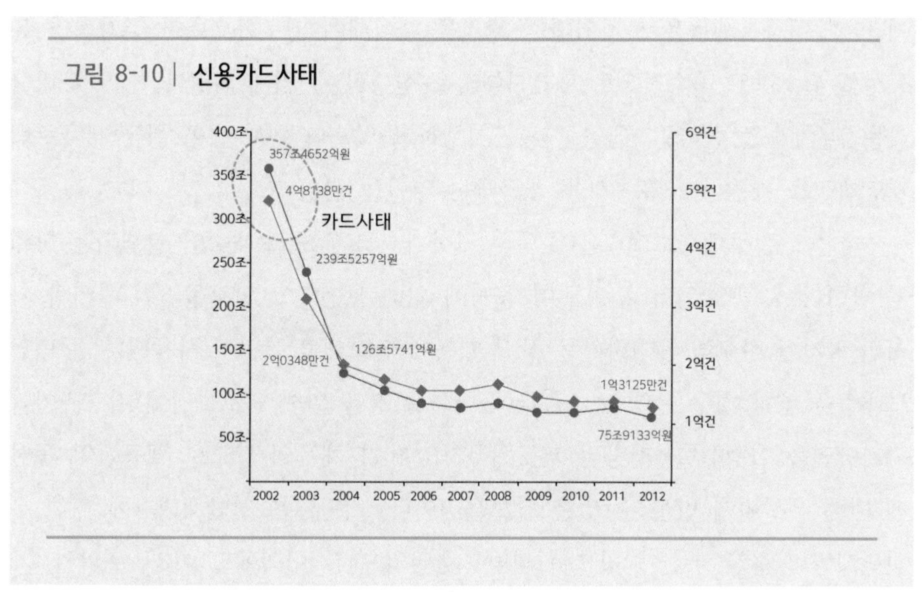

그림 8-10 | **신용카드사태**

2 주택금융(모기지대출), 주택담보대출

소비자대출과 함께 일반 가계가 가장 많이 사용하는 대출은 주택관련 대출이다. 주택은 보통 단순한 경제적 가치만을 따지지 않고 인간의 기본적인 삶을 위해 꼭 필요한 것으로 간주된다. 흔히 인간적인 삶을 영위하기 위해 필요한 의·식·주에서도 주택의 의미를 알 수 있다. 하지만 주택은 다른 재화와 서비스에 비해서 가격이 매우 높은 것이 일반적이다. 예를 들어 2017년 기준으로 서울권 30평 아파트의 평균 가격은 약 5억원 정도다. 따라서 근로소득자가 월급을 모아서 주택을 구입하기는 쉽지 않다. 이런 이유로 대출의 특수한 형태인 모기지대출(mortgage loan) 혹은 주택담보대출을 이용하여 주택을 구입하게 된다.

모기지대출과 주택담보대출은 엄밀히 말하면 차이가 존재하지만 현재 우리나라에서 행하고 있는 주택 구입 목적 대출은 2가지가 혼합되어 있는 형태로 생각하면 된다. 우선 모기지대출의 경우, 미국에서 주택 구입을 목적으로 30년의 장기대출로 판매된 대출상품이다. 하지만 최초 미국 은행들은 모기지대출 상품 판매를 꺼려했는데 그 이유는 목돈이 대출되고 만기가 너무 길기 때문에 추가적인 대출자원 확보가 어렵고 리스크도 너무 크기 때문이었다. 이 때문에 미국은 은행에게 유동성을 공급하고 지속적인 모기지대출을 시행할 수 있도록 페니매(fannie mae)를 설립하여 모기지대출 채권만을 전문으로 매입하도록 하였다. 이에 따라 시중은행들은 모기지대출 채권을 페니매에 매도함으로써 추가적인 유동성을 확보하고 지속적으로 모기지대출을 실행할 수 있게 되었다. 현재 우리나라는 본 제도를 한국주택금융공사가 시행하고 있으며 은행 등이 취급하는 주택저당채권을 매입하여 유동성을 공급하는 역할을 한다.

다음으로 주택담보대출은 주택의 자산가치를 담보로 대출이 실행되는 형태를 말한다. 주택의 경우 담보권이 등기에 의해 보전되고 담보물건의 관리와 가치의 평가가 비교적 용이하다는 장점 때문에 담보대출로 많이 사용된다. 주택담보대출을 행할 경우 은행은 대출금에 대한 보전을 위해 담보물건에 저당권이나 근저당권을 설정한다. 저당권이란 채무자(은행)가 채무의 담보로 제공한 부동산에 대해 우선변제 받을 수 있는 담보물건이다. 저당권은 일반채권자에 비해 우선변제권이 항상 우선에 있으며 피담보채권의 원본 이외에도 이자, 위약금, 채무불이행으로 인한 손해배상 및 저당권 실행비용도 담보한다.

주택구입자금을 대출받기 위해서는 또 중요하게 고려해야 할 규제가 있다. 그것은 LTV(loan to value)와 DTI(debt to income)다. 일부 독자는 최근 주택가격 급등에 대해 정부가 규제를 강화하는 방향으로 LTV를 낮추고 신DTI를 도입했다는 보도를 기억할 것이다. 이는 주택대출 용어로 LTV는 주택가격의 대출한도를 결정하는 제도이고 DTI는 실제 소득에서 대출금을 상환할 능력이 있는지를 보는 제도이다. 예를 들어 LTV가 50%이고 주택가격이 10억원이라면 해당 주택을 구입하기 위해 5억원까지 대출이 가능하다는 뜻이다. 그리고 DTI가 적용되면 5억원이 전부 대출되는 것이 아니라 대출자의 소득을 통해 5억원의 대출을 상환할 능력이 있는지를 판단하고 만약 상환할 능력이 없다면 대출한도는 5억원보다 줄어들게 된다. LTV와 DTI는 경제 상황에 따라 유동적이므로 대출 시행시기에 꼭 확인해 봐야 한다.

주택대출은 장기대출이기 때문에 상환 방식은 원칙적으로 원리금균등상환이나 원금균등상환방식[7]을 선택하여 상환할 수 있다. 원리금균등상환방식은 30년 간 매월 같은 금액을 상환하는 방식이고[8] 원금균등상환은 원금을 30년으로 분할하여 최초에는 이자부담이 크나 시간이 지나면서 원금에 대한 부담이 줄어들기 때문에 이자에 대한 부담 또한 줄어들어 만기에 갈수록 부담이 적어지는 상환방식이다.

그렇다면 실제 주택구입을 위한 대출은 어떻게 진행되는지 예를 통해 살펴

7 이자율의 정의에서 대출상환방식에 대한 정의를 참고하기 바란다.

8 이는 고정금리 원리금균등상환방식을 가정한 것으로 만약 변동금리 원리금균등상환방식이라면 금리변동에 따라 매월 납입하는 금액이 약간 차이가 있을 수도 있다.

보도록 하자. A씨는 현재 2억원하는 아파트를 매매하려고 한다. 현재 A씨는 주택이 없고, LTV는 70%를 적용 받으며 추가적인 대출이 없기 때문에 DTI규제에 해당하지 않는 상황이다. 이런 경우 A씨는 은행에서 주택대출을 실행함에 있어 일부 특례[9]를 적용받을 수 있다. 따라서 대출자는 2억원의 70%인 1억 4천만원을 주택금융공사가 제공하는 저금리의 대출을 실행할 수 있다. 예를 들어 주택금융공사에서 제공하는 금리가 3%라고 가정해보자. 은행은 이제 A씨에게 주택대출을 진행하기에 앞서 해당 주택에 근저당권을 설정한다. 근저당권은 앞서 주택담보대출에서 행했던 저당권의 한 형태로 대출에 대한 상환이 매월 발생하여 매달 저당권을 재설정할 수 없을 때 사용하는 방식이다. 보통 은행은 담보물건의 120~130%에 해당하는 채권액을 근저당권으로 설정한다. 위의 예에서는 1억 6천 8백만원~1억 8천 2백만원 선까지 근저당을 설정하게 되는 것이다. 여기까지 마무리가 되면 A씨는 상환방식에 대해서 고심하게 된다. 30년 간 일정한 금액을(원리금균등상환) 상환하는 방식을 선택할 것인지, 아니면 초기에는 부담이 좀 있지만 만기로 갈수록 부담이 줄어드는 방식(원금균등상환)을 선택할 것인지 선택하게 된다. 이 또한 개인적인 사정에 의해 결정되는 것으로 본인의 자금상황에 따라 결정하면 된다. 또한 대출에 대한 상환과정에서 중도에 대출전액 및 일부를 상환할 경우 조기상환수수료가 발생할 수 있다. 하지만 이는 대체로 2~3년이 지나면 상환수수료가 면제되니 이 점을 꼭 확인해 보기 바란다. 이제 실제로 주택 매매가 이뤄지며 대출이 실행되어 은행은 주택 매도자에게 대출금을 입금하게 됨으로써 주택대출에 대한 과정은 마무리 된다.

과거에는 주택대출의 만기가 짧았으며 대출원금에 대한 이자만 납입하고 만기 때 일시금으로 상환하는 방식이 많았으나, 이는 만기 때 대출자에게 큰 부담으로 작용하게 되며 가계의 부실로 이어질 가능성이 높고 넓게는 은행 부실로 이어질 가능성도 있기 때문에 최근에는 이자만 납부하는 기간을 1년 이내로 줄이고 원금을 같이 상환하는 방식으로 전환되었다. 또한 만기도 기존 10년 혹은 15년에서 30년으로 확장함으로써 가계에 대한 부담을 줄이는 방향으로 전개되었다. 게다가 과거에는 변동금리로 주택대출을 받는 것이 일반적인 상황이었으나 이는 미국의 서브프라임 모기지사태(2008년)에서 확인한 바와 같이 금리가 오를 경우 대출이자에 대한 부담이 가중되어 가계를 파산으로 몰고 갈 수 있으므로 정부의 정책적인 측면에서 고정금리 대출을 확대하고 있는 실정이다.

9 생애 첫 주택구입인 경우, 서민 주택지원 등의 이유로 주택금융공사에서 제공하는 저금리의 대출을 실행할 수 있다.

그림 8-11 | **주택담보대출 추이**

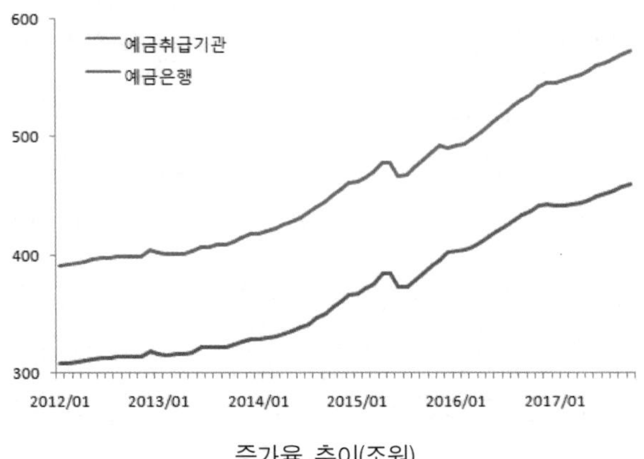

증가율 추이(조원)

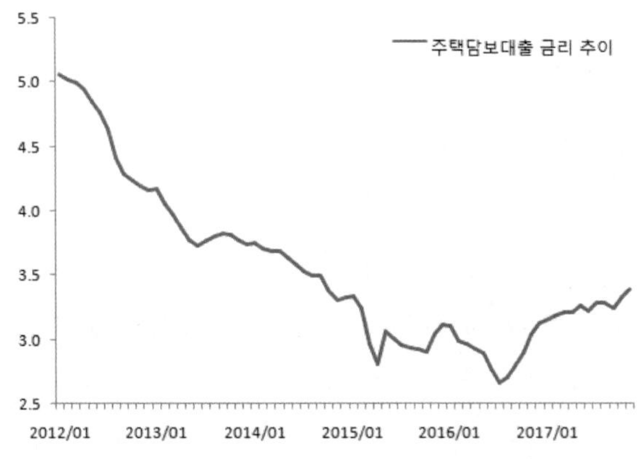

금리 변화 추이(%)

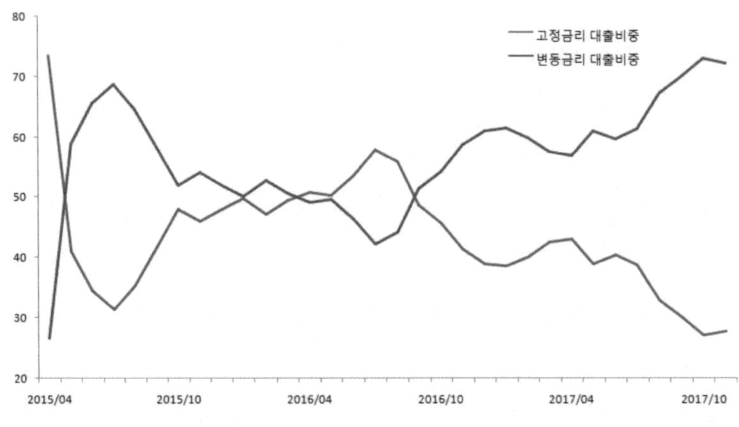

고정금리, 변동금리 비중 변화 추이(신규취급액 기준)

* 예금취급기관과 예금은행 차이는 비은행예금취급기관의 주택담보대출

출처: 한국은행

읽을거리

Gap 투자와 주택가격

최근 주택가격 상승의 근본적 원인을 Gap투자 때문이라고 말하는 경우가 종종 있다. 그렇다면 Gap투자라는 것이 무엇일까? Gap투자는 주택을 구입함에 있어 전세제도를 활용하여 적은 금액으로 주택을 매입하는 투자 방법을 말한다. 여기서 전세제도란 일정액의 보증금을 임대인에게 맡기고 집을 임차한 뒤 만기 때 보증금을 상환 받아 나가는 형태를 뜻한다. 이는 우리나라만의 특수한 임대차 계약으로 과거 산업화가 진행되며 심각해지는 주택난을 해소하기 위한 제도로 자리 잡았다고 한다. 또한 과거 고도성장기 때 고금리의 영향으로 전세자금을 받아 은행에 예치함으로써 월세와 비슷한 이자금액을 받을 수 있었고 높은 인플레이션율로 인해 화폐의 가치는 지속적으로 하락했기 때문에 제도가 활성화 되었던 것으로 예측해 볼 수 있다. 보통 전세가격은 매매가격보다 낮았던 것이 일반적인 상황이었다. 하지만 최근 저금리의 영향으로 전세자금을 은행에 예치하여도 월세만큼의 수익을 얻지 못하는 경우가 발생함에 따라 이자수익보다는 자본차익(매매차익)을 목적으로 전세를 활용하게 되었다. 더욱이 이자율 하락으로 주택소유자는 전세보다 월세를 선호하게 됨에 따라 전세의 공급이 감소하게 됨으로써 전세가격을 상승시키는 역할을 하였다. 즉 전세가격의 상승과 주택소유자의 자본차익에 대한 욕구가 결합되며 Gap투자가 활성화 된 것이다. 여기에 추가적으로 세계적 저금리 및 국내 저금리로 인한 풍부한 유동성이 시장에 공급되었으나 미래 불확실성 등으로 인해 투자로 흘러가지 못하고 대거 주택시장으로 몰린 원인도 있다.

그렇다면 실제 Gap투자가 어떻게 이뤄지는지 예를 통해 살펴보자. A씨는 현재 2억원을 보유하고 있으며 서울 Z지역은 최근 저금리의 영향으로 전세의 많은 부분이 월세로 진환되어 전세가격이 상승해 매매가격의 90%까지 육박하였다고 가정해보자. 또한 해당 지역의 아파트 매매가는 2억원이라고 가정해보자. 만약 전세라는 제도가 없었다면 A씨는 현재 자기 자본금으로 1채의 아파트만을 살 수 있을 것이다. 앞서 설명한 주택담보대출을 활용한다고 하더라도 LTV 50%를 적용한다면 2채 이상을 매수하기 어려울 것이다. 하지만 전세를 이용하면 A씨는 최대 10채의 아파트를 구매할 수 있다. 이는 Z지역의 아파트 가격이 2억원이고 전세가가 매매가격의 90%이므로 1억 8천만원에 전세를 임대할 수 있다는 뜻이다. 즉 Z지역의 아파트는 전세를 끼고 2천만원이면 아파트를 매수

10 세금과 중계수수료 등은 없다고 가정한다.

를 할 수 있다는 말이 된다.[10] 2천만원을 가지고 아파트 1채를 샀으니 2억원을 가지고 10채를 살 수 있다는 계산이 나온다. 이렇게 되면 Z지역의 아파트 수요가 급증하게 되고 수요가 올라가면 자연스럽게 가격이 올라가게 되는 것이다. A씨는 레버리지 효과를 통해 Z지역의 아파트 가격이 1천만원만 올라도 1억원의 수입을 올리는 현상이 발생하게 된다. 즉 아파트 가격이 5%만 상승하여도 투자수익은 50%나 상승하는 효과를 나타내는 것이다. 최근 정부는 이런 현상이 지속되는 것을 우려하여 투기지역 선정 및 투기지역 LTV강화, 신DTI적용 등 강력한 규제를 통해 집값 상승을 억제하려 노력하고 있다.

그림 8-12 | **부동산 Gap 투자**

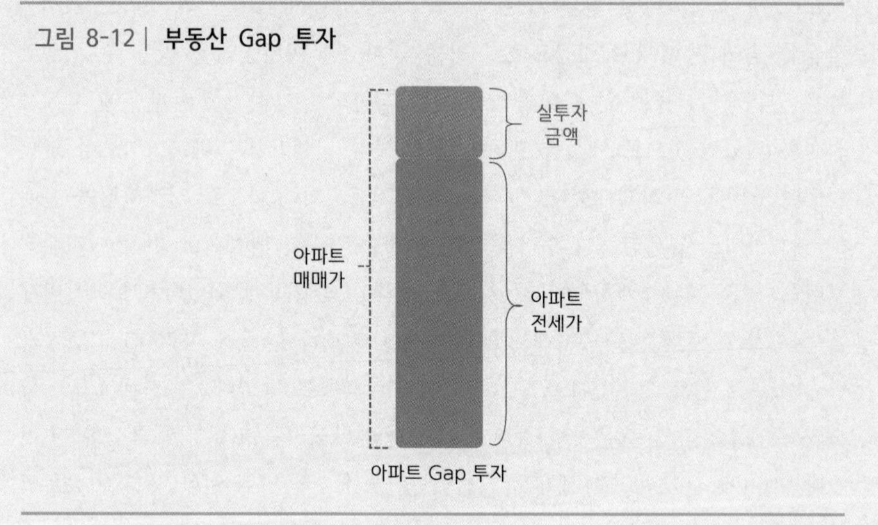

3 담보대출(예금, 주식, 보험 등)

담보대출이란 대출자가 대출금 상환을 보장하기 위해 채권자의 가치 있는 자산을 담보로 대출을 실행하는 것을 말한다. 우리나라의 대표적인 담보대출은 부동산담보대출이다. 담보대출은 크게 인적담보와 물적담보로 나뉘게 되는데 인적담보는 제3자의 신용이나 재산을 담보로 제공하는 것을 말한다. 보통 보증인이나 연대보증 같은 경우를 인적담보라고 한다. 연대보증은 대출자가 대출금을 갚지 못할 경우 연대보증인이 제공한 담보물건을 처분하여 변상하거나 연대보증인의 신용으로 이전되는 것을 말한다. 즉 A씨가 은행에서 1억원의 대출을 받고 이에 대해 B씨가 신용으로 연대보증을 해주었을 경우, A씨가 대출금을 갚지 못하면 B씨에게 대출금 상환의 의무가 넘어가는 것을 말한다. 이는 과거 우리나라에서 매우 성행하던 인적담보대출 방식이나 은행에게만 너무 유리하고 서민들은 연쇄적인 피해를 볼 수 있는 방식으로 인식됨에 따라 정부와 감독당국은 연대보증제도를 축소하는 쪽으로 방향을 잡고 있다. 실제로 최근 연대보증은 거의 없다.

다음으로 물적담보는 대출금 상환을 담보하기 위해 재화나 권리에 담보물권을 설정하는 방식을 말한다. 만약 대출자가 대출금 상환을 실행하지 못할 경우 대출자는 담보물건을 경매 등을 통해 처분하고 대출금에 대해 변제 받게 된다. 특히 담보물건의 경우 저당권 등을 설정하여 대출자가 임의로 처분할 수 없도록 하고 경매 등으로 처분 시 우선 변제 받을 권리를 가지게 된다.

담보대출의 경우, 채권자는 신용대출에 비해 대손위험(default risk)이 낮고 최악의 경우 담보물건 매도를 통해 변제 받을 수 있는 이점이 있으며 채무자는 담보를 제공함으로써 낮은 대출금리를 적용 받을 수 있기 때문에 당사자 간에 이점이 있다. 하지만 실제로 우리나라의 행태를 보면 은행들은 쉽고, 안전하며 수익성이 높은 담보대출에 치중하다 보니 후진적 금융시스템을 벗어나지 못하고 있는 실정이다. 최근 은행의 주력 사업 중 주택담보대출만 가파르게 오르고 있다는 사실로도 이를 확인할 수 있다. 앞으로도 우리나라 은행이 위험을 서민들과 나누며 새로운 신용기법 등을 개발하지 않고 서민들에게 위험을 떠넘기고 수익만을 취하려는 행태가 계속된다면 현재 은행의 자리는 외국 금융투자자들의 몫이 될 수도 있을 것이다.

담보대출은 주택 이외에 동산이나 재고품, 영업점 등 가치를 지니고 있는 다양한 형태의 담보를 통해 대출이 가능하지만, 실제로 독자들이나 사회초년생들이 접하게 되는 담보대출은 많지 않다. 그 중 대표적인 담보대출이 예금담보대출, 주식담보대출, 보험담보대출이다. 따라서 우리는 독자들이 쉽게 접하게 될 3가지 담보대출에 대해서만 살펴보도록 하겠다. 우선 예금담보대출은 정기예금이나 정기적금을 담보로 대출하는 것을 말한다. 만약 독자가 1천만원의 정기예금을 가입하고 있다면 1천만원의 정기예금을 담보로 약 80~90% 정도의 담보대출을 실행할 수 있다. 이때 대출금리는 정기예금 금리에 일정부분 가산금리를 산정하여 설정하게 된다. 예를 들어 정기예금 금리가 5%였다면 2% 정도의 가산금리를 책정하여 7%의 대출금리로 대출을 실행하게 된다. 독자들은 여기서 궁금증이 발생할지도 모른다. 정기예금을 해지해서 현금을 쓰면 되지 굳이 담보대출을 받을 필요가 있을까? 이 질문에 대한 대답을 하기 위해서는 몇 가지 사항을 고려해봐야 한다. 예를 들어 정기예금을 가입한지 얼마 되지 않았다면 해지 시 포기해야 하는 이자금액이 작기 때문에 해지를 하는 것이 유리할 수 있다. 하지만 만기가 얼만 남지 않은 정기예금의 경우 포기해야 하는 이자금액이 상당하기 때문에 만기까지 정기예금을 유지하고 필요한 현금은 담보대출을 통해 확보하는 것이 유리 할 수 있다. 앞선 예를 통해 살펴보자. 만약 정기예금에 가입한지 1개월 밖에 되지 않았다면 포기해야 할 이자금액은 41,667원(10,000,000(0.05 $\times \frac{1}{12}$))이다. 반면 예금담보대출을 받아 만기까지 유지한다면 2%(7%-5%)의 차이인 183,333원 (10,000,000 $\times$ (0.02 $\times \frac{11}{12}$))을 추가 이자로 지급해야 한다. 이럴 경우에는 정기예금에 대한 이자를 포기하고 해지하는 편이 이득이다. 즉 예금담보대출을 받아 부족한 유동성을 조달한다고 하여도 만기 때 예금과 대출 금리차이로 발생한 183,333원을 1달 간 유지한 예금이자인 41,667원으로 완전 상쇄시키지 못하므로 예치 원금보다 적은 9,858,334원(10,000,000 − 183,333 + 41,667)을 받게 된다. 이는 정기예금 한 달 후 해지하여 받을 수 있는 1천만원보다 적은 금액이다. 하지만 정기예금 가입 후 10개월이 지났다고 가정해보자. 그럼 정기예금에서 포기해야 할 이자금액은 416,667원이 된다. 반면 예금담보대출을 받는다면 추가로 납입하여야 하는 금액은 33,333원이 된다. 이럴 경우는 앞선 상황과는 반대로 정기예금을 유지하는 편이 이득이 될 것이다. 즉 정기예금을 만기까지 유지할 경우 10개월 간 이자(416,667원)에서 2개월 간 예금담보대출을 받아 발생한 비용 33,333원을 차감하더라도 예치 원금인 1천만원 보다 훨씬 큰 10,383,334원(10,000,000 + 416,667 − 33,333)이 되기 때문이다. 그렇다면 몇 개월을 기준으로 예금담보대출을 받는 것이 이득이 될까? 그것은 예금금리와 예금담보대출의 가산금리의 차이에 따라서 다르다. 따라서 위의 계산방법을 통해 직접 계산해 보는 것이 현명하다. 위의 예에서는 3달 이전에는 정기예금을 해지하여 부족한 유동성을 메우는 것이 유리하며 4달이 지나면 예금담보대출을 받고 정기예금을 유지하는 것이 유리하다.

◉ 정기예금 3달 후 포기해야 하는 이자금액: 125,000원

◉ 3달 후 예금담보대출을 받을 경우 정기예금금리를 상계하고 추가 납입해야 할 금액: 150,000원

⇒ 125,000<150,000이기 때문에 원금 손실이 발생해 정기예금 해지가 유리

◉ 정기예금 4달 후 포기해야 하는 이자금액: 166,667원

◉ 4달 후 예금담보대출을 받을 경우 정기예금금리를 상계하고 추가 납입해야 할 금액:133,333원

⇒ 166,667>133,333이기 때문에 원금보다 높은 수익률이 기대되므로 정기예금 유지가 유리

그림 8-13 | **정기예금과 정기예금 담보대출 간 손익그래프**

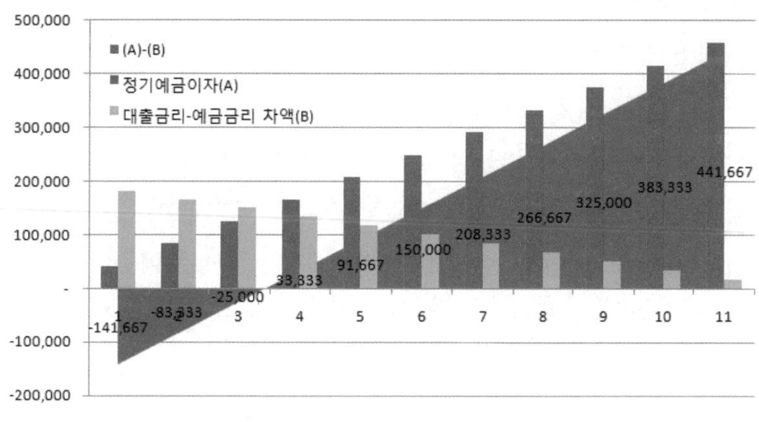

다음은 보험담보대출이다. 보험담보대출은 저축성보험을 담보로 대출을 행하는 것을 말한다. 따라서 앞서 설명한 예금담보대출과 유사한 면이 있지만 계산 방식에는 차이가 있다. 우선 가장 큰 차이는 보험의 경우 사업비라는 항목으로 보험 가입초기에는 많은 비용을 차감한다. 따라서 해지 시 짧게는 5년에서 길게는 10년까지 납입한 원금만큼을 돌려받지 못하는 경우가 많다. 또한 보험은 장기 상품이기 때문에 한 번 해지하면 재가입하여 혜택을 받기까지 걸리는 시간이 굉장히 길다. 우리나라에서 대표적인 저축성보험인 연금저축보험 해지율이 높은 것도 20년, 30년 장기 상품으로 만기까지 유지하기가 쉽지 않기 때문이다.

따라서 보험담보대출을 받기 전에 사업비로 인한 납입원금 손실이 어느 정도 인지 꼭 확인해 봐야 한다. 가입 초기 5년 이내인 경우에는 해지해도 납입 원금을 돌려받을 수 없기 때문에 보험담보대출 가산금리가 높지 않다면 보험담보대출을 통해 자금과부족을 충족하고 상환하는 방식이 손실률을 줄일 수 있다. 또한 해지로 인해 발생하는 각종 세금혜택도 고려해 봐야 한다. 예를 들어 연금저축보험의 경우 매년 400만원 한도 내에서 세금공제 혜택을 준다. 하지만 중도해지할 경우 그동안 받은 세금혜택을 전부 납입해야 하기 때문에 해지 후 받는 원금 손실이 훨씬 커질 수 있다. 따라서 보험담보대출을 고려한다면 사업비, 세금혜택, 납입기간 등을 고려하여 이익이 되는 방향으로 선택해야 한다.

마지막으로 주식담보대출이 있다. 주식담보대출은 주식을 담보물로 제공하고 대출을 받는 형태를 말한다. 보통 줄여서 "주담대"라고 말하며 현금대출 보다는 주식 추가매입을 위해 사용되는 것이 대부분이다. 주식의 경우 앞서 설명한 예금과 저축성보험 등에 비해 변동성이 매우 심하기 때문에 담보대출을 시행하고도 추가적인 증거금 납입 형태가 존재한다. 다시 말해 예금과 저축성보험은 그 가치가 그대로 유지되지만 주가의 경우 매일, 매시간, 매초마다 가격이 변동되므로 담보로서의 가치가 변동성이 크다는 것이다. 따라서 주가가 지속적으로 떨어져 담보로서의 가치가 상실된 경우, 증권사는 주식담보대출자에게 추가 증거금 납입을 요청할 수 있다. 이는 대출자가 대출을 상환하지 못할 경우 담보를 매도함으로써 대출금액 전체를 상환 받지 못하는 리스크를 해결하기 위함이다. 따라서 주식담보대출을 행할 경우, 주가 하락에 대한 추가 증거금 납입에 대해 항상 염두에 두어야 한다. 반면 주가의 상승으로 담보의 가치가 상승된다면 추가대출을 실행할 수도 있다. 그렇다면 왜 현금이 급하지도 않은데 굳이 주식담보대출을 받는 것일까? 주식담보대출을 받는 사람들은 대부분 주식투자자들이다. 주식투자자들은 높은 수익을 기대하며 리스크를 감수하는 사람들이 많다. 따라서 레버리지 투자를 통해 투자수익률을 높이고자 할 때 주담대를 통해 주식을 추가 매입하는 것이다. 그럼 레버리지 투자와 주담대의 효과에 대해서 예를 통해 알아보자. 우선 A씨는 1천만원을 가지고 있다고 가정해보자. 그리고 현재 반도체 시황이 좋고 앞으로도 몇 년간 이런 호황이 지속될 것이라고 예측하고 있다고 하자. 그래서 현재 1만원 하는 S주식을 매수하기를 원하고 있다. A씨가 현재 가지고 있는 현금으로만 주식을 매입한다면 1천주를 매입할 수 있을 것이다. A씨의 예상대로 주가가 올라 S주식이 1만 1천원이 되었다면 A는 투자 원금 대비 10%($\frac{(11,000원 \times 1000주) - 10,000,000원}{10,000,000원} \times 100$)의 수익률을 기록한 것이다. 반면 A씨가 1천주의 주식을 매수한 후 S주식을 담보(담보비율 80% 가정)로 8백만원을 추가 대출 받았다면 A씨는 총 1천 8백주의 S주식을 살 수 있을 것이다. 앞서와 같이 S주식이 1만 1천원이 되었다면 A씨는 투자 원금대비 18% ($\frac{(11,000원 \times 1800주) - 10,000,000원}{10,000,000원} \times 100$)의 수익률 올릴 수 있다. 즉 주식담보대출을 이용하지 않은 경우보다 수익률이 약 2배 증가한 것이다. 이렇게 타인자본을 이용하여 수익률을 올리는 투자를 레버리지 투자라고 한다. 하지만 독자들은 항상 주가가 예상대로 움직이지만은 않는다는 사실을 염두에 두어야 한다. 앞선 예와 같이 예측한 대로 움직이면 높은 수익률을 기록할 수 있지만 반대로 주가가 하락하게 될 경우, 예를 들어 S주가가 7천원으로 하락하게 된다면 담보가치가 담보비율인 80%도 채우지 못하기 때문에 증권사는 추가 증거금 납입을 요구할 것이다. 즉 S주가가 7천원일 때 A가 소유한 주식의 전체 가치는 7백만원이 되고 S주식을 담보로 대출받은 금액은 8백만원이기 때문에 증권사는 담보물인 S주식을 처분하여도 대출금액인 8백만원을 충당하지 못한다. 따라서 추가 증거금 납입을 요구하거나 담보비율 근처로 주가가 떨어질 경우 반대매매를 통해 대출 원금을 충당하려 할 것이다. 반대매매란 A씨의 승낙 없이 S주식을 처분하여 대출을 자동 상환하는 것을 말한다.

연습문제

01 다음을 보고 질문에 답해 보시오.

A은행: 정기예금 조건(3년, 연 5% 금리, 단리계산법)
B은행: 정기예금 조건(3년, 연 4.5% 금리, 복리계산법)
C저축은행: 정기예금 조건(3년, 연 4.5% 금리, 월복리계산법)

(1) 독자는 여유자금 1천만원을 은행에 예치하려 한다. 독자는 A은행과 B은행 중 어느 은행의 정기예금이 독자에게 유리한지 계산해보고 설명해 보시오.

(2) B은행과 C저축은행의 정기예금 만기와 연 이자율은 같은 반면 금리계산법은 다르다. 그렇다면 B은행과 C저축은행의 원리금 합계를 계산하고 어느 은행이 유리한지 설명해 보시오.

02 독자들은 은행 지점에 방문하면 정기예금 금리와 정기적금 금리를 확인할 수 있다. 보통 정기예금 금리보다는 정기적금 금리가 높다. 왜 그런지 이유에 대해서 설명해 보시오.

03 다음을 보고 질문에 답해 보시오.

A은행: 정기적금 조건(1년, 5% 금리, 매월 납입)

(1) 회사를 다니는 독자가 승진을 하여 월급이 100만원 올랐다고 가정해보자. 독자는 당장 소비를 늘릴 계획이 없기 때문에 목돈마련 계획을 세우고 은행에 들러 정기적금 상품을 알아보았다. A은행의 정기적금 조건이 합리적이라고 판단한 독자는 A은행에 매월 100만원씩 납입하는 정기적금을 가입하였다. 만기 때 받을 수 있는 원리금 합계는 얼마인지 현금흐름 그래프를 이용하여 계산해 보시오.

(2) 또한 원리금 합계가 계산되었다면 연율로 환산한 수익률과 비교해 보고 차이가 발생한 이유는 무엇인지 설명해 보시오.

04 독자가 급하게 자금이 필요하여 1천만원의 마이너스 신용대출을 받았다고 가정해보자. 마이너스 신용대출의 금리가 8.9%이고 3개월(90일) 간 자금을 사용하였다면 마이너스 신용대출에 대한 이자금액은 얼마인지 계산해 보시오.

05 주택대출에 사용되는 LTV(loan to value)와 DTI(debt to income)의 용어에 대해서 설명해 보시오.

06 담보대출의 의미와 은행들이 담보대출을 선호하는 이유에 대해서 설명해 보시오.

07 독자는 지난해 1억원을 연 5%의 금리로 정기예금에 가입하였다. 그리고 현재 만기가 2달 남았는데 급하게 8천만원의 현금이 필요하게 되었다. 그렇다면 정기예금을 해지하는 것이 합리적인지 예금담보대출을 받는 것이 합리적인지 아래 조건을 보고 판단해 보시오.

정기예금 예치금: 1억원
정기예금 금리: 연 5%
정기예금 만기까지 남은 기간: 2개월
정기예금 유지기간: 10개월
정기예금 해지 시 적용금리: 연 1%
정기예금담보대출 금리: 정기예금 금리+1.5%
정기예금담보대출 담보 적용 비율: 정기예금 원금의 80%

SECTION 02

고정이자부(fixed income) 투자상품

단원을 시작하며

독자들은 고정이자부 금융상품에 대해서 들어본 적이 있는가? 아마도 대부분의 독자는 고정이자부라는 단어가 생소할 것이다. 단어를 풀어서 해석하자면 고정적으로 이자를 지급하는 금융상품을 말한다. 대표적인 상품이 채권이다. 간혹 은행의 예금도 이에 해당하는 것 아닌가라고 생각하는 독자들이 있는데 은행 예금상품은 금융투자상품이 아니라는 점을 명심하자.

그렇다면 한 번 상상해보자. 매분기 혹은 매년 이자를 정기적으로 지급하는 금융상품, 만약 내가 그 상품에 투자하고 있다면 생각만 해도 기분이 좋지 않은가? 자, 이제 상상만 하지 말고 실제로 고정이자부 금융상품이 어떤 것들이 있고, 어떻게 투자하는지 자세히 살펴보도록 하자.

1 | 채권투자실무

채권은 기업이나 정부, 공공기관 등이 장기 자금조달을 위해 발행하는 것으로 확정된 이자와 만기 시 원금을 상환하여야 하기 때문에 고정금리부증권이라고도 부른다. 채권은 또한 발행주체에 따라 국채, 회사채, 지방채, 특수채 등으로 나눌 수 있다. 또한 채권은 발행주체에게 장기자금조달 방법을 제공하고 투자자들에게는 좋은 투자처를 제공한다. 즉 투자자들은 채권투자를 통해 안정적인 이자소득과 만기 시 원금을 상환 받을 수 있는 투자기회를 제공받을 수 있는 것이다.

1 채권의 기본적 정의

채권의 기본적 용어는 만기(maturity data), 액면금액(face value), 액면이자율(coupon rate), 액면이자(coupon) 등이 있다. 우선 만기는 채권 효력이 만료되는 날로써 원금과 이자를 지급받는 날이다. 우리나라에서 대표적인 국채는 3년 만기 채권이며 회사채 역시 3년 만기 회사채가 가장 많이 유통되고 있다. 다음으로 액면금액은 채권이 최초 발행할 당시 채권 표면에 기재되어 있는 금액으로 만기시 상환 받는 금액을 말한다. 액면가는 10억원, 100억원 등 다양하게 존재하며 우리나라 국채 액면가는 보통 100억원이다. 액면이자율은 채권에서 지급하는 이자율이다. 즉 채권발행 시 일정기간 마다 액면이자율만큼 액면이자를 지급해야 한다. 쉽게 정기예금의 금리와 유사하다고 생각하면 된다. 다만 정기예금은 만기시 원금과 함께 이자를 지급받지만 채권의 경우 해당 채권에서 정하는 기간에 맞춰 액면이자를 지급하게 된다. 보통 채권은 분기, 반기, 연간으로 구분하여 액면이자를 지급한다. 예를 들어 매년 이자를 지급하는 채권의 액면가가 1억원이고 액면이자율이 10%라면 채권투자자는 매년 1천만원$(100{,}000{,}000 \times 0.1)$을 액면이자로 지급받게 된다. 반면 반기 지급방식이라면 5백만원$(100{,}000{,}000 \times \frac{0.1}{2})$씩 2회 지급받고 분기 지급방식 이라면 2백 5십만원$(100{,}000{,}000 \times \frac{0.1}{4})$씩 4회 지급받으면 되는 것이다. 지급방식에 따라 재투자의 개념[1]이 적용된다면 지급 횟수가 빈번할수록 투자자에게 이득이 될 수 있다. 액면이자는 액면금액에 액면이자율을 곱하여 산정한 실제로 채권투자자가 받을 이자금액을 말한다.

채권은 이자지급 유무와 만기에 따라 다음 3종류의 채권으로 구분한다. 우선 이표채(coupon rate bond)가 있다. 이표채는 액면가격, 만기, 액면이자율 등이 기재되어 있는 채권으로 채권에서 정하고 있는 매 기간마다 액면이자를 지급하고 만기 시 원금을 상환 받는 채권이다. 〈그림 8-14〉를 통해 이표채의 기본구조를 확인할 수 있으며 몇 가지 예를 통해 이표채를 이해해보도록 하자. 우선 독자가 액면가가 1억원이고 3년만기의 액면이자율이 10%인 이표채를 투자했다고 가정해보자. 또한 해당 이표채는 분기마다 이자를 지급한다고 가정해보자. 여러분은 해당 채권에 1억원을 투자하고 한 분기가 지난 후 이표(coupon)를 들고 채

1 재투자의 개념과 복리에 대한 개념은 "정기예금 수익률 계산"에서 확인하길 바란다.

권발행기관에 방문하면 분기 이자인 2백 5십만원을 지급 받을 수 있다. 또한 두 분기가 지나서 같은 방법으로 이표를 들고 채권발행기관에 방문하면 분기 이자인 2백 5십만원을 받을 수 있다. 이렇게 매 분기마다 액면이자를 지급 받다가 3년 후 이표채의 만기가 되면 여러분은 채권과 마지막으로 남은 이표를 들고 채권발행기관을 방문하여 채권 액면금액인 1억원과 마지막 이표인 2백 5십만원을 지급 받을 수 있다. 따라서 독자는 투자 원금을 제외한 총 3천만원(2백 5십만원씩 총 12회)의 이자를 지급받게 되는 것이다.

그림 8-14 | **채권의 기본구조**

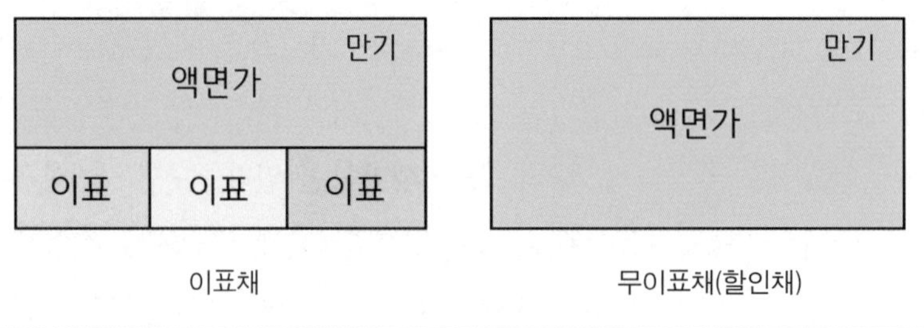

> **2 선이자**
> 선이자는 대출방식에서 사용되는 용어다. 보통의 대출방식에서 대출자는 대출금액을 전부 수취하고 매월 일정한 이자 상환을 기본으로 한다. 하지만 최초 대출을 진행할 때 이자를 대출금액에서 차감하고 대출하는 방식도 있는데 이것을 선이자라고 한다. 선이자를 적용하면 최초 대출금액은 이자만큼 줄어들게 된다.

다음으로 무이표채(zero-coupon bond)가 있다. 무이표채는 말 그대로 이표(coupon)가 없는 채권을 말한다. 즉 무이표채를 매수하면 중간에 이자지급이 없다는 말이다. 그렇다면 이자도 없는 해당 채권을 투자할 필요가 있을까? 결론부터 이야기 하면 있다. 무이표채는 이표가 없는 대신에 최초 발행 시 할인(discount)되어 발행된다. 할인이란 우리가 쉽게 선이자[2]를 떼고 발행된다고 보면 된다. 예를 들어 액면 1억원의 무이표채가 3년 만기 할인율 10%로 발행된다면 채권투자자는 75,131,480원($\frac{100,000,000}{(1+0.1)^3}$)에 채권을 매수하면 된다. 이렇게 매수한 무이표채를 3년 간 보유하고 채권 만기 시 채권발행기관에 무이표채를 제시하면 액면금액인 1억원을 받게 되는 것이다. 이 경우 할인율은 10%지만 실제로 무이표채 투자자가 얻는 수익률은 10%보다 높다. 이는 채권계산에서 자세히 다루도록 하겠다. 이렇게 무이표채는 할인하여 발행되는 채권으로 보통 할인채(discount bond)라고도 한다.

마지막으로 영구채(perpetuty bond)가 있다. 영구채는 별도의 만기가 없으며 지속적으로 이자만 수취하는 채권이다. 예를 들어 액면가 1억원짜리 영구채권이 매년 5%의 액면이자율 지급 조건으로 발행되었다고 하자. 해당 영구채의 매수자는 매년 5백만원의 이자를 영구히 지급받게 되는 것이다. 언뜻 생각하면 굉장히 매력적인 채권이라고 생각이 들 수도 있다. 그리고 자식에게 물려줄 수 있는 아주 좋은 자산이라는 생각이 들 수도 있다. 당장 해당 영구채권을 매수한다면 분명 현재 경제상황(저금리, 저물가)에서는 좋은 투자 대안일 수 있지만 수십년 아니 짧게는 수년 안에 투자매력이 떨어질 수도 있다는 점을 알아야 한다. 이유는 시장금리가 올라서 5%의 수익률이 더 이상 매력적인 금리 수준이 아닐 수도 있고 물가가 상승하여 5백만원에 대한 이자의 구매력이 하락할 수도 있기 때문이다. 말 그대로 영구채권이기 때문에 충분히 가능한 시나리오다. 그렇다면 이런 영구채의 가격은 어떻게 결정할까? 이 문제는 앞서 배운 기초수학 중 수열을 통해 쉽게 해결할 수 있다. 자세한 사항은 채권계산에서 다루기로 하겠다.

2 채권 가격 계산

1) 이표채 가격 계산

채권의 기본적 원리를 이해했다면 이제 채권의 가격을 계산해보자. 채권가격을 이해하기 위해서는 우선 채권거래를 통한 현금흐름이 어떻게 발생되는지 살펴볼 필요가 있다. 우선 가장 기본적인 이표채를 가정하여 현금흐름을 알아보자. 3년 만기의 액면가가 1억원이며 액면이자율이 10%이고 이자는 매년 지급되는 이표채를 매수했다면 현금흐름은 어떻게 될까? 〈그림 8-15〉를 같이 보면서 현금흐름을 확인해보자. 우선 최초 이표채의 매수시점을 T시점이라고 간주하면 매수 후 1년 뒤는 T+1이 될 것이다. T+1시점에서 이표채의 투자자는 액면이자인 1천만원(100,000,000×0.1)을 수령하게 될 것이다. 또한 2년 뒤인 T+2시점에서 1천만원(100,000,000×0.1)의 액면이자를 수령하고 만기인 T+3시점에서 원금과 이자인 1억 1천만원(100,000,000+(100,000,000×0.1))을 수령하게 될 것이다. 따라서 이표채 투자자는 총 1억 3천만원을 상환 받게 되는 것이다.

그림 8-15 | **이표채의 기본 현금흐름**

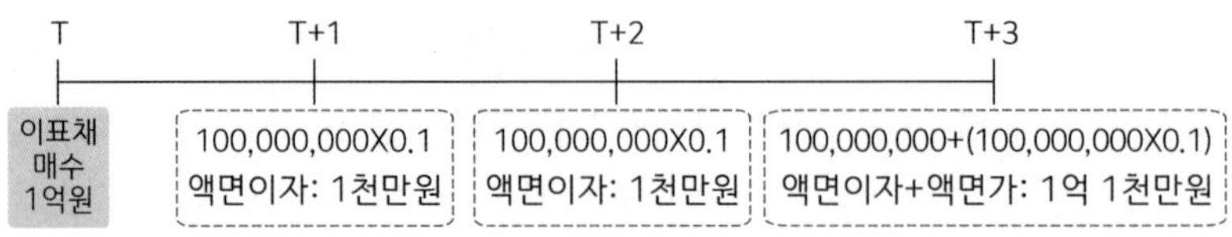

이제 이표채의 기본 현금흐름은 충분히 이해했을 것이다. 그렇다면 위에서 설명한 이표채를 1억원에 매수하면 될까? 답은 시장금리에 따라 액면금액에 매수할 수도 있고, 아닐 수도 있다. 즉 시장금리에 따라 1억원보다 낮은 가격으로 매수할 수도 있고, 1억원보다 높은 금액으로 매수할 수도 있다는 말이다. 독자는 여기서 채권가격을 계산하는데 시장금리가 개입된다는 사실이 조금 의아할 것이다. 이는 뒤에 자세히 설명하겠지만 간단하게 설명하자면 채권의 액면이자율은 발행당시부터 만기까지 고정되어 있는 반면 시장금리는 지속적으로 변동되기 때문이다. 따라서 시장금리와 채권의 액면이자율 차이에 의해 가격이 변동된다는 의미다. 그럼 우선 채권가격의 현재가치를 알아보기 위해 할인이라는 개념을 다시 생각해보자. 앞서 이표채의 현금흐름을 그림을 통해 확인해 봤는데 이 현금흐름은 미래에 투자자가 받게 될 이자와 원금을 계산한 것이다. 따라서 현재 시점에서 미래에 받을 이자와 원금을 다시 계산해야 한다는 의미다. 이 부분이 정확히 이해가 가지 않는다면 정기예금으로 다시 생각해보자. 만약 독자가 1년 뒤 일본 여행을 위해서 110만원이 필요하다면 현재 얼마를 저축해야 할까? 상황은 다르지만 채권가격을 계산하는 할인 방법과 같다. 만약 정기예금 이자율이 10%라면 독자는 계산할 것도 없이 100만원($\frac{1,100,000}{(1+0.1)}$)이라고 말할 것이다.[3] 이 계산법은 〈그림 8-16〉과 같다.

3 할인계산법은 "은행예금상품 실무"에서 확인하길 바란다.

그림 8-16 | **할인계산법**

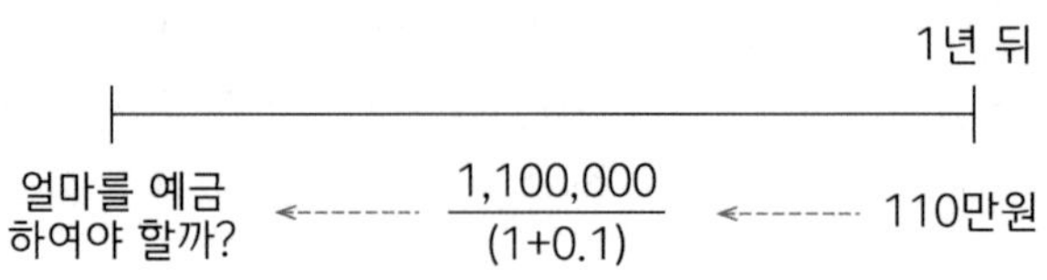

〈그림 8-16〉과 같이 우리가 미래가치(future value)를 계산할 때는 보통의 복리계산법을 쓰면 된다. 즉 우리가 앞서 배웠던 미래가치(FV)=현재가치(PV)×$(1+r(\text{이자율}))^{n(\text{기간})}$로 계산하면 된다. 반면 미래에 받을 돈인 미래가치를 현재 가격으로 계산하고 싶다면 $(1+r(\text{이자율}))^{n(\text{기간})}$항을 좌변으로 넘기면 된다. 즉 $\text{현재가치}(PV)=\dfrac{\text{미래가치}(FV)}{(1+r(\text{이자율}))^{n(\text{기간})}}$로 쓸 수 있다. 이것을 현재가치로 "할인"한다 라고 말한다. 다시 앞선 저축의 예로 가보면 독자는 1년 뒤 일본 여행을 위해 110만원이 필요하며 정기예금 금리가 10%이기 때문에 현재 100만원을 저축해 두면 되는 것이다. 이제 할인 방법을 이용하여 이표채 가격을 계산해보자. 계산에 앞서 이표채의 가격을 계산하기 위해서는 추가적으로 시장이자율에 대한 정보를 알아야 한다. 여기서 시장이자율은 8%라고 가정해보자. 그럼 이표채 투자자는 1년 후 1천만원의 이자를 받게 될 것이고 이를 현재가치로 환산하면 9,259,259원($\frac{10{,}000{,}000}{(1+0.08)}$)이 될 것이다. 다시 한 번 이야기 하지만 할인되었다는 의미는 현재 시장이자율인 8%로 9,259,259원을 예금하면 1년 뒤 1천만원을 받는다는 의미다. 다음으로 2년 뒤 또 1천만원의 이자를 받게 되는데 이를 현재가치로 환산하면 8,573,388원($\frac{10{,}000{,}000}{(1+0.08)^2}$)이 된다. 마지막 3년 만기 때는 이자 1천만원과 원금 1억원을 상환 받게 되는데 이를 현재가치로 환산하면 87,321,547원($\frac{110{,}000{,}000}{(1+0.08)^3}$)이 된다. 그럼 이제 해당 이표채의 현재가치를 모두 계산하였으므로 이를 모두 더하면 해당 이표채의 현재 가격을 확인할 수 있다. 모두 더한 가격은 105,154,194원이 된다.

그림 8-17 | **이표채의 현재 가격 산정**

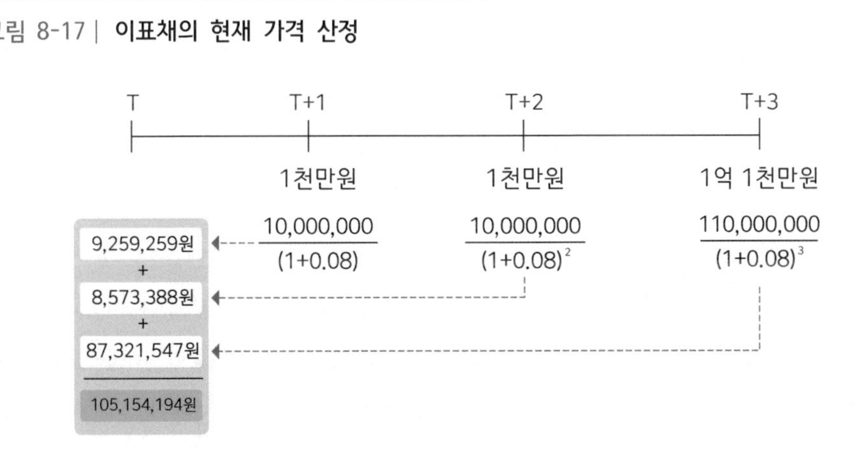

본 이표채의 액면가는 1억원인데 실제 이표채의 가격은 105,154,194원으로 액면가보다 크다. 만기 때 액면금액인 1억원만 돌려받게 되는데 5백만원 이상 더 주고 이표채를 산다는 것이 불합리하게 느껴지는가? 그렇지 않다. 본 이표채가 액면가보다 비싼 이유는 시장금리와 이표채의 액면이자율 간 차이 때문에 발생하는 것이다. 좀 더 쉽게 설명하자면 독자가 만약 이표채를 사지 않고 1억원을 시장이자율인 8%에 정기예금 하였다면 독자는 1년 뒤 8백만원의 이자를 받게 될 것이다. 반면 이표채에 투자를 한다면 액면이자율인 10%를 적용 받아 1천만원 이자를 수령하게 될 것이다. 즉 시장이자율보다 이표채의 액면이자율이 높기 때문에 그만큼 해당 이표채는 투자상품으로서 매력이 있다는 말이다. 따라서 시장이자율과 이표채의 액면이자율 차이만큼 더 비싸게 채권가격이 형성되는 것이다. 또한 유통시장에 이런 이표채가 거래될 경우 매수하려는 사람이 많아져 이론가격보다 실제 채권가격이 높아지는 경향도 있다. 그렇다면 이제 독자들은 반대의 경우도 생각해볼 수 있을 것이다. 만약 시장이자율이 12%였다면 채권가격은 어떻게 변했을까? 눈치가 빠른 독자라면 이표채의 액면이자율보다 시장이자율이 높기 때문에 채권가격이 액면가보다 낮을 것이라는 것을 짐작할 수 있을 것이다. 실제로 계산해 보면 1년 후 받을 1천만원의 이자는 8,928,571원($\frac{10,000,000}{(1+0.12)}$), 2년 후 받을 이자의 현재가치는 7,971,939원($\frac{10,000,000}{(1+0.12)^2}$), 3년 후 만기 시 받을 원금과 이자의 현재가치는 78,295,827원($\frac{110,000,000}{(1+0.12)^3}$)으로 합계는 95,196,337원이 된다. 이는 본 이표채 액면가인 1억원보다 낮은 가격이다. 본 이표채 가격이 액면가보다 낮은 이유는 이표채 액면이자율이 시장이자율 보다 낮기 때문이다. 즉 독자가 본 이표채에 투자하지 않고 시장이자율인 12%로 정기예금을 가입하였다면 1년 뒤 1천 2백만원의 이자를 받을 수 있을 것이다. 반면 본 이표채에 1억원을 투자했을 경우 1천만원의 이자를 받게 되므로 본 이표채에 투자하기 위해서는 액면가보다 저렴하게 발행해야 한다는 것이다. 이처럼 채권가격은 액면가와 같을 수도 있고, 액면가보다 높을 수도 있고, 낮을 수도 있다. 이는 전적으로 시장이자율에 달려 있으며 시장이자율과 이표채 액면이자율이 같을 경우 이를 액면(par bond) 상태라고 한다. 또한 시장이자율이 이표채 액면이자율보다 낮은 경우 액면가보다 채권의 가격이 높은데 이를 할증(premium) 상태라고 말한다. 반면 시장이자율이 이표채 액면이자율보다 높은 경우 액면가보다 채권가격이 낮은데 이를 할인(discount) 상태라고 말한다.

시장이자율 = 이표채 액면이자율: 액면(par bond)

시장이자율 < 이표채 액면이자율: 할증(premium)

시장이자율 > 이표채 액면이자율: 할인(discount)

이표채의 채권 가격 계산 일반식

$$채권가격(P) = \sum_{t=1}^{T(만기)} \frac{C_t(액면이자)}{(1+r(시장이자율))^t} + \frac{F(액면금액)}{(1+r(시장이자율))^t}$$

2) 무이표채(할인채)의 가격 계산

할인채의 경우 이표채보다 채권가격 계산이 쉽다. 이유는 액면이자가 따로 없으므로 중간에 현금흐름이 발생하지 않기 때문이다. 따라서 할인채는 최초 발행 액면가와 시장이자율, 만기만 알면 채권의 가격을 구할 수 있다. 예를 들어 액면가 1억원인 할인채가 3년 만기로 발행되었고 시장이자율은 10%라면 할인채 가격은 얼마일까? 다시 한 번 강조하지만 독자들이 조금 더 쉽게 생각하려면 복리형 정기예금을 통해 생각하면 된다. "3년 후에 1억원을 만들기 위해서는 지금 얼마를 예금해야 할까?"로 바꿔 질문해도 똑같은 내용이다. 즉 $100,000,000 = x(현재예금금액) \times (1+0.1)^3$이 되는 것이다. 우변의 $(1+0.1)^3$을 좌편으로 넘기면 $x(현재예금금액) = \frac{100,000,000}{(1+0.1)^3}$이 된다. 즉 현재 75,131,480원을 예금하면 3년 뒤 1억원을 받을 수 있는 것이다. 앞서 언급한 할인채의 가격 또한 이와 같다. 이 할인채의 경우 유통시장을 통해 거래가 되며 시장이자율이 변경됨에 따라 가격이 계속 변할 수 있다. 즉 최초 발행시점에서는 10%로 발행되었지만 시장금리가 오를 경우 채권가격은 하락하고 시장금리가 내릴 경우 채권가격은 상승할 수 있다. 할인채의 일반 계산식은 다음과 같다.

할인채의 채권가격 일반식

$$채권가격(P) = \frac{F(액면가격)}{(1+r(시장이자율))^{t(만기)}}$$

3) 영구채 가격

영구채의 가격은 우리가 수학적 기초에서 배운 수열을 통해 쉽게 계산할 수 있다.[4] 영구채은 만기가 없고 영구적으로 액면이자만 지급되는 것이기 때문에 채권가격 계산에 있어 액면가는 실질적으로 의미가 없다. 따라서 영구채의 가격에는 액면이자, 시장이자율만 있으면 계산이 가능하다. 그럼 이표채의 가격 계산할 때처럼 영구채의 액면이자를 현재가치로 할인하는 과정을 생각해보자. 1년 후 받을 액면이자의 현재가치는 $\frac{C}{(1+r)}$이 될 것이다. 여기서 r은 시장이자율이고 C는 액면이자금액이다. 다음으로 2년 후 받을 액면이자의 현재가치는 $\frac{C}{(1+r)^2}$가 될 것이고, 계속해서 다음 식과 같이 된다.

4 자세한 수열계산법은 "수학적 기초" 단원에서 확인하길 바란다.

$$\text{영구채의 현재가치 합} = \frac{C}{(1+r)} + \frac{C}{(1+r)^2} + \frac{C}{(1+r)^3} + \cdots$$

이는 우리가 앞서 배운 등비수열의 공식과 같다. 초항이 $\frac{C}{(1+r)}$이고 공비가 $\frac{1}{(1+r)}$인 등비수열인 것이다. 따라서 등비수열의 합 공식인 $\frac{\text{초항}}{(1-\text{공비})}$에 대입하면 $\frac{(\frac{C}{1+r})}{(1-\frac{1}{1+r})}$가 되어 정리하면 $\frac{C}{r}$로 요약할 수 있다. 즉 영구채 가격은 액면이자를 시장이자율로 나눈 값이 된다. 예를 들어 영구채의 액면이자가 1천만원이고 현재 시장이자율이 10%라면 본 영구채의 가격은 1억원이 되는 것이다.

앞서도 잠시 언급했지만 영구채가 굉장히 매력적이라고 생각하는 독자들이 있을 것이다. 액면이자가 영구히 나오기 때문에 연금과 같이 생각할 수도 있고 이후에 자식에게 물려줄 수도 있다고 생각할 수 있을 것이다. 물론 가능한 일이고 선진국에서는 실제로 그렇게 투자하는 개인들도 있다고 한다. 독자들이 그렇게 생각한 이유 중에 하나는 영구히 액면이자가 나오는데 채권가격은 그것에 비해서 비싸지 않다고 느끼기 때문일 것이다. 위에서 1억원짜리 영구채를 계산하면서도 같은 생각을 했을 것이다. 하지만 2가지 측면을 고려한다면 생각이 달라질 수도 있다. 우선 가까운 미래에 받는 액면이자는 현실감 있게 다가오지만 먼 미래에 받는 액면이자는 현실적으로 다가오지 않는다. 영구채에 투자한 돈은 지금 사용한 돈이지만 먼 미래에 받는 액면이자는 현재 나의 효용가치에 크게 영향을 주지 않는다는 말이다. 이 때문에 10년 정도 뒤에 받는 이자액은 할인하여 현재가치로 나타내면 굉장히 작은 금액이 되는 것이다. 다음으로 물가상승이 구매력 가치를 떨어뜨릴 수도 있다. 당장 내년에 받는 액면이자 1천만원은 현재의 구매력과 별 차이가 없다고 느껴지지만 10년, 20년 뒤에 받는 1천만원의 구매력 가치는 현저하게 떨어질 가능성이 높다. 즉 1천만원이 현재는 월급으로 굉장히 많은 액수지만 20년 뒤에는 1천만원이 보통 월급수준이 될 수도 있다는 말이다. 이런 것들을 고려할 때 독자가 생각하는 것만큼 영구채가 매력적이지는 않을 수 있다는 점을 명심해야 한다.

4) 채권가격과 시장이자율 및 채권가격과 만기 간의 관계

채권가격과 시장이자율 간에는 역의 관계가 성립된다. 이미 앞서 이표채와 무이표채(할인채), 영구채의 가격을 계산하는 식에서 역의 관계인 것을 확인하였다. 즉 시장이자율이 상승하면 채권가격은 하락하고 시장이자율이 하락하면 채권가격은 상승한다. 이유는 채권 발행 시 계약에 의해 고정적으로 받을 것이 예상되는 액면이자와 액면금액이 시장이자율 변동에 따라 투자에 대한 매력도가 달라질 수 있기 때문이다. 즉 시장이자율이 올랐는데 고정적으로 받는 액면이자 금액이 이보다 낮다면 투자의 매력이 떨어지기 때문에 이 채권은 시장에서 싸게 거래된다는 말이다.

그림 8-18 | **채권가격과 시장이자율 간의 관계**

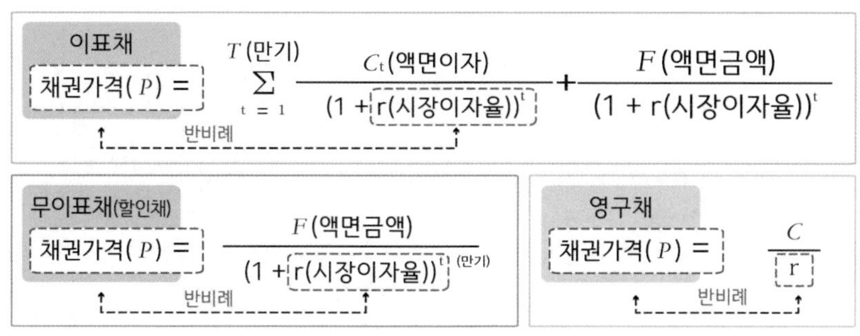

또한 만기에 따라 채권가격이 달라진다. 실제로 액면금액이 1만원이고 액면이자율이 10%인 5년만기 채권과 10년만기 채권을 비교하면 〈그림 8-19〉와 같

이 시장이자율 변동에 따라 채권가격변동이 다르다는 것을 확인할 수 있다. 즉 시장이자율이 10%로 액면이자율과 동일할 경우 채권가격은 5년만기와 10년만기가 1만원으로 동일하지만 시장이자율이 하락할 경우, 10년만기 채권이 5년만기 채권에 비해 채권가격이 급격히 오른다는 사실을 확인할 수 있다. 반면 시장이자율이 액면이자율 이상으로 상승할 경우 10년만기 채권의 가격하락이 훨씬 크다는 것을 알 수 있다.

그림 8-19 | **채권가격과 시장이자율, 만기 간의 관계**

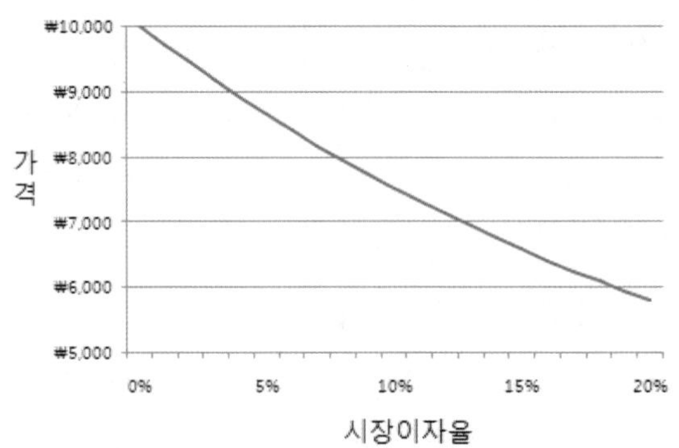

채권가격과 시장이자율 간의 관계

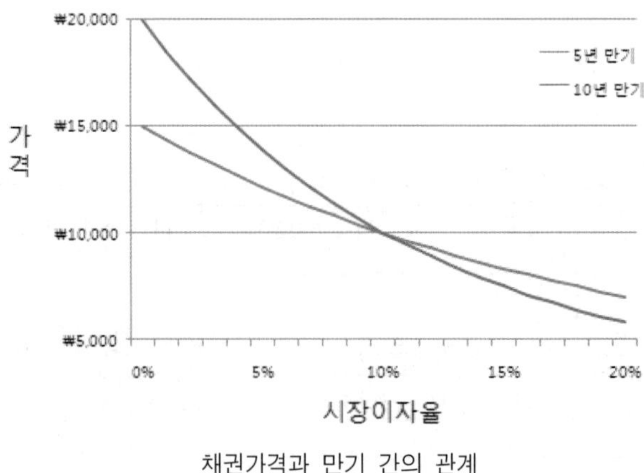

채권가격과 만기 간의 관계

읽을거리

우리나라는 실제로 영구채권을 발행할까?
- 교보생명, 국내 보험사 최초 해외영구채 발행 성공 -

"확정금리 연 3.95%, 원화 환산시 3% 초반"

교보생명이 국내 보험사로서는 처음으로 5억 달러 규모의 해외 영구채 발행에 성공했다고 18일 밝혔다. 확정된 금리는 연 3.95%다. 교보생명은 스왑베이시스를 감안하면 3.00% 초반이 될 것으로 예상된다. 경쟁사인 한화생명이 국내에서 발행한 5,000억원 규모의 영구채를 연 4.582%에 발행한 것에 비해 1%포인트 이상 낮은 수치다. 이번 발행에는 70억 달러 정도의 물량이 몰려든 것으로 알려졌다. 장기투자자가 많지 않은 국내에 비해 해외의 기관투자자는 영구채 투자에 익숙하다. 이들에게 5억 달러 규모는 어렵지 않은 물량이다. 오는 2021년 새국제회계기준(IFRS17)이 도입을 앞두고 국내 보험사들은 자본확충을 위해 영구채를 발행하고 있다. 교보생명의 이번 발행도 같은 목적이다.

뉴스핌, 김은빈, 2017.07.18.

읽을거리

액면이자를 자주 받을수록 수익률이 높을까?

채권의 액면이자를 자주 받으면 재투자수익을 고려할 때 수익률이 높다고 할 수 있다. 예를 들어 이표채의 액면가가 1억원이고 만기가 1년, 액면이자율은 10%인 A, B채권이 있다고 가정해보자. 다만 A이표채는 액면이자를 연단위로 지급하고 B이표채는 액면이자를 분기단위로 지급한다고 해보자. 이제 시장이자율이 10%이고 재투자가 가능하다면 A이표채와 B이표채의 수익률은 어떻게 될까? 우선 A이표채의 경우 1년 후 액면이자인 1천만원(100,000,000×0.1)만 수령하면 되기 때문에 수익률은 액면이자율 그대로 10%($\frac{10,000,000}{100,000,000}\times 100$)가 된다. 반면 분기단위로 액면이자를 지급하는 B이표채는 모두 4번에 걸쳐서 액면이자를 2백 5십만원($100,000,000\times(1+\frac{0.1}{4})$)씩 수령하게 된다. 그렇다면 최초 지급받은 2백 5십만원은 3분기 동안 재투자가 가능하다. 즉 시장이자율로 예금할 경우, 2,687,500원($2{,}500{,}000 \times (1+\frac{3 \times 0.1}{4})$)이 되고 두번째 분기에 지급받는 2백 5십만원은 2,625,000원($2{,}500{,}000 \times (1+\frac{2 \times 0.1}{4})$)이 된다. 다음으로 세 번째 분기에 지급받는 2백 5십만원은 2,562,500원($2{,}500{,}000 \times (1+\frac{0.1}{4})$)이 되고 마지막에 지급받는 액면이자는 그대로 2백 5십만원이 된다. 따라서 이들 합계는 10,375,000으로 액면이자가 연 1회만 지급되는 A이표채에 비해 많다. 이를 수익률로 환산하면 10.38%($\frac{10{,}375{,}000}{100{,}000{,}000} \times 100$)이므로 10%였던 A이표채에 비해서 높다. 결론적으로 재투자가 가능하다면 액면이자를 자주 받을수록 수익률은 증가한다고 할 수 있다.

표 8-4 | **채권의 신용도**

국내		내용	해외	
			무디스	S&P
AAA	AAA	원리금 지급이 확실, 투자위험도 극히 낮음	Aaa	AAA
AA	AA+ AA AA-	원리금 지급이 확실, 투자위험도가 낮지만 AAA등급에 비해 다소 높음	Aa1 Aa2 Aa3	AA+ AA AA-
A	A+ A A-	원리금 지급이 확실, 투자위험도가 낮지만 장래 환경 변화에 다소 영향을 받을 수 있음	A1 A2 A3	A+ A A-
BBB	BBB+ BBB BBB-	원리금 지급 능력이 안정되있지만 장래 환경 변화에 따라 지급 불확실성이 높아질 수 있음	Baa1 Baa2 Baa3	BBB+ BBB BBB-
BB	BB+ BB BB-	현재 원리금 지급 능력에 문제는 없으나 장래 안정성 면에서 투기적 요소가 있음	Ba1 Ba2 Ba3	BB+ BB BB-
B	B+ B B-	원리금 지급 능력이 부족하여 투기적이며 장래 안정성 면에서 현 상태유지 불투명	B1 B2 B3	B+ B B-
CCC	CCC	채무불이행 가능성 있고 투기적임	Caa	CCC
CC	CC	채무불이행 가능성 있고 불안요소도 존재	Ca	CC
C	C	채무불이행 가능성이 높고 회복될 가능성도 낮음	C	C
D	D	원금과 이자 지급불능 상태	D	D

3 채권 실무 투자

채권은 국가나 주식회사 등이 장기자금조달을 위해 발행하는 것으로 보통 거래단위가 100억원으로 크다. 또한 장외거래가 주를 이루고 있기 때문에 개인투자자가 접근하기는 쉽지 않다. 그렇다고 채권이 기관투자자나 전문투자자만 하는 영역은 아니다. 소액의 개인투자자들도 채권 투자가 가능한 영역이 있는데 바로 장내에서 거래되는 소액채권과 국고채 등을 펀드로 구성하여 ETF로 만든 채권 ETF가 있다. 그럼 장내소액채권과 채권 ETF에 대해서 자세히 알아보도록 하자.

1) 소액채권투자

소액채권이란 액면가가 1만원권에서 거래되는 채권을 말한다. 보통은 옵션이 달려있는 변종채권이 해당 되지만 물가연동국채와 같은 국채와 우량한 회사채들도 거래되고 있다. 변종채권이란 신주인수권부사채처럼 신주를 인수할 권리가 붙어 있는 채권 등을 말하며, 신주를 인수할 권리를 제외한 채권의 형태는 실제 회사채와 똑같이 거래할 수 있다. 아직도 소액채권이 익숙하지 않은 독자들이 많을 텐데 몇 가지 예를 통해 알아보도록 하자. 실제로 거래되고 있는 소액채권들은 이미 발행되어 유통시장에서 거래되는 채권들이 대부분이기 때문에 잔존만기 등을 계산하여 채권가격을 형성하게 된다. 예를 들어 액면가 1만원인 X회사채가 잔존만기 2년 남았고 액면이자율이 10%, 시장이자율이 8%라고 한다면 이 소액채권의 현재가격은 10,356원($\frac{1,000}{(1+0.08)}+\frac{11,000}{(1+0.08)^2}$)이 된다.

그림 8-20 | **3년만기 채권의 1년 가격 산정**

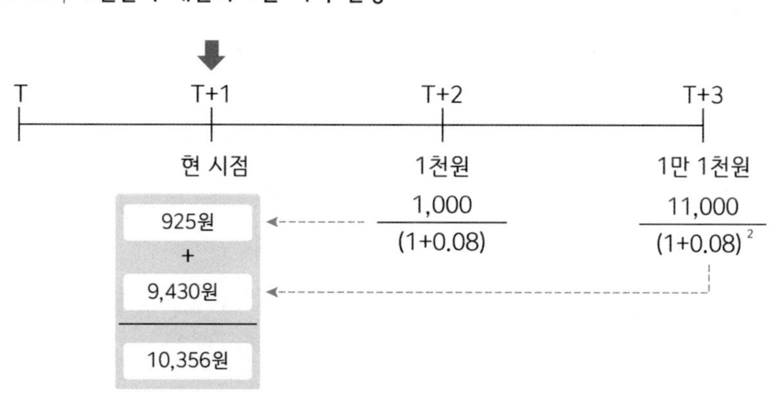

이는 앞서 채권가격 계산에서 이미 알아본 내용으로 실제 증권사에서는 현재가격이 산정되어 거래되고 있기 때문에 확인 차원에서만 계산해보면 된다.

그림 8-21 | **실제 소액채권 거래 정보**

선택	종목명 (종목코드)	현재가	등락률	거래량	거래대금	매수 수익률	매도 수익률
	물가연동국고채권01500-2106(11-4) (KR1035037160) 시세 자세히보기	▲ 10,270.00	0.09%	1,690,810	1,739,061,870	0.72%	0.67%
	삼성중공업91 (KR6010141523) 시세 자세히보기	▲ 10,000.00	0.06%	1,655,069	1,654,601,704	3.98%	3.92%
	두산인프라코어31 (KR6042671786) 시세 자세히보기	▲ 9,327.00	0.01%	1,026,792	957,872,150	6.63%	6.61%
	상보2 (KR60275817C5) 시세 자세히보기	▲ 8,188.50	2.23%	1,010,286	809,879,003	9.69%	9.37%

출처: 신한금융투자

표 8-5 | **소액채권 정보 예시**

	삼성중공업	물가연동채	두산인프라코어	상보
채권구분	회사채	국채	회사채	회사채
신용등급	BBB+	-	BBB-	B
액면가	10,000원	10,000원	10,000원	10,000원
발행일	2015.2.12	2011.6.10	2017.8.1	2017.12.5
상환일	2018.2.12	2021.6.10	2022.8.1	2021.12.5
만기	3년	10년	5년	4년
발행액	5천억원	약 5조원	5천억원	170억원
액면이자율	2.513%	1.5%	2%	1%
지급방법	분기	반기	분기	분기
채권종	이표채	이표채	이표채	이표채
옵션	-	-	신주인수권	수의상환

우리가 채권거래를 위해서 우선적으로 고려해야 하는 것이 있는데 그것은 국채, 회사채 여부와 신용등급이다. 〈표 8-5〉에 나타나 있듯이 국채인 물가연동채권은 수익률이 매우 낮음을 알 수 있다. 이는 국가가 보증하는 채권으로 상환위험이 거의 없는 채권으로 간주되기 때문이다. 따라서 현재 거래가격 또한 액면가 보다 높은 10,270원에 할증거래되고 있음을 확인할 수 있다. 수익률 역시 0.7%대로 매우 낮다. 반면 삼성중공업은 정확히 액면가에 거래되고 있음을 확인할 수 있다. 삼성중공업은 신용등급이 BBB+로 양호한 편에 속한다. 두산인프라코어는 신용등급이 삼성중공업보다 낮은 BBB-이다. 따라서 삼성중공업보다 수익률이 높다. 마지막으로 상보는 신용등급이 가장 낮은 B등급으로 수익률이 가장 높다. 신용등급을 보았다면 이제 만기가 얼마 남았는지도 체크해야 한다. 현재를 2017년 12월로 가정한다면 삼성중공업은 만기가 얼마 남지 않았다. 만기에 가까워질수록 채권가격은 액면가로 수렴하게 된다. 당연하겠지만 만기에 액면가를 수령해야 하기 때문에 채권가격은 만기로 갈수록 액면가로 수렴하게 되는 것이다. 할증거래되고 있는 물가연동채 역시 만기에 접근할 수록 액면가인 1만원에 접근하게 될 것이다. 두산인프라코어와 상보는 발행한지 얼마 되지 않았기 때문에 채권가격이 낮게 형성되어 있다. 특히 상보의 경우 액면이자율이 1%로 시장금리보다 낮기 때문에 채권은 할인되어 거래되고 있는 것이다. 더욱이 상보채권은 액면이자율이 매력적이지 않기 때문에 채권가격이 더 할인된 가격이 형성된 것이다. 이 부분은 앞장인 채권의 이해에서 다시 한 번 확인하기 바란다.

다음으로는 위의 채권들을 매수할 경우 실제로 액면이자율, 즉 이표를 지급받게 된다. 우리가 항상 교과서에서만 배우던 채권의 액면이자를 실제로 받을 수 있는 것이다. 예를 들어 독자가 1천만원의 여유자금으로 삼성중공업 회사채를 매수한다면 채권 1천 단위($\frac{10,000,000\text{원}}{10,000\text{원}}$)를 매수할 수 있다. 삼성중공업은 이표채로 분기 마다 액면이자를 지급하기 때문에 채권 1단위당 63원($10,000 \times (\frac{0.02513}{4})$)의 액면이자를 지급받게 된다. 독자는 1천 단위를 매수했기 때문에 모두 62,828원[5]을 지급받게 된다. 적은 금액이라고 생각되는가? 실제로 투자한 기간은 2달이고 연율로 환산할 경우 3.78%로 계산되기 때문에 결코 적은 수익률은 아니다. 물론 시장금리와 비교했을 때 그렇다는 말이다. 2017년 12월 현재 기준금리는 1.5%[6]이고 시장 평균 예금금리는 1.67%라는 점을 감안하면 높은 수익률이라는 것을 알 수 있다. 두산인프라코어는 발행일이 2017년 8월로

5 일반 이자소득세(15.4%)를 공제하면 53,150원이 된다.

6 2017년 11월 약 17개월 간 유지해오던 기준금리를 0.25%P인상하여 1.5%가 되었다.

현재 2017년 12월이라면 발행된지 약 5개월 밖에 되지 않은 채권이다. 따라서 앞으로 받을 액면이자가 많으며 채권가격도 할인되어 거래되고 있기 때문에 수익률이 높다. 반면 삼성중공업에 비해서 신용도가 낮기 때문에 이런 점은 투자 시 고려해 봐야 한다. 수익률이 가장 높은 채권은 상보채권이다. 상보채권은 현재가 2017년 12월이라면 이달에 발행된 채권이고, 액면이자율이 낮기 때문에 채권이 더욱 크게 할증되어 거래되고 있다. 또한 신용등급도 앞서 본 삼성중공업과 두산인프라코어보다 낮기 때문에 그만큼 수익률은 높게 형성되어 있다.

채권투자전략은 매우 다양하게 존재하지만 전문투자자가 아니라면 많은 투자기법을 자세히 알고 있을 필요는 없다. 실제로 채권의 다양한 투자기법은 기관투자자들과 같이 거액의 전문투자자들이 사용하는 기법이고, 개인들의 소액 투자전략은 만기보유전략 및 듀레이션을 짧게 가져가는 전략, 수익률을 높이기 위해 하이일드 채권을 짧게 투자하거나 하이일드 채권 듀레이션이 짧은 채권만을 투자하는 전략 등이 있다. 우선 만기보유전략은 채권을 매수하여 만기까지 보유하는 전략으로 가장 보편적인 채권투자전략이다. 채권을 만기까지 보유하게 되면 중간에 경기변동이나 시장금리변화에 따른 가격변동으로 인한 리스크를 회피할 수 있다. 즉 최초 발행 당시 혹은 발행 직후 매수하여 만기까지 보유하면서 중간에 액면이자만 잘 받으면 되는 것이다. 만기보유전략은 채권투자 초보자라면 대체로 신용도가 높은 안정적인 채권을 투자하는 것이 좋다. 신용도가 낮은 채권의 경우 수익률은 높지만 중간에 투자자들이 감당하지 못할 일이 생길 수도 있기 때문에 초보 투자자라면 일단 회피하는 것이 좋다. 금융시장은 언제나 high risk high return임을 명심하자. 다음으로는 듀레이션[7] 짧게 가져가는 전략이다. 즉 만기가 다가오는 채권에 투자하는 방법이다. 예를 들어 앞에서 본 삼성중공업 같은 경우이다. 이런 채권들은 상환기일이 얼마 남지 않았기 때문에 리스크가 상대적으로 작다. 짧은 기간 안에 회사에 심각한 문제가 발생할 확률은 적다는 말이다. 따라서 비교적 안정적으로 투자를 할 수 있으며 투자기간이 짧기 때문에 투자자의 유동성 확보면에서도 상당히 메리트가 있다. 따라서 시장에 만기가 짧은 채권들은 어떤 것들이 있는지 조사해보는 것도 독자들에게는 흥미로운 일이 될 것이다. 마지막으로 하이일드 채권에 투자하는 전략이다. 하이일드 채권이란 신용등급이 낮아 위험성이 높지만 수익률이 좋은 채권들을 말한다. 채권 초보자들이 접근하기에는 쉽지 않은 전략이지만 투자기간을 짧게 잡고

7 듀레이션은 채권에서 발생하는 현금흐름을 기간 가중하여 평균을 낸 값으로 할인채는 만기와 듀레이션이 같고 이표채는 현금발생흐름에 따라 달라진다. 보통 채권의 만기가 길수록 듀레이션이 커지고 채권의 액면이자율과 시장이자율이 높을수록 듀레이션은 짧아진다.

투자한다면 나름대로의 리스크 관리는 가능할 것이다. 여기서 짧은 기간이란 액면이자를 한 번 받을 만한 기간 정도로 생각하면 좋을 것이다. 위의 예에서는 상보 같은 경우를 들 수 있다. 상보는 액면이자율은 낮지만 매우 낮은 가격에 할인 거래되고 있으므로 투자기간을 분기별로 잡고 가져가면 꽤 높은 수익률을 달성할 수 있을 것이다. 또한 상보와 같이 만기가 얼마 남지 않은 회사채를 찾아 투자하면 짧은 기간 투자하고 꽤 높은 수익률을 기록할 수도 있다. 다만, 하이일드 채권에 투자할 정도면 해당 회사의 주력수익 산업과 현금보유상황, 수익상황, 앞으로의 시장상황 및 재무제표 등은 읽을 줄 아는 것이 중요하다. 따라서 투자에 대한 확신이 없다면 만기보유전략과 듀레이션을 짧게 가져가는 전략 정도로 투자를 해보는 방법이 좋다.

2) 채권 ETF투자

정부는 금융소비자의 투자 대안 확대 및 국공채 발생시장 활성화를 위해 금융투자업규정을 개정하여 채권을 기초자산으로 하는 채권 ETF요건을 신설하였다. 이에 따라 2009년 7월 말 거래소에 최초로 채권 ETF가 상장되었다. 여기서 ETF(exchange traded fund)란 지수연동형펀드로 일반 펀드와 달리 거래소에 상장되어 자유롭게 거래할 수 있는 펀드를 말한다.[8]

국공채는 무위험 자산임에도 불구하고 고정이자를 지급하고 만기에 원금을 상환하는 비교적 매력적인 상품이지만 최소 거래단위가 100억원으로 개인 소액투자자들이 접근하기 쉽지 않다. 이에 반해 채권 ETF는 소액투자가 가능하며 거래소 장중에 언제든지 매매가 가능하므로 금융소비자에게 좋은 투자 대안이 될 수 있다. 이와 더불어 국공채 발행시장에서도 기존 전문투자자나 기관투자자 이외에 개인투자자들까지 참여시킴으로써 국공채 발행시장과 유통시장 활성화에 기여할 수 있다.

실제로 우리가 앞서 배운 것처럼 채권을 매수하면 정기적으로 이표(액면이자)를 지급받게 되는데 이것이 채권 투자의 주요 수입원이 된다. 채권 ETF에 투자하게 되면 3월, 6월, 9월, 12월에 실제 현물채권과 마찬가지로 이표(액면이자)로 지급된 금액을 ETF보유자들에게 배분하기 때문에 실제로 국채에 투자한 것과 같은 효과를 누릴 수 있다. 다만 직접투자와 다른 점은 일정 운용수수료(약 0.3% 미만)를 부과하여야 한다는 점인데 이는 일반펀드에 비해 낮은 수수료이기 때문

8 ETF에 자세한 내용은 "금융상품 실무(집합투자증권)"에서 확인하길 바란다.

에 투자자들에게 크게 부담되지는 않을 것으로 판단된다.

현재 국고채 ETF는 KB자산운용의 KBSTAR 국고채, 우리자산운용의 KOSEF 국고채, 삼성자산운용의 KODEX 국고채, 한국투자신탁운용의 KINDEX 국고채, 미래에셋자산운용의 TIGER 국고채 등이 출시되어 거래소에서 거래되고 있다.

표 8-6 | **국채ETF 종류**

구분	종류
KBSTAR	KBSTART 국고채 3년, KBSTAR 단기통안채, KBSTAR 단기국공채, KBSTAR 중장기국공채
KOSEF	KOSEF 국고채 3년, KOSEF 통안채 1년, KOSEF 단기자금, KOSEF 국고채 10년, KOSEF 국고채 10년 레버리지
KODEX	KODEX 국고채 3년, KODEX 국채선물 10년, KODEX 단기채권, KODEX 단기채권PLUS
KINDEX	KINDEX 중기국고채, KINDEX 단기통안채, KINDEX 중장기국공채
TIGER	TIGER 국고채 3년, TIGER 단기통안채

2 | 기업어음(CP) 및 전자단기사채(전단채) 투자실무

기업어음(commercial paper)은 기업이 단기자금조달 목적으로 발행하는 어음 형식의 단기채권을 말한다. 기업어음은 발행회사의 신용으로 발행되기 때문에 보통 재무건전성이 좋은 회사가 발행하며 법률적으로 약속어음으로 분류된다. 또한 기업어음은 발행절차가 간단하여 신속하게 자금조달이 가능하며 보통 은행의 대출금리보다 낮게 발행이 가능하다는 장점이 있다.

기업어음시장의 참가자는 발행기업, 할인매출기관, 매수기관 등 3가지 주체로 구분할 수 있으며 발행기업은 기업어음 발행을 통해 단기자금을 조달하는 기업을 말한다. 할인매출기관은 발행기업과 매수기관을 연결해주고 일정수수료를 받는 기관을 뜻하며 매수기관은 기업어음 운용수단 혹은 투자수단으로 매수하는 주체들을 말한다.

그림 8-22 | **기업어음시장 참가자 및 자금흐름도**

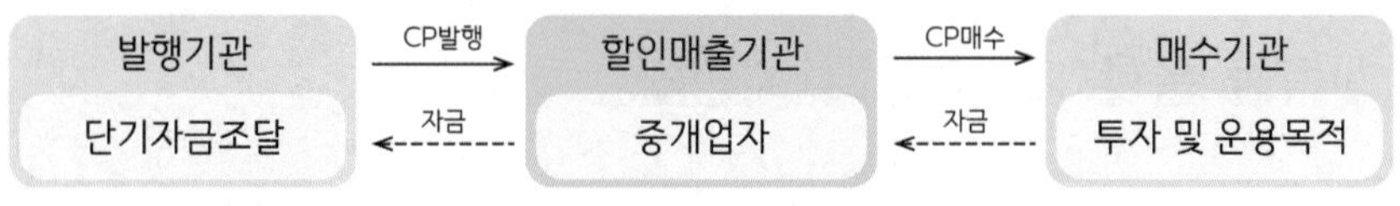

기업어음은 채권과 마찬가지로 신용등급이 존재한다. 따라서 신용등급에 따라 발행금리가 높거나 낮을 수 있다. 보통 신용등급이 높으면 낮은 금리로 기업어음 발행이 가능하며 신용등급이 낮으면 조달금리가 리스크프리미엄만큼 높아지게 된다. 〈표 8-7〉의 신용등급에서 알 수 있듯이 A1이 가장 높은 신용등급이고 D가 가장 낮은 신용등급이다. 현재 우리나라에서는 B등급 이상의 적격업체가 발행한 기업어음이 주를 이루고 있다.

표 8-7 | **기업어음의 신용도**

등급	등급 내용
A1	적기상환능력이 좋으며 상환능력의 안정성도 높음
A2	적기상환능력이 좋음
A3	적기상환능력이 양호
B	적기상환능력은 양호하지만, 단기적인 여건 변화에 따라 투기적인 요소가 내포
C	적기상환능력 및 안정성에 투기적 요소가 큼
D	상환 불가능 상태

기업어음은 발행기업의 신용과 발행절차가 간편하다는 장점이 있지만 투자자 입장에서는 발행기업의 내부사정을 잘 알지 못하는 정보의 비대칭성 문제가 발생할 수 있다. 따라서 지난 2013년 동양CP사태와 같은 투자자 피해를 막기 위해 CP발행 정보공시 및 관리·감독 강화를 주요 내용으로 하는 CP시장 규제 강화 등이 마련되었다.

전자단기사채(전단채)는 동양CP사태 등 기업어음 시장의 법적·실무적 한계를 극복하고 콜시장에 편중된 단기자금을 개편하고자 2013년 1월에 도입되었다. 전단채는 사채로서 1년 미만의 단기자금조달을 목적으로 하는 기업들이 한국예탁결제원을 통해 발행, 유통, 권리행사 등을 전자적으로 처리하는 것을 말한다. 전단채 발행액은 꾸준히 증가하여 2015년 1천조원을 돌파하였다.

1 신탁을 통한 기업어음 투자방법

독자들은 기업어음(이하 CP)이라는 금융상품이 굉장히 생소하게 다가올 수도 있을 것이다. 이제부터 자세히 알아보고 향후 투자기회로 삼아보도록 하자. CP는 앞서도 설명했듯이 기업이 단기자금조달을 위해 발행기업의 신용으로 발행하는 단기 약속어음을 말한다. 여기서 CP가 어떻게 발행되는지 몇 가지를 확인할 수 있다. 우선 발행회사의 신용도로 발행되기 때문에 보통 재무구조가 열악한 회사는 발행하기 어렵다. 따라서 CP를 발행한 회사라고 한다면 보통 기업의 재무구조가 좋거나 중견기업 이상이라고 생각하면 된다. 물론 CP의 신용등급은 필히 확인하여야 한다. 다음으로 기업의 단기자금조달이 목적이기 때문에 만기가 짧다. 보통 3개월에서 6개월 이하인 상품이 대부분이다. 따라서 투자자도 단기로 투자해야 한다는 것을 고려해야 한다. 또한 기업 입장에서 발행금리가 은행에서 대출받는 금리보단 낮지만 투자자인 여러분 입장에서는 은행 예금금리보다는 높은 것이 보편적이다. 마지막으로 재무구조가 좋은 기업들이 단기자금조달을 위해 발행되기 때문에 금액 단위가 10억원 단위이다. 재무구조가 좋은 중견기업이 몇 천만원 부족해서 CP를 발행하지는 않는다. 이런 점들로 미뤄 볼 때 독자가 가장 먼저 드는 생각이 개인 투자의 어려움 일 것이다. 보통의 경우 10억원을 현금으로 들고 있는 사람은 우리나라에 흔치 않기 때문이다. 따라서 금리가 매력적이더라도 개인적으로 투자는 어렵겠다는 생각이 들 것이다.

하지만 신탁을 이용하면 고액이 아니더라도 기업어음에 투자할 수 있다. 증권사는 신탁업을 통해 CP를 중개매매 할 수 있으며, 중개매매에 대한 일정수수료를 수취한다. 따라서 증권회사는 CP금액만큼 일정기간 모집을 통해 투자자를 유치하고 모집금액이 달성되면 발행하기로 한 CP를 받아서 투자자들에게 중개하는 방식으로 CP매칭형신탁 등의 상품을 판매한다. 만약 모집금액이 CP발행금액 이하라면 신탁을 이용한 CP상품 투자는 취소된다. 증권사는 여러 가지 방법을 통해 투자자들을 유치하고 있다. CP모집기간 동안 투자를 청약한 개인투자자들의 자금은 1일짜리 발행어음 혹은 RP 등을 통해 수익률을 보장해 주고 모집이 완료되면 CP투자를 집행하는 방식이다.

그림 8-23 | **신탁을 이용한 CP투자**

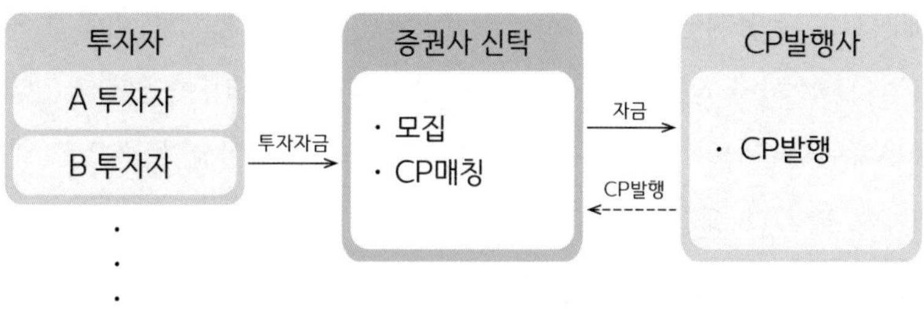

하지만 언제나 고객이 원하는 CP가 준비되어 있는 것은 아니다. 따라서 증권사 홈페이지 등에 CP에 대한 설명이 없다면 직접 지점이나 신탁관련 팀에 전화로 문의해보는 방법이 있으며, 위험도나 금리가 생각만큼 매력적이지 않다면 다른 투자대안과 비교해서 투자를 결정해야 한다. 참고로 지금 같이 저금리 상황에서 시장에 유동성이 풍부한 경우 우량한 기업들은 낮은 조달금리로 어렵지 않게 자금을 조달할 수 있다. 따라서 투자자 입장에서는 CP의 금리가 매력적이지 않게 느껴질 수 있고, 이에 따라 증권사는 판매가 저조한 CP를 공격적으로 판매하려 들지 않을 수도 있다. 하지만 금리가 오르고 자금시장의 여건이 바뀔 경우, 2000년 중반에 있었던 ABCP[9] 수익률 매력도가 살아날 가능성도 염두에 둘 필요가 있다.

2 랩(wrap)을 통한 기업어음, 전단채 투자방법

랩은 일임형 투자상품으로 투자자의 자금을 랩운용자가 운용자 판단에 따라 자산을 매입, 매도, 관리하는 형태를 말한다. 앞서도 펀드와 유사하다고 하였으나 랩은 특정고객으로부터 투자에 대한 관리를 대행하는 방식이고 투자재산은 투자자가 직접 소유하고 있다는 점에서 펀드와 다르다. 최근 CP, ABCP, 전단채 등 단기성 고정이자부상품 운용을 통해 시중금리에 추가금리를 추구하는 랩상품이 많이 출시되고 있다.

이런 랩상품의 투자방식은 정해진 운용대상들을 공개하고 일정기간 투자자금을 모집하여 계약기간 동안 운용 후 운용수익금을 돌려주는 방식이다. 다만

9 ABCP
ABCP(Asset-Backed Commercial Paper)는 기업의 단기자금 조달을 목적으로 발행회사가 자체 신용도에 입각하여 발행한 CP가 아니라 대출채권, 부동산, 정기예금, 회사채 등 각종 자산을 담보로 자산의 유동화를 목적으로 발행된 CP를 말한다.

다른 상품과 다른 점은 운용자산이 단기성 고정이자부상품이기 때문에 시중금리에 추가적인 수익을 추구하는 고정이자부금융상품 형태를 띠고 있다는 것이다. 구체적으로 운용자산은 CP, ABCP, 전단채, 회사채 등으로 비교적 안정적이면서 고정이자소득을 얻을 수 있는 대상이며, 리스크관리 측면에서도 기업어음의 경우 A2 이상 등급, 전단채나 회사채의 경우는 A- 이상 등급으로 제한한다. 또한 대체로 만기가 짧은 것들을 투자하여 만기까지 가격변동위험 등을 최소화하고 3개월 단위로 상환기회를 제공한다. 가장 매력적인 점은 적은 금액으로도 투자가 가능하는 것이다.[10] 앞서도 이야기 했지만 CP 혹은 전단채의 직접투자를 위해서는 최소 1억원 이상의 자금이 필요하다. 이는 투자 여력이 되는 사람이 얼마 없다는 말이다. 하지만 투자단위가 1천만원이라면 보통 일반투자자들까지 투자가 가능한 선이라고 생각할 수 있다. 물론 다른 리스크도 따져봐야겠지만 저금리 시대에 시장금리 이상의 추가금리가 가능한 상품은 분명 매력적인 상품이라고 할 수 있다.

10 보통 1천만원 단위로 투자가 가능하다.

그림 8-24 | **랩을 이용한 CP, 전단채 등 투자**

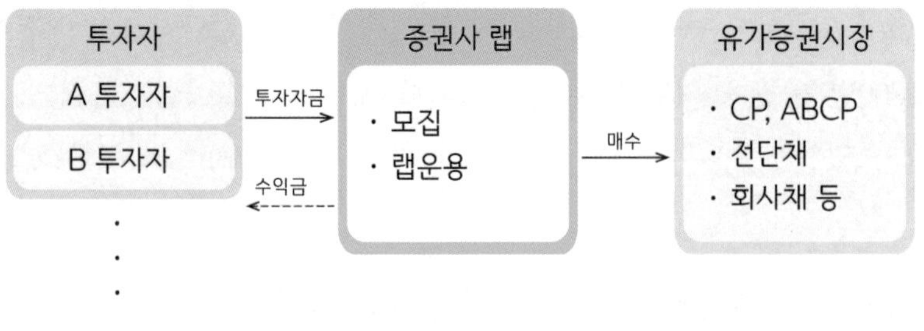

3 | 증권계좌를 이용한 RP 투자 실무

환매조건부채권(repurchase agreement, 이하 RP)은 채권을 매도함과 동시에 일정기간 후 다시 되사는 조건으로 채권을 거래하는 것으로 채권의 매도와 환매가 동시에 이뤄지는 거래를 말한다. 조금 더 구체적으로 설명하자면 채권을 소유하고 있는 A씨가 B씨에게 채권을 매도함과 동시에 일주일이 지난 후 다시 되사는 조건으로 거래를 하는 것이다. 그렇다면 굳이 일주일 후에 되사는 조건으로 채권을 매도할 필요가 있을까? 이는 채권의 소유자가 채권 매도에 목적이 있는 것이 아니라 단기적인 자금조달에 목적이 있기 때문에 단기자금 대차거래라고 보는 것이 맞다. 즉 채권을 소유한 A씨는 단기자금이 필요하기 때문에 B씨에게 채권을 넘기고 일정기간 후 채권을 돌려받으면서 최초 약정한 이자를 지급하는 방식을 따르는 것이다. 이 경우 일반 대차거래보다 투자자는 담보물건이 있어서 안전하다고 생각할 수 있고, 채권 매도자 입장에서도 낮은 금리로 자금을 조달할 수 있어서 서로 좋은 거래라 할 수 있다.

그림 8-25 | **RP매매 거래구조**

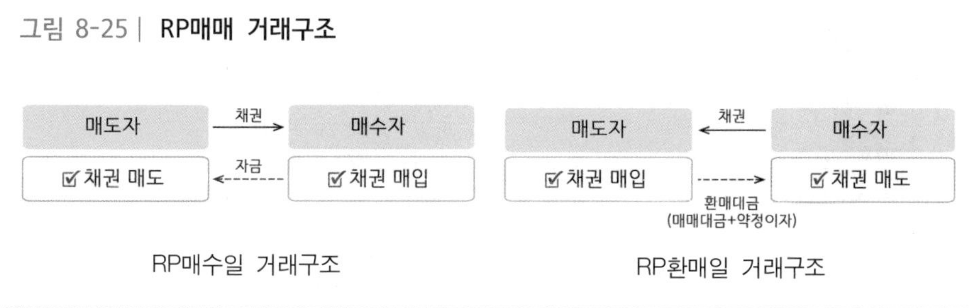

보통 RP시장은 대고객 RP와 기관 간 RP시장이 있지만 우리는 대고객 RP에 대해서만 확인할 것이다. 대고객 RP는 투자매매업을 인가 받은 증권금융회사, 종합금융회사, 은행 등이 자금수신을 위해 고객을 상대로 RP를 매도하는 거래를 말한다. 지금 우리가 배우게 될 증권계좌를 이용한 RP거래 역시 대고객 RP시장이다.

RP에 대한 대략적인 상황에 대해서 이해했다면 이제 본격적으로 증권사 RP에 대해서 알아보자. 우선 RP거래를 하기 위해서는 증권사에 RP거래용 계좌를 개설해야 한다. 자통법이 시행됨에 따라 대부분의 증권사는 RP형 CMA(cash management account) 상품을 판매하고 있기 때문에 RP형 CMA계좌 혹은 위탁계좌를 개설하면 된다. 유가증권 매매를 자주하는 것이 아니라면 RP형 CMA계좌를 개설하는 것이 편하다. 이유는 RP형 CMA계좌의 경우 채권매매가 종료되는 시점에서 CMA계좌에 잔금이 남아 있으면 자동으로 RP매수를 해주기 때문이다. 따라서 특별히 채권 주문창에서 RP를 매수하거나 매도할 필요가 없다는 말이다. 더욱이 자통법 시행에 따라 CMA계좌에서 자금이체는 물론 공과금 납입도 가능하기 때문에 여러모로 유용하게 사용할 수 있다. 현재 우리는 RP거래에 대해서 배우고 있기 때문에 위탁계좌를 개설했다고 가정할 것이다. 이제 계좌를 개설 후 여유자금을 위탁계좌에 넣고 RP를 매수하면 증권사가 공시한 RP이자율로 RP 투자가 끝난 것이다. 정리하면 거래는 이렇다. 독자는 증권사가 보유한 채권에 대해 RP거래를 한 것이다. 즉 독자는 증권사에 자금을 빌려주고 채권을 받았으며 일정기간이 지난 후 RP를 매도할 때 채권을 증권사에 매도하고 약정이자를 받는 구조가 되는 것이다. 결론적으로 독자는 초단기로 채권투자를 한 셈이다. 그것도 기준금리만큼의 이자율을 챙기면서 말이다.

그림 8-26 | **RP매매**

RP주문

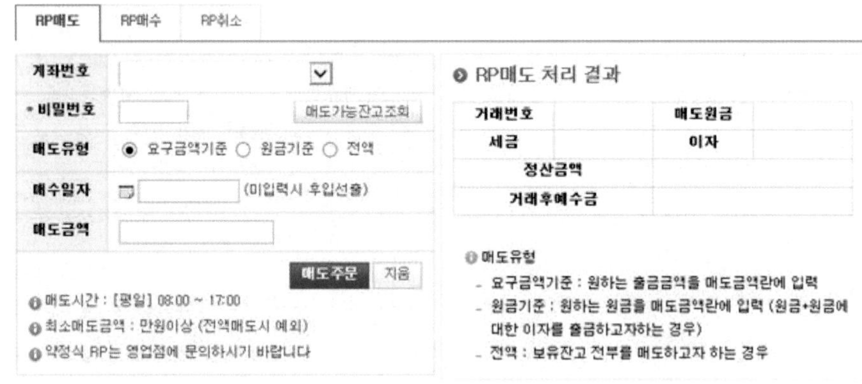
RP매도 RP매수 RP취소
계좌번호
•비밀번호 매도가능잔고조회
매도유형 ◉ 요구금액기준 ○ 원금기준 ○ 전액
매수일자 (미입력시 후입선출)
매도금액
매도주문 지움
매도시간 : [평일] 08:00 ~ 17:00
최소매도금액 : 만원이상 (전액매도시 예외)
약정식 RP는 영업점에 문의하시기 바랍니다

RP매도 처리 결과

거래번호		매도원금	
세금		이자	
정산금액			
거래후예수금			

매도유형
- 요구금액기준 : 원하는 출금금액을 매도금액란에 입력
- 원금기준 : 원하는 원금을 매도금액란에 입력 (원금+원금에 대한 이자를 출금하고자하는 경우)
- 전액 : 보유잔고 전부를 매도하고자 하는 경우

RP매도 화면

RP채권보유현황

계좌번호 •비밀번호 조회

매수일자	매입금액	종목코드	보유수량	담보비율(%)
상품구분	이자	종목명	담보평가금액	
2017/12/08	1,728,331	B00494373	1,858,000	107
CMA RP	383	하나은행40-03할1갑-16	1,850,252	

RP매수 후 보유채권

출처: 교보증권

RP의 가장 큰 장점은 하루만 예치해도 이자가 지급되는 것이고 다음으로 복리계산이 된다는 것이다. RP가 복리로 계산된다는 사실을 아는 사람은 별로 없다. 직접 운용을 하는 사람이 아니면 계산법에 대해 관심이 별로 없기 때문이다. RP가 복리로 계산되는 이유는 매일매일 정산이 되기 때문이다. 쉽게 설명하면 오늘 매수를 했다면 내일 아침에 매도하고 채권시장이 끝날 무렵 다시 매수하는 형태를 따르기 때문에 매일 정산되는 시스템을 가지고 있다. 따라서 매도된 자금이 원금이 되기 때문에 복리와 같은 효과를 나타내는 것이다.

많은 개인들이 여유자금을 수시입출금식 통장에 예치하는 경우가 많다. 매월 나오는 월급에서 재테크 및 재산형성을 위해서는 적금 등을 적극적으로 가입하는 경우가 많지만 적금 만기로 찾은 금액이나 상당한 여유자금이 있어도 언제 사용할지 몰라서 정기예금이나 고정이자부상품을 투자하지 못하고 두는 경우가 많다. 한 번 하는 것이 어렵지 RP거래는 한 번 사용하게 되면 여유자금을 넣어두고 지속적으로 수익을 낼 수 있는 효자상품이라는 것을 금방 알아 차릴 수 있을 것이다. 최근 짠테크 등이 유행하는 것으로 안다. 일주일에 커피 한두잔을 아껴서 재테크를 한다는 의미인 것 같다. 물론 나쁘다는 것은 아니지만 무조건 아끼는 것 보다는 놓치고 있는 것이 있는지를 찾아보는 것도 좋은 재테크 방법이라고 생각한다. 여유자금이 있다면 RP에 한 번 넣어보자. 일주일이면 커피한잔 값은 나오지 않을까 생각한다.

연습문제 Q A

01 다음을 보고 아래 물음에 답해 보시오.

> XXX회사채, 신용등급 AA-, 3년 만기, 액면가 1만원, 이표채, 액면금리 5%, 분기지급

(1) 독자는 여유자금 1천만원을 위와 같은 회사채에 투자하려고 한다. XXX회사채가 유통시장에서 거래되는 현재가는 8천원이고, 독자는 이 채권을 매수하여 10개월 간 보유하려 한다(10개월 동안 이표는 3번 지급된다고 가정). 10개월 후 예상 회사채가격이 9천원이라면 독자의 예상수익금은 얼마가 될지 현금흐름 그래프를 이용하여 설명해 보시오.

(2) 또한 세후 수익금은 얼마인지 설명해 보시오.

02 다음을 보고 아래 물음에 답해 보시오.

> YYY회사채, 신용등급 AA-, 2년 만기, 액면가 1만원, 이표채, 액면금리 8%, 연지급, 시장이자율 10%

(1) 독자는 여유자금을 위와 같은 회사채에 투자하기로 결정하였다. 회사채에 투자하기 위해서는 회사채의 가격을 알아야 한다. 그렇다면 위 채권의 가격은 얼마인지 계산해 보시오.

(2) YYY회사채 가격이 액면가 보다 높은지 낮은지 확인해 보고, 낮다면 그 이유는 무엇인지 설명해 보시오.

(3) YYY회사채와 동일한 조건에 액면금리만 12%로 다른 ZZZ회사채의 가격은 얼마인지 계산해 보시오.

03 독자는 여유자금을 할인채(무이표채)에 투자하기로 결정하고 다음과 같은 할인채를 찾았다. 현재 시장이자율이 5%라면 독자는 얼마에 QQQ회사채를 매수하면 되겠는가?

> QQQ회사채, 액면가 1만원, 2년 만기

04 독자는 회사 상여금으로 3천만원을 일시 수령하게 되었다. 독자는 고심 끝에 자식에게 자산을 물려줄 생각으로 영구채를 매입하기로 하였다. 독자가 찾은 영구채는 액면가 3천만원, 연 5%의 이표를 지급하는 채권이라면 독자는 얼마에 해당 채권을 매수하면 되겠는가? 현재 시장이자율은 7%이다.

05 독자는 여유자금을 단기적으로 운용하기 위해 비교적 안정적인 금융투자상품을 찾고 있다고 가정해보자. 최근 ABCP 수익률이 괜찮다는 정보를 입수하고 증권사를 찾았으나 거래 단위가 10억원이라는 소리를 듣고 투자를 포기하려 하였다. 그러나 증권사 직원이 신탁과 랩어카운트로 CP나 단기사채 투자가 가능하다는 말을 하였다. 신탁과 랩어카운트로 소액 기업어음 투자가 어떻게 가능한지 찾아보고 설명해 보시오.

06 다음을 보고 물음에 답해 보시오.

> 독자는 단기 유동성 자금을 위해 5백만원 정도를 항상 요구불예금 통장에 예치해 놓는다. 그리고 최근 정기예금과 정기적금 만기가 도래하여 4천만원 정도의 현금을 보유하게 되었다. 독자는 4천 5백만원을 다시 정기예금에 예치하려 하였으나 1년 동안 자금이 묶이게 되면 2달 뒤 전세계약 만기가 도래하면서 자금 부족 현상이 생길 수 있다는 점이 염려되었다. 또한 관심을 가지고 있던 회사가 3개월 이내 회사채를 발행한다는 공시정보를 확인하였다. 독자는 자금을 그냥 요구불예금에 넣어두면 기회비용이 너무 크다는 사실을 직감적으로 확인하고 증권사 RP를 거래하기 위해 증권사를 방문하였다.

(1) 증권사 RP를 거래하기 위해서는 어떤 절차가 필요한지 설명해 보시오.

(2) 현재 증권사 RP수익률은 2.5%다. 그렇다면 독자가 RP매수를 통해 채권거래를 할 경우 1일 수익금은 얼마가 되겠는가? 또한 세후 수익금은 얼마가 되는지 계산해 보시오.

(3) 2개월 간 요구불예금에 자금을 넣어 두었을 때와 RP를 매수했을 때 수익금 차이는 얼마나 발생하였는가?

07 시장이자율이 상승하면 채권가격은 하락하고, 반대로 시장이자율이 하락하면 채권가격은 상승한다. 왜 시장이자율과 채권가격은 반비례하는지 채권가격 계산식을 이용하여 설명해 보시오.

SECTION 03

주식, 집합투자증권, 파생결합증권 투자상품

단원을 시작하며

독자들은 독자들 주변에서 혹은 TV나 인터넷 매체에서 주식으로 큰돈을 벌었다는 이야기를 들은 적이 있는가? 우리 옛 말에 사촌이 땅을 사면 배가 아프다는 말이 있듯이 도대체 어떻게 그렇게 큰돈을 벌수 있었을까 하는 의문과 함께 알 수 없는 배 아픈 기분이 들 수도 있을 것이다. 하지만 너무 배 아파할 것 없다. 이런 광고나 소문은 허위일 가능성이 높기 때문이다.

특히나 이런 소문만에 의존해서 주식이나 파생상품에 투자할 경우, 십중팔구 손해를 보기 마련이다. 따라서 독자들은 앞서 말한 소문들에 너무 배 아파할 필요 없이 실제로 주식투자 및 펀드, 파생결합증권이 어떤 프로세스를 가지고 투자되는지 이번 단원을 통해 자세히 알아보도록 하자.

1 | 주식 실무 투자

주식은 채권과 함께 대표적인 투자상품이지만 채권에 비해서 위험이 높다고 인식되고 있다. 실제로 채권의 경우 일정기간 마다 이자를 지급받고 만기 때 원금을 상환받기 때문에 현금흐름상에 불확실성이나 가격변동에 대한 불확실성이 상대적으로 낮은 편에 속한다. 반면 주식의 경우 일정하게 받는 투자수익금이 없으며 주식발행회사를 상대로 상환요구도 할 수 없기 때문에 현금흐름상에

변동성이 심함 종목

불확실성이 높다. 또한 채권의 경우 금리변동이 크지 않아 가격변동이 심하지 않지만 주식은 가격변동성이 매우 심한 편에 속한다. 실제로 주가의 하루 상·하한선은 ±30%로 변동성이 매우 크다. 이렇듯 주식의 경우 정해진 배당이나 상환금 혹은 매도금액이 정해지지 않았기 때문에 채권에 비해 가치를 평가하기 어렵다.

따라서 주식투자를 위해서는 많은 정보와 분석이 요구되며 때에 따라서는 예측능력도 요구된다. 우리는 이번 단원에서 실무적인 주식투자를 위해 대표적인 주식가치평가 방법인 기본적 분석과 기술적 분석 방법에 대해서 알아보도록 하겠다.

읽을거리

왜 주식투자를 하지 말라고 할까?

주변에서 주식투자에 성공했다는 사람은 꽤 있는데 주식 투자에 실패했다는 사람은 별로 없다. 그렇다면 실제로 주식투자로 부자가 된 사람이 많고 실패한 사람은 별로 없을까? 또한 왜 주식투자는 위험하니 하지 말라고 말리는 사람이 많을까? 실제로 주식투자에 성공한 사람은 많지 않음에도 불구하고 시장에서 주식투자에 성공한 사람만 많은 것처럼 보이는 이유는 심리적으로 잘된 것은 크게 말하고 싶어 하고 잘못된 것은 말하기를 꺼려하는 사람의 심리 때문이다. 이런 이유 때문에 시장에 떠도는 소문에만 정보를 의존한다면 주식을 통해 성공한 사람이 많은 것처럼 느껴질 수도 있는 것이다. 그렇다면 주식투자는 위험하니 하지 말라고 하는 것에는 일리가 있을까? 이 사실에 대해서는 일부는 맞고 일부는 아니라고 할 수 있다. 대부분의 주식투자에서 크게 손실을 본 사람들은 주식을 투자가

불확실한 시장의 정보

아닌 투기로 생각하는 경향이 크다. 따라서 정보를 찾고, 분석하고 시장을 관찰하기 보다는 시장에 떠도는 소문에 의존하는 경향이 크다. 소위 "카더라" 통신에 의존하는 경우다. 이런 정보들은 실제로 정확한 정보일 가능성이 낮다. 특히나 비밀이라고 떠도는 정보들은 정확한 출처가 없고, 분석 결과도 없기 때문에 대부분 거짓정보일 가능성이 높다. 또한 주식시장에서 큰 손실을 본 사람들은 변동성이 큰 종목에 투기적으로 투자하는 경향이 있다. 보통 이런 주식들은 주가가 매우 낮아 언제 상장폐지 될지 모르는 주식들이 대부분이다. 따라서 주식을 발행한 회사의 실적이나 경영상황, 산업동향 보다는 거래자들 사이에 소문이나 세력[1]에 의존하여 주가의 변동성이 매우 큰 주식들이다. 따라서 이들 주식에 잘못 투자하면 원금을 순식간에 날릴 위험성이 항상 존재한다. 반면 시장을 관찰하고, 경제, 산업, 해당 기업 등을 분석하여 KOSPI시장의 대형주 위주로 주식투자를 하는 사람들은 단기적으로 손실을 볼 수는 있으나 제한적인 손실에 국한될 가능성이 높으며 이익도 많은 부분 예상된 범위내에서 이뤄지는 경우가 많다. 따라서 주식시장은 위험하니 투자하지 말라고 하는 것은 우리 사회의 한탕주의가 만들어낸 말일 수 있다.

1 우리가 흔히 작전주라고도 부른다.

1 기본적 분석

기본적 분석(fundamental analysis)이란 기업에 경영 및 수익에 영향을 줄 수 있는 외부 경제 및 산업 환경 등의 요인들을 분석하여 기업의 내재가치(intrinsic value)를 평가하는 방법이다. 여기서 내재가치란 기업의 현재 순자산액을 나타내는 자산가치와 장래 수익성을 나타내는 수익가치의 합이다. 즉 현재 회사가 가지고 있는 가치의 총합과 미래에 회사가 벌어들이게 될 수익의 총합계를 나타내는 것이다. 보통 내재가치가 해당 기업의 주가에 반영되기 때문에 내재가치보다 현재 해당기업의 주가가 낮다면 현재 주가는 상대적으로 저평가 되어 있기 때문에 매수하여 수익을 얻고, 반대로 내재가치보다 현재 해당기업의 주가가 높다면 현재 주가는 상대적으로 고평가 되어 있기 때문에 매도하여 손실을 최소화 하는 것이다.

따라서 기본적 분석을 위해서는 거시경제분석, 산업분석, 기업분석 등이 기본적으로 요구된다. 또한 기본적 분석의 접근 방법은 크게 2가지로 구분하는데 첫 째는 전체적인 거시경제를 분석하고, 이에 따른 산업시장을 분석한 후 최종적으로 기업의 내재가치를 분석하는 하향식 접근방법(top-down approach)과 기업의 내재가치를 분석 후 산업시장을 분석하고, 거시경제를 분석하는 상향식 접근방법(bottom-up approach)이 있다. 보통은 하향식 접근방법을 많이 사용한다.

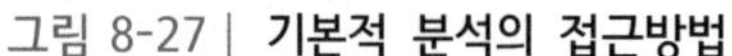
그림 8-27 | **기본적 분석의 접근방법**

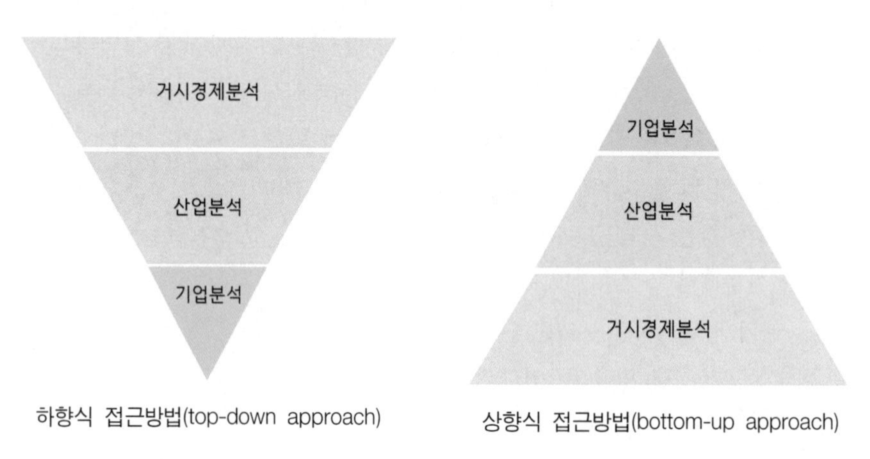

1) 거시경제분석

주식투자를 위해서는 크게 현재 경제 상황을 보는 것이 중요하다. 특히 국내 거시경제 뿐만 아니라 국제경제상황까지 볼 수 있다면 주식투자 뿐만 아니라 다른 투자에도 유리한 위치를 차지할 수 있다. 우리나라와 같이 소규모 개방경제[2]를 채택하고 있는 나라들은 국제경제상황이 더욱 중요할 수 있다. 하지만 국제경제를 분석하는 것은 본서의 범위를 넘어서기 때문에 기본적인 국제적 충격만 살펴보도록 하겠다.

국제경제상황은 크게 2가지로 구분해 볼 수 있다. 즉 현재 상황이 호황인지 불황인지를 판단해 보는 것이다. 때에 따라서는 불황에도 수요가 증가하는 품목이 있고, 호황에도 수요가 감소하는 품목이 있지만 보편적으로는 불황에 수요가 감소하고 호황에 수요가 증가한다고 가정할 수 있다. 예를 들어 2000년대 초반 미국은 닷컴버블, 엔론 회계부정사건, 9.11테러 등 악재가 겹친 후 경기 부양을 위해 확장적 통화정책 및 재정정책을 실시하여 경기를 부양하였다. 이에 따라

2 소규모 개방경제는 국가의 규모가 미국이나 중국, 일본처럼 크지 않지만 국제사회에 수출을 주요 국가 수입원으로 하는 나라들을 말하는 경제용어다.

2007년까지 미국은 경기 호황을 맞이하였다.[3] 미국이 경기호황을 맞이하면서 전 세계 수요가 동반 증가하는 현상이 발생하였고 이에 따라 우리나라도 수출 호조를 보이면서 경기가 좋은 국면을 맞이하였다. 이런 경우 보통 주식시장은 호황을 맞는다. 당시 주가지수를 보면 지속적으로 상승하는 모습을 볼 수 있다. 하지만 2008년 미국에서 서브파라임모기지 사태가 발생하며 미국의 성장률은 급격히 하락하였고, 이는 세계시장 수요위축을 가져와 국내 수출 등에도 큰 타격을 주었다. 이에 따라 우리나라 성장률 또한 급격하게 하락하는 현상이 발생하였다. 이런 경우 세계적인 경제 충격이 국내 경제에 영향을 주어 국내 주식시장에도 부정적인 영향을 미치게 되는 것이다.

3 미국이 이 시기 경기가 너무 좋아 '골디락스'라는 표현까지 사용하였다.

그림 8-28 | **세계경제흐름과 국내 주가지수 변화 추이**

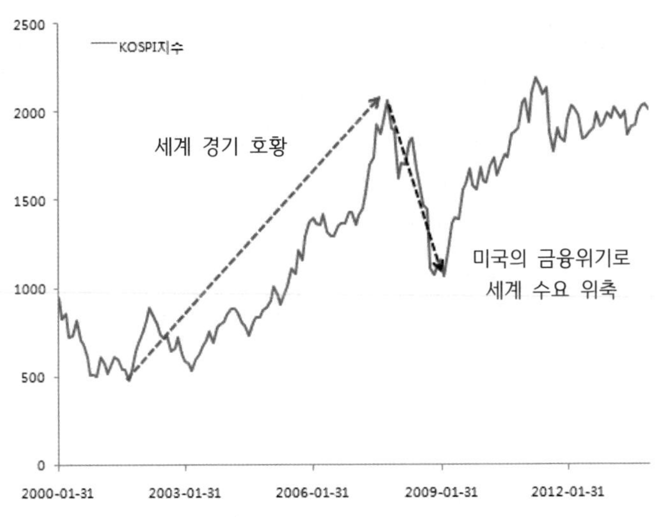

국제경제분석 이후 국내거시경제 분석을 통해 현재 경제상황과 시장상황을 판단해 볼 수 있다. 거시경제분석 역시 학문적이고 광범위하기 때문에 전체를 다 보는 것은 무리가 있다. 따라서 본서에서는 경기순환구조, 경기지수, 총수요 정책인 재정정책과 통화정책, 이자율 결정 등만 간단하게 보도록 한다.

우선 경기순환구조는 〈그림 8-30〉과 같이 단기적으로 호황과 불황이 순환적으로 반복되어 발생한다는 것이다. 우리가 GDP라고 부르는 국내총생산은 크게 추세(trend)와 순환구조(cycle)로 구분할 수 있으며 〈그림 8-29〉에서 나타나 있듯이 추세는 장기적인 평균을 나타내는 선으로 지속적으로 상승하고 있음을 확인할 수 있다. 반면 순환구조는 추세를 기준으로 오르기도 하고 내려가기도 하는 모습을 보이는데 추세보다 위에 위치할 때를 호황(boom), 아래에 위치할 때를 불황(depression)이라고 부른다. 앞서도 언급했듯이 호황에는 대부분의 상품에 대한 수요가 증가하고 불황에는 대부분의 상품 수요가 감소하기 때문에 경기가 기업의 미래 수익성에 영향을 미치게 되는 것이다.

그림 8-29 | **GDP 추이 및 추세**

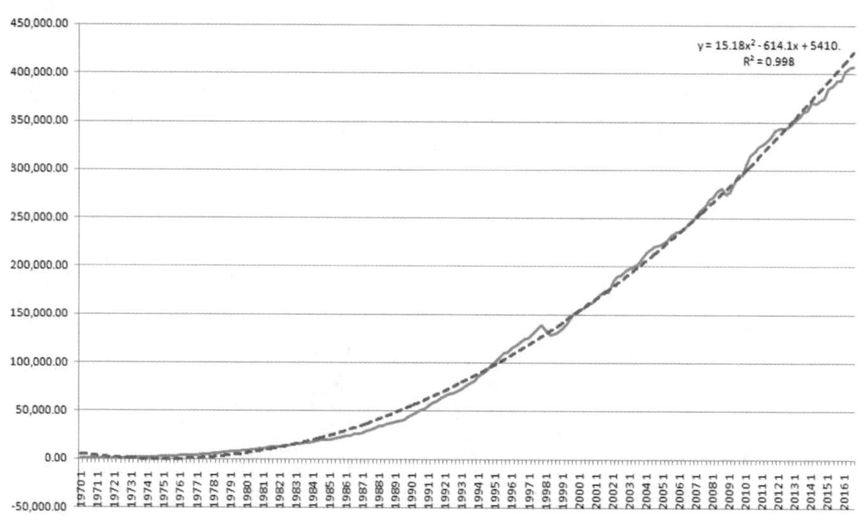

국내 명목 GDP추이 및 추세

국내 GDP성장률 추이

출처: 한국은행경제통계시스템

그림 8-30 | **경기순환구조**

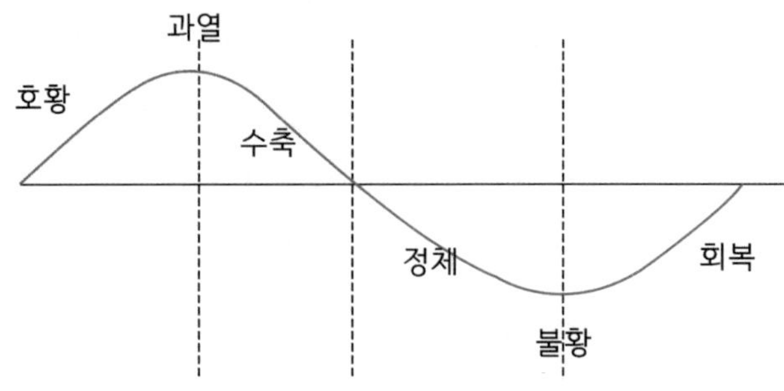

경기순환구조는 이렇듯 주가에 큰 영향을 미치게 되는데 이미 발표된 GDP 자료 등은 과거 데이터이므로 주가에 반영된 경우가 많다. 따라서 경기순환구조를 예측하여 주식 투자를 결정할 수 있는 방법이 있는데 그것이 바로 경기지수다. 경기지수는 경제의 순환구조를 미리 예측할 수 있도록 도와줌에 따라 주식 투자에 중요한 지표 역할을 수행한다. 대표적인 순환지표로는 경기선행지수, 경기동행지수, 경기후행지수 등이 있다.

경기선행지수는 현재 경기보다 앞서 선제적으로 변동되는 지수로 향후 경기를 예측해 볼 수 있는 지수를 말한다. 대표적으로 재고순환지표, 기업경기실사지수, 경제심리지수, 소비자동향지수, 건축허가면적, 설비투자추계지수, 유동성, 순상품교역조건 등이 있다. 재고순환지표는 현재 재고가 얼마나 감소했는지를 보는 지표로서 재고가 감소했다면 현재 판매가 원활히 되고 있는 것이고 향후에 재고를 이전 수준으로 맞추기 위해 더 많은 생산을 할 것이라는 점을 예측할 수 있다. 기업경기실사지수(BSI: business survey index)는 매월 3,313개 법인을 대상으로 설문조사를 실시하여 향후 전반적인 기업경기 등을 조사, 발표하는 자료이다. 실제로 기업현장에서 느끼는 경기실태를 지수화하여 나타낸 지표다. 기업경기실사지수는 100을 기준으로 100보다 높으면 부정적인 응답자수보다 긍정적인 응답자수가 많은 것을 의미하며 100보다 작을 경우 부정적인 응답자수가 긍정적인 응답자수보다 많음을 의미한다. 소비자심리지수(CSI: consumer survey index)는 매월 전국 2,200개 가구를 대상으로 현재 경기상황에 대한 인식과 향후 소비지출 등을 설문조사하여 소비자의 경제에 대한 전반적인 인식을 종합적으로 판단하는 지표다. 소비자심리지수는 100을 기준으로 100보다 큰 경우 경제 상황에 대한 소비자의 주관적인 기대심리가 평균보다 낙관적임을 의미하며 100보다 작을 경우 비관적임을 의미한다. 경제심리지수(ESI: economic sentiment index)는 기업과 소비자 모두를 포함한 민간의 경제 상황에 대한 심리를 종합적으로 판단하기 위해 소비자심리지수와 기업경기실사지수를 합성하여 만든 경제종합지수다. 경제심리지수 역시 100을 기준으로 100보다 높으면 기업과 소비자 모두 경제에 대한 심리가 과거보다 높음을 의미하고 100보다 낮으면 경제적 심리가 낮음을 의미한다. 건축허가면적은 건물 등에 대해 실제로 착공되기 이전에 허가를 받는 서류절차로 향후 건설경기를 가늠할 수 있는 지표가 된다. 보통은 건축허가면적이 전년도에 비해서 늘어나면 향후 부동산 경기가 살아날 것으로 예측하며 이는 경제성장에도 긍정적인 영향을 미친다고 가정한다. 유동성지표는 현재 시중에 자금이 얼마나 풀려 있는지를 나타내는 지표로 보통 유동성이 높으면 자산가격도 상승하고 투자도 증가하여 경기가 좋아질 것으로 예측한다.

표 8-8 | **경기선행지수 구성표**

경제부문	지표명	내용	작성기관
고용	입·이직자 비율	(입직자수/이직자수)x100	고용노동부
생산	재고순환지표(제조업)	출하증가율-재고증가율	통계청
	기업경기실사지수		한국은행
	소비자심리지수		한국은행
	경제심리지수		한국은행
투자	설비투자추계지수		통계청
	자본재수입액	자본재수입액/수입물가지수	관세청
	건축허가면적		국토교통부
금융	종합주가지수	월평균	거래소
	유동성(L)		한국은행
무역	순상품교역조건		한국은행

그림 8-31 | **경기선행지수 추이**

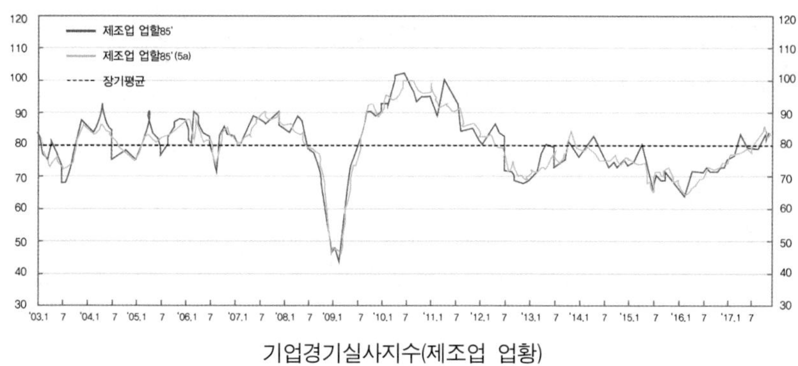

기업경기실사지수(제조업 업황)

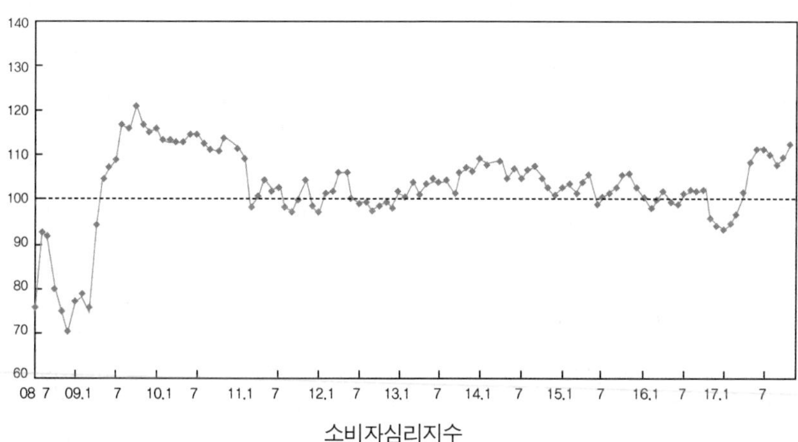

소비자심리지수

경제심리지수

출처: 한국은행

동행지수는 현재경기와 같이 변동되는 지수를 말하며 비농가취업자수, 산업생산지수, 제조업가동률지수, 도소매판매액지수, 건설기성액, 수출액, 수입액 등이 있다. 마지막으로 후행지수는 상용근로자수, 이직자수, 생산자제품재고지수, 도시가계소비지출, 소비재수입액, 회사채수익률 등이 있다.

표 8-9 | **경기동행지수 구성표**

경제부문	지표명	내용	작성기관
고용	비농가취업자수		통계청
생산	산업생산지수		통계청
	제조업가동률지수		통계청
소비	도소매판매액지수		통계청
투자	실질건설기성액	건설기성액/생산자물가지수	통계청
무역	실질수출액	수출액/수출물가지수	관세청
	실질수입액	수입액/수입물가지수	관세청

표 8-10 | **경기후행지수 구성표**

경제부문	지표명	내용	작성기관
고용	상용근로자수		고용노동부
	이직자수(제조업)		고용노동부
생산	생산자제품재고지수	광공업	통계청
소비	실질도시가계소비지출	도시가계소비지출/소비자물가지수	통계청
	실질소비재수입액	소비재수입액/수입물가지수	관세청
금융	회사채수익률	AA-, 3년만기	한국은행

다음으로 총수요정책인 재정정책과 통화정책, 이자율 결정에 대해서 살펴보도록 하자. 우선 국내총생산(GDP)은 지출측면에서 다음과 같이 표현할 수 있다.

$$Y = C(Y - t) + I(r) + G + NX$$

여기서 C는 민간소비를 의미하고, Y는 소득, t는 세금을 의미한다. 또한 I는 민간투자를 의미하며 r은 이자율을 의미한다. G는 정부지출, NX는 순수출을 의미한다. 즉 국내총생산은 지출측면에서 민간소비와 민간투자, 정부지출, 순수출로 이루어져 있다. 우리는 앞서 경기순환에서 경기는 호황과 불황이 반복적으로 일어난다고 이야기 하였다. 이런 호황과 불황이 발생할 때 필연적으로 나타나는 것이 있는데 그것이 바로 인플레이션과 실업이다. 따라서 정부는 단기적으로 경기가 과열되어 있거나 침체가 깊어지는 것을 방지하기 위해 재정정책과 통화정책을 실시한다.[4]

재정정책이란 정부가 정부지출(G) 혹은 세금(t)을 조정하여 경기 침체나 과열을 막는 정책을 말한다. 재정쟁책은 경기상황에 따라 불황에는 확장적 재정정책을 실시하고 호황기에는 긴축적 재정정책을 실시한다. 예를 들어 확장적 재정정책이 실시되면 현재 경제상황이 좋지 않다는 신호로 받아들일 수 있다. 따라서 주가는 박스권에 갇혀 있거나 하락 추세에 있을 가능성 있다. 실제로 확장적 재정정책이 시행되면 시중에 유동성과 이자율 관계를 통해 주가에 영향을 미치는 경로를 생각해볼 수 있다. 또한 단기적으로 정부가 적극적으로 경기를 회복시키려는 의지가 있다는 점도 확인할 수 있다. 우선 확장적 재정정책이 시행되기 위해서는 정부가 자금 확보를 위해 국채를 발행해야 한다. 국채발행은 국채의 가격을 하락시키는 반면 이자율을 상승시키는 효과를 발휘한다.[5] 이자율 상승은 주식보유에 대한 기회비용을 상승시키고 이는 결국 주식수요 감소로 이어져 주가가 하락하는 경로를 따를 수 있다. 즉 시장이자율이 높다면 굳이 변동성(위험)이 높은 주식에 투자하기 보다는 예금이나 기타 고정이자부금융상품에 투자하는 것이 나을 수 있다는 것이다. 또한 이자율 상승은 기업의 자금조달 비용을 증가시켜 기업수익을 악화시킴에 따라 주가가 하락할 수 있는 경로를 따를 수 있다. 더욱이 국채발행으로 인해 구축효과(crowding out effect)가 발생한다면 주가는 더욱 하락할 수 있다. 구축효과란 국채발행으로 인한 이자율 상승이 민간투자(I)를 위축시켜 국내총생산(GDP)을 위축시킬 수 있다는 이론이다.

다음으로 통화정책은 중앙은행이 통화량 혹은 기준금리를 조정하여 민간투자와 민간소비를 자극함으로써 경기를 조정하려는 정책이다. 통화정책 역시 호황기에는 긴축적 통화정책을 실시하며 불황에는 확장적 통화정책을 실시한

4 재정정책은 거시경제의 창시자인 케인즈에 의해서 정립된 이론으로 케인즈 이전까지는 시장방임주의로 장기에 균형으로 복귀하기 때문에 정부가 나서서 정책을 이행할 필요가 없다는 입장이었다. 하지만 대공항 당시 케인즈는 "long time, we are all dead" 라는 말을 남기며 정부가 적극적 재정정책을 시행해서 유효수요를 창출하고 침체에서 벗어나야 한다고 주장하였다.

5 채권의 가격과 이자율의 관계는 "채권실무" 단원에서 확인하길 바란다.

다. 이해를 돕기 위해 확장적 통화정책 경로를 통해 주가에 미치는 영향을 확인해보자. 확장적 통화정책을 위해서는 통화당국이 통화량을 조절하거나 기준금리를 조정하는 방법을 사용한다. 기준금리는 한국은행의 금융통화위원회를 통해 결정된다.[6] 또한 통화량 조절은 공개시장조작을 통해 이뤄지는데 이는 중앙은행이 국채를 매수하거나 매도하는 방식을 진행된다. 국채를 매수하는 것을 공개시장매입이라고 하고 국채를 매도하는 것을 공개시장매도라고 한다. 공개시장매입은 시장에 있는 국채를 매수함으로써 시중에 통화량을 공급하는 정책으로 통화량 증가는 이자율을 하락시키는 경로를 따르게 된다.[7] 이처럼 확장적 통화정책 경로는 통화량 증가 혹은 이자율 하락 경로를 따르게 되는데 이는 다음과 같은 경로를 통해 주가에 영향을 미치게 된다. 우선 통화량 증가는 기업들의 자금 확보를 용이하게 하여 투자증가, 수익성 증가, 주가 상승 경로를 따르게 된다. 민간부분 역시 용이한 자금 확보는 주식매입을 유도하여 주가상승 경로를 따르게 한다. 단기적인 통화량 증가와 기준금리 인하는 이자율 하락경로로 연결되며 이는 기업의 자금조달 비용을 감소시켜 주가상승 경로를 따르게 한다. 또한 민간 부분에서도 고정이자부금융상품에 대한 상대적 수익률 감소가 투자자금을 주식시장으로 이전 시켜 주가상승 요인으로 작용할 수 있다. 하지만 장기적으로 통화량 증가와 기준금리 인하는 인플레이션을 자극하여 부동산 투자로 연결될 수 있으며 제품이 원가상승, 기업수익감소, 주가하락으로 이어질 수도 있다. 이자율 및 통화량과 주가 사이 관계는 〈그림 8-32〉와 〈그림 8-33〉과 같다.

6 기준금리 결정에 대해서는 "이자율 결정" 단원에서 확인하길 바란다.

7 통화량과 이자율 사이 관계는 "이자율 결정" 단원에서 확인하길 바란다.

그림 8-32 | **주가와 이자율 간의 관계**

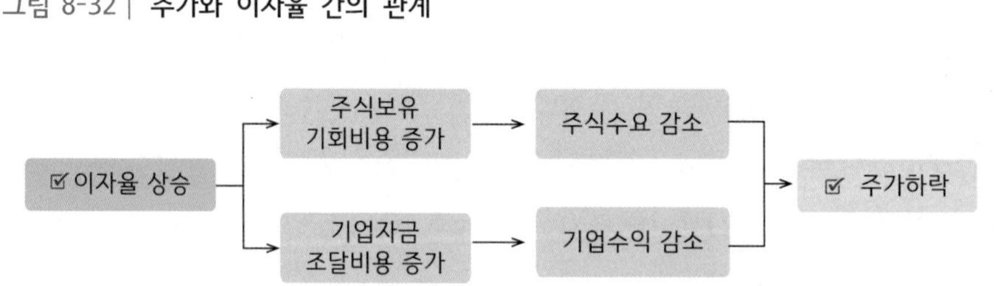

그림 8-33 | **통화량과 주가 간의 관계**

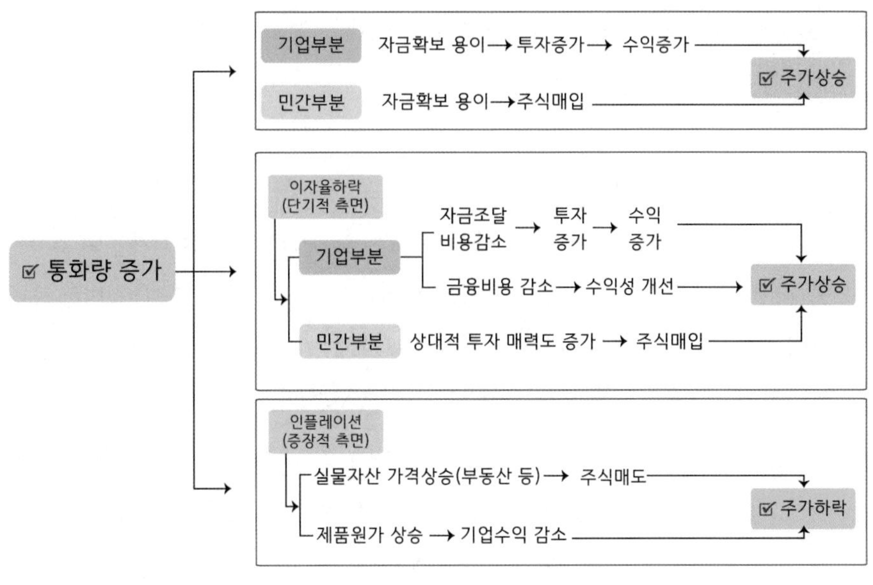

2) 산업분석

산업분석은 기업들 간 동질의 재화나 서비스를 생산하는 분류들의 집단을 분석하는 것이다. 좀 더 구체적으로 통계청의 정의에 의하면 산업이란 유사한 성질을 갖는 산업 활동에 주로 종사하는 생산단위 집단을 의미한다. 산업분석이 중요한 이유는 독자가 투자하고 싶어 하는 개별기업의 미래 수익과 성과가 상당 부분 산업의 흐름에 영향을 받을 수 있기 때문이다.

대체로 우리나라의 산업은 고도성장과 맞물려 빠르게 변화해 왔다. 1970년대는 노동집약적 산업에서 1980년대는 자본집약적 산업, 2000년대에는 기술집약적 산업, 최근에는 4차 산업 및 바이오 산업으로 변경되어 왔다.

이처럼 산업은 최초 도입되면서 성장하다가 점차 산업이 전환되어 쇠퇴하는 과정을 따르게 된다. 그러므로 여러분들이 주식투자를 할 때에도 성장성이 높은 산업에 투자했을 때 기대수익만큼 수익을 올릴 가능성이 높다. 따라서 산업분석에서 가장 기본적으로 보는 라이프사이클 분석(product life cycle analysis)이론을 간단하게 이해하도록 하자.

라이프사이클 분석은 산업이 생명체의 수명과 같이 생성, 성장, 쇠퇴, 소멸로 이어진다는 것에 착안하여 기업도 도입기, 성장기, 성숙기, 쇠퇴기를 거치는 매출, 이익률, 이익이 곡선형태를 따른다는 것이다. 따라서 독자들이 주식 투자를 위해 해당 회사가 어떤 산업군에 속하며 현재 어느 단계에 있는지 파악해 보는 것이 중요하다고 할 수 있다.

▶ **1단계 도입기**: 제품이 처음 도입되는 단계로 신제품이 시장에서 좋은 반응을 보이기까지는 상당한 시간이 소요된다. 따라서 매출증가율이 낮은 반면 시장 선점을 위해 공격적인 마케팅 비용 지불로 인해 적자가 발생하거나 이익률이 저조할 가능성이 높다. 이 시기에 기업은 시장에 계속 기업으로 성장할지 아니면 시장에서 이탈할지가 결정된다.

▶ **2단계 성장기**: 이 시기가 되면 도입기에 살아남은 기업들이 시장을 선점하게 된다. 따라서 시장 수요를 충족시키기 위해 생산을 늘리며 매출증가율은 크게 증가한다. 또한 살아남은 기업은 많지 않으므로 이익증가율도 가파르게 증가한다. 대체로 이 시기에 투자하는 것이 주식 수익률이 가장 높을 가능성이 크다.

▶ **3단계 성숙기**: 성숙기에 들어서면 기업들은 안정적인 시장점유율을 유지하기 때문에 매출증가율은 완만하게 증가한다. 하지만 이제 시장은 포화상태가 되기 때문에 기업들 간 가격경쟁과 마케팅비용이 늘어나 이익증가율은 감소하게 된다. 이 시기 기업들은 줄어든 이익증가율을 만회하기 위해 원가절감 및 생산관리 시스템 등을 도입하여 비용을 최소화 하려 노력한다. 또한 기업이 계속적 기업으로 남을 수 있도록 새로운 상품 개발 등에 비용을 투자하므로 비용은 점차 늘게 된다.

▶ **4단계 쇠퇴기**: 흔히 쇠퇴기에 있는 산업을 사양산업이라고 부르기도 한다. 이 시기가 되면 더 이상 고객들은 기업이 생산한 제품에 매력을 느끼지 못하며 수요가 급감하게 되고 이로 인해 매출액도 급격하게 감소하기 시작한다. 또한 이 시기에는 성장기와 성숙기에 늘렸던 자본과 노동력이 비용 압박으로 다가옴에 따라 이익증가율도 급격하게 하락하며 적자기업이나 도산 기업이 다수 발생한다. 쇠퇴기 기업들은 살아남기 위해 M&A를 통한 업종다각화에 나서기도 한다.

그림 8-34 | **산업의 라이프 사이클(2015년 기준)**

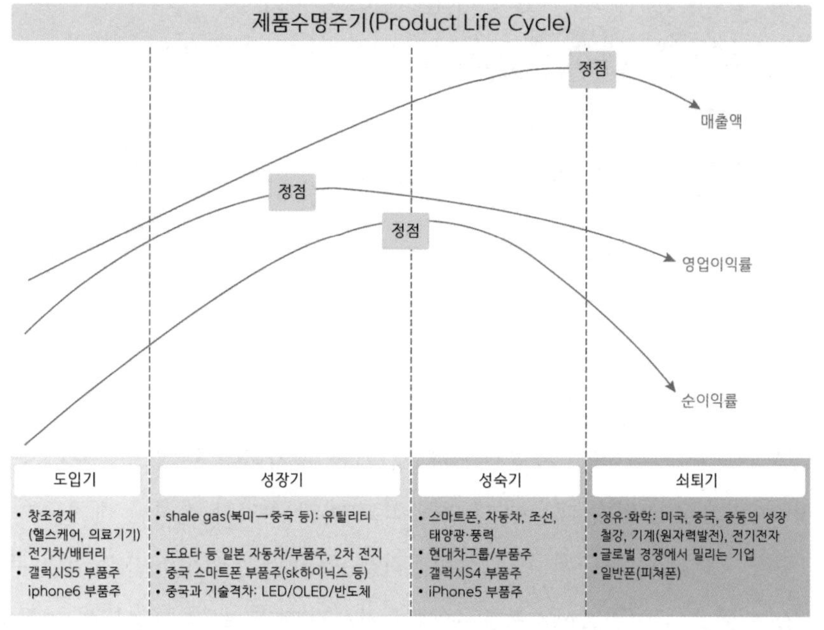

출처: 투자의 맥(리서스 클럽)

다음으로 산업의 특성을 경기변동과 관련하여 구분하고 설명할 수도 있다. 즉 산업이 경기에 얼마나 민감한가에 따라 경기민감산업과 경기방어적산업으로 구분한다. 우선 경기민감산업은 경기변동에 따라 같은 방향으로 움직이는 산업을 말하는 것으로 호황기 때에는 매출과 수익이 늘어나고 불황 때는 매출과 수입이 감소하는 산업을 말한다. 경기민감산업에는 자동차, 에어컨, 냉장고, 세탁기 등 고가의 내구소비재 산업과 산업기계와 같은 내구생산재를 생산하는 산업 및 건설, 건설관련업 등이 포함된다. 반면 경기방어적산업은 경기침체에도 영향을 크게 받지 않는 산업을 말한다. 예를 들어 인간이 삶을 살아가는데 꼭 필요한 생필품 같은 것들이 여기에 속한다. 경기방어적산업에는 음식료산업과 의약품 같은 비내구재 산업과 생활필수품과 관련된 소비재산업, 전력 및 가스 산업 등이 포함된다.

표 8-11 | 경기민감산업과 경기방어적산업

경기민감산업	(내구재) 자동차, 에어컨, 냉장고, 세탁기 등 (내구생산재) 산업기계류 건설, 건설관련업 등
경기방어적산업	(비내구재) 음식료산업, 의약품 (소비재산업) 생활필수품 전략 및 가스 산업 등

3) 기업분석

거시경제 및 산업분석에 이어 이제 독자들이 분석하고 싶은 실제 기업의 주식을 분석해 보도록 하자. 보통 주식은 가치를 평가하여 현재 주가보다 가치가 낮다면 저평가되어 있기 때문에 매수를 하고 현재 주가가 분석한 가치보다 높다면 고평가 되어있기 때문에 매도하는 전략을 사용한다. 그렇다면 기업의 주식가치 평가는 어떻게 이뤄질까? 보통은 앞선 거시경제 분석 및 산업분석을 통해 기업의 예상재무제표를 작성할 수 있다. 물론 예상 재무제표를 투자자가 직접 작성하지는 않고 전문 애널리스트들이 작성하기 때문에 그것을 잘 사용할 줄만 알면 된다. 주식의 경우 정해진 만기도 없고, 일정한 이자가 발생하는 것도 아니기 때문에 주식 가치평가를 위해서는 기업의 이익잉여금이 얼마나 발생하는지를 예측하고 이익잉여금 중에 배당을 얼마나 할 것인지를 예측할 수 있어야 한다. 이렇게 예측된 배당은 일정기간 꾸준히 지급될 것을 가정하고 적정할인율로 할인하여 현재가치를 환산하는 것이다. 이 방법은 우리가 채권계산에서 영구채권계산에 사용한 것과 같은 방법으로 독자들이 이해하는데 어렵지는 않을 것이다.

다만, 영구채권의 경우 할인율을 시장이자율로 사용하였지만 주식에서는 주식투자로 인해 얻을 수 있는 기대수익률인 요구수익률(required rate of return)을 사용한다. 요구수익률은 무위험이자율과 시장포트폴리오의 기대수익률, 그리고 주식의 베타(β)를 통해 얻을 수 있는데,[8] 자세한 사항은 본서의 범위를 넘어감으로 간단하게 시장이자율에 리스크를 감안한 수익률이라고 생각하면 된다. 따라서 요구수익률은 보통 시장이자율보다 높다. 요구수익률만 가지고도 주식투자를 결정할 수 있는데, 예를 들어 현재 주식이 1만원이고 연말에 1천원의 배당을 할 예정이며, 연말 주식 예상 가격이 1만 1천이라면 이 주식에 투자수익률은 20%

8 요구수익률은 CAPM모형에 따르면 R_f(무위험이자율) $+(E(R_m)$ (시장포트폴리오 기대수익률) $-R_f)$ β_i(주식베타)로 표현된다.

($\frac{1,000(배당)+(11,000-10,000)}{10,000}\times100$)가 될 것이다. 반면 해당 주식의 요구수익률이 15%라면 요구수익률보다 높은 20%가 기대되므로 주식을 매수할 수 있다.

요구수익률이 결정되면 주식의 미래 기대되는 현금흐름을 바탕으로 요구수익률로 할인하여 주식의 내재가치(intrinsic value)를 결정할 수 있다. 내재가치는 미래 기대되는 배당과 주식의 매도금액을 요구수익률로 할인한 현재가치다.

$$V(내재가치)=\frac{D_1(미래배당)+P_1(미래매도가격)}{1+k(요구수익률)}$$

앞서 예를 들었던 것을 활용하면, 1년 뒤 배당은 1천원, 1년 후 매도가격은 1만1천원이고 요구수익률은 15%라면 이 주식의 내재가치는 10,435원($\frac{1,000+11,000}{1+0.15}$)이 된다. 따라서 현재 주가가 1만원이므로 과소평가 되어 있기 때문에 해당 주식을 매수하면 된다.

① 기업의 이익금과 배당, 주가와의 관계

기업은 주요 사업을 통해 얻은 매출액과 기타사업으로 얻은 수익에서 매출원가 및 영업비용을 차감하고 세금을 납부하면 순이익 혹은 순손실이 발생하게 된다. 만약 순이익이 발생하였다면 회사의 주주들은 주주총회를 열어 이익을 사내유보금으로 남길지, 배당을 할지 결정하게 된다. 보통 배당과 사내유보를 결정하는 문제는 미래 산업을 위한 재투자를 얼마나 할 것인지에 따라 결정되는 경우가 많다. 예를 들어 성장기업인 경우, 배당 보다는 사내유보를 택할 가능성이 크다. 이유는 사내유보를 통해 R&D투자를 활성화하여 미래가치를 올리는 것이 주가에 더 긍정적이므로 배당수익보다는 주가상승으로 인한 자본이득이 훨씬 크다고 생각할 수 있기 때문이다. 반면 생필품 회사나 담배 등을 만드는 회사의 경우, 이익을 사내유보 시키는 것보다는 배당을 통한 수익배분을 선택할 가능성이 높다. 이는 앞선 이유와는 상반된 개념으로 생필품이나 담배 같은 경우 새로운 상품을 개발하기가 쉽지 않으며 개발한다고 하더라도 기존에 디자인 정도만 바뀌는 것이 대부분이기 때문에 사내유보금을 많이 쌓아 놓을 이유가 없다. 결론적으로 사내 이익은 직접적으로 주가의 변동에 영향을 주며 주총을 통한 배당 및 사내유보 역시 2차적으로 주가에 영향을 미치게 되는 것이다.

그림 8-35 | **기업의 이익금과 배당, 주가와의 관계**

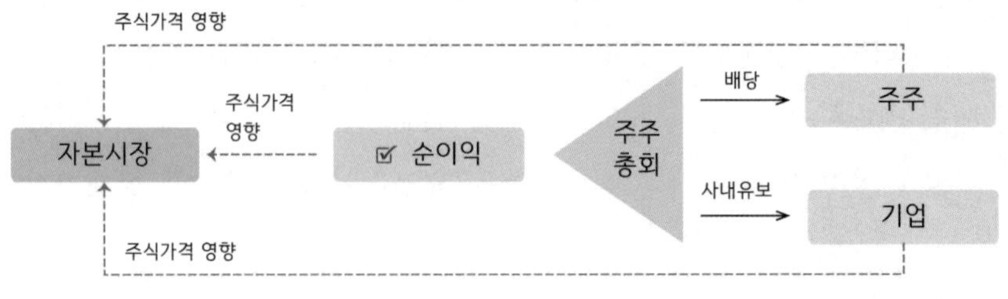

(a) 배당평가모형

배당평가모형은 주식가치평가에 가장 기본적인 모형으로 "기업이 채권 이자처럼 일정하게 배당을 한다면 주식가치는 어떻게 되겠는가"에서 출발한 모형이다. 주식의 경우 만기가 없기 때문에 일정하게 배당을 한다면 아래와 같이 영구채권 계산식으로 나타낼 수 있다.

$$P_0 = \frac{D_1}{1+k} + \frac{D_2}{(1+k)^2} + \frac{D_3}{(1+k)^3} + \cdots$$

이는 우리가 수열을 통한 영구채권 계산에서 확인한 바와 같이 다음과 같이 나타낼 수 있다.

$$P_0 = \frac{D}{k}$$

예를 들어, 현재 A 주식이 영구적으로 매년 1천원씩 배당을 하고 요구수익률이 15%라면 이 주식의 가치는 6,667원($\frac{1,000}{0.15}$)가 된다. 이처럼 배당이 일정하게 지급되는 주식의 가치평가 모형을 제로성장배당모형이라고 부른다.

제로성장배당모형은 현실에서 존재하기 어렵다는 사실을 독자들도 잘 이해할 것이다. 그럼에도 불구하고 아주 복잡한 모형이 주가를 잘 예측하는 것도 아니라는 점을 착안할 때, 가장 간단하면서 쉽게 접근할 수 있는 모형이 좋은 모형이 될 수도 있다는 점을 기억하길 바란다. 다음으로 배당이 일정비율만큼 지속적으로 증가한다고 가정한 모형이다. 이를 식으로 표현하면 다음과 같다.

$$P_0 = \frac{D_1}{1+k} + \frac{D_1(1+g)}{(1+k)^2} + \frac{D_1(1+g)^2}{(1+k)^3} + \cdots$$

이는 배당 D_1이 매년 g만큼씩 성장하는 것을 나타낸 것으로 무한등비수열의 합을 이용하면 다음과 같이 나타낼 수 있다.[9]

$$P_0 = \frac{D_1(1+g)}{k-g}$$

이를 고든모형(Gordon)이라고 한다. 위 식에서 보면 알겠지만 요구수익률(k)이 배당성장률(g)보다 커야 식이 성립함을 알 수 있다. 또한 요구수익률이 낮을수록, 배당성장률이 커질수록 주식의 현재가치가 증가한다는 점도 확인할 수 있다. 예를 들어 매년 1천원씩 배당하는 주식의 배당성장률이 5%이고 요구수익률이 15%라면 이 주식의 내재가치는 10,500원($\frac{1,000 \times (1+0.05)}{0.15-0.05}$)이 된다.

9 초항을 $\frac{D_1}{1-k}$, 공비를 $\frac{1+g}{1+k}$로 놓고 무한등비수열의 합 공식인 $\frac{a(1-r)}{1-r}$에 대입하면 구할 수 있다.

(b) 비율분석

주식의 가치를 평가하기 위해서는 앞선 배당모형 등을 사용하지만 현재 기업의 재무 건전성과 성과 등을 판단하기 위해서는 재무제표를 이용한 비율분석(ratio analysis)을 많이 이용한다. 비율분석을 이해하기 위해서는 우선 재무제표를 이해하여야 하므로 아래 재무제표에 대한 간단한 이해를 먼저 확인해 보도록 하자. 이제 재무제표에 대한 간단한 이해가 되었으리라 생각하고 몇 가지 중요한 비율분석을 알아보도록 하겠다.

▶ 주당순이익(EPS: earning per share)

주당순이익은 대표적인 이익지표로 순이익을 보통주 발행 총수로 나눈 값이다. 이는 주주 1명 당 배분될 이익의 크기를 나타내는 지표다. EPS는 손익계산서의 순이익과 주식발행 총수를 통해 계산할 수 있으며 모든 순이익을 주주들에게 배분한다는 기본 가정을 가지고 해석하는 것이다.

$$EPS = \frac{\text{순이익}}{\text{보통주 총 발행주수}}$$

보통 EPS가 높아야 주가에 좋을 것이라고 생각하는 경향이 있지만 꼭 그렇지는 않다. 물론 EPS가 높다는 것은 그만큼 주주들 수익이 높다는 개념으로 받아들일 수 있지만 업종 평균보다 지나치게 높을 경우 기업이 미래를 위해 재투자를 하고 있지 않은 것으로 판단해 볼 수도 있다. 즉 기업이 연구개발이나 적극적인 마케팅 등을 하고 있지 않기 때문에 다가올 미래에 수익이 감소할 수도 있다는 말이다. 반면 EPS가 음(-)으로 나타나면 어떤 측면으로 봐도 경영상에 문제가 있는 것이며 실제로 손실이 발생하고 있는 것이다. 예를 들어 A기업의 2016년도 EPS는 1,500원에서 2017년 1,700원으로 상승하였다면 주당순이익 증가율은 13%($\frac{1,700-1,500}{1,500}\times 100$)가 된다. 만약 매출액 증가율이 10%라면 A기업은 매출액 증가율보다 주당순이익 증가율이 높기 때문에 경영상의 효율성을 달성했다고 볼 수 있다.

▶ 총자산수익률(ROA: return on assets)

총자산수익률 역시 대표적인 이익지표로 순이익을 총자산으로 나눈 비율을 말한다. ROA는 대차대조표의 총자산과 손익계산서의 순이익을 통해 계산할 수 있다. ROA는 자산을 얼마나 효율적으로 사용하고 있는지 혹은 자산을 근거로 얼마나 이익을 창출하고 있는지의 능력을 나타내는 지표다.

$$ROA = \frac{\text{순이익}}{\text{총자산}}$$

ROA가 높으면 효율적으로 영업을 수행하고 있다고 보지만 비슷한 기업이나 산업대비 지나치게 높다면 보수적인 경영으로 충분한 투자가 이뤄지지 않고 있다고 판단해 볼 수도 있다. 반면 ROA가 낮으면 전반적으로 비효율적인 경영을 하고 있다고 판단해 볼 수 있으나 현재 투자개발비가 많이 들어가 일시적으로 ROA가 낮아질 수도 있기 때문에 확인해볼 필요가 있다.

▶ 자기자본이익률(ROE: return on equity)

자기자본이익률 역시 대표적이 이익지표로 순이익을 자기자본으로 나눈 비율을 말한다. ROE는 대차대조표의 자기자본과 손익계산서의 순이익을 통해 계산할 수 있다. ROE는 다음 공식과 같이 ROA를 자기자본비율로 나눈 지표로 다시 쓸 수 있으며 자기자본 비율은 $1-\frac{총부채}{총자산}$로 쓸 수 있다.

$$ROE=\frac{순이익}{자기자본}=\frac{\frac{순이익}{총자산}}{\frac{자기자본}{총자산}}=\frac{ROA}{자기자본비율}=\frac{ROA}{1-\frac{총부채}{총자산}}$$

따라서 ROE가 높다는 것은 기업이 효율적인 영업을 수행하고 있으며 주주들의 이익이 증가하고 있다고 판단해 볼 수 있다. 하지만 비슷한 업종대비 지나치게 높은 ROE는 부채를 너무 많이 사용해서 레버리지가 지나치게 높을 수도 있고 충분한 투자를 하지 않을 수도 있기 때문에 확인이 필요하다. 반면 ROE가 낮다면 비효율적인 경영을 하고 있거나 지나치게 높은 연구개발비가 투자되고 있을 수도 있다. 또한 ROE가 지속적으로 하락하고 있는 추세라면 매출이 둔화되고 있거나 기업이 쇠퇴하고 있다고 판단해 볼 수 있다.

▶ 유동비율(CR: current ratio)

유동성비율은 대표적인 유동성 지표로 단기부채를 얼마나 쉽게 상환할 수 있는지를 나타내는 지표다. 유동성비율은 유동자산을 유동부채로 나눈 비율로 나타낸다. 유동부채와 유동자산은 대차대조표를 통해 확인할 수 있다.

$$CR=\frac{유동자산}{유동부채}$$

CR이 높을수록 기업은 단기부채 상환능력이 좋다고 할 수 있으며 CR이 낮을수록 단기 상환능력이 떨어지기 때문에 자금부족으로 기업이 위기에 처할 수 있다고 판단할 수 있다. CR은 반드시 동종업종 내 지표들과 비교해 보아야 하며 단순 절대치를 가지고 판단할 수는 없다. 이유는 유동자산에 재고자산과 외상매출금 등이 포함되어 있기 때문이며 업종에 따라 재고자산에 대한 부패, 기타 요인으로 판매할 수 없을 수 있고 외상매출금 역시 장기적으로 받지 못할 수도 있기 때문이다. 따라서 CR지표와 함께 유동자산에서 재고자산과 선급금 등을 차감한 당좌비율(QR: quick ratio) 등을 보기도 한다.

▶ 이자보상비율(ICR: interest coverage ratio)

이자보상비율은 대표적인 보상비율로 기업이 부담하고 있는 재무적 부담을 이행할 능력이 충분한지를 보는 지표다. 이자보상비율은 법인세전 이익 또는 영업이익을 이자비용으로 나눈 비율이다. 법인세전 이익 및 영업이익, 이자비용은 손익계산서에서 확인할 수 있다.

$$ICR = \frac{\text{법인세전이익 or 영업이익}}{\text{이자비용}}$$

ICR는 기업의 이익으로 차입이자를 얼마나 보상할 수 있는지 지불능력을 확인하는 지표다. ICR가 높다면 차입이자를 지불하고도 어느 정도의 이익의 여유가 있다는 의미로 해석할 수 있으며 이는 채권자들뿐만 아니라 주주들에게도 안정감을 줄 수 있다. 또한 추가 차입을 하는데 어려움이 없다고 판단해 볼 수 있다. 반면 ICR비율이 낮다면 차입 자본에 대한 충분한 수입을 올리지 못하고 있다고 볼 수 있다. 또한 지나치게 높은 레버리지를 통해 공격적인 경영을 하고 있을 경우도 ICR비율이 높아질 수 있기 때문에 확인해 볼 필요가 있다.

▶ 부채-자기자본비율(DER: debt-equity ratio)

DER은 자기자본에 비해 채권자들의 자금이 얼마나 되는지를 나타내는 지표다. DER은 총고정부채를 자기자본으로 나눈비율이다. 총고정부채와 자기자본은 대차대조표에서 확인할 수 있다.

$$DER = \frac{\text{총고정부채}}{\text{자기자본}}$$

DER은 주주들이 출자한 자본에 대한 레버리지 크기를 확인하는 지표로 일반적으로는 100%를 기준으로 보고 있다.[10] DER이 높은 기업은 호경기에 이자비용보다 많은 수익을 올릴 수 있기 때문에 수익이 크게 늘어나지만, 반대로 침체기에는 수익이 크게 감소함에 따라 위기에 처할 수도 있다. 따라서 부채의 레버리지는 이익의 변동성을 크게 만드는 작용을 한다. 보통 레버리지 비율이 높으면 변동성으로 측정된 리스크가 증가하므로 주주들의 기대수익률도 높아지는 경향이 있고, 반대의 경우에는 기업의 이익이 안정적으로 유지될 수 있으므로

10 실제로 외환위기 이전에는 400%에 육박하는 지표를 보이는 기업들이 많았으나 외부의 부정적인 충격 시 기업이 쉽게 도산할 수 있다는 측면에서 국내 기업들은 이 지표를 지속적으로 줄여 왔다.

주주들의 기대수익도 낮아지는 경향이 있다.

읽을거리

재무제표의 간단한 이해

재무제표는 기업을 이해하는데 가장 중요한 수단으로 기업의 자산, 부채, 자본, 매출액, 비용, 이익, 현금흐름 등을 확인할 수 있는 대표적인 수단이다. 재무제표는 크게 3가지로 구분하는데 대차대조표(재무상태표, financial statement), 손익계산서(포괄손익계산서, income statement), 현금흐름표(statement of cash flows)로 구분된다. 우선 대차대조표는 현재 시점에서(stock) 기업의 자산(asset)과 부채(debt), 자기자본(equity)을 얼마나 소유하고 있는지를 나타내는 재무제표로 기초회계방정식인 "자산=부채 +자기자본"으로 구성되어 있다. 즉 회사의 자산은 부채와 자기자본으로 구성되어 있다고 보는 것이다. 대차대조표는 그림과 같이 작성된다. 기업의 자산항목은 유동자산과 비유동자산으로 구분하고 비유동자산은 무형자산과 유형자산으로 구분한다. 여기서 유동자산이란 1년 안에 현금화가 가능한 자산으로 유동성이 높은 자산을 의미한다. 반면 비유동자산은 부동산, 공장과 같이 1년 안에 유동화하기 어려운 자산들을 말한다. 대표적인 유동자산은 현금, 매출채권, 재고자산 등이 있다. 비유동자산은 다시 유형자산과 무형자산으로 구분되는데 유형자산은 말 그대로 형태가 있는 자산을 말한다. 예를 들면 장비, 건물, 토지 등이 해당된다. 반면 무형자산은 형태가 없는 자산으로 특허권, 상표, 저작권, 영업권 등이 포함된다. 부채는 기업이 타인으로부터 차입해온 자금 등을 말하며 부채 역시 유동부채와 비유동부채로 구분한다. 대표적인 유동부채는 단기차입금, 매입채무, 외상매입금 등이 있으며 비유동부채로는 사채(회사채), 장기차입금 등이 포함된다. 마지막으로 자기자본은 자산에서 부채를 뺀 값으로 법인의 주주자본과 이익잉여금 등이 포함된다.

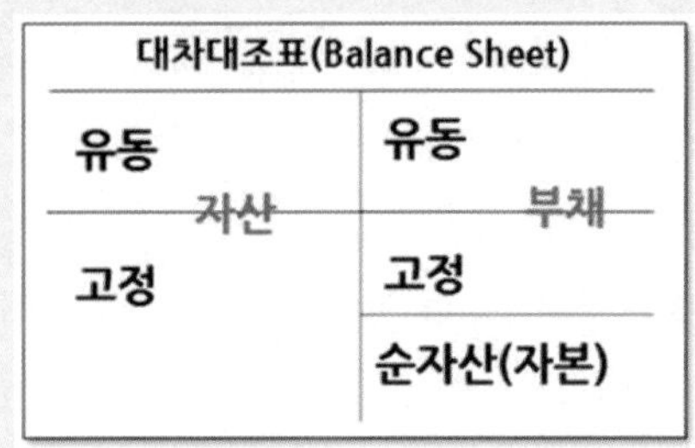

대차대조표 기본 형식

손익계산서는 일정기간(flow) 동안 기업의 수익에서 비용, 세금 등을 차감하

수익(Revenue)
− 매출원가(Cost of goods sold)

− 총 이익(gross profit; gross margin)
− 영업비용(Operating expenses)

= 세전 순이익(Net income before taxes)
− 세금(Taxes)

= 순이익 또는 순손실(Net income or loss)

손익계산서 기본계산식

고 실제 기업이 얼마나 수익을 냈는지를 확인하는 재무제표이다. 손익계산서에 가장 일반적인 계산과정은 다음과 같다. 수익(revenue)에서 매출원가(cost of goods sold)를 차감하면 총 이익(gross profit)이 산출되고 총 이익에서 영업비용(operating expenses)을 차감하면 세전 순이익(net income before taxes)이 도출된다. 마지막으로 세전 순이익에서 세금(taxes)를 차감하면 기업의 순이익 혹은 순손실(net income or loss)을 구할 수 있다. 간단하게 각 단계별 항목을 살펴보면 우선 수익은 기업의 주력산업에 해당하는 상품 및 서비스의 판매액인 매출과 기타수입이 포함된다. 기타수입에는 임대수입, 특허세 등이 포함된다. 매출원가는 상품이 판매되는데 든 비용 또는 제품 생산에 있어 사용된 원자재나 여타 비용 등을 말한다. 매출원가에는 모든 운송료 및 저장비용도 포함된다. 보통 제조업의 경우 매출원가가 상당히 크다. 다음으로 영업비용은 흔히 판관비(판매비와 일반관리비)라고 부르는 비용으로 사업운영과 관련된 임차료, 관리비, 종업원 봉급 등이 포함된다. 보통 판매비에는 마케팅하고 배포, 유포 하는데 발생하는 모든 비용을 말하며 영업사원 급여와 광고비 등이 포함된다. 일반관리비는 종업원 급여, 감가상각비,[11] 보험료, 임차료 등 기업을 운영하는데 들어가는 일반 비용 등이 포함된다.

현금흐름표는 재무제표 중에 앞서 설명한 대차대조표와 손익계산서보다 중요도가 다소 떨어지기는 하지만 최근 신용거래가 보편화 되면서 기업의 현금 유·출입 상태가 과거보다는 중요한 항목으로 자리 잡고 있다. 실제로 손익계산서상 순이익이 발생하고 있지만 현금흐름상 문제가 생겨 흑자도산[12]하는 기업들도 있다. 현금흐름표는 영업, 투자, 재무 등 3가지로 구분하여 본다. 영업은 실제 사업을 운영하는 것과 관련된 현금거래들을 말한다. 보통의 경우 영업현금흐름은 양(+)수일 경우가 좋다고 말한다. 다음으로 투자는 기업이 투자 활동을 통해 현금이 유입되거나 유출되는 경우를 말하며 기업들의 경우 미래를 위한 순투자나 현재 자본재의 마모 등으로 인한 대체투자 모두 기업의 향후 수익에 긍정적으로 작용 한다는 경향이 있으므로 음(−)수일 경우가 좋다고 말한다. 마지막으로 재무는 기업이 재무활동을 통해 장단기 필요자금을 조달하거나 상환하는

11 감가상각비(depreciation)는 유형자산을 사용기간이 지남에 따라 자동적으로 비용을 처리하는 것을 말한다. 실제로 기계장비 등은 수년이 지나도 그대로인 경우가 많지만 회계상으로는 예를 들어 매년 10%씩 사라진다고 보는 것이다.

12 흑자도산이란 손익계산서상 영업이익 및 순이익이 발생함에도 불구하고 유동성 부족(현금 부족)으로 기업이 도산하는 경우를 말한다.

것을 말한다. 보통 단기차입금으로 인한 재무 증가가 지속되는 것은 기업의 미래를 위해서 좋지 않다고 판단하며, 장기적 차원에서 차입(회사채 발행, 장기차입금 등)은 회사의 미래 투자를 위한 항목일 수 있으므로 무조건 나쁘다고만 판단할 수는 없다.

2 기술적 분석

기술적 분석은 과거의 주가 및 거래량 흐름과 패턴을 파악하여 미래주가를 예측하고 매매시점을 선정하는 분석기법이다. 실제로 주식시장에는 챠트만을 분석하며 주식매매를 하는 전문가들이 존재하는데 이들을 챠티스트(chartists)라고 부른다.

기술적 분석가들이 챠트를 굳게 믿는 가장 큰 이유는 챠트의 경우 기본적 분석과 달리 투자자 심리를 반영한다고 생각하기 때문이다. 즉 기술적 분석가들은 챠트에 투자자들의 비이성적이고 심리적인 요인이 반영되어 있기 때문에 기본적 분석으로는 잡을 수 없는 매매시점을 잡을 수 있다고 주장하는 것이다. 실제로 행동재무학에 의하면 투자자는 자기과신(overconfidence)으로 인해 합리적인 가정을 할 때보다 거래를 빈번하게 한다고 주장하였다. 해당 이론을 받아들인다면 실제로 거래량과 심리지표 등을 이용하여 투자자들의 심리를 파악할 수 있고 이를 통해 매매시점을 선정할 수 있는 가능성이 있다고 볼 수 있다.

기술적 분석의 기본 가정은 다음과 같다.

(a) 주식시장은 수요와 공급에 의해서만 결정된다.
(b) 주가는 지속적은 추세를 따르며 상당기간 움직인다.
(c) 추세의 변화는 수요와 공급에 의해서 변한다.
(d) 수요와 공급의 변화는 도표에 의해 추적가능하며, 주가모형은 스스로 반복하는 경향이 있다.

이런 가정이 성립한다면 기술적 분석은 기본적 분석으로는 파악하기 어려운 투자자들의 심리적 요인을 파악할 수 있으며 이는 기본적 분석의 한계를 보완할 수 있는 수단이 된다. 또한 기본적 분석은 내재가치를 분석하여 미래 적정 주가를 계산할 수는 있지만 매매시점을 포착하기는 어렵다는 한계점이 있다. 반면 기술적 분석은 추세 변화 등의 분석을 통해 매매시점을 포착할 수 있다는 점에서 기본적 분석의 한계점을 보완할 수 있다.

기술적 분석은 이와 같은 장점에도 불구하고 몇 가지 한계점을 가지고 있다. 그것은 첫째, 과거 주가 패턴이 미래에도 반복될 것이라는 것은 지극히 비현실적일 수 있다는 것이다. 다음으로는 동일한 주가흐름을 보고도 사람마다 분석하는 시점이 다를 수 있다는 점이다. 즉 어떤 투자자는 같은 챠트를 보고도 현 시점을 매수시점으로 볼 수도 있고, 다른 투자자는 매도시점이라고 볼 수도 있다는 것이다. 마지막으로 기술적 분석가들은 챠트에만 집착하는 경향이 있기 때문에 전반적인 시장변화에 대한 원인을 분석하지 못한다는 단점이 있다. 따라서 현명한 투자자라면 챠트에만 의존하지 말고 기본적 분석을 병행하여 분석할 수 있는 넓은 시야를 가져야 한다.

1) 챠트의 기본구조(캔들 챠트 구조)

주식을 한 번도 경험해보지 못한 사람이더라도 인터넷이나 뉴스 등에서 캔들챠트를 한 번 정도는 본 적이 있을 것이다. 캔들챠트는 말그대로 촛대모양과 비슷하다고 해서 붙여진 이름이다. 보통 캔들챠트는 위와 아래 꼬리를 달고 있으며 중간에 몸통이 있는 모양을 하고 있다.

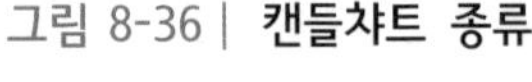
그림 8-36 | **캔들차트 종류**

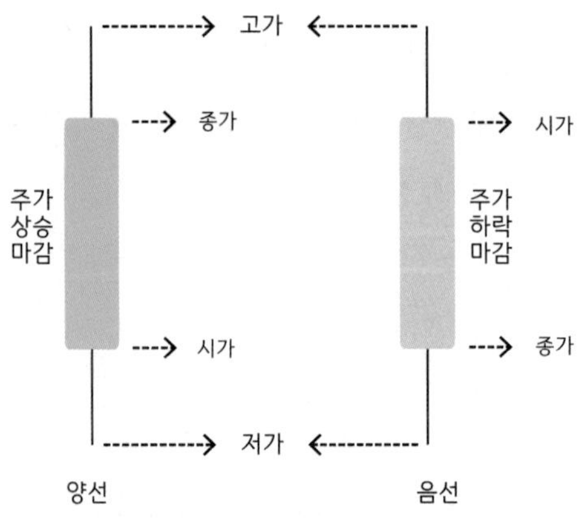

캔들챠트는 〈그림 8-36〉과 같이 2가지 종류가 있는데 하나는 양선이고 하나는 음선이다. 양선의 경우 몸통이 빨간색으로 표시되어 있는데 이는 주가가 상승 마감했다는 표시다. 즉 몸통 부분(빨간색)의 하단을 보면 시가라고 되어 있고 상단부분은 종가라고 되어 있는 것을 확인할 수 있는데, 시가는 주식의 시작 가격을 나타내는 것이고 종가는 주식의 마감 가격을 나타내는 것으로 양선의 경우, 종가가 시가보다 높기 때문에 상승마감 하였다고 표현하는 것이다. 반면 음선의 경우 주가가 하락 마감하였음을 의미하는데, 이는 파란색으로 표시한다. 음선은 위에서 보는 바와 같이 양선의 시가와 종가가 바뀌어 있는 것을 확인할 수 있으며, 이는 시가보다 종가가 낮은 가격으로 하락마감 하였음을 표현하는 것이다. 캔들챠트 상단 부분에 초의 심지처럼 올라가 있는 부분이 있는데 이것을 고가라고 부른다. 고가는 해당 주식의 장중에 가장 높은 가격을 의미한다. 반대로 하단 부분에 길게 나와 있는 부분을 저가라고 부르는데 이것은 장중에 주식의 가장 낮은 가격을 의미한다. 따라서 장중에 변동성은 고가와 저가 사이 가격차를 이야기 하는 것이다. 예를 들어 A주식이 1만원에 시작(시가)하여 장중에 1만 1천원까지 상승하였다가 9천 8백원까지 밀리고 다시 1만 2백원에 장을 마감하였다면 A주식은 양선 캔들챠트를 보이게 된다. 즉 시가는 1만원, 종가는 1만 2백원으로 몸통을 형성하고 캔들 위의 심지인 고가는 1만 1천원, 캔들 하단 부분 심지인 저가는 9천 8백원이 되는 것이다.

2) 추세선 분석

추세분석은 추세가 일단 형성되면 상당기간 지속된다는 가정에서 출발한 것으로 주식 분석에서 매우 중요한 축을 차지하고 있다. 추세는 장기와 단기 추세기 있으며 단기적으로 하락추세라고 하더라도 장기적으로는 상승추세라면 매수포지션을 유지하는 것이 좋다. 추세분석의 대표적인 방법인 지지와 저항, 이동평균 방법에 대해서 알아보도록 하자.

① 지지선과 저항선

지지선이란 주가가 하락하는 것을 밑에서 받혀주는 힘을 뜻하며, 저항선은 주가가 상승하는 것을 위에서 막아주는 힘을 뜻한다. 즉 지지선은 매도세의 우위로 주가가 하락하다가 어느 특정 가격대에서 매수세 우위로 돌아서며 가격하락이 멈추거나 상승하는 것을 말하며 저항선은 매수세 우위로 주가가 상승하다가 어느 특정 가격대에서 매도세 우위로 돌아서며 가격상승이 멈추거나 하락하는 것을 말한다.

그림 8-37 | **지지선과 저항선**

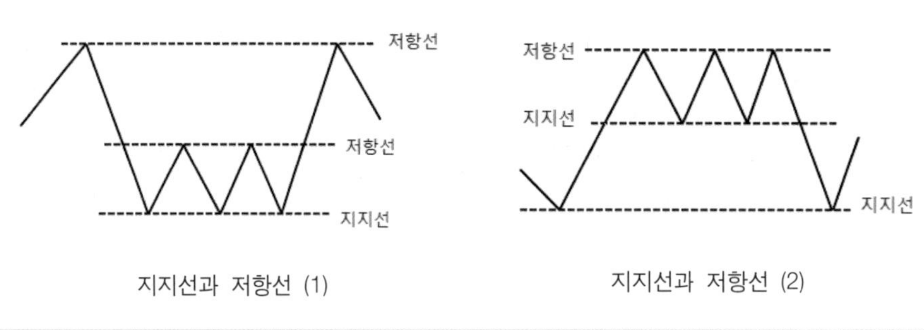

지지선과 저항선 (1)　　지지선과 저항선 (2)

〈그림 8-37〉에서 알 수 있듯이 저항선은 고점을 수평으로 이어서 만든 선이며 지지선은 저점을 수평으로 이어서 만든 선이다. 만약 주가상승으로 저항선을 돌파한 경우 이전의 고점을 저항선으로 보며 주가하락으로 지지선을 돌파하는 경우 이전 저점을 지지선으로 본다. 흔히 이런 경우를 매매 타이밍으로 잡는데 저항선을 돌파하여 주가가 상승하는 경우 주가는 이전 고점까지 상승할 가능성이 있으므로 매수 혹은 보유 타이밍으로 생각한다. 더욱이 저항선을 돌파하는 시점에서 거래량이 크게 증가하거나 박스권에 오래 갇혀 있다가 돌파하는 경우 주가 상승에 대한 의미를 크게 부여한다. 또한 이전 저항선을 기준으로 목표주가를 예상해 볼 수 있으므로 미리 매도 타이밍을 잡을 수 있다는 장점도 있다. 반면 주가가 지지선을 뚫고 밑으로 하락한다면 이전 지지선까지 하락할 수 있으므로 이를 매도 타이밍으로 생각할 수 있다. 만약 주가가 단기적인 박스권에 갇혀서 등락을 거듭하고 있다면 단기적인 저항선과 지지선을 기준으로 매수, 매도 타이밍을 잡을 수 있다. 저항선과 지지선의 중요한 의미는 다음과 같이 정리할 수 있다.

(a) 주가의 최대 혹은 최소 목표치 설정이 가능하다.

(b) 장기에 걸쳐 형성된 저항선과 지지선은 신뢰도가 높다.

(c) 최근에 형성된 저항선과 지지선은 신뢰도가 높다.

(d) 저항선과 지지선을 지속적으로 돌파하지 못하면 추세 전환의 신호로 인식할 수 있다.

② 추세선

추세선(trend line)은 의미 있는 2개의 고점 혹은 저점을 연결한 선으로 상승 추세선, 하락 추세선, 평행 추세선 등이 있다. 상승 추세선은 〈그림 8-38〉과 같이 저점의 위치가 계속 상승하는 것을 말하며 하락 추세선은 고점의 위치가 점점 하락하는 것을 말한다. 또한 평행 추세선은 고점 혹은 저점이 옆으로 평행하게 유지되는 상태를 말한다.

그림 8-38 | **추세선의 종류**

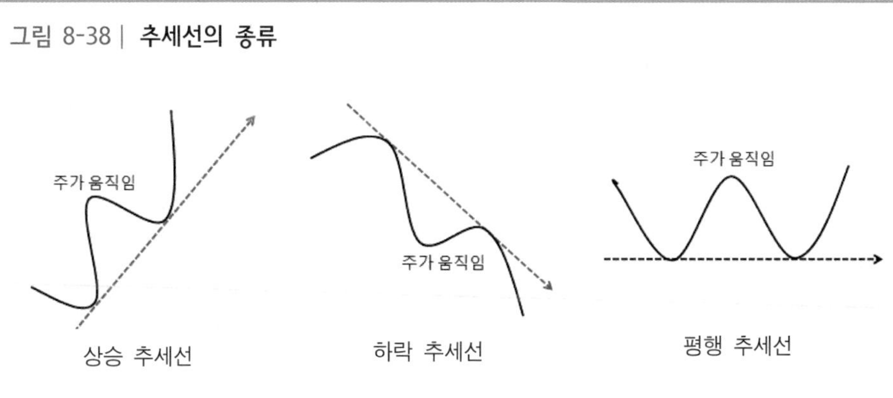

추세선은 일반적으로 중요한 지지선 혹은 저항선 역할을 한다. 즉 상승 추세선은 주가의 추가적인 하락을 막아주는 지지선 역할을 하고 하락 추세선은 주가의 주가 상승을 막아주는 저항선 역할을 한다. 추세선이 신뢰도는 저점과 고점이 수차례 나타나며 길게 형성 될수록 혹은 추세선의 길이가 길고 완만 할수록 크다고 말한다. 여기서 저점과 고점이 길게 형성되어 있다는 의미는 주가가 일관성 있게 움직이고 있다는 것이고 기울기가 완만하다는 의미는 주가의 급격한 변화가 나타나지 않을 가능성이 높다는 말이다. 보통 추세선의 기울기가 커지는 경우가 있는데 이를 추세가 강화되었다고 표현한다.

추세선이 위와 같이 직선 형태만 보이는 것은 아니다. 때에 따라서는 곡선 형태를 보이기도 하는데 이를 추세선의 변형이라고 한다. 보통 추세선이 곡선

형태를 띠는 것은 추세의 기울기가 변하기 때문이며 상승추세가 점점 가팔라지거나 하락추세가 가팔라질 경우 나타난다. 즉 상승 추세곡선의 경우 지지선 저점이 점점 올라가는 것이고 하락 추세곡선의 경우 저항선이 점점 내려가는 것이다. 이 외에도 주가가 고점에서 하락으로 전환된 경우 중간에 반등선의 고점이 점차 낮아지는 현상이 발생하기도 하는데 이런 추세를 부채형 추세선이라고 부른다. 부채형 추세선 같이 지속적으로 추세선이 바뀌는 경우는 조만간 추세 전환이 일어날 가능성이 크다고 예측해 볼 수 있다.

그림 8-39 | **추세선의 변형**

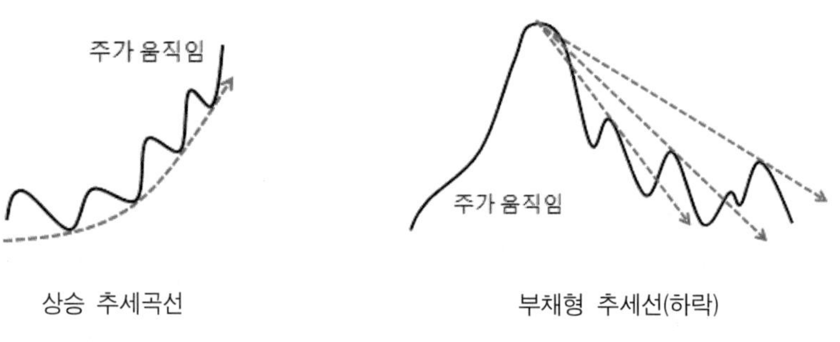

또한 추세선이 한 방향으로만 움직이지 않고 방향을 변경할 수도 있다. 즉 추세선이 바뀔 수도 있다는 뜻으로 이것을 추세선의 수정이라고 말한다. 추세선 수정은 〈그림 8-40〉과 같이 지지선을 벗어나 새로운 추세를 형성할 수도 있으며 경우에 따라서는 벗어났던 추세선이 기존 추세선으로 복귀하는 경우도 있다. 따라서 추세선이 완전히 변경되었다고 보는 경우는 기존의 추세선에서 벗어난 주가가 연속적으로 새로운 추세를 만들 때 새로운 추세선이 생겼다고 본다.

이외에도 추세대라는 것을 사용하기도 하는데 추세대란 지지선과 저항선이 서로 평행한 상태를 말한다. 보통 추세대가 없는 평행선을 박스권이라고 표현하지만 추세대는 상승 혹은 하락의 추세를 갖는 박스권이라고 생각하면 이해가 쉬울 것이다. 추세대는 앞서 추세를 그리는 것과 유사하며 상승 추세대는 지지선을 중심으로 그리고, 하락 추세대는 저항선을 중심으로 그린다. 보통 상승 추세대에서 주가가 저항선까지 올라가지 못할 경우 지지선을 돌파하여 하락할 가능성이 높다고 본다. 반면 주가가 상승 추세대에서 등락을 거듭하다가 저항선을 돌파하는 경우 추세가 강화될 가능성이 높다고 본다.

그림 8-40 | **추세선의 수정과 추세대**

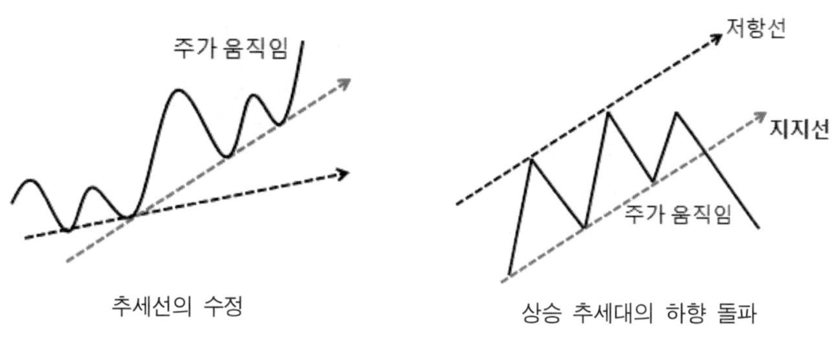

3) 이동평균선 분석

이동평균선(MA: moving average) 분석은 일정기간 주가의 평균치를 현재의 주가방향과 비교 분석하여 매매 타이밍과 미래 주가를 예측하는 방법이다. 보통 챠티스트들은 굉장히 많은 분석 기법을 사용하여 챠트를 분석하지만 대부분 분석 기법은 이동평균선에서 파생된 것으로 이동평균선 분석은 기술적 분석에 가장 기본이 된다고 할 수 있다. 그만큼 이동평균선 분석은 계산이 간단하고 이해가 쉬우며 실제로 활용하기에도 굉장히 편리하다는 장점이 있다. 이동평균선은 기간에 따라 단기, 중기, 장기로 구분하며 보통 단기는 5일, 20일의 평균을 이용하고 중기는 60일, 장기는 120일 선을 이용한다. 이동평균선의 계산식은 다음과 같이 나타낼 수 있다.

$$MA_k = \frac{P_{t-k+1} + P_{t-k+2} + \cdots + P_{t-1} + P_t}{k}$$

예를 들어 A주식의 5일 전 주가가 9,600원 4일 전 9,200원 3일 전 9,700원 2일 전 8,800원 1일 전 주가가 8,900원이라면 5일 이동평균 주가는 9,240원($\frac{9,600+9,200+9,700+8,800+8,900}{5}$)이 된다. 또한 오늘 종가가 8,700원이라면 5일 이동평균선은 9,060원($\frac{9,200+9,700+8,800+8,900+8,700}{5}$)이 되는 것이다.

이동평균선을 이용한 주가분석은 크게 이격도 분석, 방향성 분석, 배열도 분석, 지지선-저항선 분석, 크로스 분석, 밀집도 분석 등이 있다.

우선 이격도 분석은 주가와 이동평균선의 괴리를 통해 현재 주가가 과열되었는지 등을 판단하는 것이다.[13] 이격도가 매우 크다는 의미를 위의 5일 이동평균선의 예를 통해 확인하면, 현재 5일 이동평균은 9,060원인데 주가가 10,500원인 경우 이동평균선 보다 한참 위에 주가가 존재하여 둘 간에 간격이 매우 크다는 것을 의미한다. 보통 이격도가 50% 이하면 매수하고 150% 이상이면 매도하는 전략을 사용한다. 이격도 계산식은 다음과 같다.

13 이격도 분석은 주가가 이동평균선으로 회귀한다는 전제를 내포하고 있다.

$$\text{이격도} = \frac{P_0(\text{당일 주가})}{20\text{일 } MA} \times 100$$

두 번째는 방향성 분석이다. 보통 단기, 중기, 장기 이동평균선 방향을 보고 현재 주가가 상승 중인지 하락 중인지를 판단할 수 있다. 예를 들어 하락 추세에서 상승 추세로 전환될 경우 단기 이동평균선 상승, 중기 이동평균선 상승, 장기 이동평균선 상승의 과정을 거치면서 추세가 전환된다. 반면 상승 추세에서 하락 추세로 전환될 경우 단기 이동평균선 하락, 중기 이동평균선 하락, 장기 이동평균선 하락의 과정을 거치며 추세가 전환된다.

세 번째는 배열도 분석으로 주가와 이동평균선 간 수직적 배열상태를 통해 전형적인 상승 종목인지 하락 종목인지를 판단하는 분석 방법이다. 배열도는 정배열과 역배열로 구분하는데 정배열은 "현재 주가 > 단기 이동평균선 > 중기 이동평균선 > 장기 이동평균선"으로 배열된 것을 말하며 역배열은 이와 반대로 "장기 이동평균선 > 중기 이동평균선 > 단기 이동평균선 > 현재 주가"순의 배열 순서를 말한다. 보통 주가는 등락을 거듭하며 움직이기 때문에 정배열과 역배열이 번갈아 발생한다.

네 번째는 지지선-저항선 분석이다. 우선 지지선 분석은 상승 국면에 이동평균선이 지지선 역할을 하는 것으로 이동평균선의 특성을 한 번 생각해보면 쉽게 이해할 수 있다. 즉 이동평균선은 과거 주가의 평균이기 때문에 상승 국면에서는 이전 주가가 지금 주가보다 작을 수밖에 없다. 따라서 이동평균선은 주가의 밑에 존재하며 지지선 역할을 하게 되는데 이는 투자자들의 심리적 지지선 역할을 한다. 만약 심리적 지지선 역할을 하는 이동평균선을 하회하고 주가가 하락한다면 주가 방향은 하향 반전하게 될 수도 있다. 반면 저항선 분석은 하락 국면에서 이동평균선이 저항선 역할을 하는 것으로 투자자들의 심리적 주가 상한선을 의미한다. 지지선 분석에서와 마찬가지로 만약 심리적 저항선 역할을 하는 이동평균선을 뚫고 주가가 상승한다면 주가 방향이 상승 반전될 수도 있다.

다섯 번째는 이동평균 분석에서 가장 중요하다고 볼 수 있는 크로스 분석이다. 이는 챠트분석에서 제일 많이 사용하는 분석 기법이라고 해도 과언이 아닐 정도로 많이 사용되고 있는 챠트분석 기법이다. 크로스 분석은 이동평균선 간 교차되는 시점을 찾아 주식의 매수 혹은 매도 타이밍을 잡는 분석 방법이다. 보통 단기 이동평균선이 중기 혹은 장기 이동평균선을 상향 돌파하는 경우를 골든 크로스라고 하며 매수 타이밍으로 본다. 반면 단기 이동평균선이 중기 혹은 장기 이동평균선을 하향 돌파하는 경우를 데드크로스라고 하고 매도 타이밍으로 본다. 이동평균선은 장기간 추세에 해당하므로 장기적인 추세를 벗어났다는 것은 어떤 충격이 발생했다고 보는 것이 타당하다. 따라서 그 충격이 긍정적인 충격이라면 매수 타이밍으로 잡고 부정적인 충격이라면 매도 타이밍으로 잡는 것이다.

그림 8-41 | **이동평균선 크로스 분석**

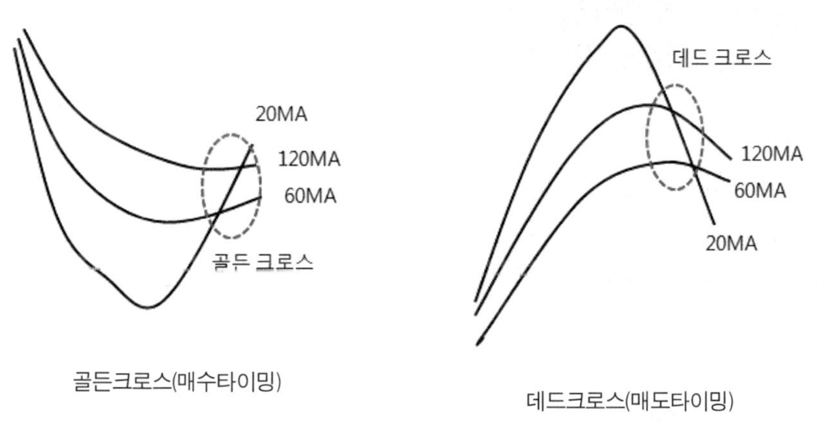

마지막으로 밀집도 분석은 이동평균선이 밀집이나 수렴을 분석하여 매매에 활용하는 것이다. 보통 이동평균선이 밀집하게 되면 반드시 주가의 변화가 발생한다고 본다. 따라서 투자자들은 이동평균선이 밀집하거나 수렴하는 것을 지속적으로 확인하고 만약 밀집 현상이 발생하게 된다면 주가의 변동성이 커질 수 있다는 사실에 대비하여야 한다.

3 주식투자의 실무적 기초

지금까지 주식투자를 위한 주식시장 형태 및 주식 투자분석의 기초적 이론에 대해서 학습하였다. 대체로는 금융 및 금융경제 등에서 학습하는 것은 이 범위를 넘어서지 않는다. 물론 이론적으로는 더 깊이 들어갈 수 있고, 다양한 투자기법 들에 대해서 더 학습할 수 있지만 실무적으로 접근하는 책들은 아쉽게도 많지 않다. 우리가 주식 투자에 대해서 학습하였는데 그럼 주식 투자를 위해서는 무엇이 가장 먼지 필요하다고 생각하는가? 그렇다. 증권사나 은행에 가서 주식계좌를 먼저 개설해야 한다. 은행에서 자금을 거래할 때 계좌가 필요한 것처럼 주식 거래를 위해서도 주식계좌가 필요하다. 자통법 이전에 주식계좌를 개설하기 위해서는 증권사를 직접 방문해야 했지만 지금은 은행 지점에서도 주식계좌를 개설할 수 있으니 가까운 은행에 방문하여 주식계좌를 개설해 보도록 하자. 또한 현재는 금융기술 발달로 인해 인터넷전문은행 계좌개설처럼 비대면 계좌개설도 가능하니 확인해 보길 바란다. 주식계좌를 개설했다면 다음으로 할 일은 본인의 스마트폰이나 컴퓨터에 HTS(home trading system)를 설치하는 일이다. HTS란 주식거래에 있어서 증권브로커를 통하지 않고 투자자가 직접 주식주문을 내거나 각종 주식 관련 시스템을 투자자가 직접 사용할 수 있게 만든 프로그램을 말한다. HTS의 가장 대표적인 기능은 주식의 매수, 매도이며 각 주식 종목에 대한 챠트, 공시정보, 애널리스트 들의 분석보고서 및 각종 이체업무 등이 포

비대면 증권계좌개설(신한투자증권)

증권사 HTS(교보증권)

함된다. 주식을 처음 접하는 사람이라면 자금이 없는데 주식계좌는 개설해서 뭐 할까라는 생각을 가질 수도 있다. 특히 학생들의 경우는 아직 소득이 없기 때문에 더욱 그런 생각을 가질 수 있다. 하지만 걱정할 필요는 없다. 대부분의 증권사 HTS는 모의투자시스템을 기본적으로 탑재하고 있는 경우가 많다. 즉 증권사에서 지급한 가상 사이버머니를 통해 주식투자 연습을 할 수 있도록 시스템이 되어 있다.

우선 이렇게 증권계좌가 개설되고 HTS를 컴퓨터 혹은 스마트폰에 설치했다면 본격적으로 우리가 배운 것들을 확인할 수 있다. 우선 증권사 리서치센터에서 작성한 거시경제보고서나 경기전망 자료, 아니면 간단하게 경제 시황 자료 등을 찾을 수 있을 것이다. 사진의 예를 통해 확인하길 바란다. 리서치센터에서 제공하는 거시경제보고서는 국책연구소나 전문 민간경제연구소에서 제공하는 자료와는 조금 다르다. 리서치센터의 경우 좀 더 주가의 흐름에 초점을 맞추고 있기 때문에 국책연구소 등에서 작성한 거시경제 보고서 보다는 쉽게 읽을 수 있을 것이다. 예를 들어 최근 거시경제 보고서에서 세계 경제가 미국을 중심으로 안정적인 성장세를 보이고 있으며 세계 무역규모나 수요가 점차 증가하고 있다는 사실을 확인하였다고 하자. 또한 국내 경제는 수출이 지속적으로 좋은 모습을 보이고 내수소비도 조금씩 살아나면서 성장률이 예상성장률을 상회할 수 있지만 내년 성장률은 여전히 불투명하다고 한다. 더욱이 최근 기준금리를 올리고 내년에도 기준금리를 올릴 것으로 예상되어 내수시장이 그렇게 매력적이 않다고 생각해 볼 수 있을 것이다. 그렇다면 독자는 내수시장을 위한 산업보다는 해외시장을 위한 산업에 조금 더 관심을 갖게 될 것이다. 그리고 수출이 지속적으로 좋은 모습을 보이고 있다고 했으므로 수출 종목 중에 어떤 수출 종목이 좋은지 한 번 살펴볼 여지가 생길 것이다. 최근 대

일자	제목	종목/업종	구분	글쓴이	조회수	첨부
2017/12/21	[폴리 17.45$→OCI Surprise 예약], OCI 일단 Go !	화학	산업분석	손영주	23	
2017/12/20	필름 좋구요. 신사업 뜹니다 ! 들고 가셔야죠.	SKC	기업분석	손영주	49	
2017/12/18	[마진 호조]와 [고배당]의 일상화 → 2차 상승 임박	SK이노베이션	기업분석	손영주	65	
2017/12/15	7,000억원 유상증자 결정, 8조원의 상징성	미래에셋대우	기업분석	박혜진	91	
2017/12/15	Connected Car를 구현하는 솔루션	엔지스테크널러지	기업분석	이윤상	101	
2017/12/15	준비된 시장을 기다린다	나무가	기업분석	이윤상	109	
2017/12/15	고사양 스마트폰 카메라의 핵심	바이오로그디바이스	기업분석	이윤상	114	
2017/12/15	정보 유출관리 솔루션의 강소기업	닉스테크	기업분석	이윤상	107	
2017/12/15	기다렸던 미국발 M&A	이노션	기업분석	이윤상	112	
2017/12/14	12월 FOMC: 성장과 물가의 Dilemma	KOSPI+KSQ+KTB	채권전략	백윤민	114	

1 2 3 4 5 6 7 8 9 10

증권사 리서치센터 분석 자료(교보증권)

표적인 수출주력 산업은 반도체라는 사실을 확인했다고 가정해보자.

그럼 이제 산업에 대해서 조사를 해볼만 하다는 생각이 들 것이다. 리서치센터에 산업분석 파트를 보면 대부분 각 산업별 분석 자료가 올라와 있을 것이다. 이 단계에서 하나의 증권사만 보지 말고 여러 곳의 증권사 리서치센터를 같이 조사하는 방법을 추천한다. 이는 증권사 한곳의 리서치센터 인력은 한계가 있기 때문에 분석 보고서 역시 한계가 있다. 따라서 최신 보고서를 찾고 싶다면 여러 증권사의 리서치 센터를 찾아보는 것이 중요하다. 여러분이 반도체산업에 대한 리포트를 찾았다면 반도체산업이 무엇이고 현재 상황과 미래 전망에 대해서 자세히 확인할 수 있을 것이다. 반도체 산업 같은 경우 경기민감산업 부분에 가깝다는 사실을 확인할 수 있으며 산업의 도입기, 성장기, 성숙기의 산업에 모두 영향을 미칠 수 있다는 점도 확인할 수 있을 것이다. 가장 중요한 것은 앞으로 수년 간 수요가 유지될 수 있다는 예측이다. 여러분들은 반도체산업 보고서를 보면서 반도체 산업과 관련된 주요 회사가 삼성전자와 SK하이닉스라는 사실을 알게 되고 이외에도 삼성전자와 SK하이닉스에 납품하는 중소, 중견기업들이 있다는 사실들을 확인할 수 있을 것이다. 사실 반도체 관련업체들이 많지만 여기서 일일이 논하지는 않고 대표적 기업인 삼성전자와 SK하이닉스에 대해서만 이야기 해보도록 하자.

이제 여러분들은 삼성전자와 SK하이닉스에 대한 보고서를 리서치센터에서 찾을 수 있을 것이다. 여기서 잠깐 알아둬야 할 사실은 증권사 리서치센터에서 작성한 보고서를 전적으로 믿으라는 이야기는 아니다. 여러분들은 경제, 산업, 기업 정보에 대해서 증권사보다 열위에 있으므로 이런 보고서들을 활용하라는 뜻이다. 여러분들은 보고서를 보기 전에 삼성전자 주가가 200만원이 넘는다는 사실을 보고 일단 삼성전자보다는 SK하이닉스 쪽으로 가닥을 잡았다고 가정해보자. 여기서 SK하이닉스는 7만원대로 가정해보자. SK하이닉스 보고서를 보면 증권사 나름대로의 목표주가가 설정되어 있을 것이다. 이것은 참고하고, 이제 기업의 현재 상태와 미래 전망에 대한 대차대조표를 확인해보면 된다. 대부분 요약재무제표를 제공하기 때문에 간단하게 확인하면 된다. 또한 비율분석도 대체로 보고서에 분석해 놓았을 것이기 때문에 회사의 이익성은 좋은지, 부채비율은 높지 않은지, 레버리지는 얼마나 되는지 등을 전부 확인해 보고 현재 주가가 저평가 되어있다고 판단된다면 이제 챠트로 넘어가서 매수 타이밍을 잡으면 된다.

HTS의 챠트창으로 넘어가면 여러분이 볼 수 없던 화려한 챠트기능들이 눈에 들어올 것이다. 그만큼 챠트 분석 기법이 많다. 하지만 우리가 배운 추세선과 이동평균선이 가장 기본이 되기 때문에 이 2가지의 기능만 보고 판단해보자. 현재 추세가 상승인지 하락인지, 이동평균선은 정배열인지 역배열인지, 이격도는 얼마나 벌어졌는지, 그리고 가장 중요한 골든크로스와 데드크로스가 발생했는지 등 우리가 배운 것만 가지고도 챠트를 분석할 것이 아주 많다. 앞서도 언급했지만 결국 다른 분석 기능들은 이런 기본적인 추세선과 이동평균선에서 출발하기 때문에 매수와 매도 타이밍을 잡기 위한 방법은 가장 쉽고 보편적인 방법을 선택하는 것이 좋다.

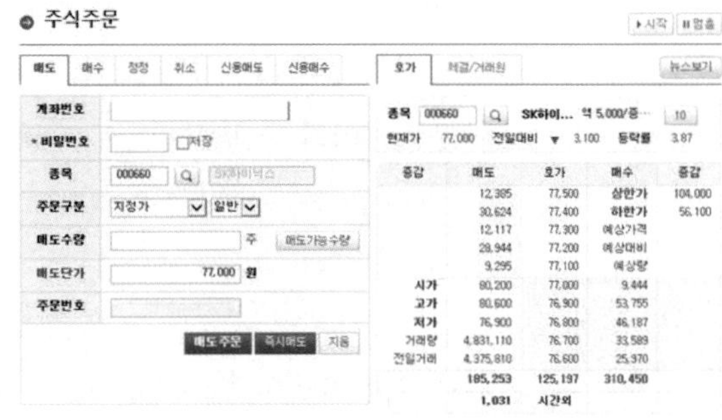

증권사 주식 매수-매도 주문 창(교보증권)

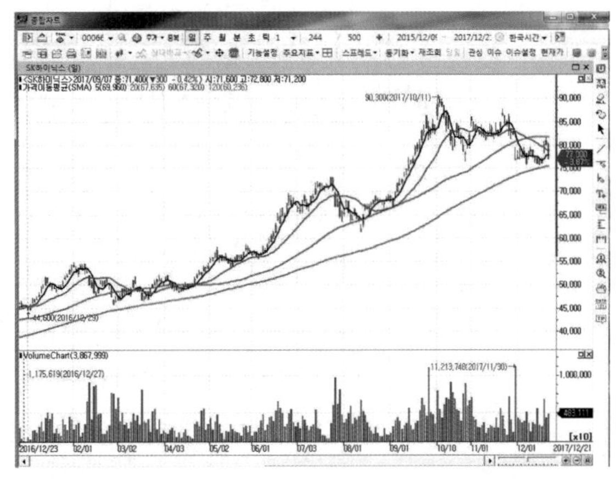
주식챠트(연합인포맥스)

여기까지 했다면 이미 여러분은 주식투자를 경험한 것이다. 그리고 이후에는 지속적인 관심을 통해 본인에게 맞는 투자분석 방법을 찾아야 한다. 예를 들어 어떤 사람은 경제분석 쪽에 많은 관심을 갖고 KOSPI지수에 투자하는 것이 본인에게 맞는 투자법이 될 수도 있고, 어떤 사람은 챠트를 통해 단기매매 하는 투자법이 본인의 투자법에 맞을 수도 있다. 그러나 가장 중요한 사실은 반복적인 경험과 학습이 가장 좋은 투자 대안이라는 것을 명심하길 바란다.

읽을거리

손절매를 계속하면 파산한단 말이 사실인가요?

손절매란 -3%, -5%, -7% 등 투자자가 감내할 수 있는 손실률을 미리 정해 놓고 그 이하로 주가가 하락하면 주식을 매도하여 손실을 최소화하는 전략을 말한다. -3%는 하루에도 등락을 거듭할 수 있기 때문에 보통 -5%에서 -10% 사이를 손절매 구간으로 잡고 주식을 투자하는 사람들이 많다. 하지만 손실을 최소화하기 위해 세워놓은 전략이 결국 파산에 이르게 된다는 말을 주식시장에서 자주 듣곤 한다. 왜 이런 이율배반적인 말들이 주식시장에서 돌고 있는지 알아보자.

예를 들어 -5%를 손절로 보는 A투자자가 1억원의 주식투자자금을 가지고 있다고 가정해보자. A투자자는 자신만의 투자기법을 적용해 B주식을 매수하였다. 다행히 주가가 10%올라서 해당 주식 매도를 통해 이익을 실현하여 1억 1천만원을 예수금으로 보유하게 되었다. 이후 A투자자는 X주식을 매수하였지만 주가가 하락하여 -6%가 되자 자신의 투자원칙인 손절매 기준을 적용하여 주식을 매도하였다. A씨는 최초 10%수익이 났기 때문에 괜찮다고 생각하고 다시 주식 Y에 투자하였다. 처음에 오를 것 같던 주식은 다시 하락하여 -6%를 기록하자 A씨는 과감하게 손절매를 했다. 그래도 아직 최초 10%수익이 있기 때문에 A투자자는 괜찮다고 생각한다. 다시 Z주식을 매수하여 다행히 10%의 수익을 내고 매도 한 후 C주식에서 -6%손절매 하고, D주식에서도 -6%손절매 했다. A씨는 손절매가 많았지만 그래도 처음과 4번째 10%씩 20%수익이 났기 때문에 괜찮다고 생각하고 예수금을 확인하였다. 그리고 놀라운 사실을 발견하게 된다. A씨는 비록 -6%씩 4번의 손절매를 했지만 2번이나 10%씩 수익을 냈기 때문에 약 -4%정도 손실을 봤을 것이라고 생각했지만 실제로는 94,470,642원이 남아 있어 -5.5%손실을 기록하고 있었다. 이렇게 투자자가 생각한 것보다 손실이 커지는 이유는 지속적으로 투자원금이 바뀌기 때문이다. 따라서 실제 투자금액은 지속적으로 변동됨에 따라 투자자가 단순 수익률만 가지고 생각하는 것과 다를 수 있다.

다음으로 -5%의 손절매 손실을 크지 않게 생각하는 경향이 있어서다. 예를 들어 1천만원을 투자한 투자자가 -5% 손절매 원칙을 가지고 투자를 한다고 가정했을 때, 계속 수익이 나면 좋겠지만 그럴 확률이 높지 않다. 보통 처음 손절매를 하게 되면 -5%, 즉 50만원 정도는 금방 만회할 수 있다고 생각한다. 하지만 손절매가 계속 발생하게 되면 '가랑비에 옷 젖는다'고 자신도 모르는 사이에 원금이 많이 줄었다는 사실을 확인하게 된다. 가령 손절매가 3번 이어서 발생되면 투자자는 심리적으로 동요하게 된다. 이때 예수금은 8,573,750원으로 하락하게 되고 투자자의 심리는 이미 약 -15%라는 큰 손실을 입으면서 투자 실패라는 생각을 가지게 되는 것이다.

읽을거리

한탕주의는 절대 금물

주식투자를 하면서 가장 경계하여야 하는 것 중 하나가 한탕주의다. 한탕주의는 주식으로 수익이 나던 손실이 나던, 누구에게나 나타날 수 있는 현상이기 때문에 경계해야 한다. 우선 최근 주식투자 성과가 좋은 투자자의 경우, 지속적으로 좋은 성과가 나왔기 때문에 자신감이 충만한 상태다. 이때가 제일 위험한 순간이며 더욱이 투자를 한지 얼마 되지 않은 사람이라면 더욱 위험하다. 이런 상황이면 십중팔구 다음과 같은 가정을 하게 된다. 만약 내 원금이 지난번보다 2배 많았다면, 아니 10배 많았다면 지금 얼마나 많이 벌었을까? 예를 들어 A투자자가 1천만원의 투자금으로 지난 6개월 간 주식 투자수익률이 50% 이르렀다고 가정하고 앞서와 같은 생각을 가지고 있다면, A투자자 머릿속에는 5백만원 수익이 아니라 이미 1천만원, 5천만원의 가상 수익이 아른 거릴 것이다. 이에 A투자자는 신용대출, 담보대출, 지인 등에게 돈을 빌려 5천만원을 만들고 다시 주식투자를 하기 시작했다고 가정해보자. 그런데 만약 수익률이 -10%를 기록했다면 어떤 상황이 벌어질까? A투자자는 6개월 동안 50%라는 좋은 수익률을 통해 얻은 5백만원 수익금은 물론 지인에게 빌린 돈 500만원까지 손해를 보게 된다. 단 -10% 수익률로 말이다.

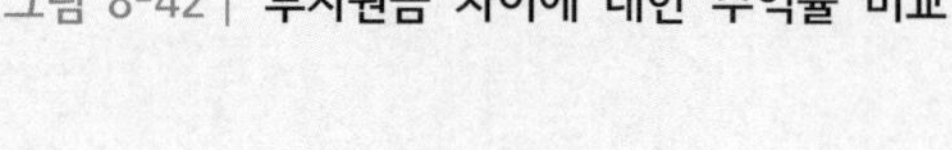
그림 8-42 | **투자원금 차이에 대한 수익률 비교**

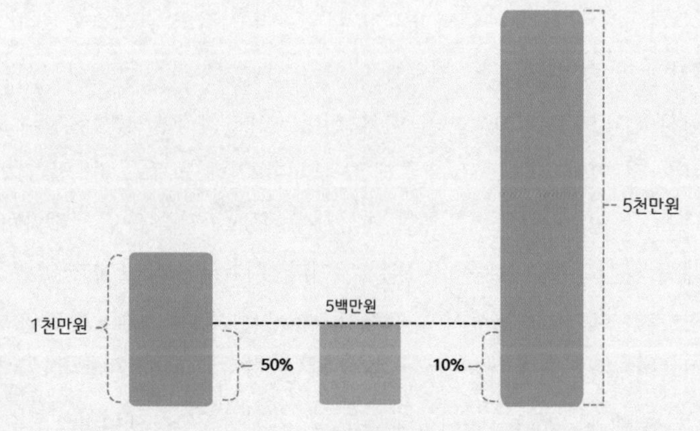

비슷한 상황으로 B주식투자자가 6개월 간 -50% 손실을 보며 5백만원 투자 손실이 발생했다고 가정해보자. 이 투자자는 십중팔구 5백만원을 만회하기 위해서는 5천만원이 필요하다고 생각할 것이다. 이유는 투자 원금이 5천만원이면 10%의 수익률만으로도 지난 6개월 간 손실을 본 500만원을 만회할 수 있기 때문이다. 따라서 투자자 B는 대출과 지인들에게 돈을 빌려 5천만원을 마련하고 주식 투자를 하게 된다. 당연히 이런 상황은 이성적인 상황이 아니기 때문에 주식 투자 실패확률이 더 높다. 그럼 10%수익이 아니라 -10% 손실이 또 발생할 수도 있는 것이다.

다시 한 번 강조하지만 주식의 한탕주의는 주식투자가 아니라 주식투기에 가깝다. 따라서 자신만의 소신을 가지고 투자원칙을 설정하여 투자에 임하지 않는다면 주식에 대한 직접투자는 하지 않는 편이 나을 수도 있다.

읽을거리

왜 증권사 리서치센터의 보고서들은 모두 매수의견인가요?

독자들은 각 증권사 리서치센터의 투자보고서를 보면 의문점이 하나 생길 것이다. 그것은 모든 투자의견이 매수의견이라는 점이다. 그럼 우리나라 주식을 모두 사라는 말인데 정말로 애널리스트들 의견대로 모두 사면 모두 투자수익을 올릴 수 있을까? 당연히 그렇지 않다는 사실을 독자들은 알고 있을 것이다. 그럼 왜 투자의견들이 다 매수일까? 그것은 증권 시장의 관례라고 생각하는 편이 이해하기 편할 것이다. 보통 증권사 애널리스트들은 자신들이 보고서를 낼 특정 분야 회사에 찾아가 회사탐방을 하게 된다. 이때 회사관계자와 만나 회사의 이런 저런 사정 이야기를 듣고 재무제표에 대한 견해도 들을 수 있다. 그리고 애널리스트들은 이런 정보를 근거로 예상재무제표를 만들고 목표주가나 해당 회사에 대한 의견 등을 내세울 수 있는 것이다. 여기서 이해관계가 얽혀있다. 만약 애널리스트가 해당 회사 주식에 대해 좋지 않은 의견을 냈다면 당연히 해당 회사는 기분이 좋지 않을 것이다. 따라서 해당 회사는 좋지 않은 의견서를 낸 애널리스트에 대해 출입을 금지하게 되므로 의견서를 낸 애널리스트는 일거리가 사라지게 되는 것이다. 물론 이런 이해관계 때문에 좋지 않은 회사도 좋은 것처럼 거짓보고서를 내면 안 된다. 이런 일은 지난 2008년 미국의 서브프라임 모기지 사태 때 발생하였다. 당시 미국에서는 서브프라임 모기지를 섞어 만든 CDO에 채권신용평가 회사들이 좋은 등급을 부여하여 투자자 피해를 유발한 적이 있다. 물론 우리나라가 그렇다는 말은 아니다. 하지만 관행적으로 그럴 수밖에 없는 관계이기 때문에 독자들은 그것을 이해하고 있어야 한다는 말이다. 따라서 독자들은 리서치센터에서 작성한 보고서를 나름대로의 기준을 가지고 해석할 줄 알아야 하며 참고자료로 활용할 줄 알아야 한다. 이와 더불어 한 가지 더 Tip을 주자면, 리서치센터 매수의견은 강력매수, 매수추천, 매수, 이런 식으로 나뉘어져 있는 경우가 많다. 그렇다면 독자들은 강력매수나 매수추천은 정말로 애널리스트가 매수의견을 내고 싶어서 냈을 가능성이 높다는 것을 알아차려야 한다. 반면 그냥 매수의견은 애널리스트가 그렇게 강력하게 매수의견을 냈을 가능성이 낮기 때문에 의견을 감안해서 보면 되는 것이다.

읽을거리

매수만 외치는 증권사 리포트 누구의 책임인가?

"우리나라 증권사의 리서치 리포트는 그 객관성에 있어서 사실은 그 쓰는 사람 또는 업자들 사이에서도 별로 신용을 안하는 그런 리포트입니다."

금융투자업계의 해묵은 논쟁거리 중 하나인 증권사 리포트의 신뢰성 문제가 최근 다시 투자자들의 입에 오르고 있다. 전직 증권사 대표이사가 그동안 관행으로 치부되던 증권사 리서치센터의 매수(BUY) 의견 위주의 리포트를 작심하고 비판했기 때문이다. 최근 1~2년 사이에만 해도 대우조선해양과 한미약품 등에 대해 대다수 증권사의 리서치센터에서 매수의견을 냈다가 문제가 터지면 뒤늦게 예상주가를 낮추는 사례가 잇달아 논란이 됐다. 하지만 이후에도 매수의견 일색의 리포트는 지속적으로 발간되고 있다.

최근에는 이와 반대로 코스피 지수의 급상승을 예측하지 못했다가 뒤늦게 예상주가를 상향조정하는 사례가 잇따르면서 증권사 리포트의 신뢰성은 바닥으로 떨어졌다. 무엇보다 국내 증권사 리서치 센터의 매수 의견 위주의 리포트 관행은 상당히 심각한 수준이다.

올해 3월 말 기준 자기자본 기준 국내 15대 증권사 중에서 한 번이라도 매도의견 리포트를 낸 증권사는 한국투자증권과 하나투자증권, 대신증권 단 3곳에

주요 증권사 리포트 투자등급 비율

증권사	매수	중립(보유)	매도
교보증권	98.3%	1.7%	0.0%
키움증권	96.3%	3.7%	0.0%
메리츠종금증권	92.5%	7.5%	0.0%
HMC투자증권	90.1%	9.9%	0.0%
신영증권	88.8%	11.2%	0.0%
미래에셋대우	88.4%	11.6%	0.0%
신한금융투자	88.3%	11.7%	0.0%
유안타증권	87.4%	12.6%	0.0%
KB증권	84.3%	15.7%	0.0%
삼성증권	81.7%	18.3%	0.0%
한화투자증권	80.1%	19.9%	0.0%
NH투자증권	74.9%	25.1%	0.0%
동부증권	71.5%	28.5%	0.0%
대신증권	79.2%	20.3%	0.5%
하나금융투자	88.3%	11.0%	0.7%
한국투자증권	77.4%	21.7%	0.9%

3월 31일 기준

불과했다. 미래에셋대우, NH투자증권, KB증권 등은 매도 의견이 단 1건도 없었다. 특히 금융당국에서도 이 같은 관행을 개혁하기 위해 지난해부터 4자간 협의체(금융감독원·금융투자협회·상장회사협의회·코스닥협회) 회의를 열고 대책 마련에 나섰지만 현재까지 전혀 실효를 거두지 못하고 있다.

일부 상장사의 갑질로 인해 증권사가 매도 의견을 내기 어렵다는 판단에 따라 금감원에 개설된 '불합리한 리서치관행 신고센터'에는 현재까지 단 1건의 신고도 접수되지 않았다. 분쟁해결을 위해 조직된 '갈등조정위원회' 역시 지난해 8월 개설된 이후 단 한 차례도 열리지 않았다. 목표주가와 실제주가 괴리율을 공시하는 방안도 올해 1분기까지 추진될 계획이었지만 괴리율 산정 기준 등에 대한 갈등으로 시행이 9월로 늦춰졌다.

문제는 이같은 방안으로도 매수 위주의 리포트 관행이 개선될 가능성이 크지 않다는 점이다. 증권사가 리포트 생산단계부터 법인 고객과 투자자들의 눈치를 볼 수밖에 없는 환경이 근본적으로 달라져야 하기 때문이다. 기업들은 자신들에게 부정적인 리포트가 발간이 되면 해당 증권사에 대한 정보제공을 봉쇄하는 횡포를 부리기 일쑤다. 개인투자자들도 자신이 보유한 주식에 불리한 의견이 나오면 리서치센터나 애널리스트를 비난하는 경우가 잦다. 기업과 투자자들의 눈치를 보기에 급급한 증권사의 행태를 두고 '중립(보유)' 의견도 사실상 매도 의견으로 봐야한다는 목소리마저 나오고 있다.

공시제도와 마찬가지로 증권사 리포트도 투자자 보호와 주식시장의 건전성 유지를 그 목적으로 해야 하지만 일부 기업과 투자자들의 이기심이 이를 방해하고 있는 셈이다. 관행이라는 이름으로 분칠이 된 '매수의견' 일변도의 리포트는 결국 기업의 가치에 대한 올바른 판단을 방해하고 종국에는 주식시장의 신뢰성을 해쳐 존립마저 흔들 수 있다.

이 같은 관행을 뿌리 뽑기 위해서는 금융당국과 증권업계는 물론 기업과 투자자들의 각성과 의식전환이 요구된다.

소비자가만드는신문, 김건우, 2017.06.01.

2 | 집합투자증권 실무 투자

집합투자증권의 대표적인 상품은 펀드다. 2000년대 중반, 세계 경기호황 및 주가 상승으로 펀드는 한때 대표적인 금융투자상품으로서 주목 받기도 했었다. 당시 대표적인 해외펀드는 중국에 투자하는 펀드로 100% 이상의 수익률을 자랑하는 펀드도 많이 등장하였다. 하지만 2008년 글로벌 금융위기와 2009년 유럽의 재정위기, 중국의 중성장 진입 등 글로벌 충격의 연이은 발생으로 주가 및 원자재 가격이 하락하며 펀드의 인기는 거품처럼 꺼지고 말았다. 게다가 펀드 열기를 타고 수수료 수익을 위해 전문적 지식도 없이 무분별하게 펀드를 판매한 은행들의 불완전 판매로 펀드투자에 대한 인식은 더욱 악화되었다.[14]

이런 여러 가지 사건을 계기로 투자자 보호 강화 및 리스크 관리 다양화 등이 시행되며 현재에도 많은 펀드들이 운용되고 있다. 다만 과거에 비해서는 펀드 규모가 많이 위축되었다. 따라서 본서에서 해당 펀드들을 모두 거론하고 학습하는데 한계가 있으므로 최근 가장 각광받고 있는 펀드인 ETF에 대해서 자세히 알아보고 실질적인 투자 방법에 대해서 확인해 보도록 하겠다.

14 현재는 투자자 보호 차원에서 불완전 판매에 대해 금융감독당국이 엄격하게 조사하고 있다.

1 ETF와 인덱스펀드 비교

ETF(exchange traded fund)란 상장되어 거래되는 인덱스펀드를 말한다. 즉 인덱스펀드인데 주식처럼 상장되어 거래되는 펀드라는 것이다. 아직도 잘 이해가 되지 않았다면 우리가 앞서 배운 주식 거래방식처럼 거래되는 펀드라고 생각하면 된다. 우리는 이미 앞장에서 집합투자증권시장에 대해서 학습하였고 펀드에 투자한 투자자는 수익증권을 배분 받는다는 사실을 알고 있다. 따라서 펀드에 투자한 투자자는 자금을 회수하기 위해 환매를 요청하여야 하고 환매 요청을 받은 펀드는 이를 해당일 종가를 반영하여 환매를 진행하게 된다. 반면 ETF는 주식처럼 거래되기 때문에 시장에 형성되어 있는 가격에 바로 매도하면 펀드환매가 끝난다.

그렇다면 인덱스펀드라는 것은 무엇일까? 펀드 종류는 크게 액티브펀드와 인덱스펀드로 구분되는데 액티브펀드는 펀드의 기준으로 삼는 벤치마크 수익률

보다 높은 추가수익률을 추구하는 펀드를 말한다. 보통 시장 벤치마크 수익률은 KOSPI지수 수익률로 선택하며 이 보다 추가 수익률을 추구하기 때문에 공격적인 투자형태를 가진 펀드를 말하는 것이다. 따라서 이를 공격적 투자를 하는 펀드라 말하며 일반적으로 인덱스펀드에 비해 수익률 변동성 및 투자비용이 높다. 반면 인덱스펀드는 펀드의 기준으로 삼는 벤치마크 수익률을 그대로 따라가는 펀드를 말한다. 따라서 소극적으로 운용되는 펀드라고 말하며 수익률 변동성과 투자비용이 낮다는 장점이 있다. 대표적인 인덱스펀드는 KOSPI지수를 추종하는 펀드가 있다.[15]

15 KOSPI지수를 추종한다는 의미는 KOSPI지수의 투자수익률을 그대로 따라 간다는 말이다.

그럼 ETF와 인덱스펀드와의 차이점에 대해서 알아보도록 하자. 우선 환매방법에 대해서 차이가 난다. 인덱스펀드의 경우 환매를 요청하면 신청 다음날 종가로 환매가 결정된다. 이런 전제조건은 기준가격의 큰 변화가 없다면 상관없지만 기준가격이 내리면 투자자가 원하는 수익률을 달성할 수 없다는 단점이 있다. 반면 ETF는 실시간으로 거래되기 때문에 시장가격 위험이 없다. 둘째는 운용보수에서 차이가 난다. 인덱스펀드의 경우, 액티브펀드에 비해서는 운용보수가 낮지만 그래도 1% 이상의 운용보수를 요구하는 펀드들이 많다. 반면 ETF는 0.5%이하로 운용수수료가 매우 저렴하다. 또한 주식과 달리 증권거래세(0.3%)가 부과되지 않는다는 특징도 있다.

그림 8-43 | **ETF의 특징**

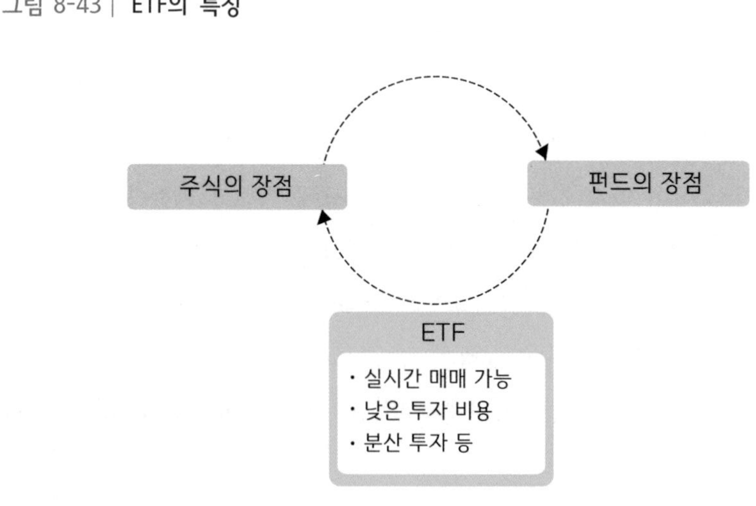

표 8-12 | **직접투자, 펀드, ETF 비교**

	직접투자	인덱스펀드	액티브펀드	ETF
유동성	높음	익일 환매	익일 환매	높음
보수	없음	낮음	높음	매우 낮음
거래수수료	있음	펀드마다 다름	펀드마다 다름	있음
세금	거래세(0.3%)	-	-	거래세 면제
분산투자	없음	있음	없음	있음
종목선택	투자자	인덱스	매니저	인덱스
위험	높음	시장위험	높음	시장위험
운용투명성	높음	보통	보통	높음

2 ETF종류와 실제 투자

ETF는 인덱스로 구성된 지수를 추종하는 펀드이며 주식과 같이 실시간 매매가 가능한 금융상품이라고 설명하였다. 그렇다면 현재 상장되어 거래되고 있는 ETF는 몇 종류나 될까? 실제 우리나라에서 거래되고 있는 ETF의 종류는 펀드의 종류 수만큼 많아졌다. 따라서 일일이 거론하기는 어렵기 때문에 본서에서는 기본적인 ETF 투자 절차에 대해서만 설명할 것이다. 독자들이 이를 기초로 ETF종류에 대해서 조사하고 흥미를 느끼는 ETF에 대해서 직접 투자해보길 바란다.

그럼 실제 ETF 투자에 앞서 조금은 생소한 ETF 이름에 대해서 알아보도록 하자. 우선 ETF 이름 앞에 붙는 접두어는 운용사의 이름을 뜻한다. 예를 들어 KODEX는 삼성자산운용을 뜻하며 TIGER는 미래에셋자산운용을 뜻한다. 또한 KBSTAR는 KB자산운용을, ARIRANG은 한화자산운용을, KINDEX는 한국투자신탁운용을, KOSEF는 키움투자자산운용을 뜻한다. 다음으로 운용사 뒤에 나오는 접미어 중 200은 KOSPI 200지수를 추정하는 ETF를 말하며, 200대형은 KOSPI 100지수의 변동률을 추정하는 ETF를 뜻한다. 다음으로 인버스는 KOSPI 200 선물지수를 역으로 추종하는 것을 말하며 레버리지는 KOSPI 200 선물지수 변동폭을 2배로 추종하는 ETF를 뜻한다. 또한 코스닥 150은 KOSDAQ 150지수를 추종하는 ETF이며 은행, 반도체, 기계장비, 건설 등은 해당 대표업종을 구성하는 인덱스를 추종하는 ETF를 말한다. 마지막으로 차이나, 미국, 유럽, 베트남 등은 각국의 특정 인덱스지수를 추종하는 ETF를 뜻한다.

표 8-13 | **ETF 이름의 해석**

ETF 이름	상품이름의 뜻
200	KOSPI 200지수를 추종
200 대형	KOSPI 100지수의 변동률을 추종
인버스	KOSPI 200 선물지수를 역으로 추종
레버리지	KOSPI 200 선물지수 변동폭을 2배로 추종
코스닥150	KOSDAQ 150 지수를 추종
은행, 기계, 장비, 반도체 등	해당 대표업종을 구성하는 인덱스지수를 추종
차이나, 미국, 유럽, 베트남 등	각국의 특정 인덱스지수를 추종

이제는 ETF의 종류가 매우 다양하다는 것을 확인하였을 것이다. 그래도 아직 부족하다면 실제 KODEX 200 ETF를 가지고 확인해 보도록 하자. 우선 KODEX 200은 KOSPI 200종목으로 구성된 지수를 추종하는 ETF를 말한다. 즉 KOSPI 200지수와 같이 움직이며 수익률을 나타내는 인덱스펀드인 것이다. 이는 실제로 KOSPI 200지수와 KODEX 200 ETF의 가격 간에 상관관계 그래프를 보면 쉽게 이해할 수 있다. 〈그림 8-44〉를 보면 KOSPI 200지수와 KODEX 200 ETF의 가격이 거의 똑같이 움직이는 것을 확인할 수 있을 것이다.

그림 8-44 | **KOSPI 200지수와 KODEX 200 ETF 가격 간 추이**

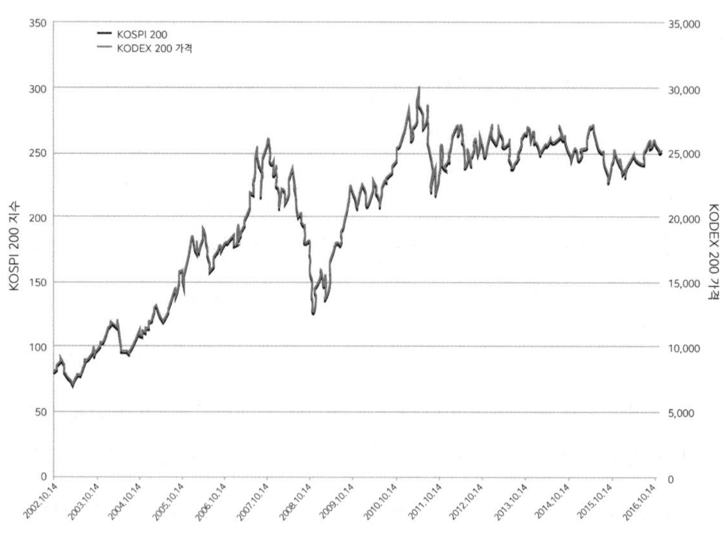

출처: 키움증권 HTS

그렇다면 KODEX 200은 어떻게 이렇게 KOSPI 200지수와 똑같은 가격을 추종할 수 있을까? 그것은 펀드 안에 KOSPI 200과 동일한 종목을 각각 비중에 맞게 구성하고 있기 때문이다. 실제로 KODEX 200 ETF의 구성표는 〈표 8-14〉에서 보는 바와 같이 삼성전자 27.01%, SK하이닉스 4.78%, POSCO 2.79%, NAVER 2.50% 등으로 구성되어 있다. 삼성전자는 시가총액이 매우 큼으로 KOSPI 200에서 큰 비중을 차지하고 있는 것이다. 따라서 KODEX 200 ETF는 KOSPI 200 지수와 같은 움직임을 가지고 변동되는 것이다.

각종 ETF에 대한 정보는 각 금융투자회사 홈페이지를 참고하길 바라며, 간단하게 NAVER 금융창에서도 확인 가능하니 꼭 본인이 관심 있는 ETF를 확인해 보길 바란다.

표 8-14 | **KODEX 200 ETF 상품의 구성 종목(CU당 구성종목, 기준: 18.01.04)**

구성종목명	주식수(계약수)	구성비중(%)
삼성전자	174	27.01
SK하이닉스	1,020	4.78
POSCO	125	2.79
NAVER	46	2.50
KB금융	645	2.47
현대차	264	2.35
신한지주	740	2.22

* CU당: 설정단위(creation unit)

그림 8-45 | **KODEX 200 ETF 상품의 구성 종목(CU당 구성종목 TOP 10)**

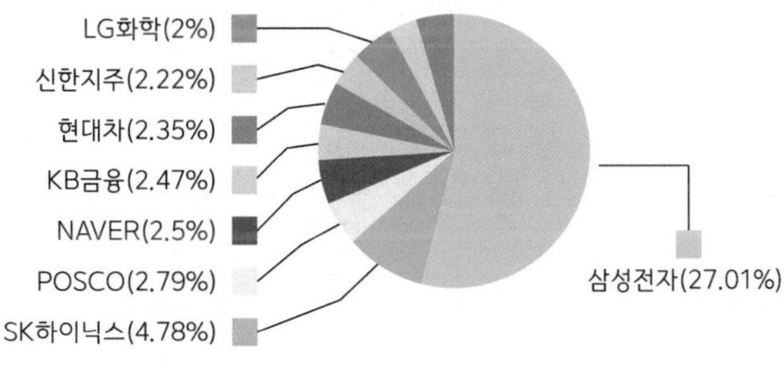

출처: 네이버 금융

ETF는 주식처럼 거래되기 때문에 현재가를 확인하는 창은 주식 거래창과 매우 유사하게 생겼다. ETF의 현재가격은 NAVER를 통해서도 확인할 수 있으며 보다 정확한 정보는 증권사 HTS를 통해 확인해 보길 바란다. 〈그림 8-46〉은 증권사 HTS를 이용한 KODEX 200, KODEX 인버스, KODEX 레버리지, KODEX 반도체의 현재가격 창을 나타낸 것이다. 또한 ETF매매를 위한 창은 주식 매매창과 매우 흡사하며, 실제로 주식 매매와 같은 방법으로 매수 혹은 매도를 하면 된다. ETF의 매매창은 〈그림 8-46〉을 참조하길 바란다.

그림 8-46 | **ETF 매매창**

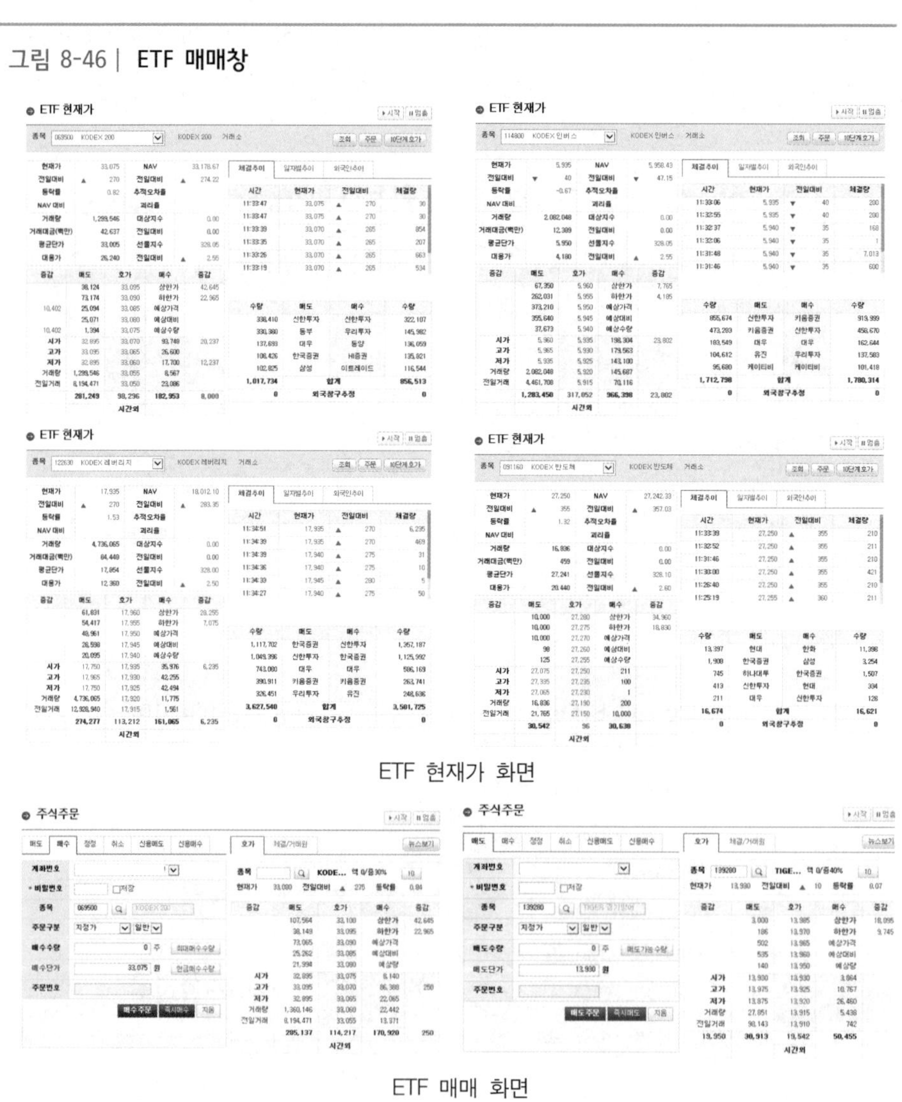

ETF 현재가 화면

ETF 매매 화면

출처: 교보증권

ETF를 거래할 때 유의사항은 해당 ETF의 거래규모를 꼭 확인해봐야 한다는 것이다. 간혹 거래가 활발하지 않은 ETF가 존재하는데 이럴 경우 해당 ETF는 상장폐지가 될 수 있다. 물론 ETF를 구성할 때 ETF의 자산은 신탁회사에 위탁하게 되므로 운용사와는 별도 분리 되지만 상장폐지로 인해 일부 손실이 발생할 수도 있기 때문이다. 따라서 ETF를 투자할 때 해당 ETF의 거래량이 충분하고 거래가 활발한지 꼭 확인해 보아야 한다. 다음으로 레버리지 ETF 상품에 대한 정확한 이해가 필요하다. 비록 ETF는 다른 액티브펀드 등에 비해 가격변동성이 크지는 않지만 레버리지 ETF와 같은 상품의 경우 가격변동이 기존 ETF에 비해 2배 이상 크기 때문에 상품에 대한 정확한 이해가 필요하다. 즉 레버리지 ETF는 보통의 ETF에 비해 가격변화를 2배로 확대 시켜 놓은 상품으로 인덱스펀드 이지만 액티브펀드만큼의 수익률을 추종하기 위한 상품이라고 이해하면 쉬울 것이다. 따라서 기존 인덱스 ETF에 비해 수익률이 약 2배 차이가 난다. 이는 앞서 ETF 화면 그림을 통해 확인할 수 있는데, 해당 화면에서 KODEX 200의 수익률은 0.82%인데 반해 KODEX 레버리지는 1.53%라는 것을 확인할 수 있을 것이다. 따라서 수익률이 좋을 때는 2배의 수익률을 기록하지만 기본 지표인 KOSPI 200 지수가 하락하게 되면 약 2배의 손실이 발생할 수 있다는 점을 명심해야 한다.

3 | 파생결합증권 실무 투자

우리는 앞 단원에서 파생결합증권이란 기초자산과 연동하여 상품설계 시 정해진 방법에 따라 수익금 또는 회수금액을 결정하는 권리라고 배웠다. 또한 대표적인 파생결합증권은 ELS, ELF, ELD, ELB, DLS 등이 있다고도 살펴보았다. 하지만 아직도 독자들은 이들 금융상품 이름이 익숙하지 않을 수 있으므로 이름에 대해서 정확히 살펴보도록 하자. 파생결합증권 가운데 이니셜인 L은 "Linked"를 나타내는 단어로 앞에 이니셜과 뒤의 이니셜을 연결한다는 의미로 해석하면 된다. 그리고 맨 앞 이니셜인 E는 "Equity"로 주식을 의미한다. 대부분 앞에 E로 시작하기 때문에 주식과 연계된 파생결합증권 이라는 점을 확인할 수 있다. 또한 마지막에 있는 DLS의 이니셜 D는 "Derivatives"로 파생상품을 의미한다. 즉 DLS는 파생상품과 연계된 파생결합증권이라는 것이다. 마지막 이니셜은 ELS와 DLS를 빼고 각각 다른데, 우선 S는 "Securities"로 증권을 의미한다. 따라서 ELS는 주가연계증권을 의미하며 DLS는 기타파생결합증권을 나타낸다. 다음으로 ELF의 F는 "Fund"로 주가연동펀드이고 ELD의 D는 "Deposit"로 주가연동예금을 의미한다. 마지막으로 ELB의 B는 "Bond"로 주가연계채권을 의미한다. 파생결합증권 각각의 이름과 의미는 〈그림 8-47〉을 통해 확인하길 바란다.

그림 8-47 | **파생결합증권 이름과 의미**

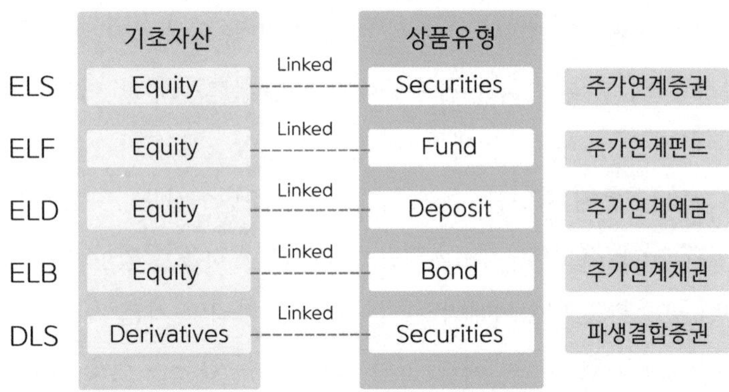

파생결합증권의 이름에서 설명하였듯이 해당 상품 형태는 이니셜 마지막 알파벳과 연결된다. 따라서 각각 상품에 따라 위험도와 수익성이 차이가 나는데 위험도가 가장 낮은 것은 예금형태인 ELD이고 다음이 채권형태인 ELB이다. 반면 ELS와 DLS는 위험도가 앞선 두 상품에 비해서 높은 편에 속한다. 반면 수익성은 위험도가 가장 낮은 ELD가 가장 낮고 다음으로 ELB, ELS와 DLS 순이다.

파생결합증권은 위에서 설명한 것처럼 다양한 종류가 존재하지만 우리는 가장 기본이 되고 있는 ELS와 ELB에 대해서만 살펴볼 것이다. 독자들은 기본이 되는 2가지 금융상품을 통해 추후에 다른 상품도 꼭 찾아보길 바란다.

1 ELS 실무 투자

ELS는 현재 가장 많이 판매되고 있는 파생결합증권 중에 하나다. 또한 파생결합증권 중 거의 가장 먼저 판매가 된 상품이기 때문에 ELS를 통해 파생결합증권의 기초적인 구조를 확인하고 실제 투자로 이어질 수 있도록 해보자. 우선 ELS를 이해하기 위해서는 ELS에서 사용하는 기본적인 용어와 수익구조에 대해서 알아야 한다. 금융에 대한 이해가 전혀 없는 독자라면 다음에서 볼 용어들이 생소할 것이니 자세히 알아두도록 하자.

1) ELS용어

(a) 기초자산: ELS 수익률 결정에 기준이 되는 지수, 종목 등

(b) 청약단위: ELS 청약을 위한 최소한의 투자금액 단위

(c) 최초기준가격: 청약을 마치고 상품이 운용되기 시작할 때 기초자산 가격

(d) 만기평가가격: ELS 상품 운용이 만기에 이르렀을 때 기초자산 가격

(e) 자동조기상환평가가격: 조기상환이 가능한 ELS의 조기상환 기간마다 기초자산 가치를 평가할 때 기초자산 가격

(f) 조기상환: 조기상환이 가능한 ELS의 경우 조기상환 기간에 조기상환 조건을 만족하면 정해진 수익률을 지급하고 상품 운용이 종료

(g) 최종관찰일: 만기 평가일

(h) 중도상환: 상품 만기 전 투자자의 요청에 의해 일부분의 손실을 감수하고 상품을 해지하는 것

(i) 낙인 배리어(knock-in barrier): 투자 기간 내 하나 이상의 기초자산이 낙인 배리어 아래로 내려갔다면 제시된 수익률은 받지 못하고 기초자산 가격 하락만큼 원금 손실 발생, 그러나 기초자산 가격이 낙인 배리어를 하회 하였더라도 만기 전에 모든 기초자산 가격이 조기상환 혹은 만기상환 조건을 충족시켰다면 최초 요구했던 수익률을 받을 수 있음

(j) 노낙인(no knock-in): 낙인이 없는 상품으로 스탭다운형 ELS가 이에 해당함. 가입 시 정해진 조기상환 혹은 만기상환 조건만 충족한다면 요구했던 수익률을 얻을 수 있음. 다만 만기까지 모든 기초자산이 조기상환 혹은 만기상환 조건을 충족시키지 못했다면 기초자산 하락폭만큼 투자원금손실 발생

(k) 낙아웃 배리어(knock-out barrier): 원금보장형 ELS에서 기초가격 상한선을 의미하는 것으로 만약 가입 당시 정해진 기초자산 가격 수준을 넘어

서게 되면 낮은 수준의 수익률을 확정하거나 원금을 지급받게 됨. 반면 정해진 기초자산 가격 수준을 넘지 않으면 기초자산 가격상승폭에 일정 비율(참여율)만큼 수익을 확정

(1) 참여율: 원금보장형 ELS에서 기초자산 가격이 낙아웃 배리어를 벗어나지 않은 경우 기초자산 상승률에 참여율을 곱해서 수익률을 결정, 예를 들어 참여율이 30%이고 기초자산 가격이 20% 상승했다면 6%(0.2×0.3)의 수익률 확정

2) ELS의 기본구조

① 낙아웃형(knock out) ELS: 낙아웃형 ELS는 정해진 주가지수에 한 번이라도 도달하면 정해진 수익률을 지급하며 정해진 주가지수 이내에서 움직인 경우, 주가지수 상승률에 참여율을 곱하여 수익이 확정된다. 예를 들어 참여율이 75%이고 낙아웃 배리어가 기초자산 가격의 120%, 낙아웃 배리어를 상회 시 3%수익 보장인 ELS가 있다고 해보자. 이 ELS 만기 시 기초자산 가격이 115%로 배리어를 넘지 않았다면 11.25%(0.75×0.15) 수익률을 지급받게 된다. 반면 기초자산 가격이 120%를 상회하는 경우 최초 정해진 3%의 수익률만 지급받게 되는 구조다.

그림 8-48 | **낙아웃형 ELS**

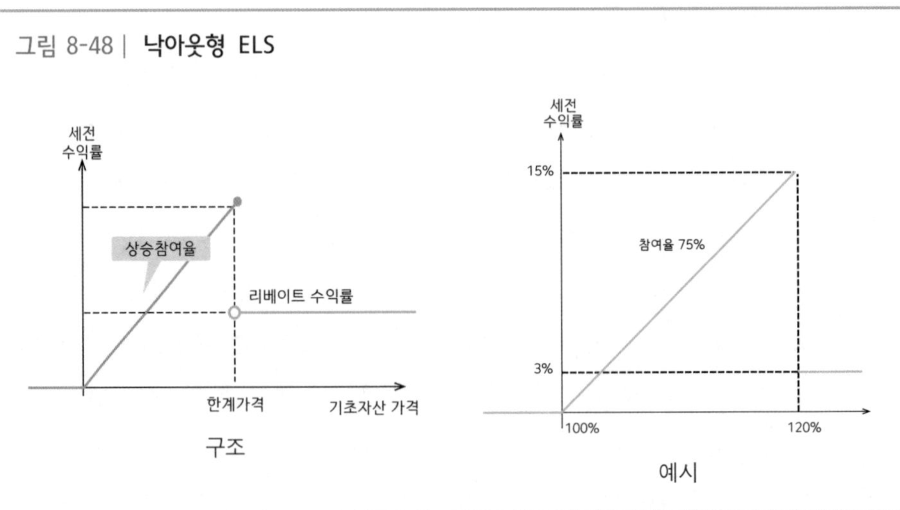

② 스텝다운형(step down) ELS: 스텝다운형 ELS는 조기상환 시점마다 기초자산 가격을 평가하여 정해진 조건을 충족하였을 경우 수익을 지급하는 ELS이

다. 다만 만기 시 기초자산 가격을 평가하여 최초 계약한 가격 이하로 하락하였을 경우 손실이 확정된다. 예를 들어 〈그림 8-49〉와 같은 조건으로 스텝다운형 ELS가 출시되었다면 6개월 마다 조기상환 기회를 가질 수 있고 만기 시 KOSPI 200 지수의 종가가 최초기준가격에 60%이하로 하락한 적이 없다면 28.5%의 수익을 지급받게 된다. 반면 투자기간 중 한 번이라도 KOSPI 200 지수가 최초 기준가격 대비 60% 이하로 하락한 적이 있다면 하락률만큼 원금손실이 발생하게 되는 것이다. 만약 최초 기준가격 대비 KOSPI 200 지수가 55% 하락하였다면 투자자 원금의 45%의 손실이 발생하게 되는 것이다.

그림 8-49 | **스텝타운형 ELS**

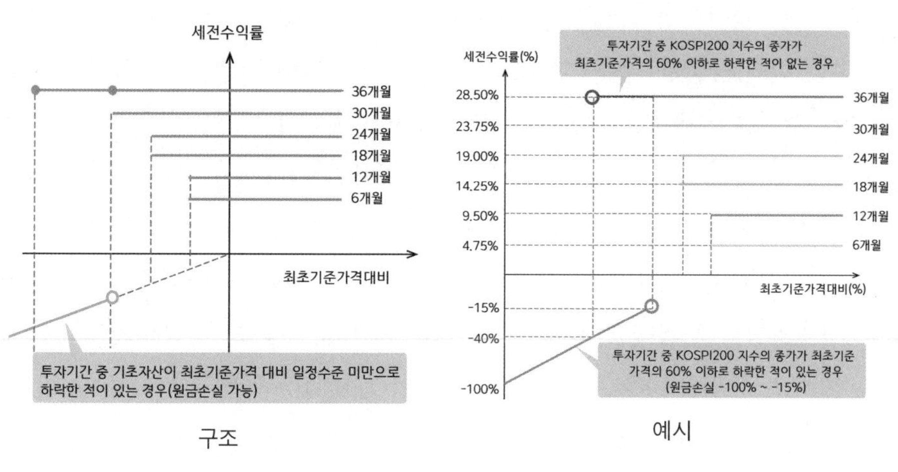

③ 디지털형(digital) ELS: 디지털형 ELS는 조기상환 시점 혹은 만기 시점에 기초가격이 정해진 가격을 초과하면 일정수익률이 확정되는 ELS다. 예를 들어 〈그림 8-50〉과 같은 구조로 디지털형 ELS가 출시되었다면 6개월마다 조기상환 기회를 가질 수 있고 조기상환 당시 기초자산인 KOSPI 200 지수가 최초 기준가격 대비 105% 이상을 상회하면 정해진 수익률대로 수익을 지급받게 된다. 만약 조기상환이 되지 않고 만기까지 갔을 경우 KOSPI 200지수가 기준가격 대비 80% 이하로만 하락한 적이 없다면 22.20%의 만기수익률을 지급받게 된다. 하지만 만기 시 기초자산인 KOSPI 200지수가 최초 기준가격 대비 80% 이하로 하락하였다면 원금만 보장받게 된다.

그림 8-50 | **디지털형 ELS**

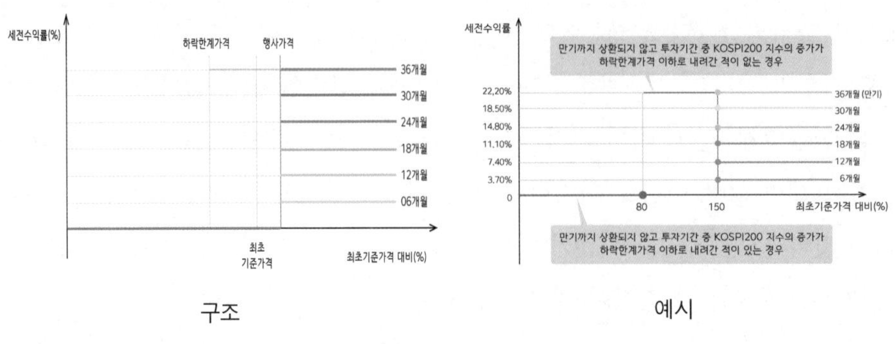

④ 양방향 낙아웃형 ELS: 양방향 낙아웃형 ELS는 낙아웃형 ELS의 변형된 형태로 기존 낙아웃형 ELS의 경우 기초자산 가격이 상승할 경우에만 수익률을 지급하는 반면 양방향 낙아웃형 ELS는 기초자산 가격이 상승, 하락 양방향 모두에 대해 수익을 지급하는 구조를 가진 ELS이다. 예를 들어 〈그림 8-51〉과 같은 구조를 가진 양방향 낙아웃형 ELS가 출시되었다면 기초자산 가격이 최초 기준가격 대비 15% 상승 혹은 하락 하지 않는다면 기초자산 변동률에 참여율을 곱한 만큼의 수익률이 확정되게 된다. 즉 기초자산 가격이 최초 기준가격 대비 10% 상승하였다면 참여율 40%를 감안하여 4%(0.4×0.1)의 수익률을 확정하게 되는 것이다. 또한 기초자산 가격이 기준가격 대비 10% 하락하였어도 4%의 수익률이 확정되게 된다. 최근에 낙아웃형 ELS구조는 양방향으로 출시되는 경우가 대부분이다.

그림 8-51 | **양방향 낙아웃형 ELS**

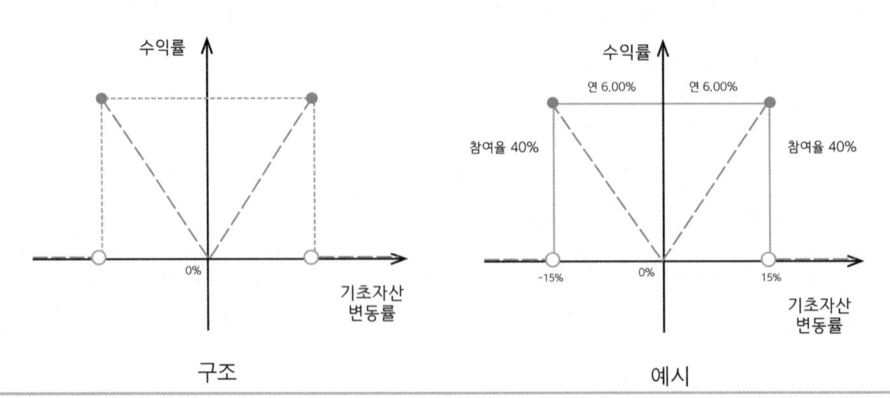

우리는 이제 ELS 상품의 기본 용어 및 구조에 대해서 살펴보았다. 아직 용어에 대해 생소한 분들이 많겠지만 지속적으로 확인하다 보면 독자들도 용어에 대해 익숙해 질 것이다. 또한 눈치가 빠른 독자들은 알겠지만 ELS는 참여율과 기초자산 가격변동폭에 따라 수익률과 위험의 차이가 발생한다. 즉 참여율이 높다는 의미는 최종적으로 투자자가 지급받을 수익률이 높다(최종수익률=참여율×기초자산 변동률)는 의미다. 또한 기초자산 가격변동폭이 넓게 설정되어 있다는 의미는 낙아웃 배리어에 닿을 가능성이 낮기 때문에 수익률 하락 위험이 적다는 의미다. 보통의 ELS의 경우 기초자산 가격변동폭이 넓으면 참여율이 낮고, 기초자산 가격변동폭이 좁으면 참여율이 높다. 따라서 독자들은 수익성을 우선 시 생각한다면 기초자산 가격변동폭이 좁으면서 참여율이 높은 ELS를 선택하면 되고, 이 보다 안정적인 수익률을 기대한다면 기초자산 가격변동폭이 넓으면서 참여율이 낮은 ELS를 선택하면 된다.

그림 8-52 | **참여율, 기초자산 가격변동폭과 수익률 간의 관계**

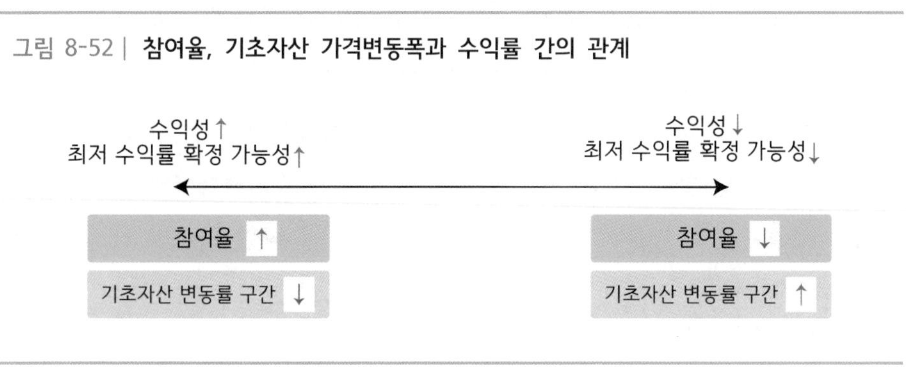

이외에도 불스프레드형 ELS, 리버스 컨버터블형 ELS 등이 존재하지만 대부분의 ELS 상품은 앞서 설명한 4가지 범위 안에 들어오는 경우가 많으므로 앞서 배운 낙아웃형 ELS,양방향 낙아웃형 ELS, 스텝다운형 ELS, 디지털 ELS 등을 꼭 기억하길 바란다. 그리고 독자들이 ELS 상품에 익숙해지면 다소 복잡한 다른 ELS상품들도 살펴보길 바란다.

2 ELB 실무 투자

ELB는 주가연계채권으로 대부분 원금보장형[16] 금융상품이다.[17] 기초자산을

16 원금보장과 원금보장형은 다른 의미다. 원금보장은 확정적인 의미로 사용되는 반면 원금보장형은 원금을 확정적으로 보장하지는 않지만 대부분의 운용자산이 국공채이므로 원금을 보장한다는 의미로 해석된다.

17 ELB의 원금손실 가능성은 발행 증권사의 부도 확률이다. 대부분 ELB를 발행하는 증권사의 신용등급은 높은 수준이지만 ELB 투자 전에 발행 증권사의 신용도도 꼭 확인해 보길 바란다.

KOSPI 200과 같은 지수와 연동한 파생결합증권으로 채권에 대부분 투자하여 안정적인 수익을 추구하는 금융상품이다. ELB에서 사용하는 용어는 대부분 ELS와 같기 때문에 추가적인 설명을 생략하고 ELB의 운용구조와 상품구조에 대해서 알아보도록 하자.

우리가 앞서 금융투자의 이해 단원에서 간단하게 언급하였지만 ELB가 원금보장형 상품 구조를 갖는 것은 대부분의 자산을 국공채에 운용하고 있기 때문이다. 즉 펀드구성 자산 중 95%정도를 국공채에 투자하여 만기 때 원리금 합계가 원금인 100%가 되도록 구조화하고 나머지 5%의 자금을 수익성이 있는 옵션 등에 투자하는 구조를 갖는 것이다. 이는 만기 시 국공채 투자를 통한 원금을 보장하고 시장 수익률 보다 추가적인 수익을 달성하기 위한 구조를 갖는다는 말이다. ELB의 기본 구조는 다음과 같다.

① 범위형 ELB: 범위형 ELB는 최초 설정한 기초자산 변동폭 안에서 기초자산 가격이 형성될 경우 최초 설정한 수익률을 지급하고 만약 최초 설정한 기초자산 변동폭 범위를 벗어난 경우, 원금만 보장하는 형태의 ELB다. 예를 들어 범위형 ELB 구조가 〈그림 8-53〉과 같고 기초자산 변동률이 최초 기준가 대비 ±15%를 넘지 않는다면 연 6.50%의 수익률을 확정하게 된다. 하지만 기초자산 가격변동률이 최초 기준가 대비 ±15%를 넘는다면 원금만 보장하게 된다.

그림 8-53 | **범위형 ELB**

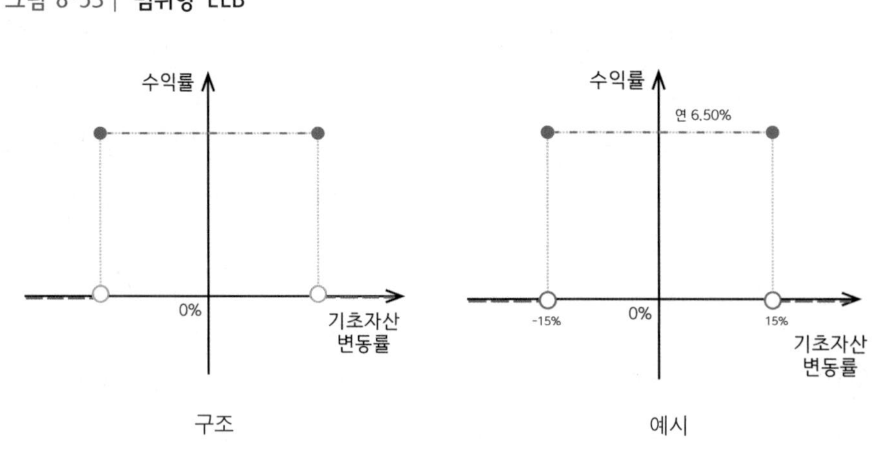

② 최소수익률 보장하는 범위형 ELB: 최소수익률을 보장하는 범위형 ELB는 범위형 ELB의 변형된 형태로 최초 설정한 기준가격변동률을 기준가격이 벗어나더라도 최소한의 수익률을 보장하는 ELB를 말한다. 예를 들어 〈그림 8-54〉와 같은 최소수익률을 보장하는 ELB가 발행되었다면 최초 설정한 기초자산 가격대비 기초자산 가격변동률이 ±15%를 넘지 않으면 연 6.50%의 수익률을 확정한다. 반면 범위형 ELB와 달리 기초자산 가격변동률이 ±15%를 넘으면 최소수익률인 연 1.05%의 수익률을 확정하게 되는 것이다.

그림 8-54 | **최소수익률을 보장하는 범위형 ELB**

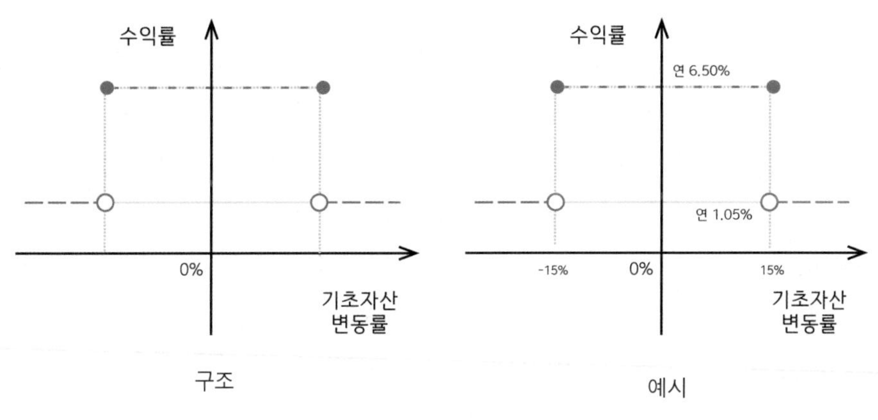

③ 디지털형 ELB: 디지털형 ELB는 앞서 설명한 디지털형 ELS와 매우 흡사한 구조를 가지고 있지만 기초자산이 하락하는 경우, ELS처럼 손실이 확정되는 것이 아니라 원금이 확정되는 ELB를 말한다. 예를 들어 〈그림 8-55〉와 같은 디지털형 ELB가 발행되었다면 6개월마다 조기상환 기회가 주어지며 최초 기준가격 대비 기준가격이 102% 이하로 하락하지 않으면 확정 수익률을 지급한다. 만약 만기 시까지 조기상환이 이뤄지지 않고 만기 시 최초 기준가격 대비 기준가격이 102%이하로 하락하면 원금만을 보장받게 된다.

그림 8-55 | **디지털형 ELB 예시**

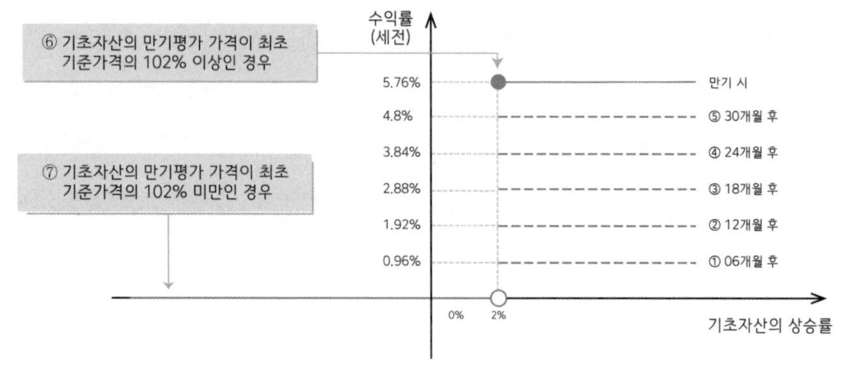

④ 최소수익률 보장하는 낙아웃형 ELB: 최소수익률을 보장하는 낙아웃형 ELB는 낙아웃형 ELS와 유사한 구조를 가진 ELB로 낙아웃형 ELS와 다른 점은 기준가격이 낙아웃 배리어를 넘어가더라도 최소수익률을 보장한다는 점이다. 〈그림 8-56〉과 같이 최소수익률을 보장하는 낙아웃형 ELB가 발행되었다면 최초 설정한 기준가격 대비 기준가격이 10%이내인 경우 참여율과 기준가격변동률에 따라 최대 5%의 수익률을 확정하게 되지만 기준가격이 최초 기준가격 대비 10%를 넘거나 하락하게 되면 1.5%의 수익률을 확정하게 된다.

그림 8-56 | **최소수익률 보장 낙아웃형 ELB 예시**

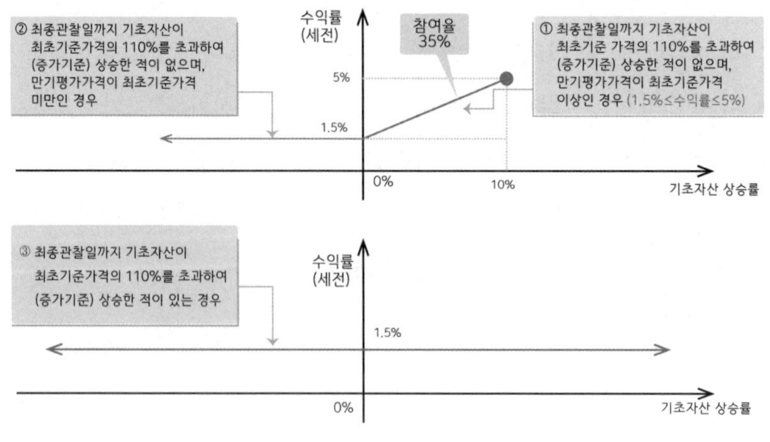

01 주식투자는 크게 기본적 분석과 기술적 분석 2가지로 구분할 수 있다. 기본적 분석과 기술적 분석의 정의 및 특징에 대해서 설명해 보시오.

02 주식투자에 기본적 분석은 하향식 접근방법(top-down approach)과 상향식 접근방법(bottom-up approach)이 있으며 보통 하향식 접근방법을 많이 사용한다. 그렇다면 하향식 접근 방법의 정의와 프로세스에 대해서 설명해 보시오.

03 경기에 선행하여 움직이는 지표를 경기선행지수라고 한다. 주가는 경기에 앞서 선행적으로 움직이는 특징이 있기 때문에 주식투자자들은 경기선행지수를 중요 변수라고 생각한다. 그렇다면 경기선행지수는 어떤 것들이 있으며 각각의 특성은 무엇인지 설명해 보시오.

04 거시경제와 주가는 금리 및 통화량 경로를 통해 연결되는 경우가 많다. 예를 들어 시중에 통화량이 증가하면 풍부한 유동성을 바탕으로 주가가 오를 가능성이 크며, 통화량 증가는 시중금리 인하를 유도하여 고정금리부 상품의 매력도를 하락시키고 상대적으로 주식의 투자 매력도를 상승시킨다. 이처럼 거시경제 정책통로를 통한 금리 및 통화량 변화가 주가에 많은 영향을 미치는데 어떤 경로들이 있는지 자세히 설명해 보시오.

05 라이프사이클 분석(product life cycle analysis)이론은 산업분석의 대표적인 분석 방법 중에 하나다. 라이프사이클 분석이론을 바탕으로 현재 우리나라 주력산업인 반도체 산업에 대해서 설명해 보시오.

06 대부분의 사람들은 주가가 호경기일 때만 상승하기 때문에 경기 불황 시에는 주식투자를 보류해야 한다고 생각한다. 실제로 경기 불황 때는 상승하는 종목보다 하락하는 종목이 많다. 하지만 경기방어주들은 경기가 하락할 때 오히려 상승하는 종목도 있다. 이런 경기방어주에는 어떤 산업들이 속해 있는지 나열하고 그 산업의 특징에 대해서 설명해 보시오.

07 개별 기업분석 시 주식투자자들은 비율분석을 많이 활용한다. 비율분석은 개별 기업의 재무제표를 바탕으로 수익성, 레버리지, 활동성 등을 알아보기 위한 지표이며 비교적 개별 기업을 간단하게 분석할 수 있는 좋은 분석 방법이다. 그럼 비율분석에는 어떤 것들이 있으며 각각의 특징은 무엇인지 설명해 보시오.

08 기술적 분석의 기본 가정과 장점 및 단점에 대해서 설명해 보시오.

09 이동평균선 분석 방법은 가장 대표적인 기술적 분석 방법이다. 보통 골든크로스를 매수 시점으로, 데드크로스를 매도 시점으로 잡는 경우가 많은데 그 이유에 대해서 설명해 보시오. 그리고 실제 골든크로스와 데드크로스가 발생한 주가 종목을 찾아 보시오.

10 ETF 특징에 대해서 설명하고, NAVER 금융창을 이용하여 각각의 ETF들이 어떻게 인덱스를 구성하고 있는지 설명해 보시오.

11 ETF는 인덱스펀드지만 일부 액티브 펀드와 유사한 수익구조를 가진 ETF들이 있다. 이런 ETF들은 어떤 것들이 있으며 투자 시 주의할 점은 무엇인지 설명해 보시오.

12 파생결합증권은 ELS, ELF, ELD, ELB, DLS 등이 있다. 각각의 이름에 이니셜이 무엇을 나타내는지 설명하고 위험도와 수익성에 대해서 나열해 보시오.

13 독자는 여유자금 1천만원을 다음과 같은 조건의 ELS에 청약하였다.

- 원금보장형 양방향 낙아웃형 ELS
- 기초자산은 KOSPI 200, 최초 기준가는 KOPSI 200지수 150p
- 최초 기준가 대비 ±15%초과 시 낙아웃
- 참여율 70%

만기 시, KOSPI 지수가 165p였다면 확정 수익금은 얼마가 지급되겠는가? 또한 KOSPI지수가 142.5p, 120p였다면 얼마의 확정 수익금이 지급되는지 계산해 보시오.

14 독자는 여유자금 1천만원을 다음과 같은 조건의 ELB에 청약하였다.

- 원금보장형 최소수익률 보장 범위형 ELB
- 기초자산은 KOSPI 200, 최초 기준가는 KOSPI 200지수 150p
- 최초 기준가 대비 ±10%초과 시 최소 수익률 2% 보장
- 참여율 50%

만기 시, KOSPI 지수가 162p였다면 확정 수익금은 얼마가 지급되겠는가? 또한 KOSPI지수가 172.5p, 127.5p였다면 얼마의 확정 수익금이 지급되는지 계산해 보시오.

CHAPTER 09
최신 금융 산업 트랜드

SECTION 01

인터넷전문은행

단원을 시작하며

독자들은 은행에서 업무를 본다면 제일 먼저 어떤 생각이 떠오르는가? 은행 지점을 방문하여 번호표를 뽑고, 은행원과 마주하고 계좌를 개설하는 등의 모습이 떠오를 것이다. 하지만 최근에는 비대면 채널인 스마트폰만으로도 계좌개설이 가능하며 모든 업무 절차가 스마트폰에서 이뤄지는 은행이 탄생하였다. 바로 인터넷전문은행이다. 이번 단원에서는 새롭게 탄생한 인터넷전문은행에 대해서 알아보도록 하자.

1 인터넷전문은행의 정의

인터넷전문은행이란 점포를 통한 대면거래를 하지 않고 은행의 모든 업무를 비대면 채널인 스마트폰과 인터넷을 영업채널로 이용하는 은행을 말한다.[1] 보통 은행이라 함은 각 지역마다 지점이 있고, 계좌개설 및 예금, 대출 등을 수행하기 위해서는 지점을 방문하여 은행원과 대면거래를 해야 한다고 생각한다. 이런 방식을 전통적인 은행거래 방식이라고 한다. 반면 인터넷전문은행은 점포 방문 없이 계좌개설, 예·적금 가입, 대출, 계좌이체 등 은행의 모든 업무를 비대면 채널인 스마트폰으로 할 수 있는 것을 말한다. 현재 우리나라에 인터넷전문은행은 2017년 4월 3일에 출범한 케이뱅크와 2017년 7월 27일에 출범한 카카오뱅크가 있다.

1 금융위원회는 인터넷전문은행을 『전자금융거래법』에 따른 전자금융거래 방법으로 은행업을 영위하는 은행으로 정의하고 있다.

은행업은(『은행법』 제2조 제1항 제1호) 예금을 받거나 유가증권 또는 채무증서를 발행하여 불특정다수인으로부터 채무를 부담함으로써 조달한 자금을 대출하는 업을 의미한다.

전자금융거래는(『전자금융거래법』 제2조 제1호) 금융회사 또는 전자금융업자가 전자적 장치(ATM, 컴퓨터, 전화기 등)를 통해 금융상품 및 서비스를 제공하고, 이용자가 금융회사 또는 전자금융업자 종사자와 직접 대면하거나 의사소통 없이 자동화된 방식으로 이를 이용하는 거래를 의미한다.

케이뱅크

kakaobank

카카오뱅크

2 | 인터넷전문은행의 특징 및 장점

인터넷전문은행에 대해서 간단히 정의를 하였는데 그렇다면 전통은행을 이용하는 고객들은 궁금한 점이 많을 것이다. 상품 및 가입에 대한 상담은 누구와 할 것이며, 현금을 찾을 때는 어디로 가야 하고, 대면 없이 계좌개설은 어떻게 되는지, 대출실행 등을 위한 신용등급은 어떻게 결정되는지, 시중은행 상품과의 차별성은 무엇인지 등 현재 지점에서 하고 있는 일들이 어떻게 처리될지 궁금할 것이다. 우선 인터넷전문은행의 계좌개설은 비대면 채널인 스마트폰에서 이뤄진다. 금융, 통신기기의 발달로 인해 약 10~15분 사이 본인 인증이 마무리 되면 인터넷전문은행의 계좌가 바로 개설된다. 보통 은행에서는 본인 신분증과 계좌개설 신청서를 작성하고 은행원이 이것을 입력하여야 계좌가 개설되지만 인터넷전문은행의 본인 인증은 보통 본인 스마트폰 인증으로 처리하며 신분증 역시 스마트폰 사진을 통해 기술적으로 해결하였다. 따라서 예전처럼 은행계좌 하나 만들기 위

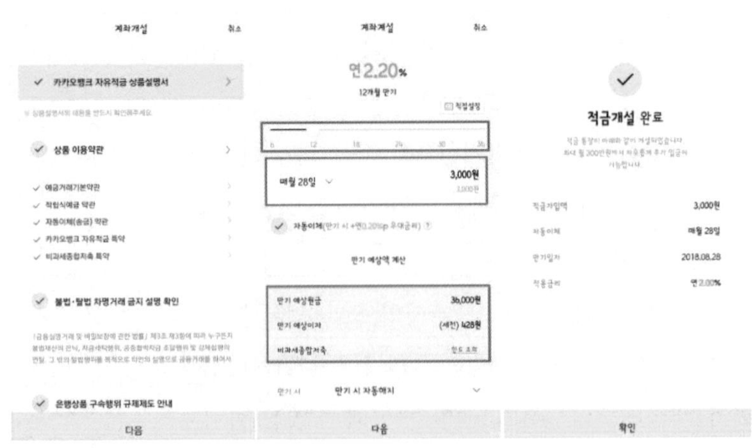

예·적금 상품 가입(카카오뱅크)

해 지점을 방문하여 대기표를 뽑고 기다렸다가 계좌개설서를 작성하고 계좌를 개설한 후 집으로 돌아오는 수고를 덜게 된 것이다. 다음으로 현금 입·출금은 전국 편의점에 있는 ATM기를 수수료 없이 이용하면 된다. 보통 은행에서 계좌를 개설하고 현금을 입·출금하기 위해서는 은행 창구를 이용하던지 아니면 지점 내에 있는 ATM기를 이용하거나 간혹 주요 시설에 설치되어 있는 은행 ATM기를 이용하면 되었다. 반면 인터넷전문은행은 전국에 있는 편의점 ATM기를 이용하여 24시간 언제나 현금을 찾을 수 있다. 현재 우리나라 편의점 수는 은행 지점 수에 비해서 월등히 많기 때문에 사실상 인터넷전문은행을 이용한 현금서비스는 시간과 공간의 제약을 받지 않는다. 세번째로 상품에 대한 설명 및 궁금증에 대한 해결 방법은 24시간 운영되는 고객센터와 앱 상에서의 설명으로 대처한다. 인터넷전문은행을 이용하여 예·적금이나 대출상품을 가입하기 위해서는 앱상에서 제공하는 정보를 자세히 보아야 한다. 대체로 절차에 맞게 잘 설명되어 있기 때문에 스마트폰 문화에 익숙한 고객이라면 쉽게 가입할 수 있을 것이다. 만약 설명이 충분치 않다면 고객센터로 전화하여 언제든지 상담할 수 있다. 보통 시중은행의 예·적금 상품 가입 및 대출실행을 위해서는 본인 확인서, 가입서류 작성 등의 갖가지 서류를 가지고 직접 지점에 방문해서 처리하여야 하기 때문에 많은 시간과 노력이 필요하다.

편의점 ATM기기 사용

이와 더불어 대출상품을 가입하기 위해서는 보통 개인적인 신용등급이 필요하고 개인신용등급에 따라 대출금리와 한도가 결정되는 것을 이

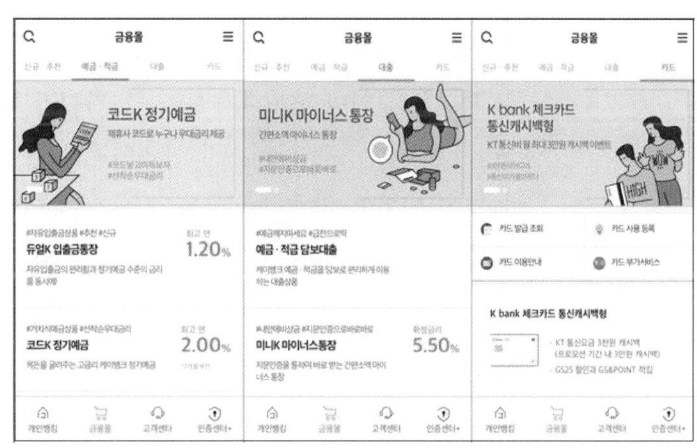

대출상품 가입(케이뱅크)

미 알고 있을 것이다. 이에 시중은행들은 개인 자산 및 직장, 연봉, 기타 연체율 등을 고려해 신용등급을 설정하기 때문에 시중은행에서 대출을 실행하기 위해서는 많은 서류와 정보가 필요하다는 점을 알고 있을 것이다. 그렇다면 인터넷전문은행은 이런 절차 없이 어떻게 대출을 실행할까? 인터넷전문은행은 기존금융권이 가지고 있는 신용평가 데이터와 신용평가사가 보유하고 있는 데이터를 기반으로 온라인데이터를 접목하여 카카오뱅크나 케이뱅크가 가지고 있는 광범위한 빅데이터 분석을 통해 개인의 신용평가 데이터로 활용한다.[2]

2 자세한 신용평가 방법은 기업 내부 자료이므로 공개하기 어렵지만, 실제로 선진국에서는 이와 같은 방식으로 신용평가를 진행하고 있는 곳이 있으며 연체율이 비교적 낮은 것으로 나타났다.

그림 9-1 | **카카오뱅크 신용평가 개요**

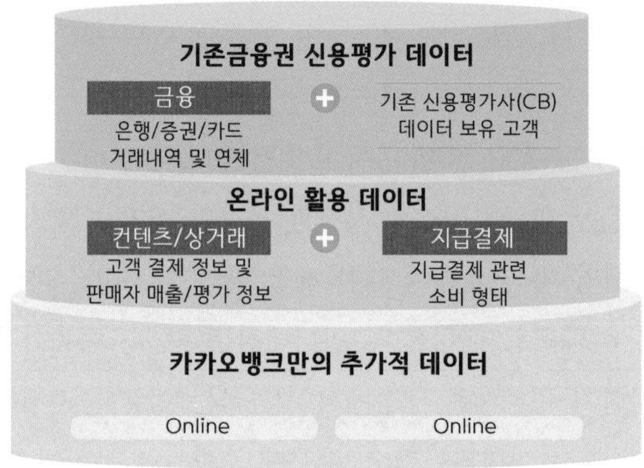

출처: 국회입법조사처

마지막으로 인터넷전문은행과 시중은행 상품 간 차별성이다. 시중은행도 스마트뱅킹이라는 것을 운영하고 있기 때문에서 사실상 예·적금 가입이나 이체 등 기본적인 서비스에 대해서는 큰 차이가 없는 것처럼 보일 수도 있다. 다만 스마트뱅킹의 경우 아직까지 공인인증서 등 인터넷전문은행에 비해 다소 불편한 점이 있지만 향후 스마트뱅킹 역시 공인인증서를 폐지하고 인터넷전문은행과 같은 형태로 바뀔 가능성이 높다. 이렇듯 시스템적으로는 큰 차별성을 보이지 않으나 상품 간에는 큰 차별성이 존재한다. 즉 인터넷전문은행이 가입자를 폭발적으로 증가시킨 가장 큰 요인 중에 하나는 시중은행에 비해 낮은 대출금리와 높은 예금금리에 있다. 인터넷전문은행의 정의에서 나타나 있듯이 인터넷전문은행은 지점 없이 모든 영업을 스마트폰이나 인터넷을 통해 이뤄진다. 즉 지점이나 지점의 인력이 필요치 않다는 말이다. 은행업은 서비스업이다. 즉 인건비가 비용에 굉장히 많은 포지션을 차지하고 있다는 의미다. 또한 은행의 지점들은 각 지역마다 위치가 좋은 자리에 설치되는 것이 보통이다. 이는 주변에 은행을 이용할 수요자들이 많아야 하기 때문이며 이런 상권의 경우 보통은 임대비용이 높다. 특히 은행 지점이 1층이 아닌 2층 혹은 이보다 높은 층에 있다면 고객들은 은행을 방문하려 하지 않을 것이다. 따라서 대부분의 은행 지점은 1층에 위치하고 있는데 이 또한 임대료가 높다는 것을 대변하는 사실이다. 결국 시중은행은 지점을 운영하기 위해서 높은 임대료와 인건비를 지불해야 하는 구조를 가지고 있다. 반면 인터넷전문은행은 임대료나 인건비 비용을 절감할 수 있기 때문에 시중은행보다 높은 예금금리와 낮은 대출금리를 적용할 수 있는 것이다. 이는 실제로 인터넷전문은행이 출범과 동시에 폭발적인 가입자를 유치한 근본적인 원인이기도 하다.

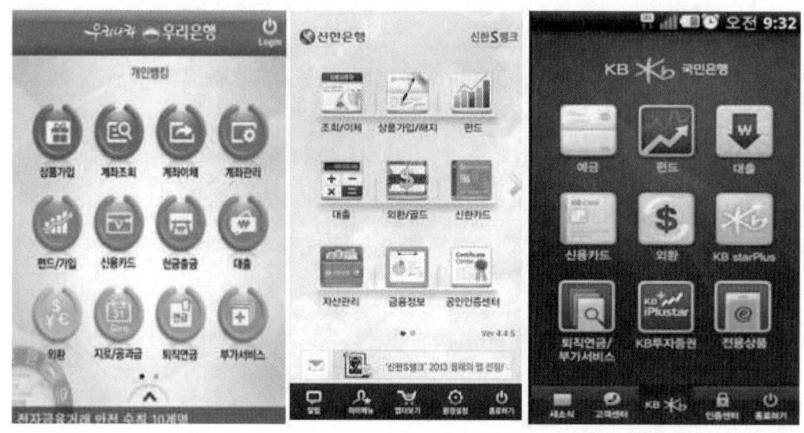

시중은행의 스마트뱅킹(출처: 각 은행)

그림 9-2 | **시중은행과 인터넷전문은행 금리구조 비교**

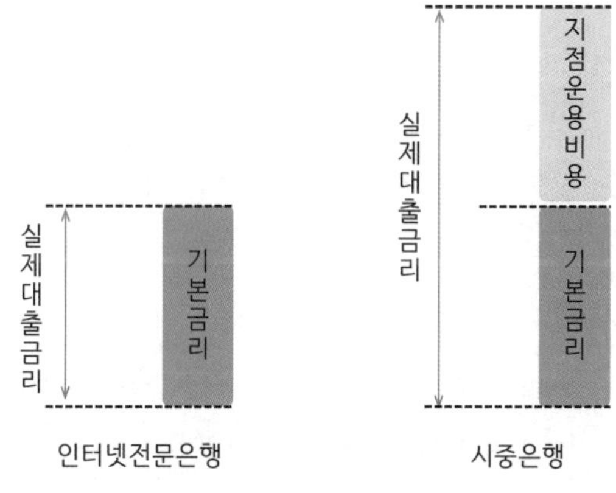

표 9-1 | **시중은행과 인터넷전문은행 비교**

	인터넷전문은행	시중은행
영업시간	365일 24시간	평일 9~16시
주요 채널	(비대면)스마트폰/ATM(현금)	(대면)지점
계좌개설	본인 계정 스마트폰, 신분증	지점 방문/공인인증서
신용평가	금융권 신용평가+빅데이터	금융권 신용평가
대출심사	스마트폰	대면심사(지점 방문)
적용금리	상대적 예·적금금리↑ 대출금리↓	상대적 예·적금금리↓ 대출금리↑
결제	모바일결제	체크/신용카드 이용

3 | 인터넷전문은행의 영향 및 보완

인터넷전문은행의 출범은 우리나라 은행업의 경쟁을 촉발시켜 고객에게는 질 좋은 서비스를 제공하고 은행들은 경쟁력을 향상시킨다는 면에서 사회 전체적으로 긍정적인 평가가 대부분이다. 실제로 우리나라 은행업은 수십년 전 예대마진 구조에서 바뀐 것이 별로 없다. 즉 수십년 전에도 예금금리와 대출금리의 차를 이용한 예대마진이 은행의 주요 수입원이었고 현재도 그렇다는 말이다. 따라서 은행들은 수익구조 변화 없이 비용만 계속해서 증가하는 구조로 인해 1인당 생산성이 지속적으로 하락하고 있다는 지적을 받아 왔다. 더욱이 은행들은 영업을 국내에 한정하고 있기 때문에 이미 포화된 시장에서 안주하고 있던 것도 사실이다. 이에 수십년 만에 인터넷전문은행이 은행업으로 출범함에 따라 경쟁구도가 다시 형성되었고, 인터넷전문은행에 대한 소비자들의 뜨거운 반응을 통해 기존 은행들이 앞으로 살아남기 위해 어떤 전략을 써야 하는지 파악하였을 것이다. 금융시장도 실물시장과 똑같다. 실물시장에서 경쟁자가 늘어나면 공급이 증가하므로 가격이 하락한다. 마찬가지로 금융시장에서도 경쟁구조가 형성되면 가격이 내려가게 된다. 금융시장에서 가격은 이자율로 형성된다. 최근 시중은행들은 앞다투어 예금금리를 올리고 대출금리를 내리고 있다. 또한 고객의 편리성을 위해 기존 시스템 체계를 하나씩 바꿔나가고 있다. 이미 인터넷전문은행 출범에 대한 효과는 이렇게 서서히 우리에게 다가오고 있다.

하지만 인터넷전문은행이 완벽한 것은 아니다. 스마트폰이 익숙한 젊은 세대들에게는 쉽고 편리하지만 그렇지 못한 노인들에게는 불편할 수도 있다. 따라서 은행업에 대한 사항을 전적으로 인터넷전문은행에 의존하는 것은 사실상 불가능하다. 또한 모든 것이 전산으로 이뤄지다 보니 해킹 등 외부 공격에 대한 보안문제도 여전히 안고 있다. 게다가 스마트폰으로만 계좌개설이 가능하기 때문에 일부 대포통장 등 불법적인 금융거래에 악용될 소지도 있다. 그리고 대출 신용등급에 대한 빅데이터 분석 역시 완벽한 시스템이 아니기 때문에 지속적인 보완이 필요하다. 인터넷전문은행은 이런 단점을 해결하기 위해 지속적인 보완과 발전이 필요할 것으로 보인다.

4 | 인터넷전문은행 실무

인터넷전문은행의 장점은 단연 편리성이다. 자기명의로 된 스마트폰과 신분증만 있다면 지금 이 자리에서 10~15분 내로 인터넷전문은행에 가입하고 계좌를 개설할 수 있다. 이미 은행의 기본 상품과 은행 실무에 대해서 학습했기 때문에 인터넷전문은행 실무에서는 일반 시중은행과 다른 가입절차와 체크카드(현금 입·출금 카드)에 대해서만 알아보도록 하겠다. 우선 케이뱅크 가입절차는 본인 명의로 된 스마트폰과 신분증을 준비하고 스마트폰에서 케이뱅크 앱을 다운 받으면 된다. 앱을 다운 받았다면 앱을 실행하고 계좌개설 절차에 따라 진행하면 된다.

케이뱅크의 계좌개설 절차

(a) 케이뱅크 앱 설치 및 앱 실행
(b) 이름과 주민번호 등 기본 정보 입력 및 신분증 촬영
(c) 체크카드 선택, 현금 입·출금 카드
(d) 서비스 이용약관 동의 및 상품설명서, 양도불법성, 거래목적 확인
(e) 지문인식등록(선택 사항)
(f) 스마트폰 OTP 비밀번호 설정
(g) 타행계좌 확인 혹은 영상통화 인증
(h) 계좌개설 완료

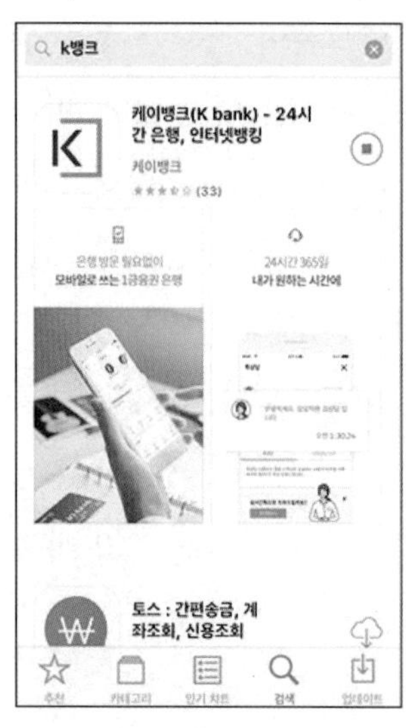

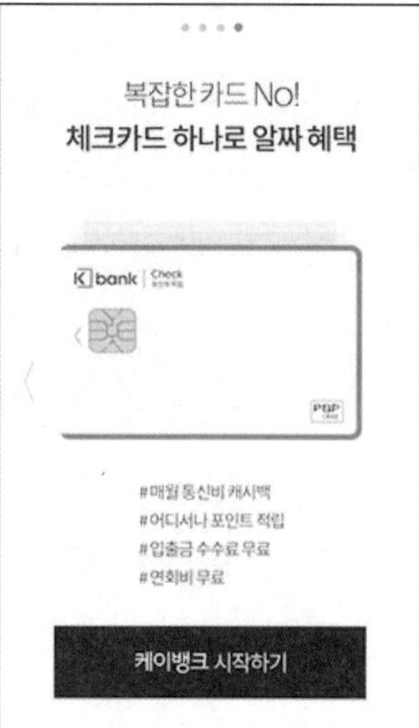

K bank
ARS 인증이 완료되었습니다
아래 확인버튼을 누르시고 휴대폰번호 본인인증을 완료하여 주시기 바랍니다
확인

K bank
본인명의 휴대전화 이용고객
휴대전화 본인인증 약관
전체동의
성명
주민번호 앞 7자리
휴대전화 번호
통신사 선택

K bank
본인 확인을 위해 신분증을 촬영합니다.
주민등록증 또는 운전면허증을 촬영가이드에 맞추신 후 촬영해 주세요.
신분증 촬영 방법
신분증과 다른 색의 배경에서 촬영해 주세요
반사광은 최소화 해주세요
신분증촬영

K bank
성명
휴대전화
영문명
KIM
아이디
nayd@me.com
로그인 비밀번호
확인

K bank
간편비밀번호
(로그인, 이체 등에서 인증 수단으로 사용됩니다)
지문등록 (선택)
지문 인식이 가능한 폰에서 로그인, 이체 등의 보안 인증 수단으로 편리하게 이용할 수 있습니다.
예 아니오
지문등록
확인

K bank
필수 고지서 수신방법
이메일(필수) 자택 직장
통장정보 설정
계좌 비밀번호
입출금통지서비스
입출금 내역을 푸시알림으로 알려주는 서비스입니다.
신청(무료) 미신청
입출금통지서비스 이용약관

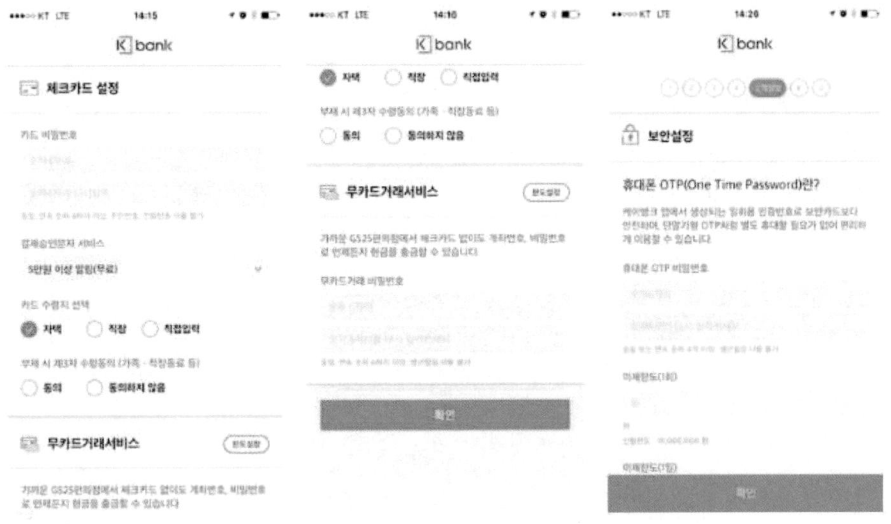

케이뱅크 가입 및 계좌개설 절차

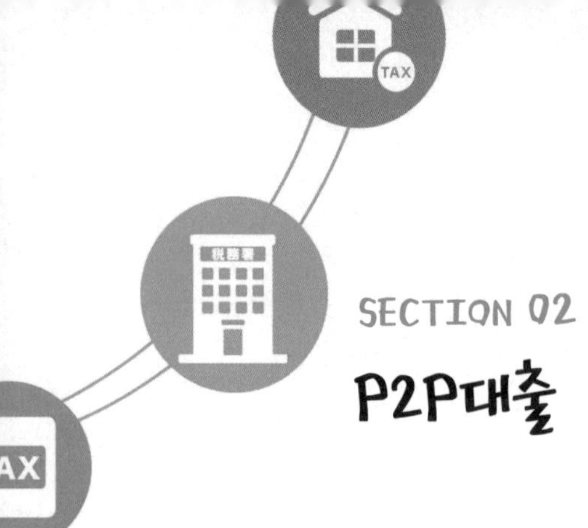

SECTION 02

P2P대출

단원을 시작하며

독자는 대출투자쇼핑이라는 말을 들어본 적이 있는가? 대출은 은행에서 자금을 빌리는 것이고, 투자는 금융투자상품에 가입하는 것이며, 쇼핑은 물건을 구매하는 행위인데 이런 단어들이 복합적으로 쓰인다는 것이 독자는 혼란스러울지 모르겠다.

하지만 대출투자쇼핑은 실제로 사용되는 용어로 최근 크라우드 펀딩과 Web 2.0이 결합하여 P2P대출이라는 새로운 형태의 대출을 탄생시키면서 등장한 용어다. 즉 대출투자쇼핑은 P2P대출의 용어로 금융투자자 자신들이 원하는 대출상품을 직접 쇼핑을 통해 투자한다는 의미다. 자, 그럼 이제 조금은 생소한 P2P대출에 대해 자세히 알아보도록 하자.

1 P2P대출(Peer to Peer Lending)의 정의

P2P대출이란 자금의 수요자(대출자)와 공급자(투자자)가 금융기관을 통하지 않고 온라인 플랫폼[1]을 통해 직접 거래하는 크라우드 펀딩(crowd funding) 방식을 말한다. 즉 전통적인 금융거래 방식인 은행, 투자증권사, 종합금융사 등을 통하지 않고 대출자와 투자자가 직접 온라인상에서 거래하는 방식을 말한다. 흔히 P2P대출을 온라인 쇼핑몰과 비교하여 설명하는 경우가 많은데 이는 투자자가 온라인 플랫폼을 통해 공개된 대출자의 리스트를 보고 온라인 쇼핑에서 물건을

1 온라인 플랫폼 P2P대출 업체들이 주로 사용하는 온라인 플랫폼은 웹사이트나 SNS 등이 있다.

구입하듯 투자를 직접 실행하기 때문이다.

이렇듯 생소한 개념인 P2P대출이 성장할 수 있었던 것은 Web 2.0의 인터넷 혁신 기술과 크라우드 펀딩 조합이 글로벌 금융위기를 거치며 자금 수요자와 공급자에게 매력적으로 다가왔기 때문이다. 여기서 Web 2.0으로 대변되는 인터넷 기반 기술혁신은 대출자와 투자자를 인터넷 상에서 상호 연결하기 때문에 기존 금융거래에서 발생하는 시간적·공간적 제약을 벗어나 편리하고 신속한 서비스를 제공한다는 큰 이점을 보유하고 있다. 더욱이 인터넷전문은행과 같은 온라인 기반은 지점 및 인력 운영비를 절감할 수 있기 때문에 낮은 대출금리와 높은 투자 수익을 제공할 수 있다는 이점 또한 보유하고 있다. 이런 이점들은 2008년 글로벌 금융위기를 기점으로 자금의 수요자와 공급자들에게 크게 호소하는 계기가 되었다. 글로벌 금융위기 당시 대형투자은행들이 파산하며 자금을 중계하는 금융회사들은 보수적으로 자금을 운용하기 시작하였다. 이로 인해 기업들과 가계는 금융시장에서 자금을 공급받기 어려워졌으며 신용경색이 발생하게 되었다. 또한 불황을 벗어나기 위해 각국은 확장적 통화정책[2]및 양적완화정책[3]을 실시하며 사실상 제로 금리 시대를 맞이하였다. 이로 인해 이자수익이 감소한 예금 가입자 및 투자자들은 대안 투자를 찾기 시작하였다. 이때 P2P대출은 금융회사가 제공하지 못하는 서비스와 고객의 니즈를 충족시키기에 충분했다. 즉 P2P대출은 금융회사가 포용하지 못한 자금 수요자에게 온라인 상으로 자금 공급자를 직접 연결해 줄 수 있는 대안을 제시하였고, 자금 공급자들에게는 시장이자율보다 높은 투자수익률을 제공하는 대안 투자처를 공급한 것이다.

P2P대출의 탄생 배경

2 확장적 통화정책 확장적 통화정책은 총수요 정책의 일환으로 중앙은행이 통화량을 늘리거나 기준금리를 낮추는 전략을 실행하는 것이다. 우리나라의 중앙은행은 한국은행으로 한국은행의 금융통화위원회를 통해 기준금리를 조정한다. 자세한 사항은 "이자율 결정" 단락에서 확인하길 바란다.

3 양적완화정책 양적완화는 명목적 기준금리가 이미 제로수준으로 더 이상 기준금리를 통한 통화정책 효과가 없다고 판단될 경우 중앙은행이 직접 채권을 매입하여 시장에 유동성을 공급하는 비전통적 통화정책을 말한다.

2 | P2P대출의 구조 및 일반 현황

1 P2P대출의 구조

P2P대출의 당사자는 크게 대출자, 투자자, 플랫폼 등으로 구분할 수 있다. 우선 대출자는 자금 수요자로서 대출에 필요한 제반서류를 제출하고 대출이 실제로 실행된 이후로는 정기적으로 대출원금과 이자상환 의무가 있는 자를 말한다. 다음으로 투자자는 자금의 공급자로서 대출자금을 제공하고 투자금액에 대한 이자와 원금을 수취할 수 있는 권리가 있는 자이며 대출자의 채무불이행 시 투자손실위험을 부담하는 자를 말한다. 마지막으로 플랫폼은 자금의 수요자와 공급자를 연결해주는 역할을 하며 대출자의 정보를 받아 자체 신용평가 프로그램을 통해 대출자의 기본정보와 신용평가정보를 공시함으로써 투자자를 모집하는 역할을 한다. 또한 대출이 실행되면 대출자로부터 원리금을 회수하여 투자자에게 배분하는 역할을 한다.

표 9-2 | **P2P대출 주체 및 역할**

구분	주요 역할	비용 및 수익	참여자
대출자	자금조달	원리금 납부	개인, 개인사업자, 중소기업
투자자	자금 공급	원리금 수취	개인, 전문투자자, 기관투자자
플랫폼	대출자와 투자자 연결	수수료	핀테크, 스타트 업

그림 9-3 | **P2P대출 구조**

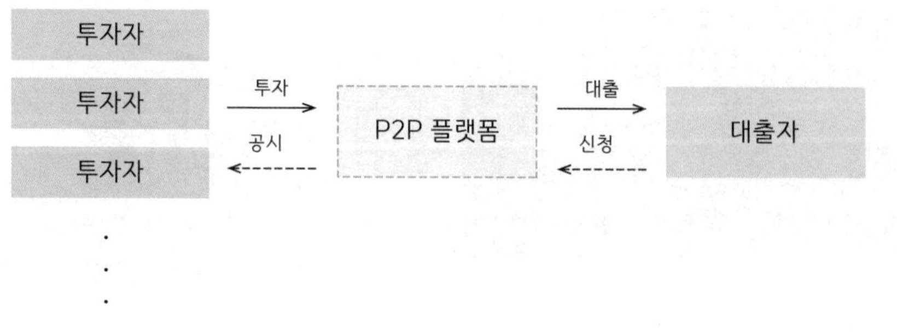

2 P2P대출의 프로세스

P2P대출 프로세스는 기본적으로 6단계로 구성되어 있으며 각 단계마다 P2P 대출주체들인 대출자, 투자자, 플랫폼의 실행 업무가 각각 다르다. P2P대출 프로세스는 다음과 같다.

(a) 대출신청: 자금 수요자인 대출자가 자금의 사용 목적 및 금액, 개인정보*, 신용평가정보** 등을 플랫폼 업체에 제출

*: 성별, 나이, 직업, 연소득 등 **: 신용등급, 부채, 연체기록 등

(b) 대출심사 및 평가: 대출자가 제출한 기본정보를 토대로 플랫폼은 자체 평가시스템을 적용하여 상환능력 등을 재평가하고 대출가능 여부를 결정

(c) 공시: 플랫폼의 대출심사를 통과한 대출자들에 한하여 대출자의 정보, 대출조건* 및 신용평가정보 등을 플랫폼에 공시

*: 대출금액, 대출금리, 대출기간, 상환방법 등

(d) 대출구매: 투자자들은 공시된 대출정보를 바탕으로 투자자의 투자목적에 맞는 대출을 구매함으로써 투자결정

(e) 대출실행: 투자자들의 투자금액이 대출금액에 도달하면 플랫폼은 대출을 실행하여 대출자에게 대출금 지급실행

(f) 상환: 대출자는 대출이 실행된 순간부터 대출조건에 합당하는 원리금을 플랫폼에 지급하고 플랫폼은 이를 투자자에게 지급

그림 9-4 | **P2P대출 프로세스**

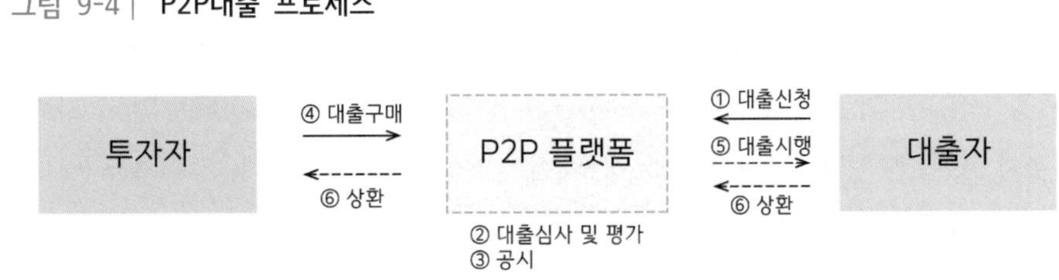

3 P2P대출 구분

P2P대출은 대출자, 대출 심사방식, 이자율 결정방식, 대출 연결방식 등 대출 종류에 따라 다양하게 분류된다. 우선 대출자에 따라 소비자대출과 사업자대출로 구분할 수 있다. 소비자대출은 말 그대로 개인투자자가 개인대출자에게 대출을 실행하는 것으로 개인 신용대출의 성격을 띠고 있다. 사업자대출은 개인투자자가 사업목적의 대출자금에 투자하는 것으로 대부분 대출자는 개인사업자나 중소기업이다.

다음으로 대출 심사방식은 투자자가 직접 실행하는 방식과 플랫폼이 직접 수행하는 방식이 있다. 투자자가 직접 실행하는 방식은 투자자가 대출자의 정보를 바탕으로 투자심사를 직접 진행하는 방법이다. 이때 플랫폼은 단순 대출자의 정보만 공시한다. 반면 플랫폼이 직접 수행하는 방식은 대출자의 기본정보를 바탕으로 플랫폼이 가지고 있는 신용분석 프로그램을 활용하여 대출심사를 진행하는 방식이다. 이는 보통 투자자가 직접 진행하는 방식에 비해 대출심사가 엄격하다.

또한 이자율 결정방식에 따라 고정이자율 방식과 역경매 방식이 있다. 고정이자율 방식은 플랫폼에 의해 미리 정해진 이자율로 공시하고 투자자를 모집하는 방식이다. 이는 대출금액까지 투자자금이 모집되면 공시된 이자율로 대출을 진행한다. 반면 역경매 방식은 투자자들이 대출자의 공시된 정보를 바탕으로 낮은 금리를 제시하는 투자자 순으로 낙찰이 진행되는 방식이다. 즉 최저 이자율을 제시한 투자자가 낙찰되면 해당 이자율로 대출이 실행되기 때문에 대출자에게 유리한 측면이 있다.

대출 연결방식은 불특정다수의 투자자와 대출자 혹은 불특정다수의 투자자와 불특정다수의 대출자 방식으로 나눌 수 있다. 우선 불특정다수의 투자자와 대출자 방식은 단수의 대출자에 대해 불특정다수의 투자자가 투자하는 방식으로 투자자 입장에서는 직접 대출을 선택할 수 있다는 장점이 있다. 국내 대부분의 P2P대출은 본 방식을 채택하고 있다. 반면 불특정다수의 투자자와 불특정다수의 대출자 방식[4]은 불특정다수의 대출자를 대출 포트폴리오로 구성하고 불특정다수의 투자자로부터 대출을 모집하는 방식이다. 이 방식은 투자자들이 자동 분산투자 되는 효과를 볼 수 있다.

4 국내에는 어니스트 펀드가 50개 이상의 대출채권으로 구성된 포트폴리오 P2P대출 상품을 제공하고 있다.

마지막으로 대출 종류에 따라 담보대출과 무담보대출(신용대출)로 나눌 수 있다. 담보대출은 부동산, 재고품, 명품, 저작권 등을 담보[5]로 대출을 실행하는 것을 말한다. 최근 국내 P2P대출 중 많은 부분이 부동산 담보대출 방식으로 진행되고 있다. 무담보대출은 보통 신용대출이라고 하며 신용대출은 채무불이행이 발생하였을 때 투자손실이 발생할 가능성이 높기 때문에 엄격한 대출심사가 요구된다.

5 국내에는 키핑펀드가 명품가방, 시계, 귀금속, IT기기, 고급 카메라 등의 물건을 감정하여 P2P대출상품을 제공하고 있다.

표 9-3 | **P2P대출의 구분**

구분	서비스 형태	내용
대출자	소비자대출	개인대출 진행
	사업자대출	개인사업자 및 중소기업 대출 진행
대출심사	플랫폼 수행	플랫폼이 직접 대출심사 실행
	투자자 수행	투자자가 직접 대출심사 실행
이자율 결정	고정이자율	플랫폼이 제공한 이자율로 대출 실행
	역경매	이자율이 낮은 순으로 투자자 대출 실행
대출연결	불특정다수-단수	단일 대출자와 불특정다수 투자자
	불특정다수-불특정다수	대출 포트폴리오와 불특정다수 투자자
담보유무	담보대출	부동산 등 담보대출
	무담보대출	신용대출

4 P2P대출의 위험

P2P대출은 높은 투자수익, 투자의 편리성 및 소액투자 가능, 낮은 대출금리, 금융산업 혁신 등의 장점에도 불구하고 다음과 같은 위험에 노출되어 있기 때문에 신중한 접근이 필요하다. 첫째는 사기위험이 있다. P2P대출은 온라인을 이용한 비대면 서비스이기 때문에 플랫폼이 제공하는 정보에 전적으로 의존할 수밖에 없다. 따라서 플랫폼이 악의적으로 투자자를 속이려 든다면 투자자는 속수무책으로 당할 수 있다. 그러므로 투자자들은 플랫폼에 대한 정보를 면밀히 살펴볼 필요가 있다.

둘째는 채무불이행의 위험에 노출되어 있다. 보통 P2P개인 대출은 담보가 없는 신용대출이 대부분이다. 따라서 플랫폼이 다방면으로 엄격하게 신용평가를 진행한다고 하더라도 채무불이행이 발생할 수밖에 없다. 다만 P2P대출의 경우 대부분이 원리금상환 방식으로 진행하는 등 원금에 대한 전체 손실을 최소화하기 위해 노력하고 있다.

셋째는 플랫폼 위험이다. P2P대출 플랫폼은 금융업자가 아니다. 따라서 플랫폼에 문제가 발생하면 일반은행처럼 예금자보호가 되지 않는다. 따라서 플랫폼이 부도가 발생한다던지 어떤 문제가 발생할 경우, 투자자의 투자수익은 플랫폼을 통해 지급되므로 상환지연이나 심할 경우 투자원금 손실이 발생할 수도 있다. 이에 대해 금융감독원은 P2P대출 가이드라인을 통해 투자자 보호 목적으로 P2P대출 업체 명의와 투자자 관리계좌를 별도로 개설하여 운영할 것을 권고하였다.

넷째는 유동성 위험이다. P2P대출의 경우 투자자금에 대한 중도해지가 불가능하기 때문에 개인투자자들은 유동성 위험에 봉착할 수도 있다.[6] 우리보다 먼저 출발하여 선진화된 P2P대출 시장에서는 투자자의 유동성을 확보하기 위해 일부 유통시장[7]을 형성하고 있지만 아직 활발하지 않은 상황이고, 국내에는 이마저도 없기 때문에 유동성 제약이 있다.

마지막으로 해킹위험이 있다. P2P대출은 온라인을 기반으로 하고 있기 때문에 언제든 해킹위험에 노출될 수 있다. 이는 투자자나 대출자의 개인정보 및 계좌정보 등이 유출될 수 있는 위험에 노출되어 있다는 것이다. 최근 국제적으로 금융사에 대한 해킹이 자주 발생함에 따라 P2P대출자 및 투자자는 이 점을 항상 유의할 필요가 있다.

6 보통 정기예금 및 정기적금은 일정 부분의 이자수익을 포기하면 중도해지를 통해 유동성을 확보할 수 있다.

7 유통시장 조파, 렌딩클럽, 프로스퍼 등이 있다.

3 | P2P대출 국내 현황

국내 P2P대출은 2006년 머니옥션을 시작으로 출발하였으나 크게 관심을 받지는 못하였다. 하지만 2015년 이후 급성장하여 2016년 5월말을 기준으로 현재 국내에는 33개의 업체가 영업을 하고 있다.

국내에서 P2P대출 업체가 성장한 배경은 국가적인 핀테크 사업육성과 저금리로 인한 이자수익 저하에 따른 대안투자로서 관심을 받았기 때문인 것으로 분석된다. 현재 국내에서 운영 중인 P2P대출은 투자자와 대출자 간 직접대출 방식이 사실상 규제로 불가능하기 때문에 P2P대출 사업자는 플랫폼 사업 이외에 여신회사와 제휴하거나 여신회사를 별도로 등록하여 간접대출하는 형태로 서비스를 제공하고 있다.

1 국내 P2P대출 운영모델

국내 P2P대출 운영모델은 원리금수취권 매매형과 금융기관 제휴형으로 나뉜다. 우선 원리금수취권 매매형[8]은 P2P대출 당사자인 대출자, 투자자, 플랫폼 이외에 대부업자가 들어오는 형태로 대부업자는 원래 당사자들 사이에서 대출금을 실행하고 발생한 원리금수취권을 투자자에게 매도하는 형태를 취한다. 즉 대출자가 대출에 대한 정보를 플랫폼 업체에 제공하고 플랫폼 업체는 이를 공시하여 투자자를 모집한다. 이후 투자자가 모집되면 대출을 실행하게 되는데 이 사이에 대부업체가 들어오는 것이다. 대부업체는 원리금수취권 매입대금을 지급받고 대출자에게 대출을 실행한 후 플랫폼 업체에 원리금을 받을 수 있는 권리증인 원금수취권을 매도한다. 이어서 플랫폼 업체는 이를 다시 투자자에게 매도하는 방식이다. 투자자는 원리금을 지급받을 수 있는 권리증이 있기 때문에 대출자가 원리금을 상환하면 플랫폼 업체는 이를 투자자에게 전달해 주는 역할을 하는 것이다. 원리금수취권 매매형의 흐름도는 〈그림 9-5〉와 같다.

8 원리금수취권 매매형
국내의 거의 모든 P2P대출 업체는 원리금수취권 매매형 모델을 따른다(에잇퍼센트, 테라펀딩, 렌딧, 빌리, 어니스트 펀드 등).

그림 9-5 | **원리금수취권 매매형 흐름도**

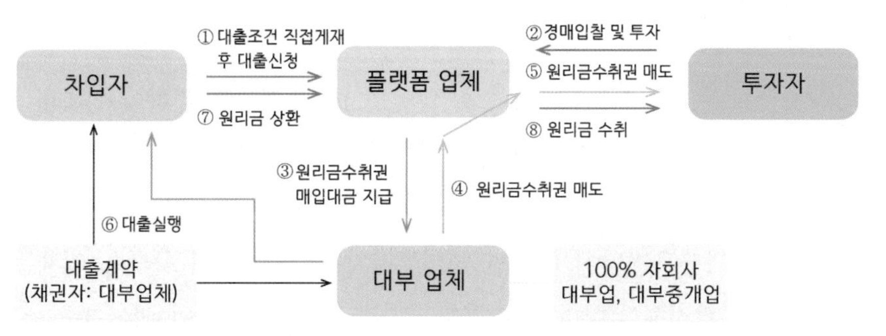

출처: 한국금융연구원

9 금융기관 제휴형
국내 금융기관 제휴형 P2P대출 모델을 적용한 업체는 피플펀드, 팝펀 등이 있다.

다음으로 금융기관 제휴형[9]은 P2P대출 당사자인 대출자, 투자자, 플랫폼 이외에 저축은행이나 지방은행인 금융기관이 들어오는 형태다. 이는 대출자가 대출에 대한 정보를 플랫폼에 제공하고 플랫폼은 공시를 통해 투자자를 모집한다. 투자자가 모두 모집되게 되면 플랫폼은 제휴 금융기관에 자금을 예금하고 이를 담보로 대출자에 대출을 진행하는 방식이다. 대출 실행 이후에는 대출자가 원금과 이자수수료를 플랫폼에 지급하고 플랫폼은 원금과 이자는 제휴 금융기관에 제공하고 수수료는 투자자에게 지급한다. 그리고 대출 만기 시 제휴 금융기관은 투자자에게 현금담보를 상환하는 구조를 가진다. 금융기관 제휴형의 흐름도는 〈그림 9-6〉과 같다.

그림 9-6 | **금융기관 제휴형 흐름도**

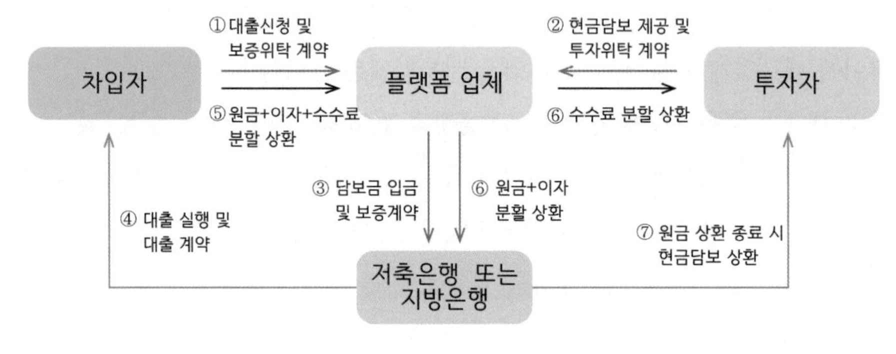

출처: 한국금융연구원

2 국내 P2P대출 규제

현재 국내에는 대출형 크라우드 펀딩인 P2P대출업과 관련하여 명확한 근거법이 마련되지 않은 바, 지난 2016년 11월 금융감독원(이하 금감원)은 P2P대출 가이드라인을 공지하여 투자자 피해 등 법의 사각지대를 막으려 노력하고 있다.

금감원의 가이드라인에 따르면 개인투자자 보호를 위해 플랫폼 업체는 개인 투자한도를 설정해야 한다. 투자한도는 연간 1개 P2P대출업체를 기준으로 동일 차입자 및 총 누적금액 한도를 설정함을 기본으로 한다. 이는 개인투자자의 경우 동일 차입자에 대하여 5백만원, 총 누적금액 1천만원으로 제한하는 것인데 반해 법인투자자와 전문투자자[10]는 상당한 리스크관리 능력이 있다고 판단하여 별도의 투자한도를 두지 않는다.

또한 투자자금 분리를 통해 투자자 보호 정책을 마련하고 있다. 금감원은 투자자의 투자자금 보호를 위해 P2P대출업체 자산과 고객자산을 명확히 분리·관리하는 장치를 마련하도록 하였다. 이는 P2P대출업체가 직접 투자자금을 보관 및 예탁 받을 수 없도록 규정하며 투자자들의 투자자금은 은행 등 공신력 있는 기관에 예치·신탁토록 하여 P2P대출업체가 마음대로 유용하거나 인출할 수 없도록 하였다. 더욱이 P2P대출업체가 파산하여 영업을 지속할 수 없는 경우, 투자자금을 투자자에게 우선 지급할 수 있도록 하였다.

다음은 P2P대출 업체 및 차입자의 정보 공시 등을 강화하여 투자자 보호 장치를 마련하고 있다. 우선 투자자에게는 차입자의 신용도, 자산 및 부채 현황, 소득, 직장 정보, 연체기록, 대출목적 및 상환계획 등을 정확히 공시하여야 한다. 이와 함께 P2P대출업체 누적 대출액, 매출잔액, 연체율 등을 플랫폼에 매월 공시토록 하였다. 대출자에게는 P2P대출업체의 대출 이용 시 부담하여야 할 전체금액(대출이자 및 수수료 등) 내역을 명확히 제공하고 상환방식 연체이자 및 추심절차 등에 대해서도 쉽게 이해할 수 있도록 공시하여야 한다.

이외에 P2P대출업은 현행 대부업 등의 법규를 적용하고 있으므로 P2P대출로 인해 발생한 투자자들의 이자소득은 비영업대금의 이익으로 간주되어 27.5%(이자소득세 25% + 주민세 2.5%)의 원천징수세율을 적용받고 있다. 이는 일반 예·적금과 채권에 이자·배당 소득세율인 15.4%(이지소득세 14% + 주민세 1.4%)에 비해서 월등히 높은 수준이다. 따라서 투자를 결정할 때 세율을 적용한 실질수익률을 꼭 계산해 볼 필요가 있다. 〈표 9-4〉는 2016년 6월을 기준으로 예금과 투자 상품별 수익률 비교표이다.

10 **전문투자자** 금융투자업자에 계좌를 개설한지 1년이 지나고 금융투자상품 잔고가 5억원 이상으로 소득액 1억원 또는 재산가액 10억원 이상인 투자자를 말한다.

표 9-4 | **예금 및 투자 상품별 비교**

구분	시중은행(1년)	저축은행(1년)	ELS	P2P대출*
수익률	1.4%	2.0%	5.5%	9.5%
세율	15.4%	15.4%	15.4%	27.5%
실질수익률	1.2%	1.7%	4.7%	6.9%

* 에잇퍼센트 평균수익률 사용

3 국내 P2P대출 업체 현황

국내 P2P대출 업체는 많지만 대표적으로 구분할 수 있는 업체는 에잇퍼센트, 테라펀딩, 빌리, 렌딧, 투게더앱스, 루프펀딩, 펀다, 어니스트펀드, 코리아펀딩, 펀듀 등 10개사이다. 해당 업체들은 각각 개인 및 사업자 신용대출, 주택담보대출, PF대출, 지역상점 대출, 장외주식 담보대출, TV홈쇼핑 광고주 법인 대출 등 특화된 영역에서 P2P대출을 실행하고 있으며 P2P대출 업체의 투자 가능금액 및 수수료, 대출 취급 수수료 등은 〈표 9-5〉와 〈표 9-6〉을 참고하길 바란다.

표 9-5 | **국내 P2P대출 일반 현황 및 주요 투자 현황(2016년 6월 기준)**

플랫폼 업체	서비스 개시일	투자가능금액(확인)	투자관련 수수료
에잇퍼센트	14년 11월 21일	최소: 5만원 최대: min (모집금액 5%, 100만원)	없음
테라펀딩	14년 12월 1일	최소: 100만원 최대: 모집금액의 10%	투자수수료 매월 0.1% 최대 1.2%
빌리	15년 7월 21일	최소: 10만원 최대: 모집금액의 20%	없음
렌딧	15년 5월 8일	최소: 20만원 최대: 4천만원	없음
투게더앱스	15년 9월 10일	최소: 10만원 최대: 제한 없음	이자율 7% 미만: 0.5% 7~12% 미만: 1% 12% 이상: 2%
루프펀딩	16년 1월 7일	최소: 50만원 최대: 모집금액의 50%	투자수수료 매월 0.08%
펀다	15년 4월 13일	최소: 10만원 최대: 5천만원	없음
비모	15년 8월 17일	최소: 5만원 최대: 5천만원	없음
스카이에셋	15년 11월 11일	최소: 10만원 최대: 제한 없음	없음
펀듀	15년 10월 1일	최소: 10만원 최대: 5천만원	없음

표 9-6 | **국내 P2P대출 주요 대출 현황(2016년 6월 기준)**

플랫폼 업체	서비스 개시일	투자가능금액(확인)	투자관련 수수료
에잇퍼센트	개인 및 사업자 신용대출 주택담보대출 보증금대출	대출금액의 2% 내외	대출금리+9%
테라펀딩	PF대출	대출금액의 2.5%	고정금리 25%
빌리	개인 및 사업자 신용대출 담보대출	대출금액의 1~5%	고정금리 27%
렌딧	직장인 및 사업자 신용대출	없음	연체 1개월 이하: 대출금리+7% 연체 3개월 이하: 대출금리+8% 연체 3개월 초과: 대출금리+9% 최대 20%를 넘지 못함
투게더앱스	주택담보대출	대출금액의 1~2%	대출이자율+12%
루프펀딩	PF대출	별도 협의	고정금리 25%
펀다	지역상점 대출	대출금액의 1%	고정금리 20%
비모	개인 및 사업자 신용대출	없음	고정금리 20%
스카이에셋	장외주식 담보대출	대출금액의 3~5%	대출이자율+5%
펀듀	TV홈쇼핑 광고주 법인대출	별도 협의	대출이자율+3%

연습문제

01 인터넷전문은행은 점포를 통한 대면거래를 하지 않고 은행의 모든 업무를 비대면 채널인 스마트폰과 인터넷을 영업채널로 이용하는 은행을 말한다. 그렇다면 인터넷전문은행과 시중은행의 차이점은 무엇인지 설명해 보시오.

02 인터넷전문은행이 시중은행에 비해서 대출금리는 낮고 예금금리는 높게 지급할 수 있는 근거에 대해서 설명해 보시오.

03 P2P대출이란 자금의 수요자(대출자)와 공급자(투자자)가 금융기관을 통하지 않고 온라인 플랫폼을 통해 직접거래하는 크라우드 펀딩(crowd funding) 방식을 말한다. 이런 P2P대출이 성장하게 된 계기가 무엇인지 설명해 보시오.

04 P2P대출은 높은 투자수익, 투자의 편리성 및 소액투자 가능, 낮은 대출금리, 금융산업 혁신 등의 장점에도 불구하고 몇 가지 위험요소가 존재한다. 어떤 위험요소가 존재하는지 나열하고 설명해 보시오.

05 독자가 자금을 다음과 같이 투자하였다고 가정해보자. 그렇다면 각각의 실질수익률은 얼마인지 구하고, 그 이유에 대해서 설명해 보시오.

구분	시중은행(1년)	저축은행(1년)	ELS	P2P대출
수익률	2.5%	3.0%	7.5%	11.2%
실질수익률				

CHAPTER 10

금융사기 예방

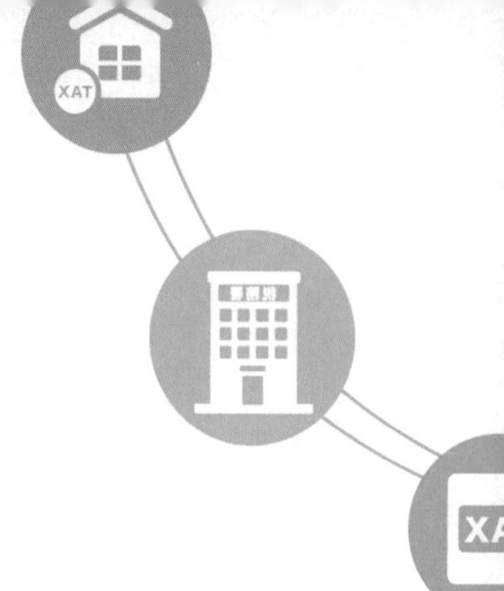

단원을 시작하며

우리는 언론을 통해 심심치 않게 대학생들의 금융 다단계 사기 등에 대해 접하게 된다. 또한 감독기관을 사칭하는 개그 프로그램도 볼 수 있다.

이렇게 금융사기는 우리 생활에 밀접하게 다가와 있지만 실제로 대부분의 사람들이 나하고는 먼 이야기로 생각하는 경향이 있다. 하지만 금융사기는 인간의 급박한 심리를 이용하여 합리적인 판단을 할 수 없을 때 누구에게나, 언제든 일어날 수 있다.

따라서 이번 단원에서는 금융사기에 대해서 자세히 살펴보고 금융사기 예방을 위한 방법에 대해서 알아보도록 하겠다.

1 금융사기 의의

금융사기란 금융을 범죄도구로 이용하여 불법적으로 수익을 추구하는 행위를 말한다. 현대 사회를 살아감에 있어 금융은 우리들의 생활 자체가 되었다고 해도 과언이 아니다. 즉 일을 하고 일에 대한 대가를 돈, 즉 화폐로 지급 받으며[1] 대부분은 은행계좌를 통해 월급을 지급 받는다. 또한 월급 중 일부는 미래를 위해서 저축을 하고, 일부는 소비를 한다. 소비 또한 신용카드, 체크카드 등을 이용하거나 전자결제시스템을 이용한다. 게다가 주택이나 자동차 등 거래 단위가 큰 자산을 구매할 때는 대출을 이용하기도 한다. 이렇듯 금융은 일반 가계에게

1 최근 금융, 통신의 발달로 인해 월급을 직접 현금으로 수취하는 경우는 매우 드물다.

이제는 생활 자체가 되어 버린 것이다.

금융사기는 이런 점을 이용하여 일반 가계에게 다가간다. 즉 독자가 알아차리지 못하는 사이 고수익을 목적으로 다가가기도 하고, 독자들이 열심히 상환하고 있는 대출이자를 낮추어 비용을 절감해 주겠다는 목적으로 다가가기도 한다. 또한 독자들이 당장은 쓰지 않는 통장을 비교적 큰돈을 주고 잠깐 사용하겠다고 다가가기도 한다. 그리고 감독당국을 빙자하여 독자들의 자산을 보호해 주겠다고 접근하기도 한다. 이렇듯 다양한 방법으로 독자들에게 다가가는 금융사기에 대해서 하나하나 알아보도록 하자.

독자들은 금융사기의 종류를 보기 전에도 보고난 후에도 꼭 명심해야 할 것은 'High risk High return'이라는 사실을 꼭 기억해두자.

2 투자유인을 통한 금융사기

투자유인을 통한 금융사기는 대부분 높은 수익률을 제시하면서부터 시작한다. 예를 들어 "00에 투자하면 고정적으로 50%의 수익을 낼 수 있다"던지 "매월 수익금인 00원을 지급 받을 수 있다"던지 하는 식의 광고로 투자자를 유인한다.

이런 투자유인을 통한 금융사기의 대표적인 사례는 미국의 폰지 사기다. 폰지 사기란 이탈리아계 미국인인 찰스 폰지(1882~1949)의 이름을 따서 붙여진 사건으로 일종의 다단계 사기를 말한다. 폰지는 1919년 증권거래회사를 설립하고 만국우편국(UPU)가입국 어디에서나 우표로 교환하여 답신할 수 있는 쿠폰인 국제우표반신권 사업을 한다고 선전하였다. 그리고 이 사업에 투자한 투자자들에게 한달 반(45일)만에 50%의 수익률을, 3달(90일)에 100%의 수익률을 지급할 수 있다고 광고하였다. 이런 수익률의 근거는 나라마다 우편 값이 다르므로 우표 값이 저렴한 이탈리아에서 쿠폰을 매입하여 미국에서 쿠폰을 교환하

폰지 사기의 찰스 폰지

면 큰 수익을 얻을 수 있다고 하였다. 최초 투자자들에게 실제로 한달 반이 지난 후 50%의 수익률을 지급하자 금세 소문이 퍼져 짧은 시간에 약 4만명이 약 1,500만 달러(현재가치로 1억 5천만 달러 이상)의 투자자금이 모였다. 이렇게 많은 투자자금이 모였지만 실제로는 폰지가 주장한 것과 같이 많은 쿠폰이 발행되지도 유통되지도 않았다. 결국 많은 투자자금은 폰지의 호화생활을 하는데 쓰였고, 투자자들의 수익금을 지급하기 위해서는 더 많은 투자자가 필요하게 된 것이다. 이런 방식은 앞서도 언급했지만 다단계 금융사기 수법과 유사하다. 즉 특별한 자금운용 없이 투자자들에게 투자수익금을 지급하다 보면 언젠가는 자금이 고갈되게 된다. 이런 경우 투자자들의 원금상환은 꿈도 못 꾼다. 따라서 이 사업을 계속 영위하기 위해서는 새로운 투자자가 지속적으로 유입되어야 한다. 그것도 이전보다 더 많은 투자자가 유입되어야 현 사업이 유지된다. 폰지 사기를 이해하기 위해 예를 통해 살펴보도록 하자. 폰지 사기의 기본조건으로 최초 2명의 투자자가 각각 100만원씩 투자하였다고 가정해보자. 최초 투자금액은 200만원이고 한달 반 뒤 100만원의 투자수익금을 지급하여야 한다. 그리고 한달 반 뒤 또 100만원의 투자수익금을 지급하여야 한다. 이렇게 3달 동안 2번 투자수익금을 지급하고 나면 자금이 고갈되어 더 이상 투자사기를 유지할 수 없다. 따라서 이 폰지 사기를 유지하기 위해서는 2명이 더 들어와야 하며 다시 한달 반 뒤에는 4명이 더 들어와야 한다. 또한 한 달반 뒤에는 8명, 한 달반 뒤에는 16명, 이런 식으로 투자자들이 2배씩 증가하여야만 수익금을 주고 사기가 유지될 수 있다. 하지만 투자자들이 지속적으로 2배 이상씩 늘어난다는 건 현실적으로 불가능하다. 따라서 투자자가 2배 이상 늘지 않을 경우 폰지 사기는 파산하게 되는데 가장 많은 피해를 보는 사람이 가장 마지막에 투자한 사람들이 된다.

표 10-1 | **폰지 사기 계산**

기간	수익금지급	신규투자금액	신규투자자수	총투자자수	투자잔액
1	100만원	200만원	2	2	100만원
2	100만원	0원	-	2	0원
3	200만원	200만원	2	4	0원
4	400만원	400만원	4	8	0원
5	800만원	800만원	8	16	0원
6	1600만원	1600만원	16	32	0원

폰지 사기와 같은 금융사기에 투자자들이 빠져들기 쉬운 이유는 실제로 약속한 투자수익금이 계좌로 입금되기 때문이다. 대부분의 투자자들이 처음에는 고수익에 의심을 하지만 실제로 약속한 투자수익금이 계좌로 입금되게 되면 경계를 풀게 된다. 그리고 주변 사람에게 권유하게 되므로 폰지 사기가 유지되는 것이다.

버나드 매도프의 폰지 사기(출처: 한국은행)

더욱이 이미 사회적 지위가 있는 사람이 폰지 사기를 한다면 더욱 혼란스러울 것이다. 이 사례는 그리 오래되지 않은 2009년 나스닥 증권거래소 이사장을 지낸 버나드 메도프 사기 사건에서 들어났다. 독자들이 너무나 잘 알고 있는 할리우드 영화감독 스티븐 스필버그도 속았다. 버나드 메도프는 나스닥 증권거래소 이사장을 지냈을 만큼 금융에 대한 지식이 많고 사회적으로도 평판이 좋았다. 이런 이유 때문에 의심을 하는 사람이 별로 없었고 사기치고는 너무도 낮은 수익률인 8~12%를 제시하였기 때문에 더욱 의심을 피할 수 있었다. 또한 수익률을 낮게 유지하며 투자자금 고갈을 늦췄기 때문에 투자자들의 환매 요구에 응할 수도 있었다. 하지만 운용 없이 수익금을 지급한다는 소문이 퍼지고 결국 70억 달러에 달하는 환매 요구가 들어오자 희대의 사기극은 탄로 나게 되었다.

이런 경우는 앞서 설명한 것보다 금융사기를 눈치채기 더욱 어렵다. 금융전문가로 공인된 사람이 적정 수익률을 제시하여 투자자를 모집하고 실제로 약속한 투자수익금을 입금하며 환매조건에도 응한다면 정말로 사기인지 판가름 하기는 전문가들도 쉽지 않을 것이다. 따라서 독자들은 다음 몇 가지 사항들을 투자 시 유념할 필요가 있다.

우선 이런 투자유인을 통한 금융사기를 방지하기 위한 제일 좋은 방법 중에 하나는 상대방이 제시한 수익률과 시장수익률을 비교해 보는 방법이 있다. 간단한 예로 현재 기준금리가 1.5%이고 1년 정기예금 금리가 2%이며 중수익을 내고 있는 파생결합증권이 5~6%, P2P대출 투자수익률이 7~8% 내외인 상황에서 연간 50% 수익률을 보장한다면 일단 의심을 해봐야 한다. 이는 시장수익률에 무려 25배, 중수익으로 따져도 10배 가까이 되는 수익률이다. 시장의 보편적인 수익률 수준이 아니라는 것이다. 또한 역으로 해석하면 50% 수익을 올릴 수도 있지만 50% 손해를 볼 수도 있다고 해석할 수 있다. 즉 고위험 고수익 구조라는 것이다. 고위험 고수익 구조임에도 불구하고 수익률을 보장하다면 이는 십중팔구 사기일 가능성이 크니 꼭 시장수익률[2]과 비교해 보길 바란다.

다음은 공식적으로 등록된 금융기관에서 발행한 금융투자상품인지 확인이 필요하다. 보통 금융사기에 이용되는 금융투자상품들은 공식적으로 등록된 금융투자상품이 아닌 경우가 많다. 따라서 은행협회, 금융투자협회 및 금융감독원 등에 문의하여 해당 금융투자상품이 공식적으로 등록된 금융기관에서 발행한 금융투자상품인지 확인할 필요가 있다.

마지막으로 실제로 운용되고 있는 운용보고서가 있는지 확인이 필요하다. 운용보고서는 필히 공신력 있는 기관의 확인이 삽입되어 있는지도 확인해 보아야 한다. 운용보고서가 없거나 공신력 있는 기관 확인이 없는 운용보고서의 경우 실제로 자금이 운용되고 있지 않거나 허위로 작성되어 있을 가능성이 높으므로 의심하고 감독당국에 신고하거나 꼭 확인해봐야 한다.

2 시장수익률
시장수익률은 기준금리, 1년 정기예금금리, 3년 국고채 수익률, 3년 회사채 수익률(AA-) 등을 말하며 중수익 구조인 파생결합증권 등도 같이 볼 수 있으면 더욱 좋다.

그림 10-1 | **투자유인을 통한 금융사기 예방**

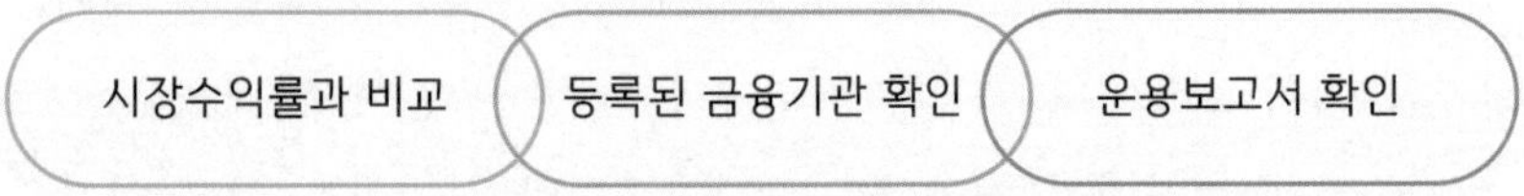

시장수익률과 비교 | 등록된 금융기관 확인 | 운용보고서 확인

3 | 대출사기

앞선 투자유인을 통한 금융사기는 투자자금을 납입할 경우 큰 수익을 거둘 수 있다고 유인하여 사기가 이뤄지는 반면, 대출사기는 기존 대출자들이 원리금을 어렵게 상환하고 있는 과정에 대출금리를 낮춰주겠다고 접근하여 자금을 가

로채는 방법으로 서민들의 어려움을 크게 가중시킬 수 있기 때문에 각별히 주의할 필요가 있다.

대출사기는 비대면 매체(인터넷, 전화, 문자 등)를 통해 대출알선, 대출상담 등을 가장하여 금융소비자에게 접근하고 대출금리 인하 및 신용등급 상향 등의 명목으로 금전을 요구한 후 이를 가로채는 금융사기다. 이런 대출사기의 대표적인 사례는 저금리 대출전환을 위해 대환대출[3]을 요구하는 것과 신용등급 상향 등을 이유로 각종 수수료를 요구하는 것들이 있다. 우선 전자의 경우는 예를 들어 A씨가 제2금융권에서 2천만원을 10% 금리로 대출한 상태라고 가정해보자. 대출사기범은 A씨에게 비대면 채널인 전화나 문자로 기존 대출금리를 제1금융권 대출금리인 5% 금리로 조정해 주겠다고 접근할 것이다. 이어서 대출금리 조정을 위해 대부업체에서 일정 기간 동안 대출이 필요하다고 접근하여 추가 대출을 진행한 후 대환대출을 위해 이를 입금을 요구한다. 그리고 입금하는 순간 A씨는 기존 대출 2천만원과 대환대출을 위해 대부업체에서 대출한 2천만원의 대출금을 고스란히 떠안게 된다.

3 **대환대출** 기존대출을 다른 금융기관에서 대출을 받아 갚는 제도

다음으로 후자의 경우는 예를 들어 기존 대출이 있는 B씨에게 신용등급을 상향 조정하여 추가 대출 및 대출금리 인하가 가능하다고 대출 사기문자가 왔다고 가정해보자. B씨가 이를 승낙할 경우, 대출사기범은 보증보험 가입료, 채무이행 담보료, 채권 추심 등을 대비하기 위한 공증료 등의 추가 자금을 요구할 것이다. 그리고 앞서와 마찬가지로 대출사기범이 요구한 자금이 이체되는 순간 대출사기가 이뤄진 것이다.

누가 이런 대출사기를 당하냐고 생각하겠지만 사기라는 것은 인간이 가장 절박한 심정에 있을 때 다가오는 것이기 때문에 누구도 사기에서 자유롭지는 않다. 그럼 이런 대출사기를 방지할 수 있는 방법은 무엇이 있을까? 우선 제일 중요한 것은 비대면 채널로 전달되는 대출관련 메시지를 차단하는 것이다. 이런 대출사기 메시지들은 공신력 있는 금융기관들을 사칭하는 경우가 많은데, 공신력 있는 금융기관의 경우 대출금리, 대출금액 등을 개개인에게 광고할 수 없다. 즉 공신력 있는 금융기관과 이름이 유사하거나 같아도 "00%에

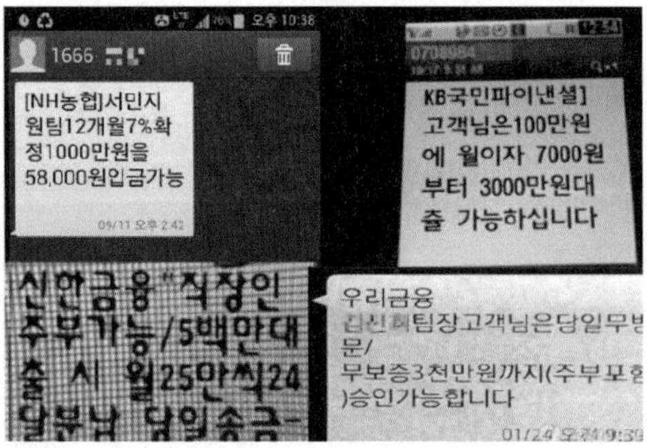

대출사기 문자(출처: 금감원)

000만원을 00기간 동안 대출이 가능하다"는 문자는 거의 대출사기 문자일 가능성이 높으므로 문자메시지 수신 시 스팸번호 등록 후 바로 삭제하는 것이 좋다. 게다가 URL 등이 연결되어 있는 문자의 경우 잘못 클릭하면 악성코드가 설치되어 개인금융정보가 유출되고 또 다른 금융사기에 노출될 수 있으므로 각별한 주의가 필요하다.

다음으로 대출과 관련해 추가적인 금전을 요구한다면 거의 대출사기일 가능성이 높다. 실제로 제도권 금융에서 대출을 실행할 때는 추가적으로 금전을 요구하지 않는다. 따라서 상담원이 대출을 위해 추가적인 금전을 요구한다면 연락을 끊고 주변 금융기관이나 감독당국에 확인해 보는 지혜가 필요하다.

그림 10-2 | **전기통신 금융사기 피해금 환급절차(금감원)**

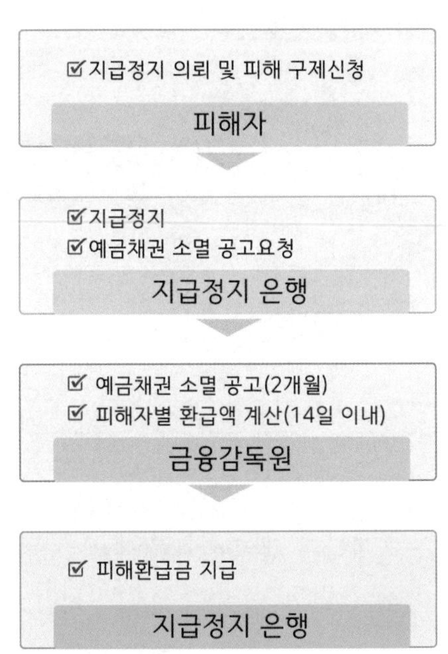

4 | 기타사기

1 대포통장

대포통장이란 통장을 개설한 사람과 이를 실제로 사용하는 사람이 다른 비정상적인 통장을 말한다. 즉 독자의 명의로 된 통장을 제3자가 사용하고 있다는 뜻이다. 그렇다면 왜 본인의 명의로 된 통장을 사용하지 않고 다른 사람의 명의로 된 통장을 사용할까? 그 이유는 다른 사람의 명의로 된 통장을 범죄나 사기에 이용함으로써 금융사용 경로 추적을 피할 수 있기 때문이다. 결국 대포통장은 투자사기, 대출사기 등 금융사기에 핵심 수단이 되는 것이다.

그림 10-3 | **대포통장 명의(2015~2016)**

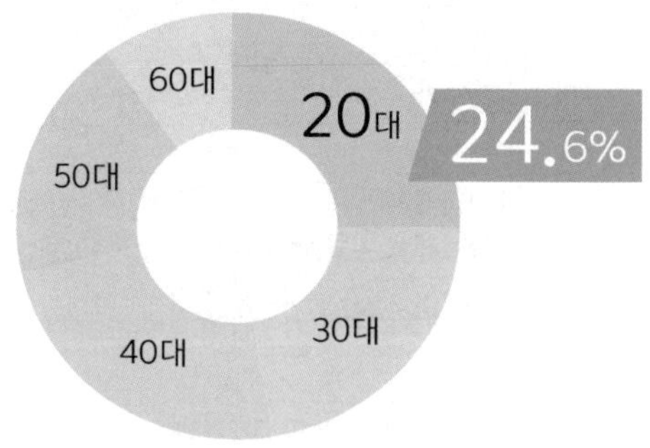

출처: 금융감독원

보통 본인의 통장을 대여하는 행위에 대해서 사람들은 크게 우려하지 않는 경향이 있다. 그 이유 중에 하나가 범죄를 저지른 사람이 잘못이지 대여해 준 본인은 범죄와 직접적인 연관이 없다고 생각하는 경향이 있어서다. 하지만 본인의 통장으로 인해 범죄가 이뤄졌다면 당연히 해당 범죄에 통장 명의자도 직·간접적으로 관여를 한 것이다. 따라서 통장을 대여하거나 양도하는 행위는 금융거래에서 굉장히 심각한 범죄행위에 속한다. 즉 민·형사상 책임과 금융거래의 불이익까지 받게 된다.

우선 대포통장 거래에 대한 민사적 책임은 금융사기에 이용된 대포통장의 경우 대포통장 명의인도 공동불법행위자로서 손해배상 책임이 있다는 것이다.[4] 즉 대포통장 명의인도 사기 피해자들에게 민사상 책임을 질 수 있다는 것이다. 다음으로 가장 무서운 형사상 책임이다. 대포통장 거래는 『전자금융거래법 제6조 제3항, 제49조 제4항』에 근거하여 형사상 처벌이 가능하며 2015년 1월 20일 『전자금융거래법』이 개정되어 대가 없이 대포통장 거래가 이뤄져도 처벌가능하고 대포통장을 보관·유통·전달하는 행위까지 금지되었다. 마지막으로 대포통장 사용자는 새로운 통장 개설의 제한, 전자금융거래 제한 대상자 지정, 금융거래 시 과거 이력 반영 등 다양한 금융거래 불이익이 수반되게 된다.

4 서울동부지법 2011.3.28 판례, 사건 2010가단50237[부당이득금]

2015~2016년 사이 금융감독원의 통계에 의하면 대포통장 명의는 고령층보다 20~30대 젊은층에 집중되어 있는 것을 확인할 수 있다. 이는 소득이 없거나 적은 젊은층을 대상으로 대포통장 대여나 양도의 유혹이 많으며 이를 쉽게 수락한다는 의미로도 해석해 볼 수 있다. 하지만 독자들은 어떠한 이유에서도 본인 명의로 된 통장을 타인에게 대여하거나 양도하는 행위를 하여서는 안 된다. 잘못된 판단 하나로 영원한 범죄자 기록까지 남을 수 있다.

대포통장 거래에 따른 민·형사상 책임

표 10-2 | **『전자금융거래법』에 의한 형사상 책임**

불법행위	1. 통장을 양도하거나 양수하는 행위 2. 대가를 수수·요구 또는 약속하면서 통장을 대여 받거나 대여하는 행위 또는 보관·전달·유통하는 행위 3. 범죄에 이용할 목적으로 또는 범죄에 이용될 것을 알면서 통장을 대여 받거나 대여하는 행위 또는 보관·전달·유통하는 행위 4. 통장을 질권의 목적으로 하는 행위 5. 위 1~4번 행위를 알선하는 행위
벌칙	3년 이하의 징역 또는 2천만원 이하의 벌금에 처함

2 사이트 접속 유인

금융사기 중 개인정보 및 개인금융정보 유출에 의한 사기가 예전에 비해 크게 증가하고 있다. 최근에는 인터넷뱅킹 및 스마트뱅킹을 이용한 비대면 금융거래가 많아짐에 따라 개인금융정보가 어느 때 보다 중요하다고 할 수 있다. 즉 공인인증서 비밀번호, 계좌 비밀번호, 이체 비밀번호 등 개인이 소유하고 있는 금융정보를 이용해 언제, 어디서든 금융거래가 가능하다는 말이다. 하지만 이를 역으로 이야기 하면 개인금융정보를 타인이 소유하고 있다면 언제든지 내 계좌에서 돈을 인출해 갈 수 있다는 말이 된다. 사이트 접속을 유인하여 금융사기를 하는 범죄자들은 이 점을 이용한다.

대포통장 거래에 따른 민·형사상 책임

실제로 사이트 접속 유인으로 사기를 당한 피해자들은 접속한 사이트의 구성 내용이 기존 거래은행 사이트와 너무 유사하거나 금융감독당국의 사이트와 너무 비슷하여 미처 알아차리지 못했다고 전언한다. 따라서 피해자는 사이트에서 지시하는 대로 개인금융정보를 입력하고 금융사기범은 해당 금융정보를 이용하여 피해자 계좌에서 자금을 인출하는 과정을 따르게 되는 것이다.

이런 금융사기는 피해자의 개인 PC 혹은 스마트폰에 악성코드를 심어 놓고, 금융기관에 접속할 시 금융사기범들이 만들어 놓은 유사 금융기관 사이트로 자동 이동하게 만들어 피해자들이 눈치채지 못하게 하고 금융개인정보를 입력하도록 유도한다. 또는 대출금리 인하, 신용등급 상향 조정 등을 미끼로 금융사기범이 만든 유사 금융기관 사이트에 접속하도록 유도하기도 한다. 더욱이 뒤에 설명할 수사기관 및 감독당국 사칭과 병행하여 유사 금융기관 사이트에 접속하도록 유도하기도 한다.

독자들은 전문가가 아닌 이상 금융사기범들이 만든 유사 금융기관을 정확히 판별해 내기 어려울 수 있다. 따라서 독자들은 아무 이유 없이[5] 금융기관 사이트에서 개인금융정보를 요구한다면 거의 금융사기일 확률이 높기 때문에 정보를 입력하면 안 된다. 그리고 관련 금융기관 전화 통화를 통해 확인하는 것이

5 자금이체나 공인인증서 갱신 등 금융소비자 목적에 의해 금융거래가 이뤄지는 경우에는 이체비밀번호 등을 입력하여야 한다.

가장 좋은 예방책이다. 이외에 알지 못하는 금융관련 메시지에 첨부된 자료 혹은 URL은 절대 접속하지 말아야 한다.

3 수사기관 및 감독기관 사칭

수사기관 및 감독기관 사칭을 이용한 금융사기는 코미디 주제로 사용될 만큼 대중들에게 잘 알려진 금융사기 수법 중에 하나다. 그리고 독자들 중에는 "검찰청 00수사관입니다"라는 전화를 한 번쯤 받아 본 사람들이 많을 것이다. 이런 전화가 대표적인 수사기관 및 감독기관 사칭을 통한 금융사기에 속한다.

수사기관 및 감독기관 사칭을 통한 금융사기는 현재 피해자 금융계좌에 문제가 있으니 감독당국 지시에 따라 금융정보를 입력하거나 자금이체를 요구하는 방향으로 진행된다. 보통 인간의 심리상 어떤 급한 문제가 발생하여 일처리를 서둘러야 한다면 정확하게 이성적인 판단을 하기 어렵다는 점을 악용한 것이다. 따라서 문제에서 빨리 벗어나고 싶어 하는 인간의 심리를 집요하게 파고들어 자금이체를 유도하거나 금융개인정보를 빼가는 사기수법이다.

이런 경우 한 가지만 알고 있으면 된다. 경찰·검찰·금감원·금융기관 등은 절대로 전화상으로는 개인정보를 요구하지 않는다.[6] 따라서 수사기관이나 감독당국을 사칭하는 전화를 받는다면 침착하게 대응하고 개인금융정보를 묻는다면 금융사기가 확실하므로 전화를 끊는 것이 최선의 방법이다.

6 금융고객 요구에 의해서 어떤 문의를 할 경우, 실제로 고객이 맞는지 확인하기 위해 아주 간단한 질문을 할 수 있으나 전체적인 개인정보를 요구하지는 않는다. 가령 "주민번호 앞자리가 어떻게 되나요?" 등 전체적인 개인정보가 아니라 개인식별 정도로 개인정보를 요구한다. 반면 "주민번호를 전체 다 입력하세요." 혹은 "시크릿카드 번호를 불러주세요." 등 금융거래에 활용할 수 있는 직접적인 개인정보를 요구한다면 금융사기일 가능성이 크다.

찾아보기

ㅇ

A-Z

저자소개

최남진

주요경력

前 교보증권 신탁운용전문인력(펀드매니저)
前 우체국금융개발원 전임연구원(경제·금융 리서치 파트장)
前 강남대학교 경제학과 외래교수
現 초당대학교 조교수

최종학력

한양대학교 경제학 박사

주요논문

가계부채 및 부채의 변동성이 소비 및 성장률에 미치는 영향, 금융지식연구, 제14권 1호
중국 경제가 국내 실물경제에 미치는 영향, 동북아경제연구, 제28권, 2호
미국의 통화정책이 아시아 실물경제에 미치는 영향, 국제지역연구, 제20권 2호
미국의 금리정책과 한국·일본 주식시장 변동성 간의 관계 분석, 경영경제연구, 제38권 2호
환율 변동성이 국내 경제에 미치는 영향, 경영경제연구, 제40권, 1호

금융과 경제

초판발행 2018년 3월 16일

지은이 최남진
펴낸이 안종만

편 집 김효선
기획/마케팅 이영조
표지디자인 조아라
제 작 우인도·고철민

펴낸곳 (주) 박영사
서울특별시 종로구 새문안로3길 36, 1601
등록 1959. 3. 11. 제300-1959-1호(倫)
전 화 02)733-6771
f a x 02)736-4818
e-mail pys@pybook.co.kr
homepage www.pybook.co.kr
ISBN 979-11-303-0541-7 93320

정 가 23,000원